六零学人文集

原史中国

韩建业自选集

韩建业 著

中西書局

图书在版编目(CIP)数据

原史中国：韩建业自选集 / 韩建业著. —上海：
中西书局，2017.7
ISBN 978 - 7 - 5475 - 1277 - 7

Ⅰ.①原… Ⅱ.①韩… Ⅲ.①考古学文化—中国—先
秦时代—文集 Ⅳ.①K871.34 - 53

中国版本图书馆 CIP 数据核字（2017）第 125687 号

本书出版得到上海文化发展基金会图书出版专项基金资助

原史中国
——韩建业自选集

韩建业 著

责任编辑 伍珺涵
装帧设计 梁业礼
出版发行 上海世纪出版集团
中西書局(www.zxpress.com.cn)
地　　址 上海市陕西北路 457 号(200040)
印　　刷 上海天地海设计印刷有限公司
开　　本 700×1000 毫米 1/16
印　　张 16
字　　数 278 000
版　　次 2017 年 7 月第 1 版 2017 年 7 月第 1 次印刷
书　　号 ISBN 978 - 7 - 5475 - 1277 - 7/ K・239
定　　价 55.00 元

编辑则例

1. “六零学人文集”遴选出生于20世纪60年代的人文科学研究者的自选集。

2. 作者自选的学术论文和学术批评结集,文责自负。

3. 入选文集经学者推荐、匿名评议产生。

4. 入选学者来自历史学、考古学、艺术史、科技史、文献学等领域,本丛书将向其他人文学科开放。

5. 本丛书不设主编,由作者自序,不强求体例统一。

6. 本丛书提倡学术的自主性、严肃性、多样性。

自 序

去年九月中旬，收到中国科学院自然科学史研究所苏荣誉兄发来的邮件，说他几年前和几个朋友一道编“六零学人文集”丛书，希望我也加入云云。出于对荣誉兄的信任，就愉快地答应了。

我的自选集名为《原史中国》，有两重含义。其一，“原”作动词用，“原史中国”可以理解为究寻中国历史之本源。我的研究始于考古学文化谱系研究，及于古史传说、聚落形态、人地关系、文明起源、中西交流，成于对文化意义上早期中国形成过程的综合探究，合“原史中国”本意。其二，“原”作形容词用，“原史中国”即中国原史时代之意。“原史”时代为西方人的概念，介于史前和历史时代之间，意为历史时代的原初阶段，具体指自身虽已有零星文字，但不足以记录当时主要史事，只是常被后世所记述提及的那个时代，实属传说时代的范畴。中国的原史时代，下限在出土大量甲骨文的晚商以前，上限至少可到五帝时代，包括早商和夏代在内，大约相当于考古学上从新石器时代到青铜时代的大部分时间，与我的主要研究涉及之时段基本吻合。

以我的理解，考古学就是通过实物遗存来研究人类历史的学科。考古学虽与自然科学关系密切，但终究属于人文学科，最终目标在于将各种信息碎片梳理整合，以复原阐释人类历史，纵览盛衰兴亡，总结经验教训，指明未来道路，诚如司马迁所说“究天人之际，通古今之变”。考古学解释虽需参以人类学、民族学、民俗学等现有知识，但其时间深度远非人类学等可以比拟，其解释终归要回到考古背景本身，其出发点更是少些“我者”“他者”的偏见。因此，我宁愿主张“作为历史学的考古学”。我认为，年代分期、文化谱系、交流传播、人群迁徙等，至少在今后相当长的时期内，仍当为考古学研究的主流，不得以新旧论英雄，因瑕疵弃美玉；而古史传说自有真实素地，直指古代世界，是与考古学结合来揭示上古历史的极重要材料，不得有疑问即否之、因传说而弃之。

本书所收22篇论文，大致可分成文化谱系、古史传说、早期中国、中西交流几个部分，大体涵盖了我研究的主要方面。关于环境考古和人地关系的研究，既有《中国西北地区先秦时期的自然环境与文化发展》这样的专著，也渗透在我21世纪以后发表的几乎所有论著当中，发表过的几篇专文，似乎并不能代表我在这方面的成绩，因此干脆不在此书中收录。

一

我的考古学研究始于本科生和硕士生期间的田野实习，本书所收最早的一篇论文《禹征三苗探索》，发表于1995年，就与这两次实习直接相关。

1992年秋，我作为硕士生在河南驻马店杨庄遗址实习发掘，领队是当时还在北京大学读博士的宋豫秦老师。整理杨庄遗址龙山时代资料时，我发现一个很奇怪的现象：下层流行红陶杯、漏斗形擂钵等，这不是石家河文化遗存吗？（1989年我在湖北天门石家河遗址进行本科实习，对石家河文化印象很深。）而上层则为深腹罐、乳足鼎等，应该属于王湾三期文化！按一般理解，这里应该是王湾三期文化的地盘，怎么会出现石家河文化呢？

于是我系统分析了已经发表的豫南、湖北的龙山时代材料，发现都有类似情况，甚至石家河文化核心区的肖家屋脊遗址也是这样。这就是说，豫南和湖北的龙山时代可以明确分成前、后期，且之间差异显著。为了对比，我又梳理了河南中西部的材料，发现王湾三期文化也可以分前、后期，只不过文化一脉相承。我就想，在正常情况下，文化之间发生交往，还不至于发生如此大的变化，况且石家河文化曾经那么强大，遗址上层的遗存怎么会突然变成王湾三期文化的东西？这显然是龙山前、后期之交时，王湾三期文化对石家河文化有一个南向的强烈影响和部分代替的过程，或许伴随着战争行为。这不正是传说中的禹征三苗事件在考古学上的表现吗？

我把以上这些认识综合起来，就写成了《禹征三苗探索》一文，以及三万多字的硕士毕业论文初稿《试论豫东南地区龙山时代的考古学文化》。呈给严文明先生看后，大概是他觉得我的框架枝蔓过多，干脆替我拟了一个论文提纲，每个小标题下还有说明。我按照严先生的提纲修改，形成一万多字的毕业论文定稿，被删下的两万多字就是后来发表在《考古学报》上的《王湾三期文化研究》一文。

当然我提出龙山前、后期之交中原对江汉文化的强烈影响，不见得就是人群的全面替换，也并非说江汉文化此后就乏善可陈，龙山后期肖家屋脊文化精美玉器的发现，就是其仍有相当实力的体现，但这些玉器在江汉并无渊源，总体属于海岱—中原传统，从这个意义上，江汉文化传统究竟是衰微了！

这还牵扯到一个重大问题：既然豫南江汉龙山前、后期之交的巨大变故对应禹征三苗，那么此时差不多就是禹的时期，这就在考古学上基本确定了夏文化的相对年代之上限，至于具体的绝对年代，可根据测年再去细究。在此基础上，我 1997 年发表了《夏文化的起源与发展阶段》一文，将夏商文化的分界放在二里头三、四期之交，将二里头文化一至三期作为“少康中兴”之后的晚期夏文化，将王湾三期文化后期作为禹之后的早期夏文化，并将夏的起源一直前溯到晋南“夏墟”之地的庙底沟二期类型。

新砦遗址新的发掘资料公布后，我又于 2009 年发表《论二里头青铜文明的兴起》一文，提出二里头青铜文明是在王湾三期文化新砦类型基础上，受到晚期齐家文化的影响而形成的。并对关于夏文化的认识作了微调：新砦类型可能是“少康中兴”之后融合大量豫东造律台文化因素而形成的，即中期夏文化；二里头文化只能是少康数代之后某夏王西迁洛阳盆地而发展起来的文化，即晚期夏文化；而早于新砦类型的王湾三期文化后期主体为早期夏文化。

此外，1998 年发表的《先商文化探源》一文，则将最早的先商文化定位在冀中北和京津地区龙山后期文化，对王亥仆牛和上甲微伐有易氏等事件也进行了讨论，并与夏文化年代进行了对比。

二

从 1996 年读博士开始，按照严文明先生的指引，我的研究领域开始从中原江汉扩展到华北和北方地区。我曾住在内蒙古凉城老虎山工作站，复核整理田广金、郭素新老师十多年来发掘的岱海地区新石器时代考古资料，陆续编写成《岱海考古(一)》《岱海考古(三)》等发掘报告集。我还对周边地区进行了调研，在此基础上完成了博士论文《中国北方地区新石器时代文化研究》。调研过程中，印象最深刻者莫过于山西襄汾陶寺遗址。

陶寺遗址主要分庙底沟二期早段、龙山前期、龙山后期三个阶段，其中龙山前期的陶寺文化(或陶寺类型)，具有一定的大汶口文化、良渚文化等东方文化特点，既与以前的庙底沟二期类型不同，也与龙山后期的陶寺晚期文化(或陶寺晚期类型)有显著差异——后者与北方地区老虎山文化有更多亲缘关系。也就是说，陶寺文化的出现和消亡都不是当地文化自然发展的结果，其背景应当与人群的移动和相互间的激烈冲突有关。我以为这两次文化变迁正好与古史传说中的“唐伐西夏”和“稷放丹朱”事件对应。此外，临汾盆地的二里头文化对陶寺晚期文化的取代，以及陶寺晚期文化向陕北和鄂尔多斯地区的移动，可能对应姬周先人不窋“自窜于戎狄之间”。

如此一来，不但将陶唐氏与陶寺文化、姬周早期与陶寺晚期文化联系到一起，而且从另外一个角度论证了夏人源于晋南的观点，还可以进而探讨老虎山文化与姬周先人之间可能存在的联系。这些正是《唐伐西夏与稷放丹朱》和《先周文化的起源与发展阶段》两篇文章的主要思路。而为了使这些推论更为可靠，我对晋西南豫西地区龙山时代前后的文化谱系进行了系统梳理，写成了《晋西南豫西西部庙底沟二期—龙山时代文化的分期与谱系》一文，发表在《考古学报》上。此后还发表了《老虎山文化的扩张与对外影响》，专文论述老虎山文化南向对晋南乃至黄河中下游地区的广泛影响。

《唐伐西夏与稷放丹朱》一文发表后，陶寺遗址的发掘者注意到陶寺遗址“中期”(相当于龙山前期后段，即陶寺文化或陶寺类型晚段)和“晚期”(相当于龙山后期，即陶寺晚期文化或陶寺晚期类型)之间发生过重大变故，表现为城垣被废、墓葬遭毁以及摧残女性等，甚至在陶寺附近的下靳墓地和芮城的清凉寺墓地也是这样。这不正合于“稷放丹朱”事件吗？而最近在黄河对岸的神木石峁发现的属于老虎山文化的超大型石城，则从龙山后期持续使用到朱开沟文化早期，大量玉器又与陶寺文化关系密切。我们虽不能直接说就是石峁古城的统治者东南挺进摧毁了陶寺古城，但至少能越来越清楚地看到老虎山文化足够强大，足以导致陶寺文化的覆灭。

由于基本可确证陶唐氏尧及其文化，这就为进一步探索古史提供了又一个更早的基点。由此前溯，我写了《涿鹿之战探索》一文，提出炎黄时期相当于仰韶文化前期，庙底沟类型、半坡类型、后岗类型对应传说中的黄帝、炎帝、蚩尤族系。如果该观点能够成立，那就是探索古史的最早的一个基点。禹征三苗、唐伐西夏与稷放丹朱，加上涿鹿之战，既是五帝时代最为重大的几个事件，也是我从事古史探索的几个立足点，我戏称其为“三部曲”。

随着视野的扩展，我逐渐开始关注黄河下游和长江下游等地区，并结合新发现对这些地区新石器时代文化谱系，尤其是文化交流进行探讨。

自从跨湖桥文化发现以来，其来龙去脉就众说纷纭，有人明确提出其为皂市下层文化东向迁移而形成。《试论跨湖桥文化的来源和对外影响——兼论新石器时代中期长江中下游地区间的文化交流》一文则提出，跨湖桥文化是在当地文化的基础上，接受长江中游的彭头山文化影响发展而成；形成后反向对长江中游产生较大影响，促使彭头山文化转变为皂市下层文化。

海岱地区新石器时代考古学文化一向被认为是一脉相承，但我认为并不能排除周围文化因素的进入所产生的重要作用。《龙虬庄文化的北上与大汶口文化的形成》一文认为大汶口文化的形成与江淮地区龙虬庄文化的北上有关，形成后又与江淮、江浙地区文化不断交流，加上仰韶文化同时向两地施加影响，从而使得海岱和江淮、江浙地区的文化面貌越来越近似，逐渐在东部沿海地区形成"鼎豆壶杯鬶(盉)文化系统"。

三

2000 年前后，受严文明先生史前中国"重瓣花朵式"理论和张光直先生"中国相互作用圈"理论的影响，也因为美国学者巫鸿和贝格利之间关于史前"中国"问题的激烈争议，引发了我对文化意义上早期中国问题的深切关注。2004 年以后，我陆续发表了《论新石器时代中原文化的历史地位》《论早期中国文化周期性的"分""合"现象》《裴李岗文化的迁徙影响与早期中国文化圈的雏形》等论文。2010 年以后，我主持国家社科基金项目"早期中国文化圈的形成和发展研究"，就是想探讨文化意义上早期中国及早期中国文明的起源和形成过程。

我认为，文化意义上的早期中国萌芽于公元前 6000 年左右的新石器时代中期。《裴李岗文化的迁徙影响与早期中国文化圈的雏形》一文提出，由于地处中原核心的裴李岗文化的强大作用，才使黄河流域文化紧密连结在一起，从而于公元前 7 千纪中期形成新石器时代的"黄河流域文化区"；才使黄河下游、汉水上游、淮北甚至长江中游地区文化也与中原文化区发生较多联系，从而形成"早期中国文化圈"的雏形。

文化意义上的早期中国形成于公元前 4000 年左右的庙底沟时代。《庙底沟时代与"早期中国"》一文提出，在仰韶文化东庄—庙底沟类型的强力扩张和影响下，中国大部地区文化首次交融联系，形成以中原为核心的文化共同体，是为最早的"早期中国文化圈"或文化上的"早期中国"，这个文化共同体所处的新时代即为庙底沟时代。

早期中国文明起源既有一般趋势，也有不同模式，这是我在博士论文中就已提出的观点。我 2003 年发表《略论中国铜石并用时代社会发展的一般趋势和不同模式》一文，提出铜石并用时代中国大部地区社会普遍发生明显变革，表现为父系家庭和家族组织的凸现、家族公社群的普遍出现和战争的频繁发生；同时，逐渐形成三种具有一定地方性特点的社会发展模式，即社会分化严重的“东方模式”、社会分化有限的“北方模式”和介于二者之间的“中原模式”。三种模式共存是中国早期文明的重要特点之一。近年河南灵宝西坡大墓发现后，阔大的墓葬规模与简陋的随葬品形成鲜明反差，引起考古界关注。我写《西坡墓葬与“中原模式”》一文，强调了中原模式的重要性，认为西坡墓葬的年代已进入西王类型早期阶段，其生死有度、重贵轻富、井然有礼、朴实执中的特点，与东方视死如视生、淫祀鬼神、富贵并重、奢侈浪费的风格形成鲜明对照，是“中原模式”的典型体现。

我关于早期中国问题的系统论述见于新著《早期中国——中国文化圈的形成和发展》一书。而《略论文化上“早期中国”的起源、形成和发展》一文，大体就是这本书的概要。我认为文化上的早期中国有个长期的萌芽与形成过程，经历了古国时代、王国时代等发展阶段。早期中国存在以农为本、稳定内敛、整体思维、祖先崇拜等区别于世界上其他文明的特质，具有有主体、有中心的多元一体文化结构，经历了有起伏、有分合的连续发展进程。文化上的早期中国之特征特质的形成，与中国相对独立、广大多样、以两大河流域为主体、以中原地区为中心的地理环境有莫大关系；而其起源、形成和早期发展过程，也都与自然环境的变迁息息相关。

四

2004年，我开始进行国家社科基金项目“中国西北地区先秦时期的自然环境与文化发展”的研究，借此对西北地区先秦时期的文化谱系、环境变迁和人地关系进行了较为系统的梳理，除出版同名的专著外，还出版了《新疆的青铜时代和早期铁器时代文化》一书。期间发表的《半山类型的形成与东部文化的西迁》一文认为，和马家窑类型相比，屈肢葬和洞室墓，以及黑红复彩、鸭形壶等半山类型中涌现出的诸多新的文化因素，实际上早就在西辽河、冀中北和内蒙古中南部文化中盛行，半山类型的形成大约与东部文化所代表的人群的部分西迁存在直接关联。

可见，屈肢葬、洞室墓等都并非原创于甘青地区的葬俗，于是我就有了对其谱系进行梳理的想法，写成了《中国古代屈肢葬谱系梳理》和《中国先秦洞室墓谱系初探》二文。前一文将中国新石器时代早期一直到中古时期的屈肢葬分为南方、北方、西方三大传统和若干支系，并且提出这三大传统正好对应整个欧亚大陆的三大屈肢葬传统。后一文将中国铜石并用时代至秦代的洞室墓分为北方、西方和秦三大传统和若干支系，并讨论了各不同传统屈肢葬和洞室墓的联系。这两篇论文还都有一个特点，就是将视野扩展到了国外。

对新疆的研究，对屈肢葬、洞室墓源头的追寻，都使我对中西文化交流越来越感兴趣。2012年，我参与李水城老师主持的国家社科基金重大项目"史前时期中西文化交流研究"，承担"史前时期中国西北地区与中西亚地区的文化交流"子课题的研究，为我将更多精力投入中西文化交流研究提供了充足理由和机会。2014、2015年，我先后在德国考古研究院、美国盖蒂研究院访问交流，接触到大量西方考古资料。

我认为，新石器时代以后的中西文化交流，最早大约发生于中国西北地区和中亚之间。《公元前3至前1千纪中国和中亚地区的尖顶冠形符号》《新疆古墓沟墓地人形雕像源于中亚》两篇论文认为，公元前3千纪中期，中亚科彼特山脉北麓的阿尔丁特佩文化或纳马兹加五期文化，就已经有文化因素渗透到中国西北地区，包括一种特殊的尖顶冠形符号，以及一种折肩圆身的人形雕像。另外，马家窑文化半山类型的锯齿纹彩陶，以及马家窑文化的绵羊等，也当为通过这一途径进入，并且有可能早到公元前4千纪中期。

从公元前2千纪初期开始，西方文化的东向影响趋势更加显著。《略论中国的"青铜时代革命"》一文指出，中国在距今4 000年左右进入青铜时代以后，大部地区在技术经济、文化格局、社会形态等方面都发生了显著的变革现象，堪称一次"青铜时代革命"。这次重大的文化变革当与西方青铜文化的影响和刺激密切相关，其根本原因还在于当时气候向干冷转化这个大的环境背景。

我也注意到，在西方文化东进的同时，中国以彩陶为代表的文化因素也渐次西进。《"彩陶之路"与早期中西文化交流》一文提出，以彩陶为代表的早期中国文化以陕甘地区为根基自东向西拓展传播之路可称为"彩陶之路"。"彩陶之路"从公元前4千纪一直延续至公元前1千纪，其中又以大约公元前3500年、公元前3000年、公元前2200年和公元前1300年四波彩陶文化的西渐最为明显。具体路线虽有许多，但大致可概括为以青藏高原为界的北道和南道。"彩陶之路"是早期中西文化交流的首要通道，是"丝绸之路"的前身，对中西方文明的形成和发展都产生过重要影响。

迄今为止，我写过十几本书，百余篇论文，书的分量远大于论文。限于篇幅，本文集所收论文既少，长文又都未收入，自然不能反映我研究的全貌，但至少见其水平，高低自有读者评论。除个别地方外，这次未对所收论文进行大的修改，只是完善或者删除了部分插图，根据出版社要求统一了引文格式。《禹征三苗探索》文后有“附记”，那是在收入《五帝时代——以华夏为核心的古史体系的考古学观察》一书时所写，现在看来仍有价值，就一并保留。《禹征三苗探索》一文是和杨新改合作完成，特此说明。

我在北京大学考古文博学院求学十年有余，在此对我的导师严文明先生和各位老师的教导深表感谢！

我先后在北京联合大学应用文理学院和中国人民大学历史学院任教，对各位领导和同事的支持帮助谨表感谢！

因苏荣誉和朱渊清兄推荐，中西书局成全，才有本书的面世，在此特表感谢！

韩建业

2016年2月于北京融域嘉园

目录

中西交流

文化谱系

试论跨湖桥文化的来源和对外影响

——兼论新石器时代中期长江中下游地区间的文化交流

跨湖桥文化是20世纪末期以来，长江下游新发现的新石器时代中期文化，以浙江萧山跨湖桥遗存为代表，包括附近的下孙遗存①，以及嵊州小黄山同期遗存②、浦江上山第二阶段遗存③等，^{14}C测年在公元前6200—前5000年之间。④ 早在第一次发掘之后，发掘者就注意到其与长江中游的皂市下层文化存在一定联系。⑤ 发掘报告正式出版以后，焦天龙又明确提出跨湖桥文化为皂市下层文化东向迁移所致。⑥本文试图论证：跨湖桥文化是在当地文化的基础上，接受长江中游的彭头山文化影响发展而成；形成后反向对长江中游产生较大影响，促使彭头山文化转变为皂市下层文化。从跨湖桥文化的来源和对外影响，可以勾勒出新石器时代中期长江中下游地区间文化交流的大致脉络。

一

焦天龙等论证跨湖桥文化为皂市下层文化东向迁移而形成的，主要有两项理

---

① 浙江省文物考古研究所、萧山博物馆编著《跨湖桥》，文物出版社，2004年。

② 张恒、王海明、杨卫《浙江嵊州小黄山遗址发现新石器时代早期遗存》，《中国文物报》2005年9月30日，第1版。

③ 浙江省文物考古研究所、浦江博物馆《浙江浦江县上山遗址发掘简报》，《考古》2007年第9期，第7—18页；蒋乐平《浦阳江流域新石器时代遗址的发现与思考》，《浙江省文物考古研究所学刊(第八辑)》，科学出版社，2006年，第439—461页。

④ 王海明则认为该类遗存大致和河姆渡文化时代相当，彩陶等因素受到长江中游大溪文化的影响。见王海明《二论萧山跨湖桥新石器时代文化遗存》，《东方博物(第四辑)》，浙江大学出版社，1999年，第19—28页。

⑤ 浙江省文物考古研究所《萧山跨湖桥新石器时代文化遗址》，《浙江省文物考古研究所学刊》，长征出版社，1997年，第6—21页；方向明《试论跨湖桥遗址》，《东方博物(第二辑)》，杭州大学出版社，1998年，第46—55页。

⑥ 焦天龙《论跨湖桥文化的来源》，《浙江省文物考古研究所学刊(第八辑)》，第372—379页。

由：一是认为跨湖桥文化和当地更早的上山文化“看不出其间有任何渊源发展关系”，二是前者与“长江中游洞庭湖地区的同时代文化有许多惊人的相似之处”①。

跨湖桥文化和上山文化真的没有任何渊源关系吗？

仔细比较，会发现二者其实都流行平底器和圈足器，都有双耳罐、圈足盘、豆等器类，而且细部形态上也颇多共性：罐类多折肩，只是跨湖桥文化转折明显而上山文化微折（图一，1、2、7、8）；前者某些罐类折沿内凹、沿中部加厚、尖唇的特征，或者口沿外戳印篦点纹的现象，也早见于后者，只是后者折沿内敛不那么明显（图一，3、9）；前者圈足盘的圈足部分见圆形镂孔和放射状刻划纹，后者见圆形和竖条形镂孔，也彼此相似（图一，4、10）；二者还都流行斜直壁盘豆（图一，5、6、11、12）。此外，二者均以夹炭陶为主，都有器表施红衣现象。如此多的共性，显见二者之间存在渊源关系。由于在上山和小黄山遗址都存在跨湖桥文化叠压上山文化遗存的地层关系，上山文化的测年数据又可早至约公元前 8000—前 6500 年，②因此跨湖桥文化的主体应当源自上山文化。

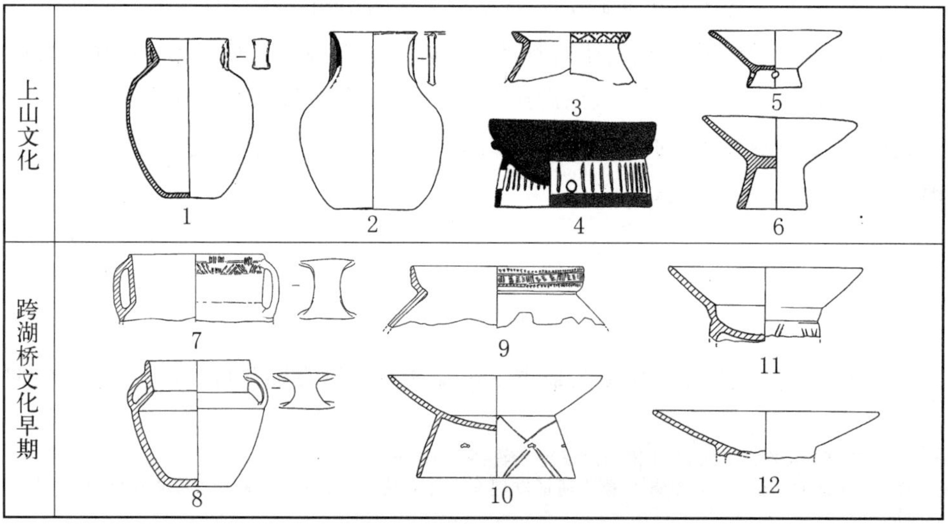

图一　上山文化和跨湖桥文化早期陶器比较

1、2、7、8. 双耳罐（上山 H226：5，小黄山 M2：2，跨湖桥 T0411 湖Ⅳ：43、T0411⑧A：24）　3、9. 折沿罐（上山 H221：4，跨湖桥 T0411 湖Ⅳ：45）　4、10. 圈足盘（小黄山 M2：2，跨湖桥 T0513⑨C：2）　5、6、11、12. 豆（上山 H196：1、H193：1，跨湖桥 T0410 湖Ⅲ：14、T0411⑧A：66）

① 焦天龙《论跨湖桥文化的来源》，《浙江省文物考古研究所学刊（第八辑）》，第 375 页。

② 浙江省文物考古研究所、浦江博物馆《浙江浦江县上山遗址发掘简报》，《考古》2007 年第 9 期，第 7—18 页；蒋乐平《浦阳江流域新石器时代遗址的发现与思考》，《浙江省文物考古研究所学刊（第八辑）》，第 439—461 页。

但跨湖桥文化和上山文化毕竟有着显著差异，突出表现在前者新出大量各种形态的绳纹圜底釜和折腹圜底钵。上山文化虽也有圜底器，但数量很少且为素面。如果我们放大眼光，会发现在新石器时代早中期，流行圜底器和绳纹的主要地区是华南和长江中游，而绳纹圜底釜和圜底微折腹钵共同构成主要器类的则只有长江中游洞庭湖地区的彭头山文化。比较来看，跨湖桥文化早期和彭头山文化都有近乎无沿的陶釜，只是前者无颈且口多敛，而后者微有束颈（图二，1、2、6、7）；二者都有折腹钵、盘或盆类，且转折处多见一周戳印纹，只是前者多折腹明显甚至出棱，而后者为微折腹（图二，3、4、8、9）。二者还共见一种素面弯棱台状支脚（图二，5、10），共见菱格纹等刻划纹饰（图三，1、2、5、6）；前者的成组平行线纹、菱形纹彩陶图案，也和后者的抹压平行线纹、戳印菱形纹相似（图三，3、4、7、8）。彭头山文化的测年约在公元前7000—前5800年，[①]其上限明显早于跨湖桥文化，可见跨湖桥文化的形成应当有彭头山文化的贡献在内。

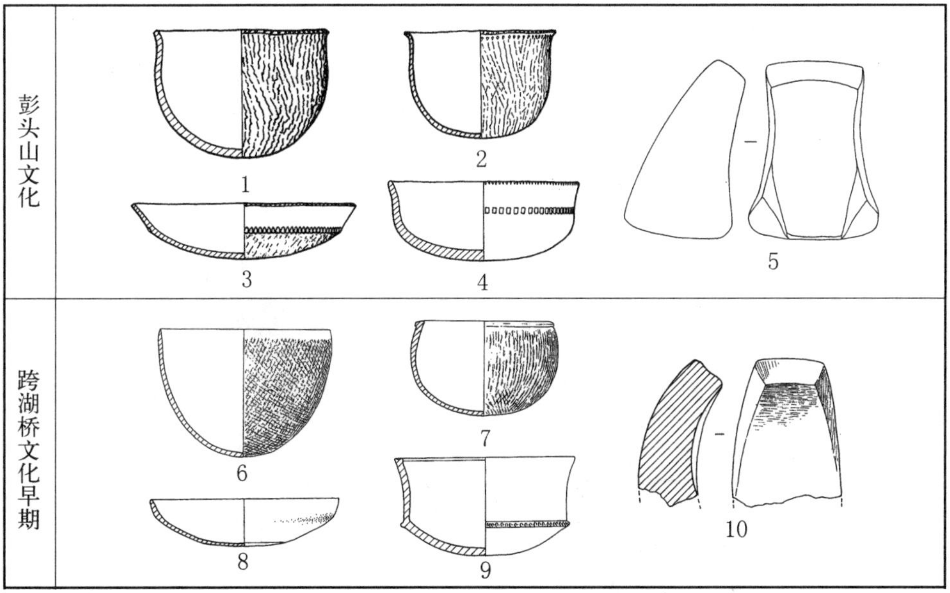

图二　彭头山文化和跨湖桥文化早期陶器比较

1、2、6、7. 绳纹釜（彭头山 T1⑥：5、F2：3，跨湖桥 T0510⑤B：5、T0411⑨B：48）　3、4、8、9. 钵（彭头山 T2②：49、T14④：53，跨湖桥 T0512 湖Ⅱ：10、T0410 湖Ⅲ：17）　5、10. 支脚（彭头山 T14⑥：1，跨湖桥 T0513 湖Ⅳ：6）

---

① 本文所谓彭头山文化指彭头山和八十垱遗址的一至三期遗存，不包括第四期。见湖南省文物考古研究所编著《彭头山与八十垱》，科学出版社，2006 年。

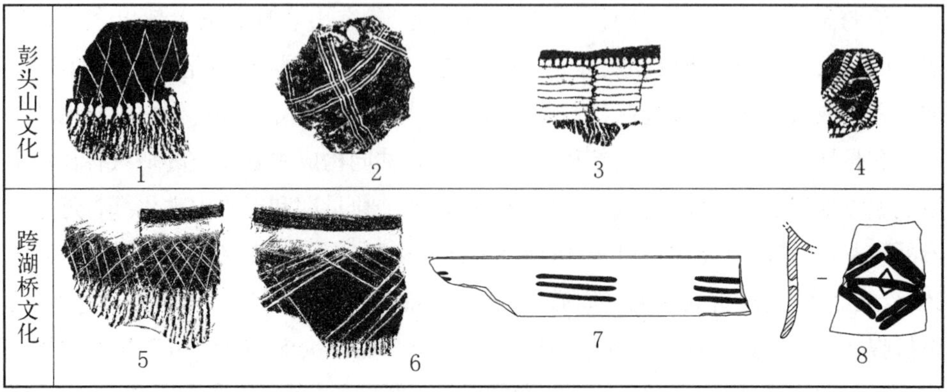

图三　彭头山文化和跨湖桥文化陶器纹饰比较

1、2、4、5、6、8. 菱形纹（彭头山 H13：7、T14⑥：23、T12⑤：1，跨湖桥 T0411⑧A：75、T0411 湖Ⅲ：65、T202⑥：61）　3、7. 平行线纹（彭头山 H1：47，跨湖桥 T0410④：47）

归结起来看，跨湖桥文化实际是在当地上山文化的基础上，接受长江中游的彭头山文化影响发展而成。这当然不是长江中下游文化因素简单的相加，而是二者的有机融合。比如跨湖桥文化大量颇具特色的折沿或侈口绳纹釜，其凹折沿、折肩特征源自上山文化，圜底、绳纹、沿面压印花边等特征来自彭头山文化，总体颇具特色（图四）。

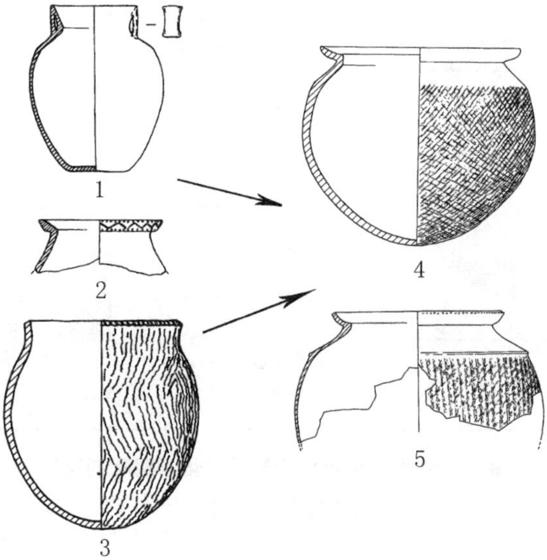

图四　上山文化、彭头山文化和跨湖桥文化陶器比较

1. 双耳罐（上山 H226：5）　2. 折沿罐（上山 H221：4）　3—5. 釜（彭头山 H1：6，跨湖桥 T0411⑧A：132、T0409⑧A：5）

二

那么，跨湖桥文化和皂市下层文化的相似性又因何而来？

要回答这一问题，我们先需对皂市下层文化和彭头山文化的关系略作分析。

皂市下层文化以湖南石门皂市下层①和临澧胡家屋场遗存②为代表，包括长沙大塘、汨罗附山园早期遗存等。③ 分布中心在洞庭湖北部地区，兼及湘江下游。从湖南澧县八十垱遗址发掘情况来看，有属于皂市下层文化的 T25③B 层叠压于彭头山文化遗存之上的地层关系。皂市下层文化绝对年代约在公元前 5800—前 5000 年，④比彭头山文化晚一个阶段。从陶器来看，皂市下层文化流行的束颈或高领圜底釜、绳纹等因素显然承继彭头山文化，其他如斜弧腹的盆、钵类，直体支脚等，也都和彭头山文化颇多联系，可以说皂市下层文化是在彭头山文化基础上发展而来。⑤

但和彭头山文化相比，皂市下层文化突然出现了很多全新的因素，如大量镂孔装饰的圈足盘，折腹罐、折腹钵，边带一周凹槽的"线轮"，釜罐类盛行的双耳、折沿内凹、折肩或折腹、平底等特征（图五），这些恰好是起点更早的跨湖桥文化的典型因素。可见跨湖桥文化和皂市下层文化之所以相似，缘于前者向长江中游地区的西向影响。⑥

这样看来，皂市下层文化正是在彭头山文化基础上，接受较多跨湖桥文化因素发展而成。当然，两类因素在皂市下层文化当中也是互相搭配、彼此融合，造就了一些颇为新颖的器形：如双耳折沿亚腰罐，总体特征应当源自跨湖桥文化的双耳折肩

---

① 湖南省博物馆《湖南石门县皂市下层新石器遗存》，《考古》1986 年第 1 期，第 1—11 页。

② 湖南省文物考古研究所《湖南临澧县胡家屋场新石器时代遗址》，《考古学报》1993 年第 2 期，第 171—206 页。

③ 有学者称湘江流域的此类遗存为"大塘文化"，见郭伟民《中心与外围：湖南新石器文化进程的区域考察》，《古代文明（第 6 卷）》，文物出版社，2007 年，第 34—82 页。

④ 皂市下层 T43⑤一个木炭样本 ^{14}C 测年校正数据为公元前 5750—前 5480 年，见中国社会科学院考古研究所编《中国考古学中碳十四年代数据集（1965—1991）》，文物出版社，1992 年；胡家屋场的陶片中碳化稻壳稻草和腐殖酸的 AMS 测年数据在距今 6 775—6 540 年之间，见陈铁梅、R.E.M. Hedges《彭头山等遗址陶片和我国最早水稻遗存的加速器质谱 ^{14}C 测年》，《文物》1994 年第 3 期，第 88—93 页。

⑤ 尹检顺《浅析湖南洞庭湖地区皂市下层文化的分期及其文化属性》，《长江中游史前文化暨第二届亚洲文明学术讨论会论文集》，岳麓书社，1996 年，第 105—125 页；何介钧《长江中游新石器时代文化》，湖北教育出版社，2004 年。

⑥ 蒋乐平曾提出长江中游的圈足盘源自跨湖桥文化的可能性，见蒋乐平《错综复杂的东南新石器时代早期文化——也谈浙江新发现的几处较早期新石器时代遗址》，《中国文物报》2006 年 4 月 28 日，第 7 版。

罐，肩部的压印纹、刻划纹特征可能来自彭头山文化，绳纹则难分彼此，亚腰特征则为新创(图五，5)。

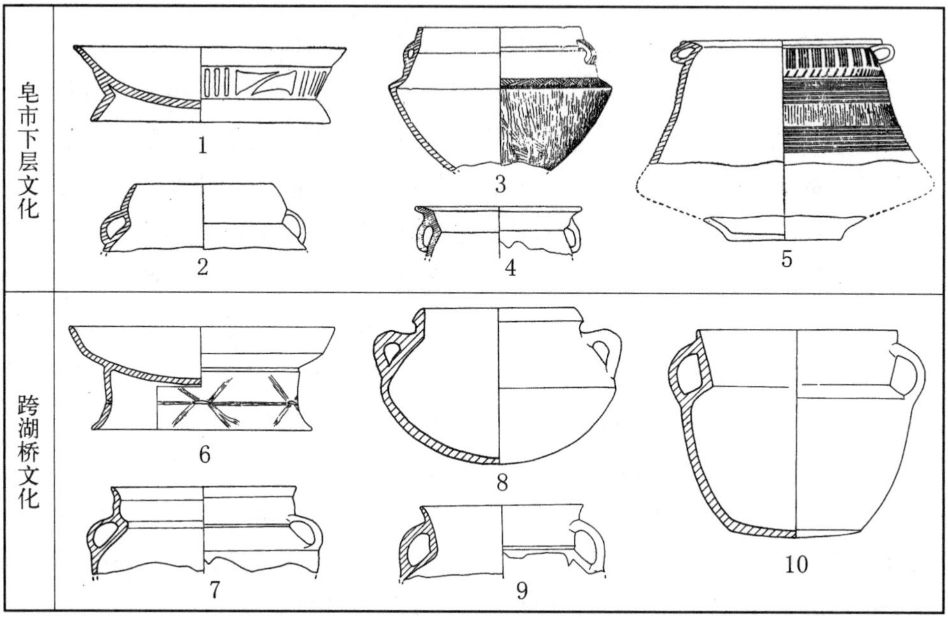

图五　皂市下层文化和跨湖桥文化陶器比较

1、6. 圈足盘(皂市 T4⑤：22，跨湖桥 T0411⑨A：47)　2—5、7—10. 罐(皂市 T101⑩：110、T101⑩：80、T4④：55、T3③：143，跨湖桥 T0411⑧A：102、T0411 湖Ⅲ：37、T0411⑧：125、T0512⑨A：9)

三

狭义的皂市下层文化只分布在洞庭湖地区。再往外围，在沅江、长江三峡等地还分布着一些与之大体同时且类似的遗存，这些遗存也间接地和跨湖桥文化发生关系。

沅江上中游地区以洪江高庙下层为代表的遗存被称为高庙文化，其绝对年代被推定在公元前 5800—前 4800 年。[①] 其束颈或高领圜底釜、盆、钵等主体器物都明显承继彭头山文化而来，压印、戳印、刻划纹在彭头山文化基础上得到空前发展，尤以带獠牙之兽面纹最具特色，并新创精美白陶。圈足盘虽属跨湖桥文化因素，但在

① 湖南省文物考古研究所《湖南黔阳高庙遗址发掘简报》，《文物》2000 年第 4 期，第 4—23 页；湖南省文物考古研究所《湖南洪江市高庙新石器时代遗址》，《考古》2006 年第 7 期，第 9—15 页。

跨湖桥文化中，圈足一般装饰镂孔和放射状刻划纹，而在高庙文化中则为复杂繁缛的戳印、压印纹；还有某些釜、罐、钵类的折沿、折腹特征当与跨湖桥文化有关，却基本不见皂市下层文化流行的双耳、平底特征（图六）。可见高庙文化继承了彭头山文化的更多成分，并颇具创新性；所见跨湖桥文化因素较少，可能只是通过皂市下层文化间接传播而来。

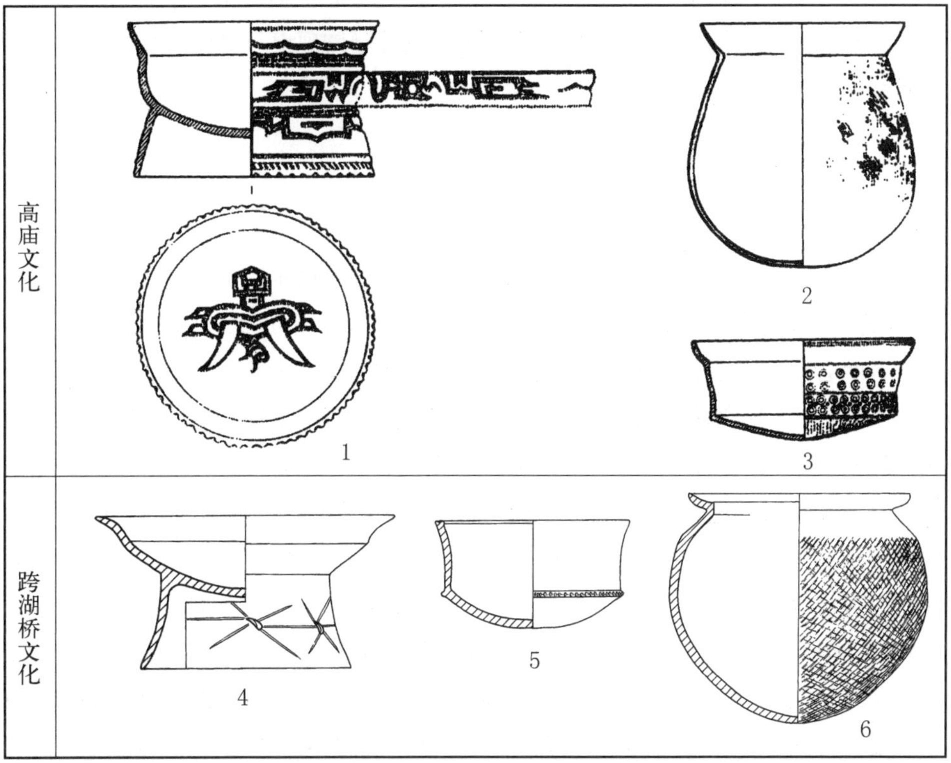

图六　高庙文化和跨湖桥文化陶器比较

1、4. 圈足盘（高庙 T2003㉑：12，跨湖桥 T0410 湖Ⅲ：23）　2、6. 釜（高庙 T2003㉔：18，跨湖桥 T0411⑧A：132）　3、5. 折腹钵（高庙 T2104㉔：20，跨湖桥 T0410 湖Ⅲ：17）

峡江口以下的宜都至宜昌一带，分布着以宜都城背溪早期遗存为代表的城背溪文化，该文化又可以分成以城背溪南区下层为代表的早期，和以宜都金子山、青龙山遗存为代表的晚期。① 城背溪遗址的一个^{14}C 测年校正数据为公元前 5619—前

① 湖北省文物考古研究所编著《宜都城背溪》，文物出版社，2001 年。

5477年,[①]大约代表早期的绝对年代。其束颈圜底釜或罐、圜底钵或盆等主体器类,以及个别有特色的小口耸肩扁壶等,都和宜都枝城北类彭头山文化一脉相承。[②] 但较多圈足盘,以及双耳、折沿、折腹等特征的出现,则体现出与跨湖桥文化的联系。这些属于跨湖桥文化的因素数量虽然不多,但很接近皂市下层文化,推测可能同样从后者间接传播而来。

至于三峡地区以湖北巴东楠木园遗存为代表的所谓楠木园文化[③],已不见圈足盘,其他陶器不见折腹、折沿等特征,只有个别双耳罐体现出与跨湖桥文化的些许间接联系。

四

总结起来看,新石器时代早期的长江中下游地区本属不同的文化系统:长江中游和华南同属绳纹圜底釜系统,长江下游则为平底盆—圈足盘—双耳罐系统,看不出二者间有什么联系。至新石器时代中期,二者彼此发生交流:首先是在公元前7千纪末期,长江中游洞庭湖地区的彭头山文化东向挺进长江下游的杭州湾以南地区,使得当地的上山文化发展成为跨湖桥文化,从此绳纹圜底釜成为长江下游地区长期存在的重要文化内容。几百年之后的公元前6千纪初期,处于兴盛期的跨湖桥文化又反过来西向影响洞庭湖地区,促成彭头山文化向皂市下层文化的转变,使得圈足盘等成为长江中游文化的重要特征。不仅如此,间接通过皂市下层文化的对外影响,跨湖桥文化因素还渗透到沅江、湘江和峡江地区。通过这样的彼此双向交流融合,此后长江中下游地区文化已经大同小异,总体构成一个新的以釜、圈足盘、豆为主要特征的文化系统,或可称之为"长江中下游文化系统"。这个文化系统通过裴李岗文化和"黄河流域文化系统"彼此沟通,成为"早期中国文化圈"雏形的主体之一。[④]

(本文原载于《东南文化》2010年第6期)

---

① 中国社会科学院考古研究所编《中国考古学中碳十四年代数据集(1965—1991)》。

② 枝城北遗存和彭头山遗存总体很接近,深腹罐、小口耸肩扁壶以及双鋬特征则又接近裴李岗文化,当属于彭头山文化的一个地方类型,或可暂称枝城北类型。它明显比城背溪早期遗存早一个阶段。《宜都城背溪》发掘报告则将枝城北遗存的年代置于城背溪早期遗存之后。

③ 国务院三峡工程建设委员会办公室、国家文物局编著《巴东楠木园》,科学出版社,2006年。

④ 韩建业《裴李岗文化的迁徙影响与早期中国文化圈的雏形》,《中原文物》2009年第2期,第11—15页;已收入本书。

龙虬庄文化的北上与大汶口文化的形成

20世纪70年代末期在山东发现北辛文化后不久，有学者就提出北辛文化为大汶口文化前身的论点。[①] 此论虽长期被视为定论，但仍有继续完善的必要，因为它忽视了江淮地区龙虬庄文化的北上在大汶口文化形成过程中的重要贡献。本文拟重点讨论这一问题，并重新审视关于大汶口文化和青莲岗文化的纠葛。

一

我们首先比较大汶口文化最早阶段和北辛文化最晚阶段的遗存。

鲁中南和苏北地区是早期大汶口文化分布的核心所在，在山东泰安大汶口[②]、兖州王因[③]、邹城野店[④]、济宁玉皇顶[⑤]和江苏邳州刘林[⑥]等遗址都发现了大汶口文化早期阶段遗存。

《大汶口续集》将大汶口遗址大汶口文化早期阶段遗存分为3期，属于一期的至少有15个单位，其中出土和发表陶器较多者有H2003、H2026、M1001、M2004、M2012、M2016等，根据遗物特征还应包括M2021在内。这些单位的开口层位虽有所不同，可由于各探方地层没有严格统一，因此很难依地层关系将其作进一步划分。

---

① 伍人《山东地区史前文化发展序列及相关问题》，《文物》1982年第10期，第44—54页；吴汝祚《试论北辛文化——兼论大汶口文化的渊源》，《山东史前文化论文集》，齐鲁书社，1986年，第196—210页。

② 山东省文物考古研究所编著《大汶口续集——大汶口遗址第二、三次发掘报告》，科学出版社，1997年。

③ 中国社会科学院考古研究所编著《山东王因——新石器时代遗址发掘报告》，科学出版社，2000年。

④ 山东省博物馆、山东省文物考古研究所编著《邹县野店》，文物出版社，1985年。

⑤ 济宁市文物考古研究室、济宁市任城区文物管理所《山东济宁市玉皇顶遗址发掘简报》，《考古》2005年第4期，第3—11页；山东省文物考古研究所等《山东济宁玉皇顶遗址发掘报告》，《海岱考古（第三辑）》，科学出版社，2010年，第1—113页。

⑥ 南京博物院《江苏邳县刘林新石器时代遗址第二次发掘》，《考古学报》1965年第2期，第9—47页。

但我们可以据这些单位出土的平底和三足的陶深腹杯和觚形杯，将其分成两组：第1组包含深腹杯，以H2003和H2026为代表；第2组包含觚形杯，以M2012、M2004、M2016、M2021为代表。由于该遗址觚形杯存在由矮胖向瘦长发展的总体演变规律，因此推测第2组的M2012：1这类最早的觚形杯，极有可能是从第1组H2003：3这类深腹杯演化而来，或许还经过了M1001：3这样的中间环节。总体的演化趋势是器体趋于瘦长，口部不断扩大，垂腹下移缩变为底边出棱（图一，1—5）。由此推断，上述两组单位存在依次早晚的关系。

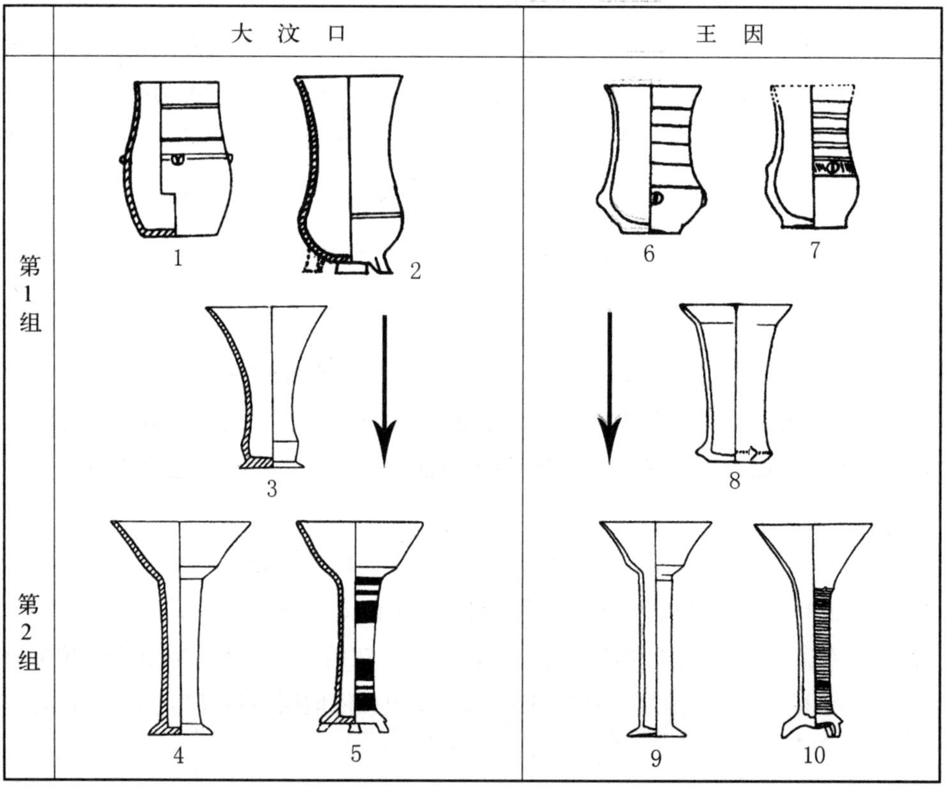

图一 大汶口文化一期陶深腹杯向觚形杯的演化

1—5. 大汶口（H2003：24、H2003：3、M1001：3、M2012：1、M2012：6） 6、7. 王因M2594 8. 王因M2568 9、10. 王因M2108

《山东王因》将灰坑和墓葬都归属于某一层，实际开口层位均未交代清楚，以这样的地层关系划分的组别意义不大。我们主要依据发表陶器的类型学特征，将相当于大汶口遗址一期的单位也分成两组：M2594、M2583、M2102等为第1组，M2490、

M2464、M2108 等为第 2 组。这两组的变化规律基本同于大汶口遗址，也应当是依次早晚的关系，M2568 所出杯当为两组的过渡形态（图一，6—10）。

此外，野店 M6、M53 和刘林的 M210、M219 等相当于大汶口和王因遗址的第 2 组。

如果从文化的因素结构着眼，上述大汶口文化一期第 1 组陶器可分为两类：甲类包括釜形鼎、盆形鼎、小平底钵、小口矮颈球腹壶等，乙类包括深腹杯、觚形杯、扁足罐形鼎、宽扁足三足钵等。比较来看，占据主体的甲类陶器同以大汶口 H31、H2 和王因 T426④下为代表的北辛文化最晚阶段遗存一脉相承，表明大汶口文化的确以北辛文化为主体发展而来，但颇具特色的乙类陶器在北辛文化中却毫无渊源可寻。至大汶口文化一期第 2 组，又新出单把釜形鼎、单把盉、高柄豆、矮柄豆等陶器，也和北辛文化无关。换句话说，乙类器物的出现实际成为区分北辛文化和大汶口文化的标志，显见大汶口文化的形成还有乙类器物所代表的文化系统的重要贡献在内。

二

让我们将眼光转到江淮东部地区的龙虬庄遗址[①]。发掘者将该遗址龙虬庄文化居址遗存分为 3 期：其中遗址主体第 8 层和第 7 层属第一期，第 6—4 层及其下开口的灰坑属第二期。这两期地层关系较为清楚，包含陶器存在一定的演变关系，其分期结论大致可信。该遗址还发现 402 座墓葬，除 3 座外，其余都由于辨认困难而未发掘出墓坑，因此开口层位不清楚。发掘者指出，墓葬区与居住区的地层堆积完全可以彼此对应，“墓地中的地层是由于墓葬的堆积叠压而形成的，而不是形成地层之后再挖开埋入死者的”[②]，因此，可以将所有墓葬分为“第 6 层墓葬”“第 5 层墓葬”和“第 4 层墓葬”，而且其中“第 6 层墓葬”属于第二期前段，“第 5 层墓葬”和“第 4 层墓葬”属于第二期晚段。从随葬陶器来看，以 M214、M274、M156、M401 为代表的“第 6 层墓葬”，陶器类型学特征相近，确可归属第二期前段，说明这个分期方案基本成立。

比较发现，大汶口文化一期第 1、2 组新出的乙类陶器，正好分别是龙虬庄遗址

---

① 龙虬庄遗址考古队编著《龙虬庄——江淮东部新石器时代遗址发掘报告》，科学出版社，1999 年。
② 龙虬庄遗址考古队编著《龙虬庄——江淮东部新石器时代遗址发掘报告》，第 38 页。

第一期和第二期前段的典型陶器，这表明它们的年代分别接近，且相互有密切关系。具体来说，大汶口文化一期第1组的深腹杯、扁足罐形鼎和带沟槽宽扁足三足钵等，都和龙虬庄遗址第一期同类器形态十分接近，只是前者的深腹杯已经向瘦长方向发展（图二）。大汶口文化一期第2组的圈足觚形杯、单把鼎、单把盉、镂孔高柄豆、矮柄豆等，则和龙虬庄遗址第二期前段器物近似；只是前者单把鼎为釜形，单把盉无管状流，深腹杯更细长且口部明显扩大，而后者单把鼎为罐形，单把盉有管状流，深腹杯较矮胖（图三）。

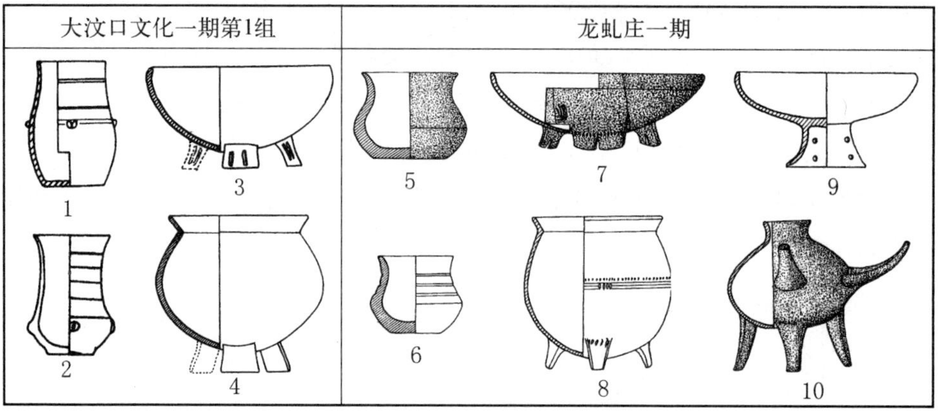

图二　大汶口文化一期第1组和龙虬庄一期陶器比较

1、2、5、6. 深腹杯（大汶口 H2003：24，王因 M2594，龙虬庄 T1726⑦：16、T1627⑧：8）　3、7. 扁足三足钵（大汶口 H2003：2，龙虬庄 T1526⑧：4）　4、8. 扁足鼎（大汶口 H2026：8，龙虬庄 T1629⑦：7）　9. 豆（龙虬庄 T3729⑦：12）　10. 单把盉（龙虬庄 T1827⑦：25）

深腹杯、单把鼎、单把盉、扁足罐形鼎、带沟槽宽扁足三足钵、镂孔高柄豆、矮柄豆等陶器，都属龙虬庄文化第一、二期主要器物，且发展演变轨迹清楚；而在大汶口文化中则陆续出现，且处于次要地位。有理由推测大汶口文化中这类因素的出现当为龙虬庄文化北上影响的结果。① 按照已经测定的 ^{14}C 数据，龙虬庄一期约为公元前4600—前4300年，二期前段约为公元前4300—前4000年；②大汶口文化早期约为公元前4100—前3500年，其中最早的一期第1、2组大概在公元前4100—前4000

① 牟永抗早在20世纪80年代末就指出，“在大汶口文化出现陶鬶之前，长江下游的广大地区，已经存在着功能和形态上与陶鬶相近的‘侧把盉’与‘鬶形器’了，他们的最早形态产生在太湖地区的马家浜文化，大汶口文化中陶鬶的出现，可能和他们有关”。龙虬庄文化的陶盉当与马家浜文化属同一系统。见牟永抗《论良渚文化和大汶口文化的关系》，《中国考古学会第七次年会论文集（1989）》，文物出版社，1992年，第46—56页。

② 龙虬庄遗址考古队编著《龙虬庄——江淮东部新石器时代遗址发掘报告》，第395页。

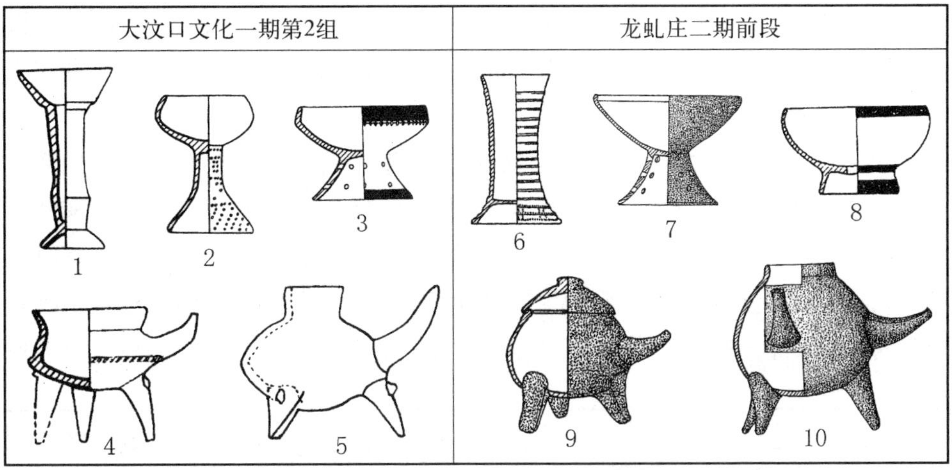

图三　大汶口文化一期第 2 组和龙虬庄二期前段陶器比较

1、6. 觚形杯（大汶口 M2004：2，龙虬庄 M156：2）　2、3、7、8. 豆（大汶口 M2004：8、M2012：3，龙虬庄 M214：3、M401：1）　4、9. 单把鼎（大汶口 M2004：4，龙虬庄 M274：3）　5、10. 单把盉（大汶口 M1001：4，龙虬庄 T0929⑥：4）

年。① 可见大汶口文化一期大致与龙虬庄二期前段同时，上限可与龙虬庄一期衔接。年代数据支持上述推论。

三

从大的文化格局来看，在大汶口文化之前的约公元前 4500—前 4200 年，在山东、苏北分布着晚期北辛文化，周围地区则分别是河北的仰韶文化后岗类型、豫中的仰韶文化大河村类型②、江淮东部附近的龙虬庄文化一期或类似遗存③。这时北辛文化和仰韶文化后岗类型、大河村类型的交流异常频繁，④并已受到江淮地区些许影响。⑤ 从约公元前 4200 年开始，仰韶文化东庄类型崛起于晋南豫

① 山东省文物考古研究所编著《大汶口续集——大汶口遗址第二、三次发掘报告》。

② 以大河村前二期遗存为代表。见郑州市文物考古研究所编著《郑州大河村》，科学出版社，2001 年。

③ 比如高淳薛城早期、江苏金坛三星村一期遗存等。见南京市文物局、南京市博物馆、高淳县文管所《江苏高淳县薛城新石器时代遗址发掘简报》，《考古》2000 年第 5 期，第 1—20 页；江苏省三星村联合考古队《江苏金坛三星村新石器时代遗址》，《文物》2004 年第 2 期，第 4—26 页。

④ 张忠培、乔梁《后岗一期文化研究》，《考古学报》1992 年第 3 期，第 261—280 页。

⑤ 在江苏邳州大墩子北辛文化晚期遗存中见有龙虬庄文化特有的成组弧线纹彩陶。见南京博物院《江苏邳县四户镇大墩子遗址探掘报告》，《考古学报》1964 年第 2 期，图七-6，第 9—56 页。

西，并迅速向周围大幅度扩张。[①] 稍后约公元前4100年，江浙、江淮地区文化的"崧泽化"过程，[②]乃至于龙虬庄文化的北上和大汶口文化的形成，应当都与来自仰韶文化核心区的强力激荡影响有关。

约公元前4000年之后，在大汶口文化二、三期中仍包含部分江淮、江浙地区的文化因素，比如平底或三足的折腹罐等来自崧泽文化[③]，饰网纹、波折纹的彩陶钵来自龙虬庄文化[④]（图四），钺、长体锛、镯等石器和八角形纹、太阳纹等新因素，则早先见于北阴阳营文化、崧泽文化和薛家岗文化[⑤]（图五）。其中的八角形纹、太阳纹等因素的更早来源在长江中游的高庙文化[⑥]。反过来，大汶口文化的高柄杯[⑦]、口沿外

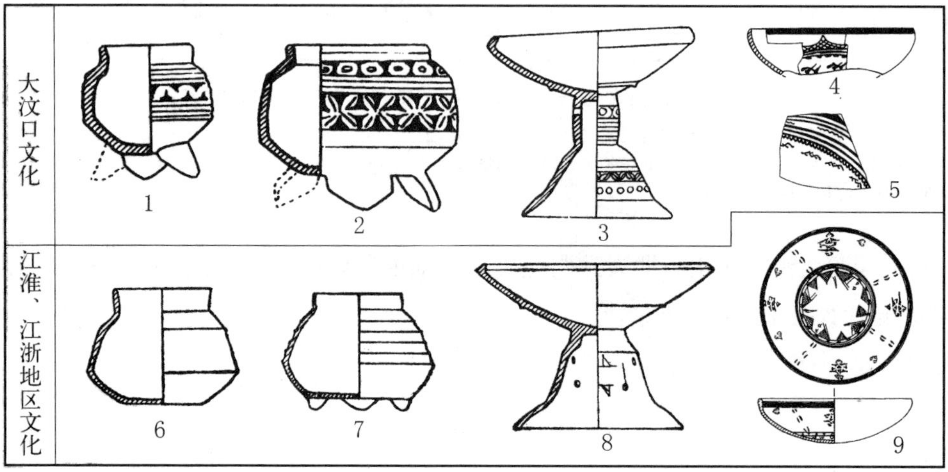

图四 大汶口文化和江淮、江浙地区文化陶器比较(一)

1、2、7. 三足折腹罐(大汶口M2018：18、15，青墩M14：4) 3、8. 豆(大汶口M1012：5，青墩M62：1) 4、5、9. 彩陶钵(玉皇顶T2④：5、T2③：8，龙虬庄M162：9) 6. 平底折腹罐(青墩M41：3)

① 韩建业《涿鹿之战探索》，《中原文物》2002年第4期，第20—27页；已收入本书。

② 公元前4100年前后，在马家浜文化向崧泽文化转变的同时，还出现了北阴阳营文化、薛家岗文化、龙虬庄文化二期等与崧泽文化大同小异的遗存，本文暂称这些类似遗存的形成过程为"崧泽化"。这些遗存普遍新出小口鼓腹鼎，有的肩部还饰多周旋纹，当为受到以大河村一期为代表的小口折腹釜形鼎的影响所致。

③ 上海市文物保管委员会编著《崧泽——新石器时代遗址发掘报告》，文物出版社，1987年；南京博物院《江苏海安青墩遗址》，《考古学报》1983年第2期，第147—189页。

④ 何德亮等指出大汶口文化早期陶器曾受到龙虬庄文化、崧泽文化的影响。见山东省文物考古研究所编著《山东20世纪的考古发现和研究》，科学出版社，2005年，第179页。

⑤ 张弛曾指出大汶口文化早期的玉石器制作技术主要来自北阴阳营—薛家岗系统。见张弛《大溪、北阴阳营和薛家岗的石、玉器工业》，《考古学研究(四)》，科学出版社，2000年，第55—76页。

⑥ 湖南省文物考古研究所《湖南黔阳高庙遗址发掘简报》，《文物》2000年第4期，第4—23页；湖南省文物考古研究所《湖南洪江市高庙新石器时代遗址》，《考古》2006年第7期，第9—15页。

⑦ 大汶口文化的高柄杯器体细高且周身饰多周旋纹，有些类似于倒置的觚形杯。

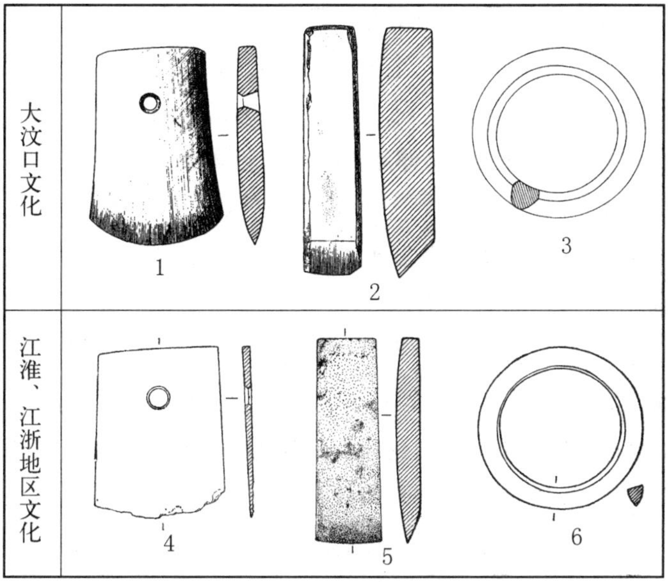

图五　大汶口文化和江淮、江浙地区文化石器比较

1、4. 钺(大汶口 M2008：6，北阴阳营 M286：7)　2、5. 锛(大汶口 M1014：24，北阴阳营 M180：4)　3、6. 镯(大汶口 M2018：13，崧泽 M92：6)

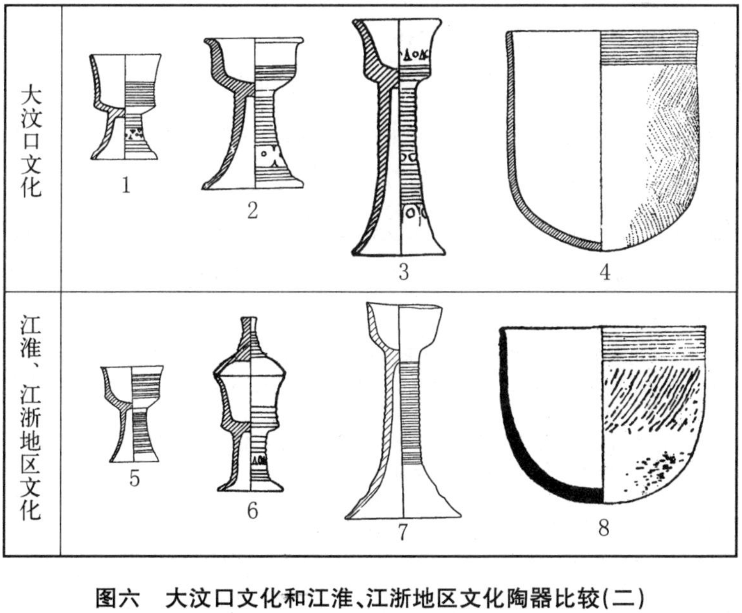

图六　大汶口文化和江淮、江浙地区文化陶器比较(二)

1—3、5—7. 高柄杯(大汶口 M2020：27、M2018：42、M1014：6，龙虬庄 T3629④：2，青墩 M44：19，凌家滩 87M9：42)　4、8. 缸(刘林 M192：1，崧泽 61T2：31)

饰多周旋纹的直腹缸等典型因素，同时传播至江浙、江淮地区的龙虬庄文化、北阴阳营文化、薛家岗文化、崧泽文化等当中(图六)；[①]北阴阳营文化所见鼎足根凸起等现象，也可能为受大汶口文化影响所致。可见此时海岱与江淮、江浙地区的文化关系已经转变为双向互动。此外，来自仰韶文化庙底沟类型—阎村类型的花瓣纹彩陶、陶敛口鼓肩深腹钵、陶宽折沿盆、二次葬等因素则急剧增多，体现中原影响的继续加强。实际上大汶口遗址的三足折腹罐装饰花瓣纹，为崧泽文化和仰韶文化因素的融合体(图四,2)。

大汶口文化的形成与江淮地区龙虬庄文化的北上有关，形成后又与江淮、江浙地区文化不断交流，加上仰韶文化同时向两地施加影响，从而使得海岱和江淮、江浙地区的文化面貌越来越近似，逐渐在东部沿海地区形成“鼎豆壶杯鬶(盉)文化系统”。这个南北纵向的文化系统，与东西横向的黄河流域文化系统和长江中下游文化系统互相贯穿，使得公元前4000年前后的黄河、长江流域文化联结为一个相对的文化统一体，构成文化上“早期中国”的主体。

四

最后让我们回顾一下大汶口文化和“青莲岗文化”的纠葛。这两个文化都发现于20世纪五六十年代，关于二者的关系在80年代前曾有过热烈讨论。[②] 代表性意见主要有两种：一是认为淮河故道南北两侧均属于一个文化系统即“青莲岗文化”，根据区域性差异又可以分为“江北类型”和“江南类型”；[③]二是认为淮河南北分属两个文化系统，其中山东和苏北遗存为大汶口文化，[④]或者偏早阶段称“青莲岗文化”，偏晚阶段称大汶口文化。[⑤] 讨论的结果是第二种意见被更多人接受，“青莲岗文化”

---

① 南京博物院编著《北阴阳营——新石器时代及商周时期遗址发掘报告》，文物出版社，1993年；安徽省文物考古研究所编著《潜山薛家岗》，文物出版社，2004年；安徽省文物考古研究所编著《凌家滩——田野考古发掘报告之一》，文物出版社，2006年。

② 这在1977年召开的“长江下游新石器时代学术讨论会”上有集中体现。见《长江下游新石器时代学术讨论会纪要》，《文物》1978年第3期，第35—39页。

③ 吴山菁《略论青莲岗文化》，《文物》1973年第6期，第45—61页；南京博物院《长江下游新石器时代文化若干问题的探析》，《文物》1978年第4期，第46—57页。

④ 安志敏《略论我国新石器时代文化的年代问题》，《考古》1972年第6期，第35—44页；夏鼐《碳-14测定年代和中国史前考古学》，《考古》1977年第4期，第217—232页；山东省博物馆《谈谈大汶口文化》，《文物》1978年第4期，第58—66页；高广仁《试论大汶口文化的分期》，《文物集刊1》，文物出版社，1980年，第47—65页。

⑤ 严文明《论青莲岗文化和大汶口文化的关系》，《文物集刊1》，第116—124页。

一词渐被淡忘。

青莲岗遗址至今仅进行过几次调查，下层所见陶器有鼎、釜、豆、杯、平底盉形器、钵、盘等，还有和龙虬庄二期基本相同的相对重弧纹、以方形为核心的编织纹彩陶。① 当年的调查者从中看到了“江南”“江北”的共性因素，并提出“青莲岗文化”的命名，若放在“鼎豆壶杯鬶(盉)文化系统”的角度来看，很有其合理的一面。随着资料的增多，后来的研究者把山东和苏北与其大体同时的遗存称为大汶口文化，把江淮东部与青莲岗下层类似的遗存称为龙虬庄文化，这种做法固然更加可取，但不能因此而忽视了海岱和江淮、江浙文化的密切关系，更不应忘却当年“青莲岗文化”提出者在认识中国东部地区文化共性方面的贡献。

(本文原载于《江汉考古》2011 年第 1 期)

① 华东文物工作队《淮安县青莲岗新石器时代遗址调查报告》,《考古学报》第九册，1955 年，第 13—23 页。

老虎山文化的扩张与对外影响

老虎山文化属于龙山时代考古学文化之一，分布在包括内蒙古中南部、晋中北、陕北和冀西北大部在内的北方地区，其陶器以双鋬鬲最为典型，绝对年代在公元前2500—前1900年；大约以公元前2200年为界，还可分为前、后两大期。前期稳定发展，对外影响有限。后期向南强烈扩张，造成临汾盆地出现文化巨变；其陶双鋬鬲、卜骨和细石器镞3种器物更流播至黄河中下游广大地区，对中国文明的早期发展产生了深远影响。[①] 那么后期老虎山文化扩张和对外影响的具体表现是什么？这种"反常"举动到底与气候变化有无必然的关系？本文将对这些问题略作论述。

一、向临汾盆地的扩张

龙山前期，晋中老虎山文化游邀类型前期和晋南临汾盆地的陶寺类型南北对峙。游邀类型前期以汾阳杏花村H118为代表，[②]还包括太谷白燕[③]、忻州游邀[④]等遗址的同类遗存。主要器类有双鋬斝式鬲、单把斝式鬲、素面小斝、敛口甗、高领罐、大口尊、直壁缸、斜腹盆、甑、单耳罐、双耳罐等。陶寺类型以陶寺M3002和M3015为代表，[⑤]其文化因素主要可分为两大类：斝、深腹罐、釜灶、扁壶、甑、单耳罐、斜腹

---

① 田广金《凉城县老虎山遗址1982—1983年发掘简报》，《内蒙古文物考古》1986年第4期，第38—46页；内蒙古文物考古研究所编著《岱海考古(一)——老虎山文化遗址发掘报告集》，科学出版社，2000年；韩建业《中国北方地区新石器时代文化研究》，文物出版社，2003年。

② 国家文物局、山西省考古研究所、吉林大学考古学系编著《晋中考古》，文物出版社，1999年。

③ 晋中考古队《山西太谷白燕遗址第一地点发掘简报》，《文物》1989年第3期，第1—21页；晋中考古队《山西太谷白燕遗址第二、三、四地点发掘简报》，《文物》1989年第3期，第22—34页。

④ 忻州考古队《山西忻州市游邀遗址发掘简报》，《考古》1989年第4期，第289—299页。

⑤ 高天麟、张岱海、高炜《龙山文化陶寺类型的年代与分期》，《史前研究》1984年第3期，第22—31页；中国社会科学院考古研究所山西工作队、临汾地区文化局《1978—1980年山西襄汾陶寺墓地发掘简报》，《考古》1983年第1期，第30—42页。

盆等主要日常陶器种类，为继承当地庙底沟二期类型而来，与游邀类型前期有近似的一面；而高领折肩壶、折肩罐、折腹盆、大口缸、陶鼓、鼍鼓、钺、厨刀、琮等器类，以及陶、木器上的彩绘，随葬品极其丰富的大墓等因素，和庙底沟二期类型风格迥异，却与以大汶口文化晚期以至于良渚文化为代表的东方地区的文化面貌相当吻合。这表明，陶寺类型的形成是东方文化西移，并与当地文化融合的产物（图一）。

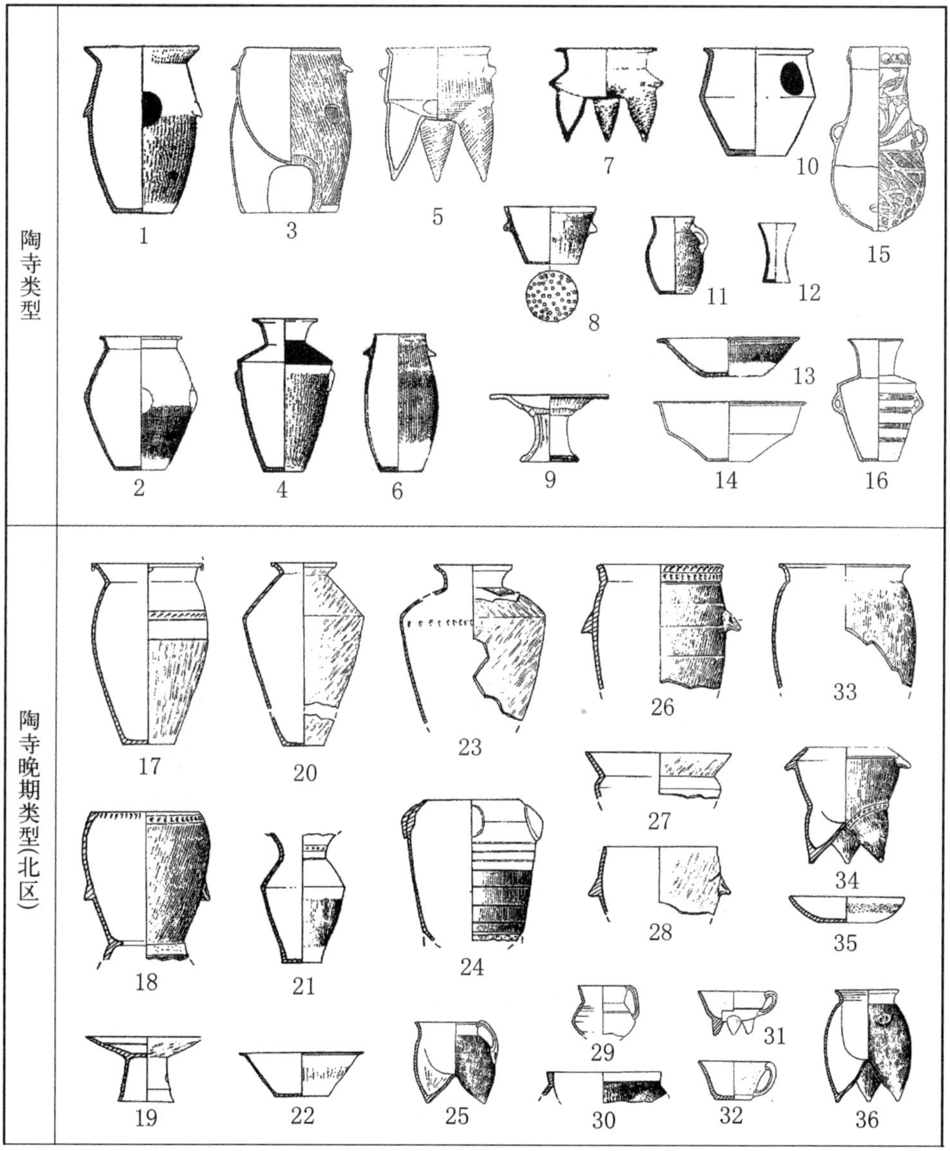

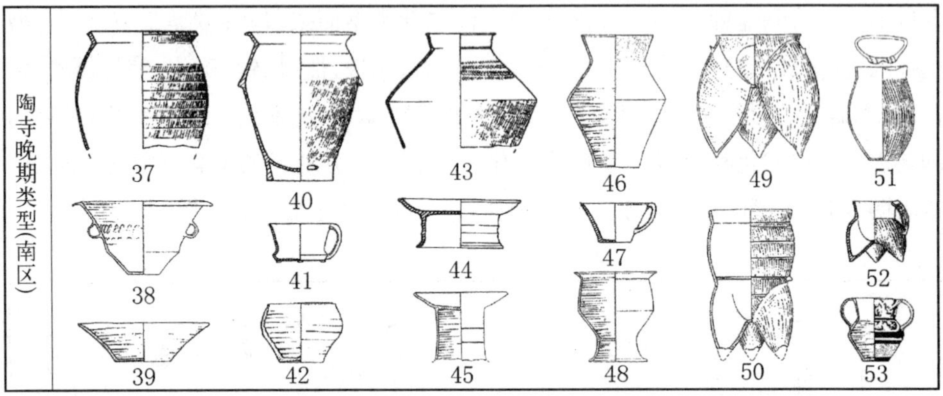

图一　陶寺类型与陶寺晚期类型陶器比较

1、2、6、10、17、20、26、33、37、43. 罐(陶寺 M3015：38、ⅡH4：24、ⅡH4：26、M3016：5，侯村采：10、采：63、采：32、采：19，东许 H6：5、H6：4)　3. 釜灶(陶寺ⅡT1③B：36)　4、21、46. 高领尊(陶寺 M3015：29，侯村 H7：9，陶寺 M2384：2)　5、7、34. 斝(陶寺 M3015：30、M3002：2，侯村采：11)　8. 甑(陶寺Ⅰ H6：30)　9、19、45. 豆(陶寺 M3073：14，侯村 H1：2，陶寺ⅢH303：19)　11、29. 单耳罐(陶寺 M3015：45，侯村采：43)　12、31、32、41、47. 杯(陶寺 M2063，侯村 H7：7、H7：6，东许 H3：2、T3④：2)　13、14、22、28、35、38、39. 盆(陶寺ⅡH4：18、T1H3：27，侯村 H3：9、H5：10、H1：1，陶寺ⅢH303：17、M2384：5)　15. 鼓(陶寺 M3072：11)　16. 折肩壶(陶寺 M2202：8)　18、50. 甗(侯村采：8，陶寺 H3403：6)　23. 高领罐(侯村采：30)　24、40. 圈足罐(侯村采：61，东许 H6：6)　25、30、36、49、52. 鬲(侯村采：1、H1：6、H3：34，陶寺ⅢH303：12，东许 H3：6)　27. 大口尊(侯村 H3：18)　42. 钵(陶寺 78 采：28)　44. 圈足盘(东许 H8：1)　48. 深腹簋(陶寺ⅢH303：18)　51. 扁壶(陶寺采：1)　53. 双耳罐(陶寺 M2384：4)

龙山后期，晋中以杏花村 H6 为代表的游邀类型后期遗存，与前期一脉相承，只是斝式鬲演变为鬲，新出蛋形敛口圜底瓮等器类。临汾盆地则转变为以陶寺 H365 和 H303 为代表的遗存，[①]还包括洪洞侯村[②]、曲沃东许[③]等同类遗存，其范围延伸到稷山、新绛一带。这类遗存与早期遗存实有重大区别，可暂称为“陶寺晚期类型”，其文化因素主要可分为 3 类：第一类仍然是斝、扁壶、深腹罐等从原庙底沟二期类型继承下来的器物，第二类为双鋬鬲、单耳鬲、敛口甗、大口尊等来自老虎山文化游邀类型的器物，第三类为深腹簋、三足杯等具有强烈自身特色的器物。这时北方游邀类型因素的大量出现和原东方文化因素的突然消失，显然存在因果关系。如果将洪

---

① 中国社会科学院考古研究所山西工作队、临汾地区文化局《山西襄汾县陶寺遗址发掘简报》，《考古》1980 年第 1 期，第 18—31 页；中国社会科学院考古研究所山西工作队临汾地区文化局《陶寺遗址 1983—1984 年Ⅲ区居住址发掘的主要收获》，《考古》1986 年第 9 期。

② 山西省考古研究所、洪洞县博物馆《洪洞侯村新石器时代遗址调查、试掘报告》，《三晋考古(第二辑)》，山西人民出版社，1996 年，第 192—219 页。

③ 山西省考古研究所、曲沃县博物馆《山西曲沃东许遗址调查、发掘报告》，《三晋考古(第二辑)》，第 220—244 页。

洞一带视为临汾盆地北区，临汾—襄汾一带视为南区，则北区有更多属游邀类型因素的大口尊、敛口甗等，于此也可看出游邀类型渐次南进的过程。不过游邀类型并没有全面代替临汾盆地文化，除上述第一类因素为当地传统外，第三类因素颇多创新成分；即使双鋬鬲，其大肥袋足特征也和游邀类型者有一定差别；还有一些器物则与其他地区存在更多联系，如侈口甗与后岗二期文化、双耳罐与客省庄二期文化、双腹盆与王湾三期文化等（图一、二）。

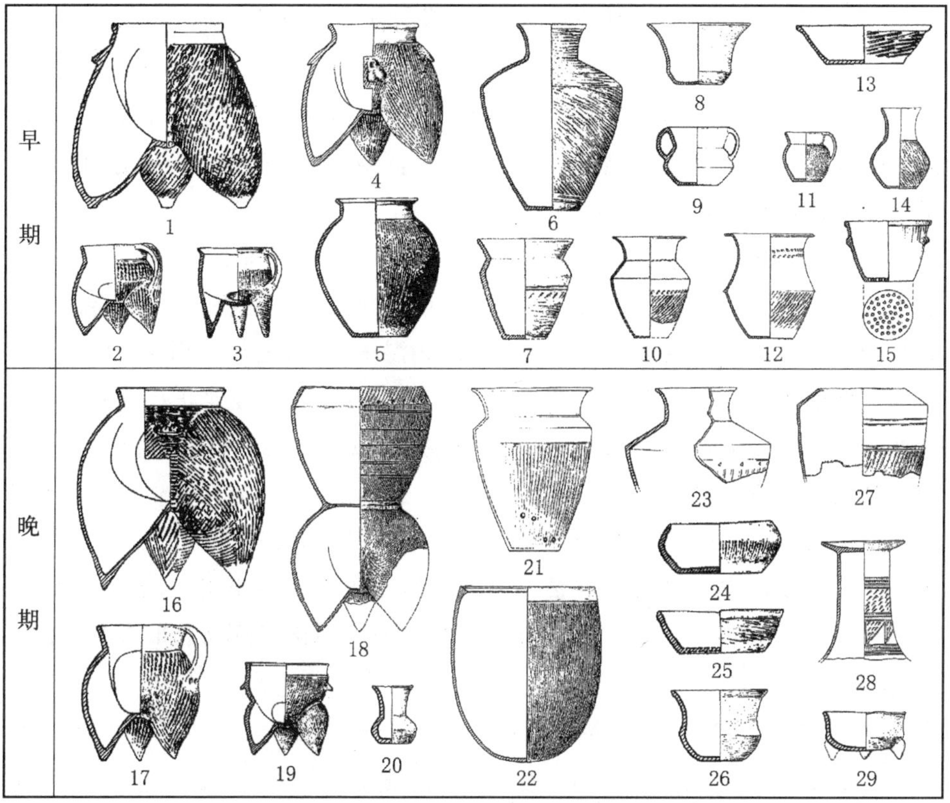

图二　游邀类型陶器

1、2、4. 斝式鬲（游邀 H348：1，杏花村 H317：1、H118：3）　3、19、29. 斝（白燕 H108：38，杏花村 H123：3、H257 上：21）　5. 绳纹罐（白燕 T22⑨：3）　6、23. 高领罐（杏花村 H12：1，乔家沟 H4：20）　7、12、21. 大口尊（杏花村 H257 上：4，白燕 H219：3，乔家沟 H4：3）　8、26. 曲腹盆（杏花村 H257 下：13，乔家沟 H6：13）　9. 双耳罐（杏花村 H127：4）　10. 高领尊（白燕 H219：15）　11. 单耳罐（杏花村 H118：5）　13、25. 斜腹盆（游邀 H204：2，杏花村 H6：2）　14、20. 长颈壶（杏花村 H127：3，乔家沟 M2：2）　15. 甑（白燕 H1006：4）　16、17. 鬲（游邀 H193：1，杏花村 H6：4）　18. 甗（乔家沟 H1：11）　22. 蛋形瓮（乔家沟 02）　24. 敛口钵（杏花村 H6：1）　27. 敛口瓮（杏花村 H6：8）　28. 豆（乔家沟 H1：5）

无论如何，有一点是不可否认的，那就是临汾盆地东方因素的消失和陶寺晚期类型的形成正是老虎山文化向南扩张的结果。这次巨大的文化变故，或许与“稷放丹朱”事件存在联系。[①] 不仅如此，老虎山文化南下还对王湾三期文化产生了强大压力，所以紧接其后就发生了“禹征三苗”事件，表现为王湾三期文化对石家河文化的大规模代替。[②] 从这个意义上，甚至可以认为夏王朝的诞生也与老虎山文化扩张所引起的连锁反应有一定关系。

二、对周围地区文化的广泛影响

除向临汾盆地的扩张外，后期老虎山文化还对周围地区文化产生了广泛而深入的影响，这从陶双錾鬲、卜骨和细石器镞3种器物大幅度的对外流播方面可以清楚地反映出来(图三)。

陶双錾鬲由凉城老虎山、准格尔永兴店[③]等遗址所见斝式鬲演变而来。它虽然和单耳翻缘鬲、敛口甗一样，都是老虎山文化的原生器物，但单耳翻缘鬲容易与原创于客省庄二期文化的单耳高颈鬲相混淆，敛口甗与原创于后岗二期文化的翻缘甗也只是口部差异明显，因此只有双錾鬲才可谓是老虎山文化最具代表性的器物。龙山前期晚段，老虎山文化的斝式鬲就已经开始向外流播，但只见于晋南的陶寺类型晚段和三里桥类型。[④] 龙山后期，双錾鬲不但流行于所有老虎山文化遗址，在洪洞侯村、襄汾陶寺、曲沃东许等陶寺晚期类型遗址也都普遍发现；还传播到三里桥类型的陕县三里桥[⑤]、垣曲龙王崖[⑥]，王湾三期文化的洛阳王湾[⑦]、孟津小潘沟[⑧]，雪山二期文化的昌平雪山[⑨]，后岗二期文化的邯郸涧沟[⑩]、

---

① 韩建业《唐伐西夏与稷放丹朱》，《北京大学学报》(哲学社会科学版)2001年第3期，第119—123页；已收入本书。

② 杨新改、韩建业《禹征三苗探索》，《中原文物》1995年第2期，第46—55页；已收入本书。

③ 内蒙古文物考古研究所《准格尔旗永兴店遗址》，《内蒙古文物考古文集(第一辑)》，中国大百科全书出版社，1994年，第235—245页。

④ 如垣曲古城东关ⅠH83：1，见中国历史博物馆考古部、山西省考古研究所、垣曲县博物馆编著《垣曲古城东关》，科学出版社，2001年，第358页。

⑤ 中国科学院考古研究所编著《庙底沟与三里桥》，科学出版社，1959年。

⑥ 中国社会科学院考古研究所山西工作队《山西垣曲龙王崖遗址的两次发掘》，《考古》1986年第2期，第97—112页。

⑦ 北京大学考古实习队《洛阳王湾遗址发掘简报》，《考古》1961年第4期，第175—178页。

⑧ 洛阳博物馆《孟津小潘沟遗址试掘简报》，《考古》1978年第4期，第244—255页。

⑨ 北京市文物研究所编《北京考古四十年》，北京燕山出版社，1990年，第22—24页。

⑩ 北京大学、河北省文化局邯郸考古发掘队《1957年邯郸发掘简报》，《考古》1959年第10期，第531—536页。

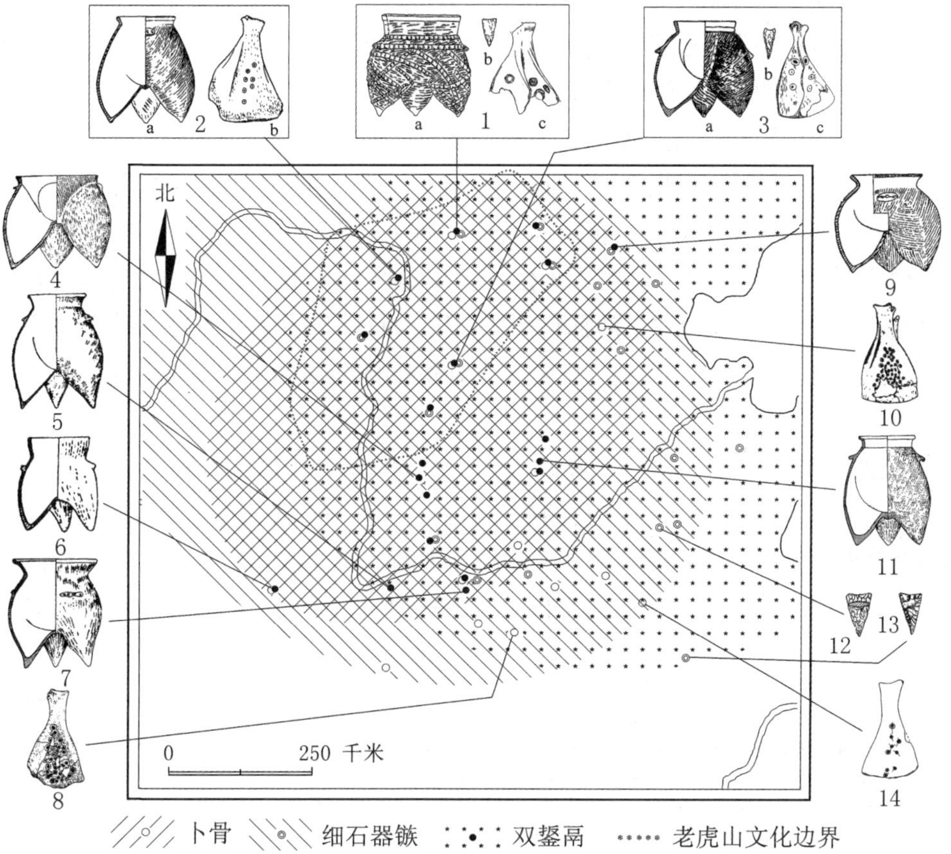

图三　龙山时代陶双鋬鬲、卜骨、细石器镞的分布

1. 凉城老虎山(a—F27：1、b—F64：5、c—T510④：4)　2. 准格尔永兴店(a—H14：2、b—H31：12)　3. 忻州游邀(a—H291：2、b—H119：3、c—H194：6)　4. 襄汾陶寺(H301：8)　5. 垣曲龙王崖(H201：1)　6. 临潼康家(H4：3)　7. 洛阳王湾(H57)　8. 禹州瓦店(VT1H17：3)　9. 昌平雪山(H66：7)　10. 任丘哑叭庄(H106：2)　11. 安阳大寒(J1②：38)　12. 兖州西吴山(J4001①：13)　13. 蒙城尉迟寺(H23：1)　14. 夏邑清凉寺(H18：5)

(除老虎山、永兴店属龙山前期遗存外,其余均属龙山后期)

安阳大寒①、汤阴白营②,客省庄二期文化的临潼康家③等遗址,甚至间接影响到龙山文化陶鬲的出现。

① 中国社会科学院考古研究所安阳队《安阳大寒村南岗遗址》,《考古学报》1990 年第 1 期,第 45—70 页。

② 河南省安阳地区文物管理委员会《汤阴白营河南龙山文化村落遗址发掘报告》,《考古学集刊(第 3 集)》,中国社会科学出版社,1983 年,第 1—47 页。

③ 陕西省考古研究所康家考古队《陕西临潼县康家遗址发掘简报》,《考古与文物》1988 年第 5、6 期,第 214—228 页。

卜骨至少在仰韶晚期就已经出现在甘青地区的马家窑文化石岭下类型，[①]庙底沟二期阶段扩展到鄂尔多斯地区，[②]至龙山时代则已成为老虎山文化的重要因素之一，见于凉城老虎山、准格尔永兴店和二里半[③]、离石乔家沟[④]、忻州游邀、蔚县筛子绫罗[⑤]等很多遗址。卜骨还传播到黄河中下游广大地区，见于王湾三期文化的孟津小潘沟、汝州煤山[⑥]、禹州瓦店[⑦]、新乡刘庄营[⑧]、淅川下王岗[⑨]，造律台类型的曹县莘冢集[⑩]、夏邑清凉山[⑪]、杞县鹿台岗[⑫]，后岗二期文化的汤阴白营、任丘哑叭庄[⑬]等很多遗址。虽然卜骨原生地在甘青地区，[⑭]关中地区也属流行区，但这些地区的齐家文化和客省庄二期文化对东部影响有限。因此，卜骨于龙山后期向黄河中下游地区的广泛传播，应当被视为后期老虎山文化对外影响的结果，只是其比双鋬鬲的分布范围更大。

细石器镞虽然较早流行于东北地区，但至仰韶后期已经在内蒙古中南部常见，至龙山时代同样成为老虎山文化的重要因素之一。细石器镞在龙山后期向上述陶双鋬鬲和卜骨分布地区流布，见于三里桥类型的垣曲古城东关，后岗二期文化的涞水北封[⑮]、沧县陈圩[⑯]，王湾三期文化的偃师灰嘴[⑰]、郑州阎庄[⑱]，造律台类型的蒙城

---

① 如傅家门石岭下类型卜骨，见中国社会科学院考古研究所甘青工作队《甘肃武山傅家门史前文化遗址发掘简报》，《考古》1995 年第 4 期，第 293 页。

② 如准格尔寨子塔的卜骨，见内蒙古文物考古研究所《准格尔旗寨子塔遗址》，《内蒙古文物考古文集（第二辑）》，中国大百科全书出版社，1997 年，第 303 页。

③ 内蒙古文物考古研究所《内蒙古准格尔旗二里半遗址第二次发掘报告》，《考古学集刊（第 11 集）》，中国大百科全书出版社，1997 年，第 84—129 页。

④ 国家文物局、山西省考古研究所、吉林大学考古学系编著《晋中考古》，第 73—87 页。

⑤ 张家口考古队《1979 年蔚县新石器时代考古的主要收获》，《考古》1981 年第 2 期，第 97—105 页。

⑥ 洛阳博物馆《河南临汝煤山遗址调查与试掘》，《考古》1975 年第 5 期，第 285—294 页。

⑦ 河南省文物考古研究所《河南禹州市瓦店龙山文化遗址 1997 年的发掘》，《考古》2000 年第 2 期，第 16—39 页。

⑧ 新乡市博物馆《河南新乡刘庄营新石器时代遗址》，《考古》1966 年第 3 期，第 168—169 页。

⑨ 河南省文物研究所长江流域规划办公室考古队河南分队编著《淅川下王岗》，文物出版社，1989 年。

⑩ 菏泽地区文物工作队《山东曹县莘冢集遗址试掘简报》，《考古》1980 年第 5 期，第 385—390 页。

⑪ 北京大学考古学系、商丘地区文管会《河南夏邑清凉山遗址发掘报告》，《考古学研究（四）》，科学出版社，2000 年，第 443—519 页。

⑫ 郑州大学文博学院、开封市文物工作队编著《豫东杞县发掘报告》，科学出版社，2000 年。

⑬ 河北省文物研究所、沧州地区文物管理所《河北省任邱市哑叭庄遗址发掘报告》，《文物春秋》1992 年增刊，第 178—219 页。

⑭ 谢端琚《中国原始卜骨》，《文物天地》1993 年第 6 期，第 14—16 页。

⑮ 河北省文物研究所、保定地区文管所、涞水县文保所《河北涞水北封村遗址试掘简报》，《考古》1992 年第 10 期，第 894—899 页。

⑯ 河北省文物研究所《河北沧县陈圩遗址发掘简报》，《河北省考古文集》，东方出版社，1998 年，第 106—116 页。

⑰ 河南省文物研究所《河南偃师灰嘴遗址发掘报告》，《华夏考古》1990 年第 1 期，第 1—33 页。

⑱ 郑州市博物馆《郑州阎庄龙山文化遗址发掘简报》，《中原文物》1983 年第 4 期，第 1—8 页。

尉迟寺[①],龙山文化的历山城子崖[②]、兖州西吴寺[③]等许多遗址。由于东北地区大部龙山时代基本没有陶器遗存发现,假设中的主要使用细石器镞等狩猎工具的人群的实力有限,所以龙山后期细石器镞向黄河中下游地区广泛扩散的力量更可能来自老虎山文化。

从器物分布来看,晋南、豫西、冀中南地区和北方地区一样属上述3种器物共存区,这说明分布在这些地区的陶寺晚期类型、三里桥类型、王湾三期文化王湾类型、雪山二期文化和后岗二期文化受到老虎山文化的影响更大。外围的豫中南、山东、皖北地区仅见卜骨和细石器镞,说明分布在这些地区的王湾三期文化煤山类型和下王岗类型、造律台类型、龙山文化受老虎山文化的影响较小。总而言之,老虎山文化主要向东南方向施加影响,对西南部的客省庄二期文化的影响却极其有限。排除自然环境因素,这种现象还可能出于两方面的原因。其一,对东南部有着鼎、甗传统和龟占习俗的人们来说,鬲和卜骨新鲜有趣、经济实用,所以容易被接受;而对同样有着陶鬲、卜骨传统的客省庄二期文化而言,则缺乏引进的必要。其二,从老虎山文化自身的人们来说,也似乎对向与其文化面貌差别较大的地区扩展更感兴趣,而与面貌相近的客省庄二期文化则彼此相安。

上述3类器物在黄河中下游地区的中原龙山文化、龙山文化中的广泛传播,表明其所代表的炊煮习俗、宗教习俗和狩猎模式已为周围广大地区的人群普遍接受。陶鬲、卜骨成为后来商周文化的重要组成部分,也是中国早期文化最具代表性的文化因素之一,[④]于此可见老虎山文化对中国文明的深远影响。

三、与气候变化的关系

后期老虎山文化向东南方向的扩张和影响,固然可视为在前期基础上的厚积

---

① 中国社会科学院考古研究所编著《蒙城尉迟寺——皖北新石器时代聚落遗存的发掘与研究》,科学出版社,2001年。

② 傅斯年等《城子崖——山东历城县龙山镇之黑陶文化遗址》,中央研究院历史语言研究所,1934年。

③ 国家文物局考古领队培训班编著《兖州西吴寺》,文物出版社,1990年。

④ 安特生最早将鬲作为中国文化的重要标志。见安特生著、袁复礼译《中华远古之文化》,《地质汇报》第五号,1923年。苏秉琦的考古研究从鬲开始,并一生都未中断对其的思考。见苏秉琦《苏秉琦考古学论述选集》,文物出版社,1984年;苏秉琦《中华文明的新曙光》,《华人·龙的传人·中国人——考古寻根记》,辽宁大学出版社,1994年,第80—87页;苏秉琦《中国文明起源新探》,生活·读书·新知三联书店,1999年。严文明先生也指出,"斝、鬲、甗、盉后来都成为商周时代的典型器物,单是这一点就可以看出内蒙古中南部在中国古代文明起源中的地位和作用"。见严文明《内蒙古中南部原始文化的有关问题》,《内蒙古中南部原始文化研究文集》,海洋出版社,1991年,第10页。

薄发；但之所以在公元前 2200 年左右这个特定的时间点上开始明显加剧，则与当时气候环境的变化存在关联。

据研究，全新世以来中国北方地区气候存在多次干冷、暖湿的波动：气候渐趋暖湿至最高峰，然后逐渐下滑。总体上以中间公元前 6500—前 1000 年这一段最为暖湿，故又被称为“大暖期”，[①]但大暖期本身仍存在气候波动。公元前 3000 年左右出现极端降温事件，此后温度和降水又稍回升，至公元前 2500 年左右气候较为暖湿；公元前 2300—前 2200 年又向干冷方向发展，至公元前 2000 年左右降至低谷：公元前 2500 年左右，老虎山东侧剖面出现代表植被发育的古土壤层，之后见有代表较大洪水冲积过程的砾石层；[②]从岱海苜花河口剖面来看，公元前 2300 年前后，岱海地区的气温几乎降到 0℃左右，降水也有明显减少；[③]据对豫东南地区的研究，公元前 2500 年前后，气候温暖湿润，河谷下切浅而宽；公元前 2300—前 2200 年左右开始稍趋冷干，河谷淤塞。[④]

推测公元前 2300—前 2200 年的气候转变所引起的气候带南移，使陶器北界线以北的狩猎民族只能为了寻找赖以生存的合适的资源向南移动；界线以南从事农业的人群也开始感到发展农业的条件日益艰难，再加上界线以北人群南下的压力，只好南下。尤其是极度敏感的岱海地区，大概种植庄稼已成为一件很困难的事情，再加上气候变更期多发洪水的危害，所以只能放弃农业，从而造成岱海地区老虎山文化的中断或衰竭。其他地方虽没有明显的文化传统中断的现象，但部分人群向气候较为暖湿的东南方向移动已经是大势所趋。这大概就是后期老虎山文化扩张和加大对外影响的环境背景。

（本文原载于《中原文物》2007 年第 1 期）

① 施雅风主编、孔昭宸副主编《中国全新世大暖期气候与环境》，海洋出版社，1992 年。

② 内蒙古文物考古研究所编著《岱海考古（一）——老虎山文化遗址发掘报告集》，科学出版社，2000 年。

③ 刘清泗、汪家兴、李华章《北方农牧交错带全新世湖泊演变特征》，《区域 · 环境 · 自然灾害 地理研究》，科学出版社，1991，第 1—7 页；刘清泗、李华章《中国北方农牧交错带（岱海—黄旗海地区）全新世环境演变》，《中国北方农牧交错带全新世环境演变及预测》，地质出版社，1992 年，第 16—54 页。

④ 北京大学考古学系、驻马店市文物保护管理所编著《驻马店杨庄——中全新世淮河上游的文化遗存与环境信息》，科学出版社，1998 年。

半山类型的形成与东部文化的西迁

半山类型虽然总体上是在马家窑类型的基础上，经小坪子期发展而来，[①]但应当承认，其与马家窑类型的关系，明显疏远于石岭下类型和马家窑类型，以及半山类型和马厂类型的关系。半山类型的形成是马家窑文化发展过程中最重要的一次转折，主要体现在突然涌现出来的屈肢葬、黑红复彩等诸多新因素方面。这些基本不见于马家窑类型的新因素，理当有其他的来源。李水城已经指出，红彩、黑红复彩以及锯齿纹的出现，与内蒙古中南部以及晋中地区仰韶晚期前后的文化存在关联。[②]实际上在东部文化（本文特指分布于西辽河、冀中北地区的雪山一期文化和内蒙古中南部的仰韶文化海生不浪类型）当中，还有更多与半山类型存在联系的因素。半山类型的形成，可能正与东部文化所代表的人群的部分西移存在关联。本文在弄清相对年代的基础上，从墓葬、彩陶、特殊陶器、特殊符号等方面，对半山类型和东部文化的关系问题略加讨论。

一

文化相对年代的早晚，是决定文化传播方向的首要条件。半山类型和东部文化相距甚远，又各自属于不同的文化系统，直接将二者进行比较，不容易确定早晚关系，因此我们重点对地理位置介于二者之间的宁夏菜园[③]诸遗存进行分析。

菜园诸遗存中年代最早者为马缨子梁遗存，有小口长颈瓶、肩部箍附加堆纹的绳纹侈口罐、卷沿彩陶盆等陶器，纹饰主要为绳纹和附加堆纹，彩陶有条带纹、弧线

---

① 严文明《甘肃彩陶的源流》，《文物》1978 年第 10 期，第 62—76 页；严文明、张万仓《雁儿湾和西坡岴》，《考古学文化论集（三）》，文物出版社，1993 年，第 12—31 页。

② 李水城《半山与马厂彩陶研究》，北京大学出版社，1998 年，第 199 页。

③ 宁夏文物研究所、中国历史博物馆考古部编著《宁夏菜园——新石器时代遗址、墓葬发掘报告》，科学出版社，2003 年。

纹、圆圈纹、火焰纹、柳叶纹等，与秦安大地湾仰韶晚期遗存①近似，应当属于马家窑文化石岭下类型时期或马家窑类型早期。与其同类的，还有切刀把墓地附近的两座房屋遗迹，在其中的F2中出有一件饰有黑彩的小口壶的口颈部残片(F2：13)，其形态与仰韶文化海生不浪类型早期的小口双耳彩陶罐神似。可证海生不浪类型至少有一段时间和石岭下类型并存。

莱园诸遗存中晚于马缨子梁类遗存者为林子梁一、二期遗存，还包括切刀把墓地、瓦罐嘴墓地、寨子梁墓地、二岭子湾墓地、石沟遗址等。该类遗存的各类彩陶双耳罐、"鸭形壶"等，明显和康乐边家林②、兰州花寨子③等墓地半山类型早期的彩陶器类似，表明其相当于半山类型早期；而其折腹盆却和内蒙古清水河白泥窑子D点出土的同类器很相似(图一)，后者属于阿善三期类型晚段；阿善三期类型分布于内蒙古中南部、陕北一带，实际上是庙底沟二期阶段仰韶文化的一个地方类型。④

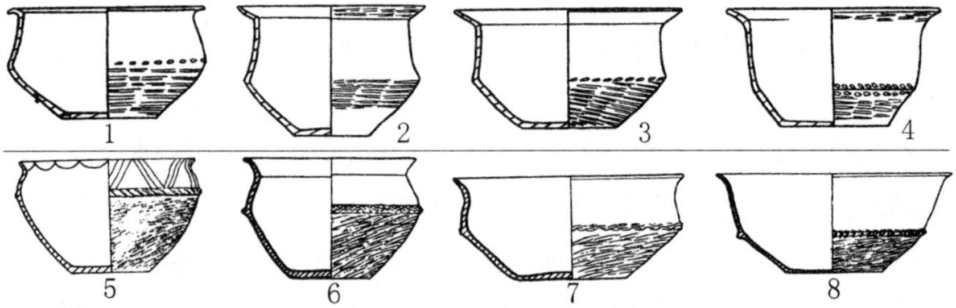

图一　白泥窑子遗址与莱园切刀把墓地陶折腹盆比较

1—4. 白泥窑子D(F2：18、F5：32、F3：16、T1③：2)　5—8. 莱园切刀把(M1：36、M30：3、M33：9、M50：24)

在甘青地区，石岭下类型和半山类型之间还有马家窑类型；在内蒙古中南部，海生不浪类型直接发展成为阿善三期类型。既然石岭下类型或者马家窑类型早期和海生不浪类型有过并存，半山类型的早期又和阿善三期类型晚段并存，则半山类型不但明显晚于海生不浪类型，而且二者之间还应当有年代缺环。根据甘肃兰州青岗

① 甘肃省博物馆文物工作队《甘肃秦安大地湾遗址1978至1982年发掘的主要收获》，《文物》1983年第11期，第26—27页。

② 临夏回族自治州博物馆《甘肃康乐县边家林新石器时代墓地清理简报》，《文物》1992年第4期，第63—76页。

③ 甘肃省博物馆、兰州市文化馆、兰州市七里河区文化馆《兰州花寨子"半山类型"墓葬》，《考古学报》1980年第2期，第221—238页。

④ 韩建业《中国北方地区新石器时代文化研究》，文物出版社，2003年，第115—126页。

岔的5个和青海乐都柳湾的1个用区间法表示的数据，取中间值，则半山类型的绝对年代大致在公元前2670—前2255年之间；[①]菜园林子梁二期2个数据（ZK—2237，ZK—2227），其中间值为公元前2529—前2662年，相当于半山类型的早期。[②]而根据内蒙古包头阿善的2个数据（ZK—1183，ZK—1184），[③]加上内蒙古凉城王墓山坡上的1个数据，[④]再考虑其前后文化的绝对年代，可知海生不浪类型大约在公元前3500—前3000年之间。[⑤] 雪山一期文化的6个数据，显示其绝对年代在公元前3600—前2900年之间，[⑥]和海生不浪类型大体相当。显然，测年结果与类型学所确定的相对年代吻合。

二

虽然半山类型和东部文化早晚有别，但却在多方面存在共性。

墓葬具有相当的传承性和保守性，往往与特定人群的风俗习惯存在更多联系，所以我们首先来比较半山类型和东部文化的墓葬。半山类型是以屈肢葬和洞室墓著称的，但实际上流行屈肢葬和洞室墓者只局限在某些区域。根据陈洪海的研究，半山—马厂类型流行侧身屈肢葬的区域，从宁夏固原、海原一带，延伸到甘青交界的永登、民和一线，在永登以西的河西走廊为流行仰身直肢葬的区域，青海共和盆地为流行俯身直肢葬的区域。[⑦] 洞室墓的流行区域也大致与屈肢葬区域重合。[⑧] 偏西的兰州土谷台[⑨]、康乐边家林（图二，3）、广河地巴坪[⑩]、景泰张家台[⑪]等墓地，屈肢葬的

---

① 中国社会科学院考古研究所编《中国考古学中碳十四年代数据集（1965—1991）》，文物出版社，1991年，第275—276、286页。严文明先生根据半山期的3个数据，判断其绝对年代大致在公元前2655—前2330年之间，与此近同，见严文明《甘肃彩陶的源流》，《文物》1978年第10期，第62—76页。

② 中国社会科学院考古研究所编《中国考古学中碳十四年代数据集（1965—1991）》，第290—292页。

③ 中国社会科学院考古研究所编《中国考古学中碳十四年代数据集（1965—1991）》，第61页。

④ 内蒙古文物考古研究所、北京大学中国考古学研究中心、"聚落演变与早期文明"课题组编著《岱海考古（三）——仰韶文化遗址发掘报告集》，科学出版社，2003年，第243页。

⑤ 察右前旗庙子沟遗址的3个数据偏晚太多，或许是用骨类标本测定的缘故。见中国社会科学院考古研究所实验室《放射性碳素测定年代报告（二一）》，《考古》1994年第7期，第662页。

⑥ 韩建业《论雪山一期文化》，《华夏考古》2003年第4期，第47—48页。

⑦ 陈洪海《甘青地区史前墓葬中的葬式分析》，《古代文明（第2卷）》，文物出版社，2003年，第138—154页。

⑧ 陈洪海《宗日遗存研究》，北京大学考古文博学院博士学位论文，2002年，第118页。

⑨ 甘肃省博物馆、兰州市文化馆《兰州土谷台半山—马厂文化墓地》，《考古学报》1983年第2期，第191—222页。

⑩ 甘肃省博物馆文物工作队《广河地巴坪"半山类型"墓地》，《考古学报》1978年第2期，第193—210页。

⑪ 甘肃省博物馆《甘肃景泰张家台新石器时代的墓葬》，《考古》1976年第3期，第180—186页。

比例多在70%左右,并伴有洞室墓。而菜园切刀把、瓦罐嘴(图二,6)、寨子梁、二岭子湾诸墓地,基本为屈肢葬,洞室墓也很盛行。显见在半山类型区,东区比西区更流行屈肢葬和洞室墓(图二)。

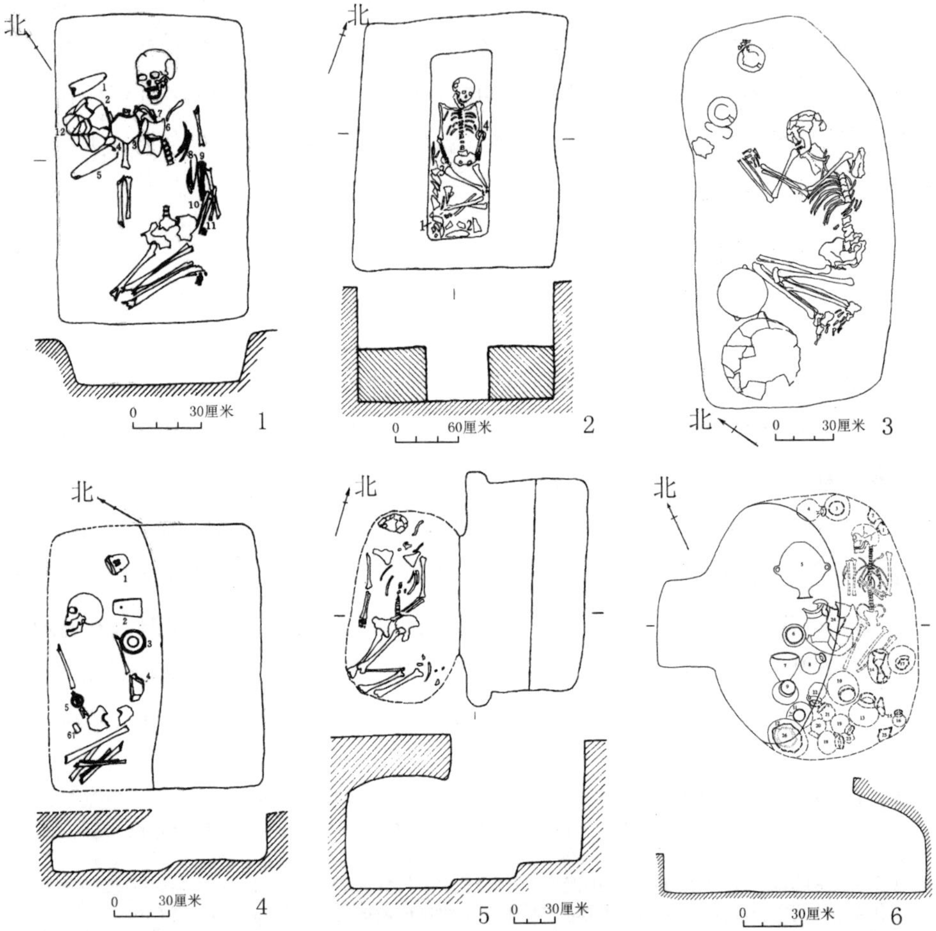

图二 半山类型与东部文化墓葬形制比较

1、4. 大南沟 M73、M52 2、5. 姜家梁 M8、M29 3. 边家林 M11 6. 菜园瓦罐嘴 M3

东部属雪山一期文化的内蒙古赤峰大南沟墓地(图二,1、4)[①]和河北阳原姜家梁墓地(图二,2、5)[②],其墓葬几乎均为侧身屈肢葬,并伴有少量洞室墓。海生不浪

① 辽宁省文物考古研究所、赤峰市博物馆编著《大南沟——后红山文化墓地发掘报告》,科学出版社,1998年。

② 河北省文物研究所《河北阳原县姜家梁新石器时代遗址的发掘》,《考古》2001年第2期,第13—27页。

类型已发现的墓葬还很少，仅从庙子沟遗址墓葬流行侧身屈肢来看，与雪山一期文化还是很相似的。至于屈肢葬为整个海生不浪类型流行的葬式，还是庙子沟遗址的特例，目前还不能确定。

东部文化盛行屈肢葬并有洞室墓，半山类型的屈肢葬和洞室墓表现为东有西无、东多西少，而马家窑类型既无屈肢葬也无洞室墓，加之东部文化早于半山类型，可见向来被视为甘青文化重要特色的屈肢葬和洞室墓，其实源自东部地区。

三

由于半山类型和东部文化都与仰韶文化有着千丝万缕的联系，有的甚至就属于仰韶文化，所以比较二者器类方面总体的共同性，不容易说明二者间的实际联系。彩陶则不一样，对色彩丰富、图案复杂的彩陶进行对比，就比较容易看出二者间是否存在真实的联系。

半山类型和东部文化的彩陶有着相当的一致性。在构图元素方面，锯齿纹、折线纹、鳞纹、棋盘格纹、菱格纹，都先流行于东部文化而后盛行于半山类型，但却基本不见于马家窑类型；半山类型和东部文化还共有横带纹、网格纹、三角形纹等（图三、四）。在图案组合与布局方面，填充网格纹的大菱格、大三角形构成腹部主体图案，

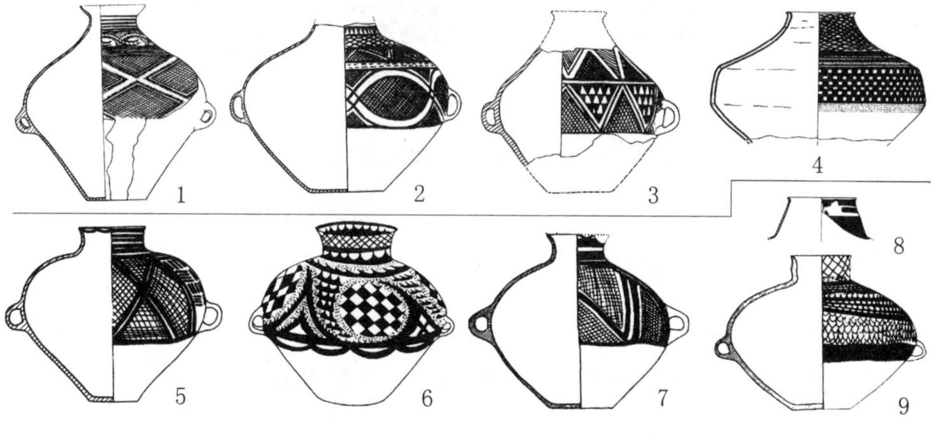

图三　半山类型与东部文化彩陶比较（一）

1. 南壕（ⅠH2：1）　2. 庙子沟（F8：6）　3. 大坝沟（ⅠH96：3）　4. 红台坡下（F2：1）　5. 菜园二岭子湾（M2：21）　6. 土谷台（M66：1）　7—9. 菜园切刀把（M30：7、F2：13、M26：11）

先后见于东部文化和半山类型（图三，1、3、5、7；图四，1—4，7—9）；半山类型陶器腹部的圆形、椭圆形主体图案也与东部文化存在联系（图三，2、6）；二者还共见颈、腹部装饰多层鳞纹的图案组合（图三，4、8）；共同流行在口沿内侧装饰连弧纹、半重环纹（图四），在腹部装饰三条一组的平行斜线、竖线纹（图四，5、6、11、12）等。这样一些图案一般不见或极少见于马家窑类型。在色彩搭配方面，东部文化流行红彩，或以红、紫、褐、黑彩搭配，组成层次丰富的彩带，半山类型黑、红彩搭配的情况与此类似，而与马家窑类型单纯流行黑彩的情况大异其趣。

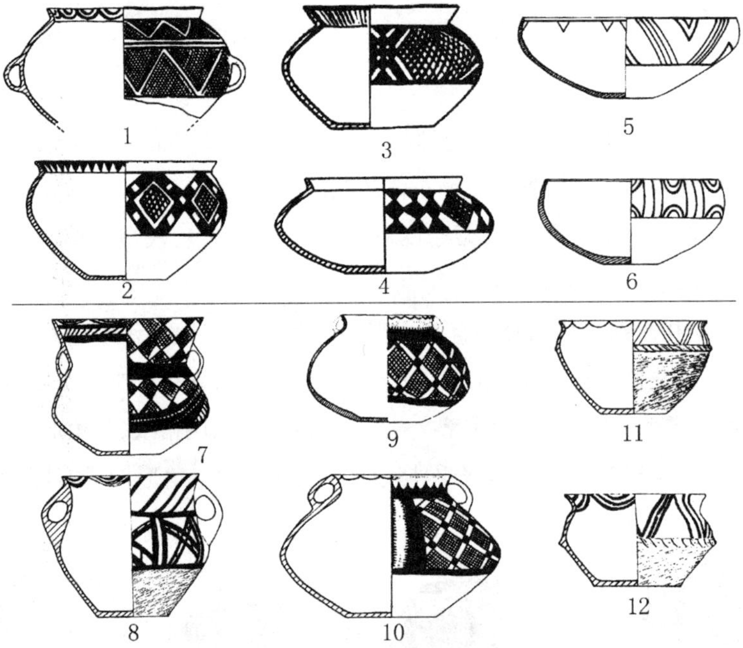

图四　半山类型与东部文化彩陶比较（二）

1、3、4. 庙子沟（H63：2、F5：2、F15：21）　2. 大坝沟（ⅡH18：11）　5、6. 大南沟（M64：1、M29：4）　7、10. 菜园瓦罐嘴（M20：23、M18：12）　8. 菜园寨子梁（M1：4）　9、11、12. 菜园切刀把（M10：11、M1：36、M1：35）

半山类型和东部文化彩陶间如此多的相似性，只能以二者间存在实际联系来解释；并且由于东部文化明显早于半山类型，故只能是东部文化影响半山类型而非相反。比较而言，半山类型早期的边家林遗址，尤其是早期居于东端的菜园切刀把等遗址的彩陶，更加接近于东部文化的同类彩陶。这与墓葬表现的情况没有什么两样。

四

在东部文化和半山类型,甚至马厂类型中,还共见某些特殊陶器和特殊符号。

半山—马厂类型中有所谓“鸭形壶”,见于边家林(图五,4)、菜园切刀把[①]、兰州土谷台[②]、永昌鸳鸯池[③]等墓地。这其实与乐都柳湾等遗址所见马厂类型“鸮面罐”是一类器物(图五,3)。这类器物绝不见于马家窑类型,却在东部的赤峰大南沟墓地早就存在(图五,1)。大南沟的“鸮壶”制作精整,更加具象,当为此类器物的早期形制。与此情况类似的还有双口壶,见于半山类型的边家林(图五,5)、菜园瓦罐嘴,以及更早的雪山一期文化的大南沟等墓地(图五,2),后者其实是两个高领壶的组合,归根结底应当与来自大汶口文化的影响有关。

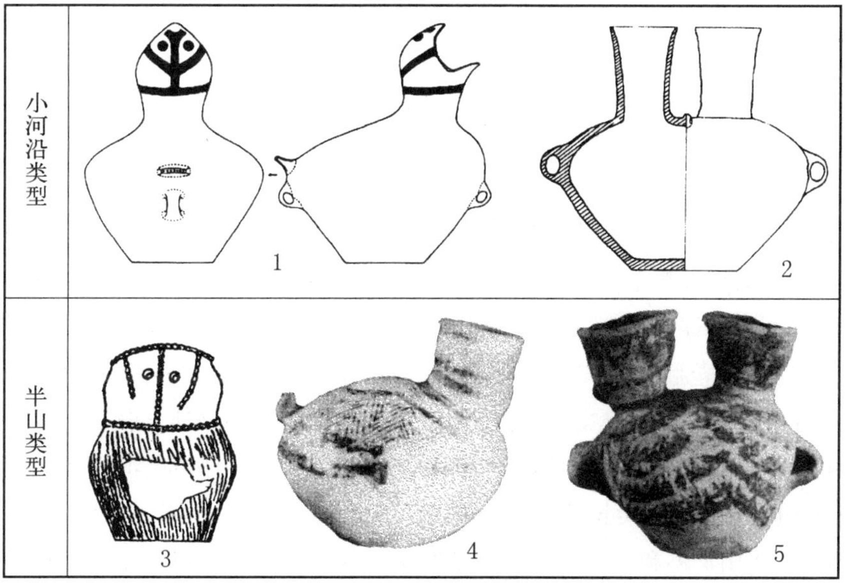

图五　半山类型与东部文化特殊陶器比较

1、2. 大南沟(M67：2、M34：1)　3. 柳湾(M916：16)　4、5. 边家林(标本31：26、标本31：163)

---

① 宁夏文物研究所、中国历史博物馆考古部编著《宁夏菜园——新石器时代遗址、墓葬发掘报告》,图一一九,6;彩版七,1、2。

② 甘肃省博物馆、兰州市文化馆《兰州土谷台半山—马厂文化墓地》,《考古学报》1983年第2期,第191—222页,图版拾肆,1、2;图版拾玖,7。

③ 甘肃省博物馆文物工作队、武威地区文物普查队《甘肃永昌鸳鸯池新石器时代墓地》,《考古学报》1982年第2期,第199—228页,图版十三,5。

图六　半山—马厂类型与东部文化符号比较

1. 大南沟(M52∶1)　2. 小河沿(F4∶3)　3. 阳山(M124∶5)　4. 柳湾(M1275)

民和阳山、乐都柳湾等马厂类型墓葬流行的“卍”字纹和八角星纹(图六,3、4),应当也见于半山类型,但其更早的来源却在于雪山一期文化小河沿类型。在大南沟墓地见有瓮、钵口沿内侧饰“卍”字纹者,还在一筒形罐上有一组刻划符号,其中三个都是“卍”字符(图六,1)。在小河沿遗址的器座、尊形器上见有八角星纹(图六,2),这种纹饰实际上遍见于新石器时代的东部沿海、沿江地区,后随大汶口文化的北向影响而传播至小河沿类型。两种符号都是从东部文化传播至半山—马厂类型的。

五

以上我们只就半山类型和东部文化之间,在墓葬、彩陶、特殊陶器和符号方面所反映的明显的相似性作了一些比较。实际上,二者的联系还远不止于此,例如大南沟和菜园切刀把等墓地,都见有在墓葬中随葬细石器的现象;大南沟和半山类型都有火葬墓。① 甚至后来齐家文化、辛店文化、卡约文化当中的一些因素,其最早的根源可能也在东部。如齐家文化的鸮面罐,见于大南沟墓地;辛店文化流行的羊角形和动物纹饰,就和大南沟的同类纹饰很相似。只是由于在较早的半山类型暂时没有发现这类因素,其间的关系就不好详论了。

可见,半山类型和东部文化之间存在着较为密切的联系,并可证明半山类型是在马家窑类型的基础上,受到东部文化的强烈影响而形成。而如果不是伴随着较多人口的移动,东西相距较远的两个文化系统发生如此深层次的交融显然不大可能。实际上,东部文化的西迁在东部有着更为充分的证据。曾经较为发达的雪山一期文化,在约公元前 2900 年,似乎基本从燕山南北和西辽河流域消失;海生不浪庙子沟亚型,也同时在岱海—黄旗海地区不见了踪迹,以至于造成了东部地区长达 400—

① 陈洪海《甘青地区史前期的火葬墓举例》,《考古与文物》2002 年增刊,第 150—152 页。

1 000 年的文化“空白”现象。[①] 由于北京地区的雪山二期文化和雪山一期文化午方类型、[②]夏家店下层文化和小河沿类型、[③]庙子沟亚型和老虎山文化[④]间存在些许联系，因此这种“空白”也许只是个假象，但当时农业文化极度衰弱却也毋庸置疑。究其原因，可能与气候和环境的变化有关。据研究，北方地区稳定的全新世中期气候最适宜期在距今 6 600 年至 5 500 年之间。从距今 5 500 年左右开始，气候逐渐向干冷方向发展，至距今 5 000 年前后落至低谷。[⑤] 在环境日趋恶劣的情况下，雪山一期文化和岱海—黄旗海海生不浪类型的人们基本放弃传统的农业经济和定居模式，或者干脆迁徙他处以谋求生路，都属可能的事情。

东部文化的西迁，使得长城沿线首次出现贯穿东西部的大幅度的文化交流，造成了甘青宁地区文化发展方向的转变，为西部文化增添了许多新鲜的内容。从一定意义上说，正式形成于青铜时代的北方草原文化通道，在此时已见雏形。

（本文原载于《考古与文物》2007 年第 3 期）

---

① 在岱海和河北中北部，于公元前 2500 年左右产生了龙山时代的老虎山文化和雪山一期文化；在西辽河流域，直至公元前 1900 年左右才有了夏家店下层文化。

② 如雪山二期文化早期流行素面陶的特征，与午方类型相似。见北京市文物研究所编著《镇江营与塔照——拒马河流域先秦考古文化的类型与谱系》，中国大百科全书出版社，1999 年。

③ 如夏家店下层文化的尊、雷纹、彩绘等特征，均先见于小河沿类型。见中国社会科学院考古研究所编著《大甸子——夏家店下层文化遗址与墓地发掘报告》，科学出版社，1996 年。

④ 如老虎山文化多达三分之一的素面夹砂罐，就可能与庙子沟亚型的同类器有关。见内蒙古文物考古研究所编著《岱海考古（一）——老虎山文化遗址发掘报告集》，科学出版社，2000 年。

⑤ 孔昭宸、杜乃秋、张子斌《北京地区 10 000 年以来的植物群发展和气候变化》，《植物学报》第 24 卷第 2 期，1982 年，第 172—181 页；史培军《地理环境演变研究的理论与实践——鄂尔多斯地区晚第四纪以来地理环境演变研究》，科学出版社，1991 年；刘清泗、李华章《中国北方农牧交错带（岱海—黄旗海地区）全新世环境演变》，《中国北方农牧交错带全新世环境演变及预测》，地质出版社，1992 年，第 16—54 页。

论二里头青铜文明的兴起

公元前2千纪初期二里头青铜文明的兴起，是自从进入新石器时代以来东亚地区发生的最重要的文化和社会变革。本文拟在前人研究的基础上，综合讨论这一变革的文化基础、外来影响、环境背景及其与文献记载的联系。

一

早在二里头遗址发掘初期，发掘者方酉生就提出“二里头类型应该是在继承中原的河南龙山文化的基础上，吸取了山东龙山文化的一些因素而发展成的”①，并具体指出其中山东龙山文化因素有三足盘和鬶。以后邹衡、李伯谦将二里头文化中的爵、觚、折盘豆、单耳杯等也确定为东方文化因素。②

1979年对河南新密新砦遗址的试掘，走出了具体揭示王湾三期文化（即河南龙山文化）向二里头文化过渡的关键一步。③ 发掘者赵芝荃将新砦发现的这类过渡性遗存称之为“新砦期二里头文化”，指出其略早于二里头遗址第一期文化。④ 1999年以来对新砦遗址的大规模发掘，再次证明其第二期——“新砦期”遗存，构成该遗址的主体。发掘者赵春青等将这类遗存又分为早、晚两段，指出无论在地层还是陶器序列上，“新砦期”都晚于王湾三期文化而早于二里头文化一期；嵩山东部地

---

① 中国科学院考古研究所洛阳发掘队《河南偃师二里头遗址发掘简报》，《考古》1965年第5期，第223页。

② 邹衡《试论夏文化》，《夏商周考古学论文集》，文物出版社，1980年，第95—182页；李伯谦《二里头类型的文化性质与族属问题》，《文物》1986年第6期，第41—47页。

③ 中国社会科学院考古研究所河南二队《河南密县新砦遗址的试掘》，《考古》1981年第5期，第398—408页。

④ 赵芝荃《略论新砦期二里头文化》，《中国考古学会第四次年会论文集（1983）》，文物出版社，1985年，第13—17页。

区率先经过“新砦期”发展为二里头文化。① 对此，有人也有不同意见。李维明将二里头一期分为早、晚两段，指出新砦期遗存只是二里头文化一期早段的一个地方类型。②

新砦二期早、晚段分别以 2000T4H26 和 2000T6⑧为代表，其实二者只在个别方面略有区别，如深腹罐的折沿凸棱前者比后者更明显，前者还残留圆肩直领瓮，而后者仅见折肩直领瓮等。二里头一期的Ⅱ·ⅤT104⑥和Ⅱ·ⅤT104⑤虽然有叠压关系，而且前者花边罐的花边距口沿比后者略远，平底盆唇部贴边不如后者明显，表明之间的确有细微的早晚之分，但总体上阶段性特征并不很突出；要以此为据将已发表的资料归纳为早、晚两段，也还很是勉强，不如暂将二里头一期视为一个整体，更易观察其全貌。③

比较来看，二里头一期和新砦二期晚段遗存的确近似，它们共有的陶器种类就有深腹罐、深腹缸、罐形鼎、盆形甑、弧腹盆、平底盆、盆形擂钵、直领瓮、尊形瓮、折腹豆、三(四)足盘、折腹器盖、平底碗、觚、鬶等，这已经构成两类遗存的陶器主体。但它们之间总体形态上还是存在着普遍性的区别：新砦二期晚段的器物胎体厚薄较为均匀，轮制比例较大，折沿转折处棱角分明，有的甚至有凸棱，器腹较深；而二里头一期的器物胎体厚薄不甚均匀，手制轮修比例较大，唇部多有贴边，折沿转折处棱角不显、不见凸棱，器腹变浅。此外，每类器物的具体特征也都存在看得见的差异：前者的深腹罐中腹圆鼓，下腹略内收成小平底；后者的深腹罐中腹较为平直，有的与下腹连接不够圆滑，底较大。前者的敛口罐形鼎有明显的子母口，折沿罐形鼎深垂腹圜底；后者的敛口罐形鼎子母口退化不显，折沿罐形鼎浅弧腹平底。前者的盆形甑深鼓腹小底，近底有一周柳叶形箅孔，底部有五六个小圆孔；后者的盆形甑浅弧腹大底，底面中央为一个圆形大箅孔，周边有四五个柳叶形、椭圆形或者三角形大箅孔。前者的双鋬或双环耳弧腹盆深鼓腹小平底，后者浅弧腹大平底。前者的直领瓮、尊形瓮下腹急收，后者下腹缓收。前者折腹器盖的盖钮有喇叭状、平顶状、蘑菇状三种，且蘑菇状盖钮顶端多隆起较低；后者只见蘑菇状钮器盖，盖钮顶端隆起较高。前者的平底盆唇外没有贴边，后者有贴边。前者的擂钵和平底碗小平底，腹、底转折

---

① 北京大学震旦古代文明研究中心、郑州市文物考古研究院编著《新密新砦——1999—2000 年田野考古发掘报告》，文物出版社，2008 年，第 541 页。

② 李维明《二里头文化一期遗存与夏文化初始》，《中原文物》2002 年第 1 期，第 33—42 页。

③ 中国社会科学院考古研究所编著《偃师二里头——1959 年—1978 年考古发掘报告》，中国大百科全书出版社，1999 年。

分明；后者大平底，腹、底转折不显。只有折盘豆例外，前者转折反不如后者明显（图一）。

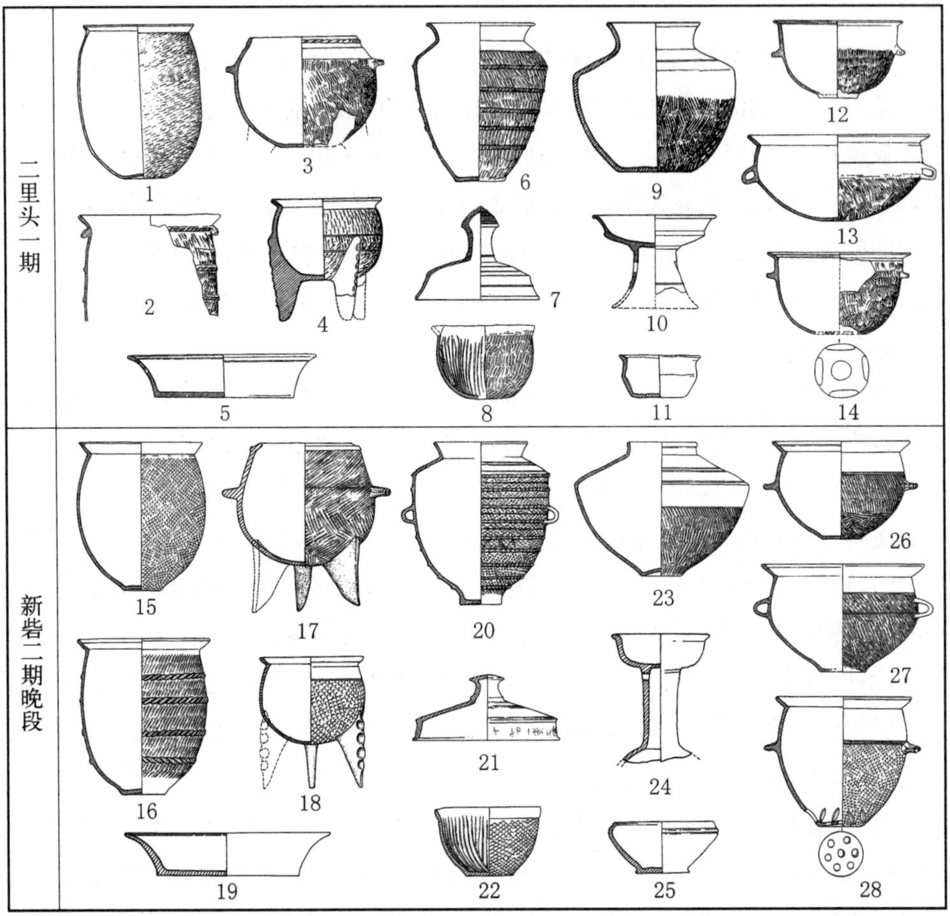

图一　二里头一期和新砦二期晚段陶器比较

1、15. 深腹罐（ⅡH216：13、2000T6⑧：930）　2、16. 深腹缸（ⅧH53：14、2000T6⑧：784）　3、17. 敛口罐形鼎（ⅣH106：12、2000T6⑧：772）　4、18. 折沿罐形鼎（Ⅱ·ⅤT104⑥：51、2000T6⑧：779）　5、19. 平底盆（Ⅱ·ⅤT104⑥：28、2000T6⑧：598）　6、20. 尊形瓮（ⅡH216：17、2000T11⑦B：41）　7、21. 器盖（Ⅱ·ⅤT104⑥：48、2000T6⑧：211）　8、22. 擂钵（Ⅱ·ⅤH148：15、2000T6⑧：627）　9、23. 直领瓮（Ⅱ·ⅤH148：12、2000T6⑧：810）　10、24. 折盘豆（Ⅱ·ⅤH148：20、2000T11⑦A：28）　11、25. 平底碗（Ⅱ·ⅤT203⑦：13、2000T6⑧：616）　12、26. 双鋬弧腹盆（Ⅱ·ⅤT104⑥：47、2000T5⑧：22）　13、27. 双耳弧腹盆（Ⅱ·ⅤH105：18、2000T11⑦A：56）　14、28. 甑（ⅨH1：12、2000T6⑧：827）

新砦二期晚段不同于二里头一期的大部分特点，如薄胎轮制、棱角分明、中腹圆鼓、小底凸出、深腹等特征，以及矮足鼎等器类，都恰好是其与王湾三期文化煤山类型的相似之处。而子母口器（包括子母口缸、子母口鼎、子母口瓮、子母口钵等）、高足罐形鼎、折壁器盖、平底盆、甗等陶器,则同豫东造律台类型有直接联系。[①] 这就从类型学上证明新砦二期晚段遗存早于二里头一期,不可能是二里头文化一期的一个地方类型。二者主体器类又近同,表明二里头文化一期主体来源于新砦二期晚段类遗存,而且二里头文化一期的东方因素也主要由新砦期遗存带来。鉴于新砦二期遗存与龙山时代的王湾三期文化和造律台类型之间的联系更多一些,且尚未出现陶爵、花边罐以及青铜礼器等二里头文化典型要素,故还是以将其放在王湾三期文化后期末段为宜,[②]可称之为王湾三期文化新砦类型。该类型主要分布在郑州、新密和巩义一带。和煤山类型相比,其分布范围"呈现向北、向东南移动的趋势"[③],汝州、禹州、登封等地则仍基本为煤山类型的延续。

不过,二里头文化在形成过程中显然还吸收了洛阳盆地及邻近地区的文化因素。例如爵这种二里头文化特有的陶器,就不见于新砦类型,也不见得直接来自东方,而应当由洛阳王湾、孟津小潘沟等遗址发现的王湾三期文化后期的平底实足鬶形器发展而来,杜金鹏就直接称其为原始陶爵。[④] 尤其小潘沟的一件高足原始陶爵,已与二里头文化一期的陶爵极为接近。[⑤] 这类原始陶爵中最早的一件出自上蔡十里铺遗址[⑥],属于王湾三期文化前期,大概是早期海岱龙山文化的陶鬶西进豫中南后地方化的产物(图二)。

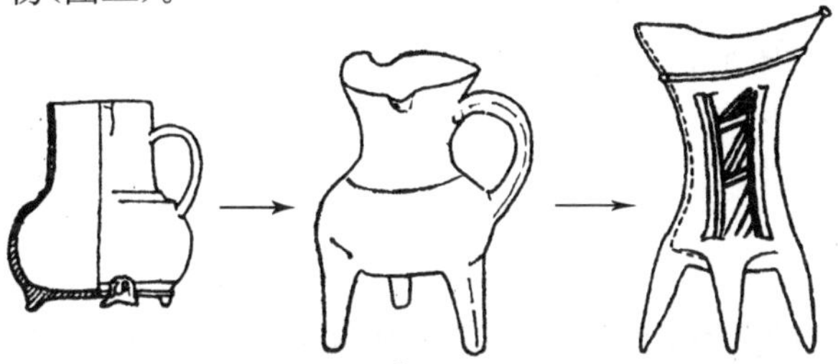

图二 王湾三期文化原始陶爵和二里头文化一期陶爵比较

1. 十里铺(H5:1) 2. 小潘沟(T5H44:52) 3. 二里头(Ⅱ·ⅤM54:7)

---

① 北京大学震旦古代文明研究中心、郑州市文物考古研究院编著《新密新砦——1999—2000年田野考古发掘报告》,第540页。

② 韩建业、杨新改《王湾三期文化研究》,《考古学报》1997年第1期,第1—22页。

③ 北京大学震旦古代文明研究中心、郑州市文物考古研究院编著《新密新砦——1999—2000年田野考古发掘报告》,第537页。

④ 杜金鹏《陶爵——中国古代酒器研究之一》,《考古》1990年第6期,第519—530页。

⑤ 洛阳博物馆《孟津小潘沟遗址试掘简报》,《考古》1978年第4期,第244—255页。

⑥ 河南省驻马店地区文管会《河南上蔡十里铺新石器时代遗址》,《考古学集刊(第3集)》,中国社会科学出版社,1983年,第69—80页。该遗址还出有属于王湾三期文化前期的陶觚(M5:1)。

如果我们不限于二里头文化一期陶器而作整体观察，会发现二里头文化大型宫殿建筑，钺、戚、璋、圭、多孔刀、柄形器等玉礼器，以及兽面纹题材等众多文明要素，也都主要是在以新砦类型为主体的中原文化基础上发展而来。新砦二期发现有大型浅穴式建筑，①稍早的新密古城寨城址中更有380多平方米的宫殿式建筑。②相当于新砦二期早段的巩义花地嘴遗存见有钺、铲、璋、琮等玉礼器，璋下端带扉齿，与二里头文化的璋基本一致；还有朱砂绘兽面纹子母口瓮。③

陈剩勇和吕琪昌等则强调二里头文化的陶鬶、盉，玉钺、琮、璧、璜、多孔刀，以及兽面纹等重要因素，均发源于江浙一带。④ 诚然，陶鬶、盉和石钺、玉璜最早诞生在新石器时代晚期的龙虬庄文化、马家浜文化，兽面纹早在新石器时代中期末段就从长江中游传播至跨湖桥文化。至铜石并用时代，陶鬶、盉，玉钺、琮、璧、璜以及兽面纹等包含复杂历史信息的文化特征，集大成于辉煌的良渚早期文明。但应当看到，这些因素中的陶鬶、盉、石钺、玉璜等从公元前3000年左右开始就已经向周围扩散，玉琮、璧和兽面纹则主要在公元前2600年左右良渚文化衰败后向海岱、晋南等地流播，这都与二里头文化的初始有着相当长的时间差距。这些因素先后辗转汇聚中原，最后主要通过新砦类型而变成二里头文化的有机组成部分。二里头文化一期时直接来自江浙地区的因素，大概只有鸭形陶壶等少量因素，据此不能得出二里头文明主要源于中国东南地区的结论。

二

二里头文化一期突然出现大量束颈圆腹陶罐，其中口沿外箍一周附加堆纹或直接压印唇面者被称为花边罐。有的带单耳，也有少量下加三足成为束颈圆腹罐形鼎。

---

① 中国社会科学院考古研究所、郑州市文物考古研究所《河南新密市新砦城址中心区发现大型浅穴式建筑》，《考古》2006年第1期，第3—6页。

② 河南省文物考古研究所、新密市炎黄历史文化研究会《河南新密市古城寨龙山文化城址发掘简报》，《华夏考古》2002年第2期，第53—82页。

③ 郑州市文物考古研究所、北京大学考古文博学院《河南巩义市花地嘴遗址"新砦期"遗存》，《考古》2005年第6期，第3—6页；顾问、张松林《花地嘴遗址所出"新砦期"朱砂绘陶瓮研究》，北京大学震旦古代文明研究中心编《古代文明研究通讯》总第23期，2004年，第9—21页。

④ 陈剩勇《东南地区：夏文化的萌生与崛起——从中国新石器时代晚期主要文化圈的比较研究探寻夏文化》，《东南文化》1991年第1期，第3—22页；吕琪昌《青铜爵、斝的秘密：从史前陶鬶到夏商文化起源并断代问题研究》，浙江大学出版社，2007年。

这类束颈圆腹罐与中原和东方的侈口深腹罐风格迥异，却和西北地区长期流行的同类器物神似。在束颈圆腹罐口沿外或者颈部箍附加堆纹的做法，从仰韶晚期就开始常见于仰韶文化海生不浪类型，沿面压印花边最早见于庙底沟二期阶段的仰韶文化阿善三期类型；至龙山前期，则普遍流行于内蒙古中南部和陕北的老虎山文化、宁夏南部的菜园文化（图三，1）[①]，波及客省庄二期文化（图三，2）[②]和齐家文化（图三，3）；龙山后期扩展到整个甘青齐家文化（图三，4、5）[③]和渭河流域客省庄二期文化当中。[④] 中原一带只是在王湾三期文化后期偏晚，才于洛阳矬李等遗址出现个别束颈圆腹花边罐，[⑤]这自然应当是西北地区同类器的进一步东向渗透所致（图三，6）。因此，二里头文化中束颈圆腹罐（包括花边罐）的源头应当就在西北地区。但它是在二里头文化形成的时候直接来自西北地区，还是从洛阳盆地王湾三期文化间接继承的呢？

还是让我们从对关中地区二里头文化时期遗存的分析入手。这类遗存包括陕西陇县川口河[⑥]、西安老牛坡[⑦] H16 和 H24、华县元君庙[⑧] M451 和南沙村[⑨] H12、华阴横阵[⑩] M9 等。陶器除大量单耳、双耳、三耳或无耳的束颈罐外（图三，7—9），还有双大耳罐、大口高领罐、折肩罐等陶器。实际上与以甘肃永靖秦魏家[⑪]和大何庄遗存[⑫]为代表的齐家文化大同小异。如果我们将齐家文化分为早、中、晚三期，则此类遗存就属于晚期齐家文化，年代基本和二里头文化相当。其中西部的甘青和渭河上

---

① 宁夏文物研究所、中国历史博物馆考古部编著《宁夏菜园——新石器时代遗址、墓葬发掘报告》，科学出版社，2003 年。

② 甘肃省博物馆考古队《甘肃灵台桥村齐家文化遗址发掘简报》，《考古与文物》1980 年第 3 期，第 22—33 页。

③ 青海省文物管理处考古队、中国社会科学院考古研究所编著《青海柳湾——乐都柳湾原始社会墓地》，文物出版社，1984 年；北京大学考古实习队、固原博物馆《隆德页河子新石器时代遗址发掘报告》，《考古学研究（三）》，科学出版社，1997 年，第 158—195 页。

④ 韩建业《中国西北地区先秦时期的自然环境与文化发展》，文物出版社，2008 年。

⑤ 洛阳博物馆《洛阳矬李遗址试掘简报》，《考古》1978 年第 1 期，第 5—17 页。

⑥ 尹盛平《陕西陇县川口河齐家文化陶器》，《考古与文物》1987 年第 5 期，第 1—11 页。

⑦ 刘士莪编著《老牛坡》，陕西人民出版社，2002 年。

⑧ 北京大学历史系考古教研室编著《元君庙仰韶墓地》，文物出版社，1983 年，第 45—46 页。

⑨ 北京大学考古教研室华县报告编写组《华县、渭南古代遗址调查与试掘》，《考古学报》1980 年第 3 期，第 297—328 页。

⑩ 中国社会科学院考古研究所陕西工作队《陕西华阴横阵遗址发掘报告》，《考古学集刊（第 4 集）》，中国社会科学出版社，1984 年，第 1—39 页。

⑪ 中国科学院考古研究所甘肃工作队《甘肃永靖秦魏家齐家文化墓地》，《考古学报》1975 年第 2 期，第 57—96 页。

⑫ 中国科学院考古研究所甘肃工作队《甘肃永靖大何庄遗址发掘报告》，《考古学报》1974 年第 2 期，第 29—62 页。

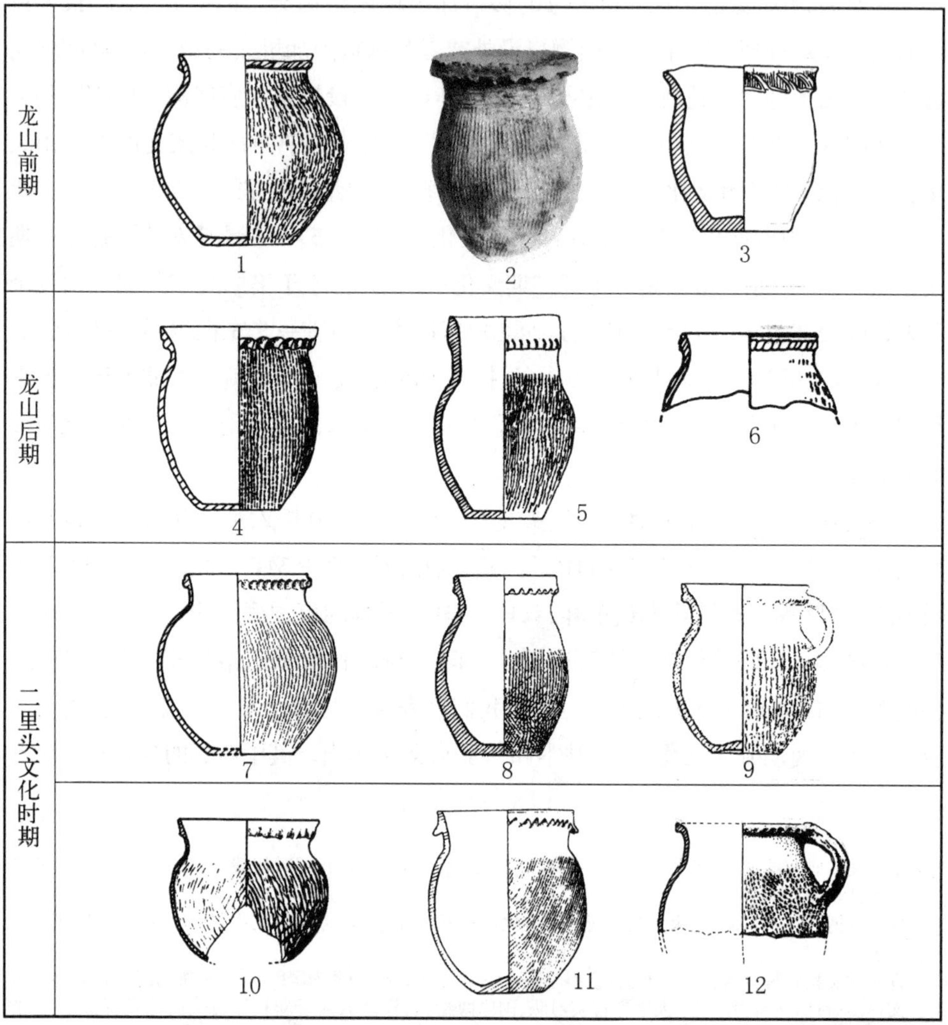

图三　龙山时代和二里头文化时期陶束颈圆腹花边罐

1. 菜园文化(林子梁 LF11⑤：11)　2. 客省庄二期文化(桥村 H4：24)　3—5、7—9. 齐家文化(师赵村 T317②：6，页河子 H148：12，柳湾 M968：1，老牛坡 88ⅩLⅠ2H24：14，秦魏家，横阵 M9：5)　6. 王湾三期文化(矬李 H22：31)　10—12. 二里头文化(二里头Ⅱ·ⅤT104⑥：21，西崖村 H4：40、48)

中游地区，流行红褐陶，器体瘦长，不见慢轮旋修陶器，这类遗存可称为“秦魏家类型”；东部渭河下游地区，多为灰陶，花边罐圆腹，有素面旋修陶器，可称为“老牛坡类型”。①

① 张天恩《试论关中东部夏代文化遗存》，《文博》2000 年第 3 期，第 3—10 页。

与其类似的遗存还有丹江流域的商州东龙山早期遗存①。

正如张忠培和孙祖初指出的那样，"宝鸡地区客省庄文化的消失便是齐家文化向东拓展的结果"②。不但宝鸡地区，整个关中地区龙山时代之后文化格局的大变都与晚期齐家文化的大规模东进有关，甚至朱开沟文化早期也受到晚期齐家文化强烈影响。齐家文化继续东进的结果，就是与西进的新砦类型在洛阳盆地碰撞，从而给二里头文化增添了大量束颈圆腹罐这种重要器物，见于偃师二里头、陕县西崖村③等二里头文化一期遗存（图三，10—12）。也就是说，二里头文化的束颈圆腹罐虽不排除继承早先渗入洛阳盆地同类器的可能性，但主要为二里头文化形成之初从甘青—关中一路传入。以前不少人以为关中的花边罐是二里头文化影响的结果，其实正好颠倒了因果关系。

晚期齐家文化向中原腹地的强烈渗透，带来的当然不应当只是陶束颈圆腹罐这一种因素。林沄早就注意到"北方系青铜器在二里头文化晚期已经存在，而且对二里头文化的青铜器发生了影响"④。安志敏据齐家文化铜器发达这一现象，推测中原铜器"很可能是通过史前时期的'丝绸之路'进入中国的"⑤。美国学者菲兹杰拉德-胡博更明确提出，二里头青铜文明的起源或许与中亚地区巴克特利亚冶金术的东传有密切关系，从西而东的具体传播路线是中亚与西伯利亚—新疆—甘青—中原，最后直接产生作用的正是甘青地区的齐家文化；同时，他还推测铜爵和觚与伊朗沙赫德遗址的带流罐和铜杯可能存在联系。⑥ 王迅还提到二里头文化中马的出现有受西北影响的可能性。⑦

的确，龙山时代的中原（包括东方）地区，还很少有能够确认的专门的青铜器（不包括利用共生矿冶炼的具有青铜性状的所谓青铜器），且只见铃、锥、片状物等个别铜器，而二里头文化青铜冶金技术已经较为成熟，工具、武器、容器种类繁多，这不能不让人将二里头文化青铜器的突然兴起与有着悠久历史的西方冶金术的东传联系

① 杨亚长《陕西夏时期考古的新进展——商州东龙山遗址的发掘收获》，《古代文明研究通讯》总第5期，2000年，第34—36页。

② 张忠培、孙祖初《陕西史前文化的谱系研究与周文明的形成》，《远望集——陕西省考古研究所华诞四十周年纪念文集》，陕西人民美术出版社，1998年，第155页。

③ 河南省文物研究所《陕县西崖村遗址的发掘》，《华夏考古》1989年第1期，第15—48页。

④ 林沄《商文化青铜器与北方地区青铜器关系之研究》，《考古学文化论集（一）》，文物出版社，1987年，第129—155页。

⑤ 安志敏《试论中国的早期铜器》，《考古》1993年第12期，第1117页。

⑥ Louisa G. Fitsgerald-Huber，Qijia and Erlitou：The Question of Contacts with Distant Cultures [J]. *Early China 20*，1995(20)：17 - 67.

⑦ 王迅《二里头文化与中国古代文明》，《考古与文物》1997年第3期，第61—68页。

起来。西伯利亚、中亚至新疆西部的辛塔什塔—彼德罗夫斯卡文化、安德罗诺沃文化、塞伊玛—图宾诺文化、奥库涅夫文化，阿尔泰至东疆的克尔木齐类遗存、哈密天山北路文化，河西走廊的四坝文化，甘青地区的晚期齐家文化，不但普遍流行刀、斧、矛、镜、泡饰等青铜器，而且绝对年代都在公元前 2 千纪初期，构成西方冶金术东传并渐次土著化的坚实链条。① 随着束颈圆腹罐所揭示出的晚期齐家文化向关中乃至中原的强烈东渐路程的逐渐明朗，西方冶金术对二里头青铜文明的间接影响实际已得到确证。如林沄指出的那样，②二里头遗址三期出土的一件青铜环首刀明确属于北方系，③另一件铜“戚”实即北方系战斧的变体，④这两件器物都可以在晚期齐家文化找到类似器。⑤ 菲兹杰拉德-胡博也指出二里头三期的十字镂空圆牌与中亚有关。金正耀的分析表明二里头二期的一件锥为砷铜合金，⑥透露出其与四坝文化、哈密天山北路文化的砷铜合金可能存在联系的信息，而砷铜早在公元前 4 千纪就已经出现在西亚地区。⑦ 另外，二里头文化的戈与哈密天山北路文化的管銎斧有相似之处，⑧或许是受其启发而产生(图四)。反过来，二里头文化的嵌饰绿松石的兽面纹牌饰以及陶盉等，也反向传播至甘肃的晚期齐家文化。⑨

除了青铜器，二里头文化中车的出现也当与西方影响有关。⑩ 一般被认为最早的公元前 2 千纪初的双轮马车，出于乌拉尔山南部的辛塔什塔墓葬，轨距 1.25—1.3 米；⑪而近年在二里头遗址三期发现的双轮车辙印，轨距约 1.2 米，⑫二者彼此近似。

---

① 李水城《西北与中原早期冶铜业的区域特征及交互作用》，《考古学报》2005 年第 3 期，第 239—278 页；韩建业《新疆的青铜时代和早期铁器时代文化》，文物出版社，2007 年。

② 林沄《早期北方系青铜器的几个年代问题》，《内蒙古文物考古文集(第 1 辑)》，中国大百科全书出版社，1994 年，第 291—295 页。

③ 中国社会科学院考古研究所二里头队《1980 年秋河南偃师二里头遗址发掘简报》，《考古》1983 年第 3 期，第 199—205 页。

④ 中国科学院考古研究所二里头工作队《偃师二里头遗址新发现的铜器和玉器》，《考古》1976 年第 4 期，第 259—263 页。

⑤ 如甘肃广河齐家坪的环首刀和康乐商罐地的双耳斧，见李水城《西北与中原早期冶铜业的区域特征及交互作用》，《考古学报》2005 年第 3 期，第 241 页(图二 18、21)。

⑥ 金正耀《二里头青铜器的自然科学研究与夏文明探索》，《文物》2000 年第 1 期，第 56—64 页。

⑦ J.D. Muhly, The Beginning of Metallurgy in the Old World [C]. R. Maddin (ed.), *the Beginning of the Use of Metals and Alloys*, Cambridge, MA: MIT Press, 1988: 2-20.

⑧ 吕恩国、常喜恩、王炳华《新疆青铜时代考古文化浅论》，《苏秉琦与当代中国考古学》，科学出版社，2001 年，第 184—187 页。

⑨ 张天恩《天水出土的兽面铜牌饰及有关问题》，《中原文物》2002 年第 1 期，第 43—46 页。

⑩ 在二里头文化发现车辙以前，中国商代马车源自西方的观点就很盛行，见王海城《中国马车的起源》，《欧亚学刊(第三辑)》，中华书局，2004 年，第 1—75 页。

⑪ Gening, V.F., Zdanovich, G.B., and Gening, V.V. *Sintashta* [M]. Cheliyabinsk, 1992.(俄文版)

⑫ 中国社会科学院考古研究所编著《中国考古学・夏商卷》，中国社会科学出版社，2003 年，第 122—123 页。

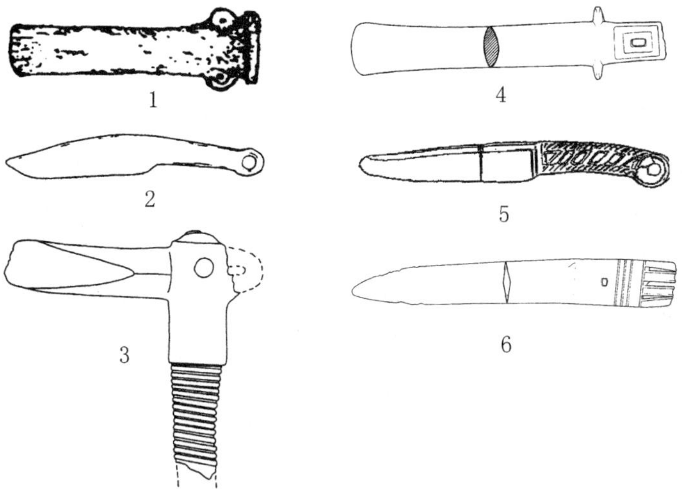

图四　哈密天山北路文化、晚期齐家文化和二里头文化铜器比较

1、3、4. 斧(齐家坪,南湾,二里头 K3:1)　2、5. 环首刀(商罐地,二里头ⅢM2:4)　6. 戈(二里头Ⅲ采:60)

(1、2. 晚期齐家文化　3. 哈密天山北路文化　4—6. 二里头文化)

此外,轮制制陶技术的衰落,虽于龙山后期偏晚已现端倪,但至二里头文化才顿然明显起来。这或许与齐家文化代表的陶器手制传统的介入,以及西方先进冶金术传入后手工业技术的重点转移都有关系。

不过,西方文化只是间接影响到二里头青铜文明的兴起。作为二里头青铜文明象征的爵、觚、鼎等青铜礼器,在东方、中原均有陶器原型且源头深远,与中亚器物风马牛不相及。铸造青铜容器所使用的复合泥范铸造技术,早在龙山时代已经出现,与中西亚流行的硬型石范铸造技术也明显有别。这说明二里头青铜文明主要是在中原(包括东方)基础上发展而来。实际正如李水城指出的那样,中亚冶金术"这种外来的影响力对于中原地区而言,经过一站站的中转、筛选和改造而不断地被弱化,而中原地区冶金术的真正崛起并形成独立的华夏风格,则是在二里头文化晚期才最终实现"①。

三

二里头青铜文明的兴起,从根本来说与公元前 2 千纪前后欧亚大陆的气候波动

---

① 李水城《西北与中原早期冶铜业的区域特征及交互作用》,《考古学报》2005 年第 3 期,第 239—278 页。

有关。

吴文祥和刘东生归纳指出，距今 4 000 年前后的降温事件"被认为可能是新仙女木事件以来最为寒冷的一次降温过程，是历史时期以来最具影响力的一次小冰期，也是世界上许多地区全新世气候演化过程中的一次重要转变，标志着当地气候最适宜期的结束和全新世后期的开始"。他们还指出，这次气候事件影响范围广，涉及包括欧洲、北非和中国在内的欧亚大陆大部地区。[①] 就中国来说，这次干冷事件从大约公元前 2300—前 2200 年开始，引起植被带整体南移，黄河流域则洪水频发，[②]至公元前 2000 年左右达到干冷极点。当时天山冰川发生冰进，[③]岱海地区的气温几乎降到 0℃左右，降水也有明显减少，[④]关中一带气候恶化。[⑤] 至公元前 1800—前 1700 年气候又稍趋暖湿，岱海盆地温度、降水回升，[⑥]豫东南地区河谷下切明显。[⑦] 之后气候转向干冷，至公元前 1000 年左右再次到达谷底。

公元前 2300—前 2200 年开始的气候恶化事件，对整个欧亚地区古代文明都有深远影响。[⑧] 随着植被带的南移，处于北方草原地带的人们面临很大的生存压力，多数情况下都会选择向南迁徙，同时也适当调整生产方式。当这些南迁的北方人群与南方原有的主要从事农业的人群碰撞在一起的时候，就会冲突不断，从而引起大范围连锁式的文化格局和社会经济结构的调整。

就中国来说，可能是北方狩猎人群的南迁和长城沿线农业生产条件的趋于恶

---

① 吴文祥、刘东生《4000a B.P.前后降温事件与中华文明的诞生》，《第四纪研究》第 21 卷第 5 期，2001 年，第 443—451 页。

② 崔建新、周尚哲《4000a 前中国洪水与文化的探讨》，《兰州大学学报》(自然科学版)第 39 卷第 3 期，2003 年，第 94—97 页。

③ 陈吉阳《天山乌鲁木齐河源全新世冰川变化的地衣年代学等若干问题之初步研究》，《中国科学(B 辑)》1988 第 1 期，第 95—104 页。

④ 刘清泗、汪家兴、李华章《北方农牧交错带全新世湖泊演变特征》，《区域·环境·自然灾害 地理研究》，科学出版社，1991 年，第 1—7 页；刘清泗、李华章《中国北方农牧交错带(岱海—黄旗海地区)全新世环境演变》，《中国北方农牧交错带全新世环境演变及预测》，地质出版社，1992 年，第 16—54 页；许清海、肖举乐等《孢粉资料定量重建全新世以来岱海盆地的古气候》，《海洋地质与第四纪地质》第 23 卷第 4 期，2003 年，第 99—108 页。

⑤ 贾耀锋、庞奖励《关中盆地东部李湾剖面全新世高分辨率气候研究》，《干旱区资源与环境》第 17 卷第 3 期，2003 年，第 39—43 页；黄春长、庞奖励、黄萍等《关中盆地西部黄土台塬全新世气候事件研究》，《干旱区地理》第 25 卷第 1 期，2002 年，第 10—15 页。

⑥ 许清海、肖举乐等《孢粉资料定量重建全新世以来岱海盆地的古气候》，《海洋地质与第四纪地质》第 23 卷第 4 期，2003 年，第 99—108 页。

⑦ 北京大学考古学系、驻马店市文物保护管理所编著《驻马店杨庄——中全新世淮河上游的文化遗存与环境信息》，科学出版社，1998 年。

⑧ 吴文祥、刘东生《4000a B.P.前后降温事件与中华文明的诞生》，《第四纪研究》第 21 卷第 5 期，2001 年，第 443—451 页。

劣，迫使内蒙古中南部和晋中一带的后期老虎山文化向南迁徙，造成临汾盆地曾强盛一时的陶寺类型的衰亡，[①]并使临汾以南的末期庙底沟二期类型向豫中西地区推进，与豫中的前期王湾三期文化融合，形成实力强劲的后期王湾三期文化。[②] 后期王湾三期文化继续大规模南进，造成石家河文化的衰亡，奠定了中原腹心地区文化的核心地位。[③] 另外，洪水灾害可能是造成长江流域石家河文化等衰落的原因之一，而灾害稍轻的中原文化不但没有在洪灾面前倒下，治水还反过来强化了中原地区的组织管理能力，促进了中原社会的文明化过程。[④]

就西伯利亚和中亚来说，为了适应气候向干冷方向的转化，在西伯利亚草原兴起了以马拉战车为特征的半农半牧文化——辛塔什塔—彼德罗夫斯卡文化，之后发展为安德罗诺沃文化，并向偏南方向大规模扩展。其中一支扩展到新疆西部，其影响的余波则直达中原。

公元前 1800 年左右气候的稍转暖湿，为中原文化的发展带来了良好机遇，王湾三期文化新砦类型在此背景下西进，在洛阳盆地与西方半农半牧文化的东进余波撞在一起，从而融合成面貌一新的二里头文化，二里头青铜文明于是兴起。一次大的气候事件，给各地文化都增加了一次大的变革契机，但结局却大不一样。最终中原文化拔得头筹，周围地区黯然失色。

苏秉琦和殷玮璋讨论考古学文化的区系类型时，将中国早期文化概括为面向内陆和面向海洋的两个大区。[⑤] 面向内陆的西北地区以黄河上中游为核心，与欧亚大陆中西部颇多联系；面向海洋的东南地区以长江中下游和黄河下游为核心，与东南亚和太平洋诸岛颇多联系；而在中原兴起的二里头文化是东西两大文化传统汇聚融合的结晶。正是中原地区“天下之中”的优越地理位置，成为兼容并蓄的二里头文明兴起的前提。此外，中原腹地也大致在中国东部季风区的中央，年均温度、降水量和对气候变化的敏感程度都大致适中，这大约是中原文化既能够长久绵延发展而不至于忽生忽灭，又能够始终积极奋进而不会不思进取的主要原因。

---

① 韩建业《唐伐西夏与稷放丹朱》，《北京大学学报》（哲学社会科学版）2001 年第 4 期，第 119—123 页，已收入本书；韩建业《老虎山文化的扩张与对外影响》，《中原文物》2007 年第 1 期，第 17—23 页，已收入本书。

② 韩建业《晋西南豫西西部庙底沟二期—龙山时代文化的分期与谱系》，《考古学报》2006 年第 2 期，第 179—204 页。

③ 杨新改、韩建业《禹征三苗探索》，《中原文物》1995 年第 2 期，第 46—55 页；已收入本书。

④ 王巍《公元前 2000 年前后我国大范围文化变化原因探讨》，《考古》2004 年第 1 期，第 67—77 页。

⑤ 苏秉琦、殷玮璋《关于考古学文化的区系类型问题》，《文物》1981 年第 5 期，第 10—17 页。

四

关于二里头文化和夏商文化的关系，已经热烈讨论了半个多世纪。

1956年郑州洛达庙遗存发现后，李学勤就认为其最可能是夏代的文化。[①] 1959年徐旭生等调查发现包含洛达庙类遗存的二里头遗址后，结合汤都西亳的记载，认为此遗址"在当时实为一大都会，为商汤都城的可能性很不小"[②]。二里头遗址发掘之后，学术界基本仍遵徐旭生的说法，至少认为其晚期已进入商代。许顺湛则认为其早、中期大概就是夏代文化。[③] 20世纪70年代末以后，讨论渐成热潮。最具代表性的有两种观点：其一，邹衡提出"汤都郑亳"说，据此认为二里头文化一至四期均属夏文化；[④]其二，安金槐提出"禹都阳城"说，据此认为河南龙山文化晚期和二里头文化一、二期属于夏文化，三、四期属早商文化。[⑤] 80年代以后，孙华和田昌五提出二里头文化一至三期为夏文化、四期为商文化的看法，[⑥]李伯谦则认为河南龙山文化晚期和整个二里头文化都是夏文化。[⑦] 就连曾主张二里头遗址属于汤都西亳的赵芝荃，也根据新砦遗址和偃师商城的新发现，将其观点修正为河南龙山文化晚期、新砦期和二里头文化一至三期同为夏文化。[⑧] 可见，至20世纪90年代以前，二里头文化主体为夏文化这一点，已经得到学术界越来越多的认同。我曾经利用"禹征三苗"引起的王湾三期文化对石家河文化的大范围取代，论证王湾三期文化后期之初已进入夏代；又依据二里头文化三期对外影响极大而四期衰败的现象，论证夏商交界在三、四期之间。[⑨] 稍后高炜等论证夏商文化的分界在二里头文化第四期早、晚段之间，这就等于进一步确认了二里头文化基本都属于夏文化的观点。[⑩]

如果承认王湾三期文化后期、新砦期和二里头文化主体均属于夏文化，那么二

---

① 李学勤《近年来考古发现与中国早期奴隶制社会》，《新建设》1958年第8期，第47—53页。

② 徐旭生《1959年夏豫西调查"夏墟"的初步报告》，《考古》1959年第11期，第600页。

③ 许顺湛《夏代文化探索》，《史学月刊》1964年第7期，第15—21页。

④ 邹衡《郑州商城即汤都亳说》，《文物》1978年第2期，第69—71页；邹衡《试论夏文化》，《夏商周考古学论文集》，文物出版社，1980年，第95—182页。

⑤ 安金槐《豫西夏代文化初探》，《河南文博通讯》1978年第2期，第38—39页。

⑥ 孙华《关于二里头文化》，《考古》1980年第6期，第521—525页；田昌五《夏文化探索》，《文物》1981年第5期，第18—26页。

⑦ 李伯谦《二里头类型的文化性质与族属问题》，《文物》1986年第6期，第41—47页。

⑧ 赵芝荃《略论新砦期二里头文化》，《中国考古学会第四次年会论文集(1983)》，第13—17页。

⑨ 韩建业《夏文化的起源与发展阶段》，《北京大学学报》(哲学社会科学版)1997年第4期，第120—125页；已收入本书。

⑩ 高炜、杨锡璋、王巍、杜金鹏《偃师商城与夏商文化分界》，《考古》1998年第10期，第66—79页。

里头文化到底是从何时开始的夏文化呢?

田昌五曾指出,“二里头文化当是从少康复国后发展起来的”[①]。李伯谦认为,二里头类型“很有可能是‘太康失国’、‘后羿代夏’以后的夏代文化”[②]。而我则从曲尺形镂孔柄豆、贯耳壶等陶器上看到了二里头文化与造律台类型之间更为直接的联系,又考虑到“少康中兴”所依靠的有虞氏的遗存可能正好对应造律台类型,因此认为“二里头文化就极可能诞生于少康之时,是在王湾三期文化的基础上,随着有仍、有鬲和有虞等东方居民的西进并带来龙山文化因素而形成的。而且如此一来,王湾三期文化后期晚段文化中衰的现象也可以用‘太康失国’来解释”[③]。

近年新砦遗址大规模发掘之后,我们才知道王湾三期文化末期的中衰现象只发生在登封、禹州等早期夏文化的核心地区,嵩山以东郑州、新密等地的新砦类型则异军突起、后来居上。也就是说,此时的中原地区只有文化格局调整和重心转移,并未发生普遍的文化衰落。新砦类型本身就包含大量造律台类型等东方因素,二里头文化的造律台类型因素正是通过新砦类型而来。这就从逻辑上提供了这样一种新的可能:新砦类型才可能是“少康中兴”之后融合大量豫东造律台类型因素而形成的遗存,二里头文化只能是少康数代之后某夏王西迁洛阳盆地而发展起来的文化。我们可以称新砦类型为中期夏文化,二里头文化为晚期夏文化,而早于新砦类型的王湾三期文化后期主体自然就是早期夏文化了。

(本文原载《中国历史文物》2009 年第 1 期)

---

① 田昌五《夏文化探索》,《文物》1981 年第 5 期,第 21 页。

② 李伯谦《二里头类型的文化性质与族属问题》,《文物》1986 年第 6 期,第 44 页。

③ 韩建业《夏文化的起源与发展阶段》,《北京大学学报》(哲学社会科学版)1997 年第 4 期,第 122 页。二里头文化一期的曲尺形镂孔柄豆(东干沟 M1:1)、贯耳壶(二里头ⅣM26:3),与豫东王油坊遗址龙山同类陶器很是近似(H5:42、M3:9)。

中国古代屈肢葬谱系梳理

屈肢葬指墓主人不同程度屈曲下肢的一种葬式。现在能够观察到的屈肢葬均掩埋于地下，且基本属于一次葬范畴。中国20世纪前期就已在黄河流域发现屈肢葬，并引起高去寻先生的注意。[①] 20世纪后期至今，长江中游、华南、甘青、燕山南北、新疆、西藏也都陆续发现了流行这种葬式的墓地，学者们对其含义进行了较多讨论，对各地屈肢葬的起源、传承、演变和相互关系等基本问题反而关注不够。有鉴于此，本文拟在分析屈肢葬细部特征和时空关系的基础上，结合所属考古学文化的情况，对新石器时代至汉唐时期万余年时间内中国古代屈肢葬的谱系略作梳理(图一)。

一

中国境内最早的屈肢葬见于华南新石器时代早期，目前的发现主要集中于广西北部的柳江、漓江流域。桂林庙岩发现2具蹲踞式屈肢葬，共存陶片的年代早于公元前13000年。[②] 柳州大龙潭贝丘遗址下层发现过至少6具蹲踞式屈肢人骨，[③]年代在公元前9500—前8500年之间。[④] 桂林甑皮岩发现的18具人骨，大部分都是蹲踞式屈肢葬，也有侧身屈肢葬和二次葬，[⑤]年代约为公元前8000—

---

① 高去寻《黄河下游的屈肢葬问题》，《中国考古学报》1947年第2期，第121—166页。

② 阳吉昌《桂林新石器时代遗址的调查与试掘》，《桂林文博》1994年第2期；谌世龙《桂林庙岩洞穴遗址的发掘与研究》，《中石器文化及有关问题研讨会论文集》，广东人民出版社，1999年。

③ 柳州市博物馆广西壮族自治区文物工作队《柳州市大龙潭鲤鱼嘴新石器时代贝丘遗址》，《考古》1983年第9期，第769—774页。

④ 黎兴国等《柳州大龙潭贝丘遗址年代及其与邻近地区对比》，《第四纪冰川与第四纪地质论文集》第4集，地质出版社，1987年。

⑤ 广西壮族自治区文物工作队、桂林市"革命委员会"文物管理委员会《广西桂林甑皮岩洞穴遗址的试掘》，《考古》1976年第3期，第175—179页。

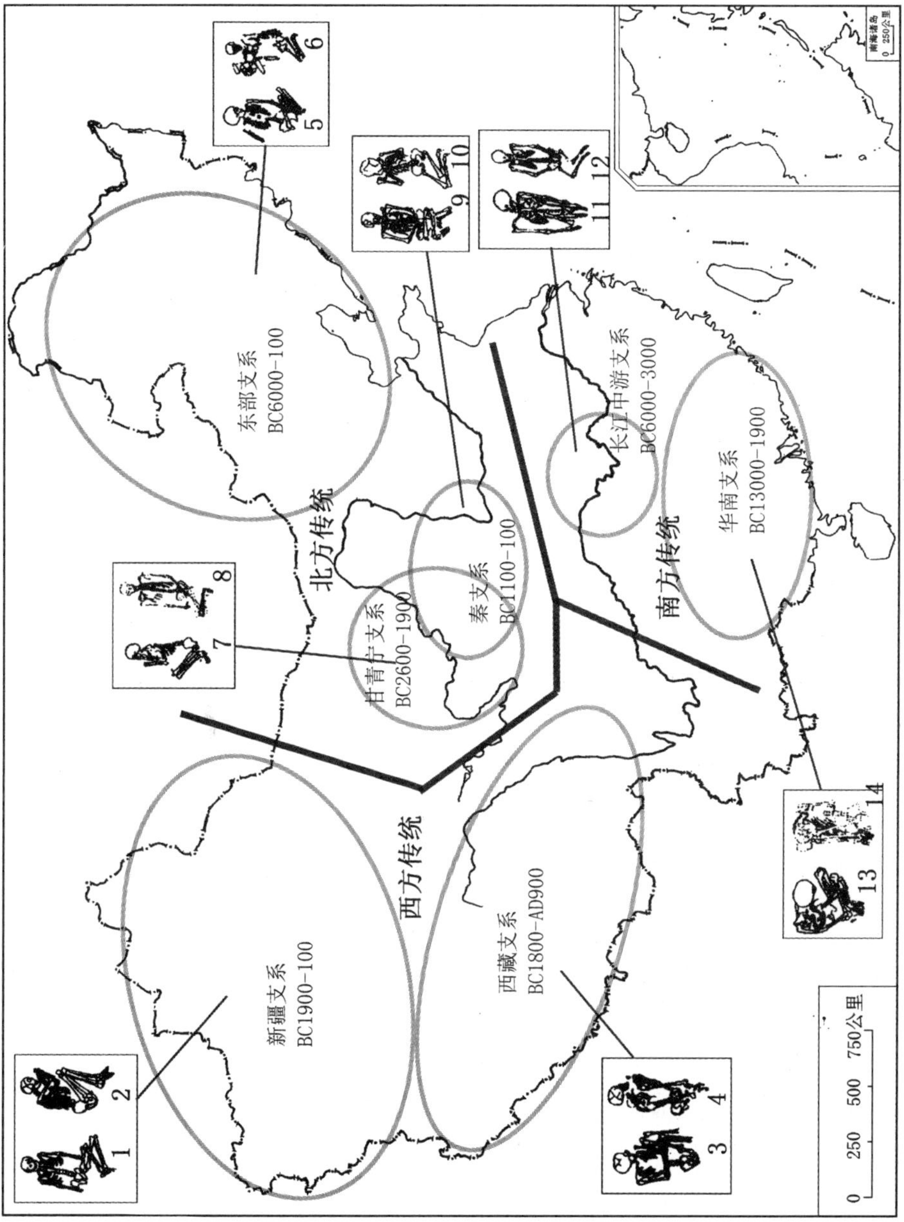

图一 中国古代屈肢葬谱系略图

前7000年。[①] 这些早期屈肢葬虽仰身、侧身、俯身不定，但多为屈曲很甚的蹲踞式，即股骨贴近腹部的形式，这恐怕只有在埋葬时加以捆绑才行。他们又都与绳纹陶釜等遗物共存，应当属于一个文化系统。据研究，甑皮岩的人骨与当地旧石器时代晚期的柳江人有密切的亲缘关系，[②]因此不排除柳江人已存在蹲踞式屈肢葬的可能性。

二

至新石器时代中期（公元前7000—前5000年），屈肢葬流行区域从广西北部扩大至西南邕江流域。广西邕宁顶蛳山第二、三期遗存发现100余屈肢葬，又有仰身、侧身、俯身以及蹲踞等细微差别，并与肢解葬共存。[③] 广西临桂大岩第五期发现的8座屈肢葬也应大致属于该时期。[④] 南宁的豹子头贝丘遗址群发现100多具人骨，绝大多数为蹲踞式屈肢葬，也有仰身直肢葬，主体年代也可能属于新石器时代中期。[⑤]这些屈肢葬绝大部分仍屈曲较甚，共存陶器仍以绳纹圜底釜为主，无疑还是当地早期传统的延续。不过，仰身直肢葬与肢解葬的出现，表明当地葬俗也在发生变异。

值得提出的是，此时长江中游洞庭湖周围及峡江地区的彭头山文化也有流行屈肢葬的可能性，只是该文化的墓葬发现较少，且人骨多已不存，所以具体情况不很明了。例如，澧县八十垱发现有百余座竖穴土坑墓葬，墓坑多小于1米；个别有人骨者被推断为二次葬，也不排除是屈曲较甚的屈肢葬的残迹；整个墓地有可能以蹲踞式屈肢葬为主。[⑥] 澧县彭头山的情况与此相同。[⑦] 彭头山文化也流行绳纹圜底陶釜，所在洞庭湖地区又临近广西北部，其与华南新石器时代早、中期遗存属于一个大

---

① 北京大学历史系考古专业^{14}C实验室、中国社会科学院考古研究所^{14}C实验室《石灰岩地区碳-14样品年代的可靠性与甑皮岩等遗址的年代问题》，《考古学报》1982年第2期，第243—250页；王维达《河姆渡和甑皮岩陶片热释光年代的测定》，《考古学集刊（第4集）》，中国社会科学出版社，1984年，第321—327页。

② 张子模等《桂林甑皮岩新石器时代遗址的人骨》，《广西民族研究》1994年第3期，第1—21页。

③ 中国社会科学院考古研究所广西工作队、广西壮族自治区文物工作队、南宁市博物馆《广西邕宁县顶蛳山遗址的发掘》，《考古》1998年第11期，第11—33页。

④ 陈远璋《广西考古的世纪回顾与展望》，《考古》2003年第10期，第10页。

⑤ 广西壮族自治区文物考古训练班、广西壮族自治区文物工作队《广西南宁地区新石器时代贝丘遗址》，《考古》1975年第5期，第295—301页。

⑥ 湖南省文物考古研究所《湖南澧县梦溪八十垱新石器时代早期遗址发掘简报》，《文物》1996年第12期，第26—38页。

⑦ 湖南省文物考古研究所、澧县文物管理所《湖南澧县彭头山新石器时代早期遗址发掘简报》，《文物》1990年第8期，第19页。

的文化系统应当没有多大问题，同华南一样流行屈肢葬也是情理之中的事情。陕西临潼白家村遗址属于白家文化的2例屈肢葬，也不排除是受到彭头山文化屈肢葬影响的可能。[①]

东北地区也有屈肢葬。内蒙古林西白音长汗遗址发现兴隆洼文化偏晚时期的墓葬14座，多为宽短的积石土坑墓，可判明葬式者有仰身屈肢5例、“仰身叠肢”2例、仰身直肢2例。[②] 屈肢者有的屈曲较甚呈跪坐式，即胫骨后折而与股骨压在一起，也应当是捆绑的结果，与华南不同的是，多数股骨距腹部稍远；这里还有在华南基本不见的下肢略屈的屈肢葬。所谓“仰身叠肢”葬，大概属于“肢解葬”或二次葬，也可视作屈肢葬的一种变体。显然，林西兴隆洼文化墓葬以屈肢葬为主体。不过，偏南赤峰—阜新一线兴隆洼文化的葬式却主要是仰身直肢葬。可见，新石器时代中期东北地区的屈肢葬主要流行于西拉木伦河上游及其以北地区。

中国南方屈肢葬多为蹲踞式，属圜底釜文化系统，北方多为跪坐式，属筒形罐文化系统，二者判然有别。实际上南北方屈肢葬属于两个不同的传统，可分别称为“南方传统”和“北方传统”。进一步来说，南方传统还可细分为“华南支系”和“长江中游支系”；林西兴隆洼文化所代表的屈肢葬可称为北方传统的“东部支系”。

三

新石器时代晚期和铜石并用时代早期（公元前5000—前2600年），屈肢葬的分布范围在保持先前格局的基础上稍有扩展。

南方传统华南支系的屈肢葬，见于广西百色革新桥[③]、广东高要蚬壳洲遗址[④]，其下肢屈曲较甚，保持了更多古老成分。属长江中游支系的大溪文化，屈肢葬颇为流行。除仍有蹲踞式者外，不少已将下肢伸展至略弯曲，这大概反映出传统习俗的日渐淡化。具体来说，湖南安乡汤家岗大溪文化早期发现有可能为蹲踞式的屈肢葬，[⑤]

---

① 中国社会科学院考古研究所编著《临潼白家村》，巴蜀书社，1994年，第45页。

② 内蒙古自治区文物考古研究所编著《白音长汗——新石器时代遗址发掘报告》，科学出版社，2004年，第200—209页。

③ 陈远璋《广西考古的世纪回顾与展望》，《考古》2003年第10期，第15页。

④ 广东省博物馆、高要县文化局《广东高要县蚬壳洲发现新石器时代贝丘遗址》，《考古》1990年第6期，第565—568页。

⑤ 湖南省博物馆《湖南安乡县汤家岗新石器时代遗址》，《考古》1982年第4期，第341—354页；张弛《长江中下游地区史前聚落研究》，文物出版社，2003年，第48页。

湖北宜昌三斗坪[①]、中堡岛[②]，湖南澧县丁家岗[③]等遗址发现有中期屈肢葬，湖北长阳桅杆坪[④]、松滋桂花树遗址[⑤]发现有晚期屈肢葬；尤其是中、晚期的澧县城头山遗址，已发掘的900余座墓葬绝大多数为屈肢葬，[⑥]由此可见屈肢葬在长江中游的盛行程度。不过至大溪文化晚期，屈肢葬渐趋衰落，湖南岳阳车轱山墓葬多为仰身直肢葬，少数为侧身屈肢葬；[⑦]四川巫山大溪墓地第三次发掘的133座墓葬中，仰身直肢葬达59座之多，各种屈肢葬不过40座；[⑧]宜昌白狮湾墓地则基本不见屈肢葬，[⑨]至于汉水以东地区则更属仰身直肢葬流行区域。至屈家岭文化阶段，在长江中游虽还有屈肢葬残俗，但基本已让位于仰身直肢葬。

北方传统东部支系的范围显著扩展，包括呼伦贝尔高原、西辽河流域、燕山南北、冀西北、内蒙古中南部在内的北方偏东区域都发现有以屈肢葬为主体的墓地。相当于仰韶文化前期（新石器时代晚期），屈肢葬流行于呼伦贝尔的铜钵好赉等哈克文化遗址[⑩]，也见于林西白音长汗等红山文化遗存[⑪]。相当于仰韶文化晚期（铜石并用时代早期），屈肢葬扩展至燕山南北、冀西北和内蒙古中南部。在属于雪山一期文化小河沿类型的翁牛特旗大南沟[⑫]、昭乌达盟石羊石虎山[⑬]，属于午方类型的阳原姜家梁等墓地[⑭]，甚至属于仰韶文化海生不浪类型的察右前旗庙子沟聚落[⑮]，都发现有

① 湖北省文物考古研究所《1985—1986三峡坝区三斗坪遗址发掘简报》，《江汉考古》1999年第2期，第4—5页。

② 国家文物局三峡考古队编著《朝天嘴与中堡岛》，文物出版社，2001年，第102页。

③ 湖南省博物馆《澧县东田丁家岗新石器时代遗址》，《湖南考古辑刊（第1辑）》，1982年，第2—18页。

④ 湖北省清江隔河岩考古队、湖北省文物考古研究所编著《清江考古》，科学出版社，2004年，第37—39页。

⑤ 湖北省荆州地区博物馆《湖北松滋县桂花树新石器时代遗址》，《考古》1976年第3期，第188页。

⑥ 湖南省文物考古研究所《澧县城头山古城址1997—1998年度发掘简报》，《文物》1999年第6期，第4—15页；张弛《长江中下游地区史前聚落研究》，第51页。

⑦ 湖南省岳阳地区文物工作队《华容车轱山新石器时代遗址第一次发掘简报》，《湖南考古辑刊（第三辑）》，1986年，第1—18页。

⑧ 四川省博物馆《巫山大溪遗址第三次发掘》，《考古学报》1981年第4期，第461—466页。

⑨ 湖北省文物考古研究所《长江三峡工程坝区白狮湾遗址发掘简报》，《江汉考古》1999年第1期，第1—10页。

⑩ 赵越《哈克文化研究》，《呼伦贝尔文物》总第6期，2001年，第8—25页。

⑪ 内蒙古自治区文物考古研究所编著《白音长汗——新石器时代遗址发掘报告》，第394页。

⑫ 辽宁省文物考古研究所、赤峰市博物馆编著《大南沟——后红山文化墓地发掘报告》，科学出版社，1998年。

⑬ 内蒙古自治区昭乌达盟文物工作站《内蒙古昭乌达盟石羊石虎山新石器时代墓葬》，《考古》1963年第10期，第523—524页。

⑭ 河北省文物研究所《河北阳原县姜家梁新石器时代遗址的发掘》，《考古》2001年第2期，第13—27页。

⑮ 内蒙古文物考古研究所《内蒙古察右前旗庙子沟遗址考古纪略》，《文物》1989年第12期，第29—39页。

跪坐式的仰身或侧身屈肢葬。这类墓葬多为较宽短的土坑竖穴墓，少量为偏洞室墓；还存在下葬前火烧墓穴、下葬后继续焚烧的火葬习俗。哈克文化、红山文化、小河沿类型与兴隆洼文化有着千丝万缕的联系，海生不浪类型庙子沟亚型与红山文化—小河沿类型又存在密切交流，可见该阶段东部支系屈肢葬与早先林西兴隆洼文化屈肢葬存在一定的继承关系。

四

铜石并用时代晚期(即龙山时代，公元前2600—前1900年)，屈肢葬的空间格局发生了重大变化。除南方传统的华南支系继续存在且西向影响到云南滇池附近外，[①]南方传统的长江中游支系基本消失，北方传统的东部支系则极度衰弱。

富于戏剧性的是，在上述两个支系消失或衰弱的同时，甘青宁地区却开始流行屈肢葬。据研究，半山—马厂类型以侧身屈肢葬为主体的区域，从宁夏的固原、海原一带，延伸到甘青交界的永登、民和一线；在永登以西的河西走廊为流行仰身直肢葬的区域；青海共和盆地为流行俯身直肢葬的区域。[②] 与屈肢葬存在联系的洞室墓的流行区域也大致与屈肢葬区域重合。[③] 偏西的兰州土谷台[④]、康乐边家林、广河地巴坪[⑤]、景泰张家台[⑥]等墓地，屈肢葬的比例多在70%左右，并伴有洞室墓。而菜园切刀把、瓦罐嘴、寨子梁、二岭子湾诸墓地，基本全部为屈肢葬，洞室墓也更盛行。[⑦] 显见在半山类型区，东区比西区更流行屈肢葬和洞室墓。至齐家文化时期，甘青宁东部地区屈肢葬占绝对优势的情况不复存在，屈肢葬在所有的墓地中仅占少数。[⑧] 值得注意的是，原先流行仰身直肢葬的区域，屈肢葬的比例反而增加，如甘肃永靖秦魏家[⑨]、

---

① 云南省考古研究所、玉溪市文管所、通海县文化局《通海海东贝丘遗址发掘报告》,《云南文物》总第2期,1999年。
② 陈洪海《甘青地区史前墓葬中的葬式分析》,《古代文明(第2卷)》,文物出版社,2003年。
③ 陈洪海《宗日遗存研究》,北京大学考古文博学院博士学位论文,2002年,第118页。
④ 甘肃省博物馆、兰州市文化馆《兰州土谷台半山—马厂文化墓地》,《考古学报》1983年第2期,第191—222页。
⑤ 甘肃省博物馆文物工作队《广河地巴坪"半山类型"墓地》,《考古学报》1978年第2期,第193—210页。
⑥ 甘肃省博物馆《甘肃景泰张家台新石器时代的墓葬》,《考古》1976年第3期,第180—186页。
⑦ 宁夏文物研究所、中国历史博物馆考古部编著《宁夏菜园——新石器时代遗址、墓葬发掘报告》,科学出版社,2003年。
⑧ 谢端琚《略论齐家文化墓葬》,《考古》1986年第2期,第147—161页。
⑨ 中国科学院考古研究所甘肃工作队《甘肃永靖秦魏家齐家文化墓地》,《考古学报》1975年第2期,第57—96页。

武威皇娘娘台墓地[①]等，而且往往为女性侧身屈肢而男性仰身直肢的形式，这大概是两种葬式传统深入交融的结果。[②]

甘青宁地区从半山类型开始流行的跪坐式屈肢葬，恰与东部雪山一期文化和海生不浪类型的屈肢葬形式相同。他们之间还共见宽短墓坑及洞室墓，共见火葬习俗，[③]共见锯齿纹、折线纹、鳞纹、棋盘格纹、菱格纹等彩陶纹饰，共见黑、红彩搭配，共见“卍”字纹和八角星纹，共见陶鸭形壶（鸮面罐）和双口壶等。实际上，半山类型可能就是在马家窑类型的基础上，接受大量东部文化因素而形成。[④] 这样，我们就有理由将甘青宁地区屈肢葬也纳入北方传统，并称之为“甘青宁支系”。

五

青铜时代和早期铁器时代（公元前1900—前100年），屈肢葬的格局又有显著变化。这时华南地区转变为仰身直肢葬占据主体，表明南方传统已基本退出历史舞台。甘青宁地区的辛店文化、寺洼文化、卡约文化当中，仰身直肢葬已成为主流，屈肢葬仅在永靖姬家川[⑤]、民和核桃庄小旱地[⑥]等辛店文化墓地有少量遗留，显然北方传统的甘青宁支系也接近尾声。同时，北方传统的东部支系又开始焕发出活力。黑龙江依兰倭肯哈达[⑦]、沈阳新民高台山[⑧]等青铜时代遗址，吉林骚达沟[⑨]、通化万发拨子[⑩]等春秋战国遗址，其葬式都以侧身或仰身屈肢为主。虽然他们所属文化彼此间的传承演变关系还不很明了，与小河沿类型所代表的铜石并用时代文化之间还存在较大缺环，但屈肢葬的跪坐式特征仍为当地古老传统。

---

① 甘肃省博物馆《甘肃武威皇娘娘台遗址发掘报告》，《考古学报》1960年第2期，第53—72页。

② 以往一般将此现象解释为与父系氏族社会有关的男尊女卑，实际上有可能是男女属于不同族而拥有不同葬式传统的反映。

③ 陈洪海《甘青地区史前期的火葬墓举例》，《考古与文物》2002年增刊，第150—152页。

④ 韩建业《论雪山一期文化》，《华夏考古》2003年第4期，第46—54页；韩建业《半山类型的形成与东部文化的西迁》，《考古与文物》2007年第3期；已收入本书。

⑤ 中国社会科学院考古研究所甘肃工作队《甘肃永靖张家嘴与姬家川遗址的发掘》，《考古学报》1980年第2期，第187—220页。

⑥ 青海省文物考古研究所、青海省文物管理处、西北大学文博学院编著《民和核桃庄》，科学出版社，2004年，第17页。

⑦ 李文信《依兰倭肯哈达的洞穴》，《考古学报》第七册，1954年，第61—75页。

⑧ 沈阳市文物管理办公室《沈阳新民县高台山遗址》，《考古》1982年第2期，第121—129页；董新林《高台山文化研究》，《考古》1996年第6期，第52—66页。

⑨ 段一平、李莲、徐光辉《吉林市骚达沟石棺墓整理报告》，《考古》1985年第10期，第885—900页。

⑩ 吉林省文物考古研究所、通化市文物管理委员会办公室《吉林通化市万发拨子遗址二十一号墓的发掘》，《考古》2003年第8期，第32—44页。

最重大的变化当属关中地区秦文化和新疆、西藏地区土著文化当中屈肢葬的崛起。秦文化早期墓葬仅分布于天水地区，以甘肃甘谷毛家坪A组遗存所包含的约当商末周初的屈肢葬时代最早。[①] 至春秋早中期，随着秦文化的确立和扩展，屈肢葬扩大到长陇和宝鸡地区，以陇县店子[②]、宝鸡谭家村[③]与福临堡[④]、凤翔八旗屯[⑤]等几处墓地为代表，但在这些墓地已有个别直肢葬出现。春秋晚期，屈肢葬扩展至关中平原大部地区，以长安客省庄[⑥]、铜川枣庙墓地[⑦]为代表，直肢葬继续增多。战国晚期至秦代，陇东、关中地区基本均为屈肢葬流行区，以咸阳塔儿坡[⑧]、大荔朝邑墓地[⑨]最具代表性。随着秦文化的大规模对外扩张，屈肢葬还扩展至三晋两周、巴蜀和江陵地区，[⑩]以山西侯马乔村墓地[⑪]的屈肢葬区最具代表性。秦屈肢葬至西汉中期逐渐消失。秦文化屈肢葬的跪坐式特点仍略同于甘青宁支系，极可能与甘青宁支系存在渊源关系，[⑫]故仍可纳入北方传统范畴；但其屈曲较甚、整齐划一，又颇具自身特点，可称之为“秦支系”。

新疆地区青铜时代和早期铁器时代盛行屈肢葬。属于青铜时代者有哈密盆地的天山北路墓地、巴里坤草原的南湾墓地[⑬]，阿勒泰地区的克尔木齐墓地[⑭]，帕米尔高原塔什库尔干的下坂地Ⅱ号墓地[⑮]等；属于早期铁器时代者有哈密盆地的焉

---

① 甘肃省文物工作队、北京大学考古学系《甘肃甘谷毛家坪遗址发掘报告》，《考古学报》1987年第3期，第376—378页。

② 陕西省考古研究所编著《陇县店子秦墓》，三秦出版社，1998年。

③ 宝鸡市考古工作队《宝鸡市谭家村春秋及唐代墓》，《考古》1991年第5期，第392—399页。

④ 中国科学院考古研究所宝鸡发掘队《陕西宝鸡福临堡东周墓葬发掘记》，《考古》1963年第10期，第536—543页。

⑤ 陕西省雍城考古工作队《陕西凤翔八旗屯秦国墓葬发掘简报》，《文物资料丛刊(3)》，文物出版社，1980年，第67—85页；陕西雍城考古工作队《一九八一年凤翔八旗屯墓地发掘简报》，《考古与文物》1986年第5期，第23—40页。

⑥ 中国科学院考古研究所编著《沣西发掘报告——1955—1957年陕西长安县沣西乡考古发掘资料》，文物出版社，1962年，第131—140页。

⑦ 陕西省考古研究所《陕西铜川枣庙秦墓发掘简报》，《考古与文物》1986年第2期，第7—17页。

⑧ 咸阳市文物考古研究所编著《塔儿坡秦墓》，三秦出版社，1998年。

⑨ 陕西省文管会、大荔县文化馆《朝邑战国墓葬发掘简报》，《文物资料丛刊(2)》，文物出版社，1978年，第75—91页。

⑩ 滕铭予《秦文化：从封国到帝国的考古学观察》，学苑出版社，2002年，第126—134页。

⑪ 山西省考古研究所编著《侯马乔村墓地(1959—1996)》，科学出版社，2004年。

⑫ 只是甘青宁地区青铜时代以后屈肢葬已衰落，与秦屈肢葬的关系尚不很清楚。见滕铭予《秦文化：从封国到帝国的考古学观察》，第54页。

⑬ 吕恩国、常喜恩、王炳华《新疆青铜时代考古文化浅论》，《苏秉琦与当代中国考古学》，科学出版社，2001年，第179—184页。

⑭ 新疆社会科学院考古研究所《新疆克尔木齐古墓群发掘简报》，《文物》1981年第1期，第23—32页。

⑮ 新疆文物考古研究所《塔什库尔干县下坂地墓地考古发掘报告》，《新疆文物》2004年第3期，第1—59页。

不拉克[①]、艾斯克霞尔[②]、五堡[③]、寒气沟墓地[④]，吐鲁番盆地至乌鲁木齐附近的鄯善苏贝希[⑤]、洋海墓地[⑥]，塔里木盆地南北缘的和静县察吾呼沟[⑦]、轮台群巴克[⑧]、拜城克孜尔吐尔墓地[⑨]等。虽然这些屈肢葬本身有仰身、侧身、俯身的区别，但多数下肢的屈曲特点一致，即股骨既不贴近腹部胫骨又不与股骨压在一起，显得更加"自然"一些。其墓葬多见石室或坯室，地表常见土石堆(圈)标志，有焚烧墓口或埋置骨灰等火葬习俗。由于其特征不同于上述两大传统，且与之缺乏直接关联，因此应当属于一个新的传统，可称之为"西方传统"的"新疆支系"。

西藏墓葬被分为三期，[⑩]第一期约在公元前2000—前1000年，屈肢葬见于昌都小恩达[⑪]、拉萨曲贡[⑫]等遗址。其文化与甘青、川西地区存在一定关联，同时不能排除与新疆地区可能存在的联系。第二期在公元前1000至公元前后的西周至西汉时期，屈肢葬见于拉萨曲贡、贡觉香贝[⑬]、札达皮央・东嘎[⑭]等遗址。东部的曲贡石室

---

① 新疆维吾尔自治区文化厅文物处、新疆大学历史系文博干部专修班《新疆哈密焉不拉克墓地》，《考古学报》1989年第3期，第325—362页。

② 新疆文物考古研究所、哈密地区文物管理所《新疆哈密市艾斯克霞尔墓地的发掘》，《考古》2002年第6期，第30—41页。

③ 新疆文物事业管理局、新疆文物考古研究所《新疆维吾尔自治区文物考古五十年》，《新中国考古五十年》，文物出版社，1999年，第482—483页；新疆文物考古研究所《新疆哈密五堡墓地151、152号墓葬》，《新疆文物》1992年第3期。

④ 新疆文物考古研究所、哈密地区文管所《新疆哈密市寒气沟墓地发掘简报》，《考古》1997年第9期，第33—38页。

⑤ 新疆文物考古研究所、吐鲁番地区博物馆《新疆鄯善县苏贝希遗址及墓地》，《考古》2002年第6期，第42—57页。

⑥ 新疆文物考古研究所、吐鲁番地区文物局《鄯善县洋海一号墓地发掘简报》，《新疆文物》2004年第1期，第1—27页；新疆文物考古研究所、吐鲁番地区文物局《鄯善县洋海二号墓地发掘简报》，《新疆文物》2004年第1期，第28—49页；新疆文物考古研究所、吐鲁番地区文物局《鄯善县洋海三号墓地发掘简报》，《新疆文物》2004年第1期，第50—68页。

⑦ 新疆文物考古研究所编著《新疆察吾呼——大型氏族墓地发掘报告》，东方出版社，1999年。

⑧ 中国社会科学院考古研究所新疆队、新疆巴音郭楞蒙古自治州文管所《新疆轮台群巴克古墓葬第一次发掘简报》，《考古》1987年第11期，第987—996页；中国社会科学院考古研究所新疆队、新疆巴音郭楞蒙古自治州文管所《新疆轮台县群巴克墓葬第二、三次发掘简报》，《考古》1991年第8期，第684—703页。

⑨ 新疆文物考古研究所《新疆拜城县克孜尔吐尔墓地第一次发掘》，《考古》2002年第6期；新疆文物考古研究所《新疆拜城县克孜尔水库墓地第二次发掘简报》，《新疆文物》2004年第4期，第1—14页。

⑩ 霍巍《西藏高原古代墓葬的初步研究》，《文物》1995年第1期，第44—58页。

⑪ 西藏文管会文物普查队《西藏小恩达新石器时代遗址试掘简报》，《考古与文物》1990年第1期，第28—43页。

⑫ 中国社会科学院考古研究所、西藏自治区文物局编著《拉萨曲贡》，中国大百科全书出版社，1999年，第185—215页。

⑬ 西藏文管会文物普查队《西藏贡觉县香贝石棺墓葬清理简报》，《考古与文物》1989年第6期，第30—34页。

⑭ 四川大学中国藏学研究所、四川大学考古学系、西藏自治区文物局《西藏札达县皮央・东嘎遗址古墓群试掘简报》，《考古》2001年第6期，第14—31页。

墓有带流圜底壶等陶器，大约与塔里木盆地南缘的察吾呼沟口文化扎滚鲁克类型存在关联；[①]怒江、澜沧江、金沙江上游的屈肢葬或许也与此属于一个系统。[②] 西部的皮央·东嘎墓群伴有火葬、殉牲等习俗，与帕米尔塔什库尔干地区西周春秋时期的香宝宝墓地[③]，以及更早的下坂地Ⅱ号墓地的情况接近，推测几者间存在联系。总体看来，西藏（包括云南西部、四川西部）地区的屈肢葬早晚相继、自成系统，又常与二次葬共存，或许属于西方传统和北方传统的融合体。我们暂时将其归入西方传统，称之为“西藏支系”。

西藏第三期墓葬中仍有屈肢葬存在，见于乃东结桑[④]、普努沟[⑤]等地，其时代约从公元前后延续至公元9世纪。9世纪以后，屈肢葬俗在西藏才基本趋于消亡。

六

以上我们将中国古代屈肢葬分成了南方、北方、西方三大传统。南方传统出现和衰亡的时间都最早，从新石器时代早期的公元前1万多年，延续至新石器时代晚期的公元前1900年左右。又分华南支系（公元前13000—前1900年）和长江中游支系（公元前6000—前3000年）。北方传统出现稍晚，从新石器时代中期的公元前6000年左右，延续至汉代前后的公元前1世纪。又分东部支系（公元前6000—前100年）、甘青宁支系（公元前2600—前1900年）和秦支系（公元前1100—前100年）。西方传统出现和消失的时间都最晚，从青铜时代的公元前1900年左右，延续至公元9世纪。又分新疆支系（公元前1900—前100年）和西藏支系（公元前1800—900年）。

如果我们放大眼光，会发现这三大传统其实正好对应整个欧亚大陆的三大屈肢葬传统。南方传统至少还可包括越南北部在内，目前仍以广西北部的屈肢葬为最早。北方传统至少还可包括外贝加尔和蒙古东部地区。外贝加尔的诺日湖、阿伦·扎尔加、莫洛多夫斯克、达拉孙等墓地都发现有侧身屈肢葬，年代或许在公元前

---

① 新疆维吾尔自治区博物馆等《新疆且末扎滚鲁克一号墓地发掘报告》，《考古学报》2003年第1期，第89—136页。

② 王大道《云南青铜文化及其与越南东山文化、泰国班清文化的关系》，《考古》1990年第6期，第531—543页。

③ 新疆社会科学院考古研究所《帕米尔高原古墓》，《考古学报》1981年第2期，第199—216页。

④ 西藏自治区文物普查队《西藏乃东结桑村发现古墓葬》，《考古》1985年第12期，第1142—1145页。

⑤ 西藏文管会文物普查队《西藏乃东普努沟古墓群清理简报》，《文物》1985年第9期，第39—46页。

4000年以前。[①] 日本绳纹时代的屈肢葬或许也与此相关。该传统暂以林西兴隆洼文化的屈肢葬年代最早。西方传统范围更加广阔，包括欧亚草原偏西大部地区，公元前5000至前1000年的特里波列耶—库库泰尼文化、纳马兹加Ⅰ—Ⅲ期文化、颜那亚文化、阿凡纳谢沃文化、辛塔什塔—彼德罗夫斯卡文化、安德罗诺沃文化都流行屈肢葬，而新疆地区青铜时代—早期铁器时代文化的形成和发展也正与后三种文化的强烈影响直接相关。

三大传统之间也不见得全无联系。尤其是东西横贯欧亚大陆中高纬度地区的北方传统和西方传统，多流行饰刻划、压印几何形纹饰的筒形罐类陶器，常有墓上石堆(圈)标志、石室(石棺)墓、火葬等特征相伴，很可能共同属于一个更大的传统。有趣的是，旧大陆西部旧石器时代晚期已发现的较为明确的葬式也以屈肢为主，见于法国、意大利、俄罗斯[②]、肯尼亚等地。[③] 如果晚期智人从非洲走向世界的观点基本可取，则屈肢葬或许为现代人类最早流行的葬式也未可知。如果现代人类的屈肢葬俗的共同起源真能追溯到旧石器时代晚期的非洲，那么首先应探讨的就是非洲最早的晚期智人屈肢葬的含义。后来的屈肢葬，不管如何分化交融、演变发展，总体上都不过是早期传统的延续，不过这个传统的真实含义恐怕很难逾万年还能口耳相传下来。古今实行屈肢葬的人群自身可以对这种习俗有各种解释，当代学者也可依据早期文献的相关记载或民族志资料对其含义多所推测，[④]而实际上对此或许永远难有定论。

中国古代屈肢葬习俗的衰落，与黄河中下游和长江下游地区仰身直肢葬传统的逐步渗透和扩展有直接关系，这实际上从一个侧面反映出古代中国文化的整合过程。具体来说，屈肢葬南方传统长江中游支系的消亡，主要缘于屈家岭文化对大溪文化的替代；而屈家岭文化是在汉江东部油子岭类型的基础上，吸收黄河中下游仰韶文化、大汶口文化等的因素而形成。随着长江流域仰身直肢葬传统的持续向南渗透，屈肢葬的华南支系也渐趋末路。北方屈肢葬传统的消亡也经历了类似的过程。西辽河支系西迁形成甘青宁支系，该支系至齐家文化时期已与直肢葬传统有很多融

① 冯恩学《俄国东西伯利亚与远东考古》，吉林大学出版社，2002年，第171、180、181页。

② 高去寻先生早就提出中国和俄罗斯屈肢葬之间可能存在联系，见高去寻《黄河下游的屈肢葬问题》，《中国考古学报》1947年第2期，第121—166页。

③ 杨虎、刘国祥《兴隆洼文化居室葬俗及相关问题探讨》，《考古》1997年第1期，第29页。

④ 韩伟《试论战国秦的屈肢葬仪渊源及其意义》，《中国考古学会第一次年会论文集》，文物出版社，1979年，第204—211页；王子今《秦人屈肢葬仿象"窋卧"说》，《考古》1987年第12期，第1105—1106页；戴春阳《秦墓屈肢葬管窥》，《考古》1992年第8期，第751—756页。

合，这可能与源自陕甘宁交界地带的齐家文化本来就流行直肢葬传统有关。北方传统的东部支系、秦支系以及西方传统新疆支系的屈肢葬在西汉中期渐趋消失，显然与以中原为核心的汉文化直肢葬传统的强烈渗透有关。由于汉文化对西藏支系影响稍弱，故其屈肢葬延续最晚，至公元9世纪吐蕃王朝衰败后才逐渐被天葬等习俗代替。至于屈肢葬残俗，至今还见于独龙族①、珞巴族②、纳西族、普米族、瑶族、壮族③、裕固族、门巴族④等少数民族当中。

（本文原载于《文物》2006年第1期）

① 宋兆麟《云南永宁纳西族的葬俗——兼谈对仰韶文化葬俗的看法》，《考古》1964年第4期，第201页。
② 宋兆麟、黎家芳、杜耀西《中国原始社会史》，文物出版社，1983年，第478页。
③ 覃彩銮《南宁地区新石器时代墓葬剖析》，《考古》1984年第11期，第1035页。
④ 戴春阳《秦墓屈肢葬管窥》，《考古》1992年第8期，第753页。

中国先秦洞室墓谱系初探

洞室墓是一种特殊的墓葬形式。中国先秦时期洞室墓只发现于北方地区，一般由竖穴墓道和横向洞室两部分组成，又被称为“早期土洞墓”。[①] 其分布区域有三个，一是西辽河至桑干河流域的内蒙古东南部和河北西北部，二是以甘青宁为中心的黄土高原至河西走廊一带，三是新疆的天山地区。由于受资料的限制，以往的研究把关注焦点集中在第二个区域，并认为中国早期土洞墓发源于黄河上游地区，然后向四周扩展，且其最初的出现可能是仿窑洞式房屋的结果。[②] 这样的看法就第二区域本身来说，自然有其合理的一面，但结合新发现的其他两个区域的资料，就不见得能够成立。有鉴于此，本文拟在分析洞室墓细部特征和时空框架的基础上，结合所属的考古学文化，对中国先秦洞室墓的谱系进行初步探索(图一)。

一

中国洞室墓最早出现在第一个区域，见于内蒙古翁牛特旗大南沟墓地[③]和河北阳原姜家梁墓地[④]，分别属于雪山一期文化晚期的小河沿类型和午方类型，绝对年代约在公元前3000年左右，时当铜石并用时代早期。[⑤] 大南沟墓地经清理发掘的83座墓葬中，大部分为长方形竖穴土坑墓，仅有19座明确属于洞室墓；还有个别墓葬原来可能也是洞室墓，但洞室部分已遭破坏而难以辨别。这样看来，洞室墓占该

---

① 谢端琚《试论我国早期土洞墓》，《考古》1987年第12期，第1097—1104页。

② 俞伟超《古代“西戎”和“羌”、“胡”考古学文化归属问题的探讨》，《先秦两汉考古学论集》，文物出版社，1985年，第180—192页；谢端琚《试论我国早期土洞墓》，《考古》1987年第12期，第1097—1104页。

③ 辽宁省文物考古研究所、赤峰市博物馆编著《大南沟——后红山文化墓地发掘报告》，科学出版社，1998年。

④ 河北省文物研究所《河北阳原县姜家梁新石器时代遗址的发掘》，《考古》2001年第2期，第13—27页。

⑤ 雪山一期文化的绝对年代约为公元前3600—前2900年，见韩建业《论雪山一期文化》，《华夏考古》2003年第4期，第46—54页。

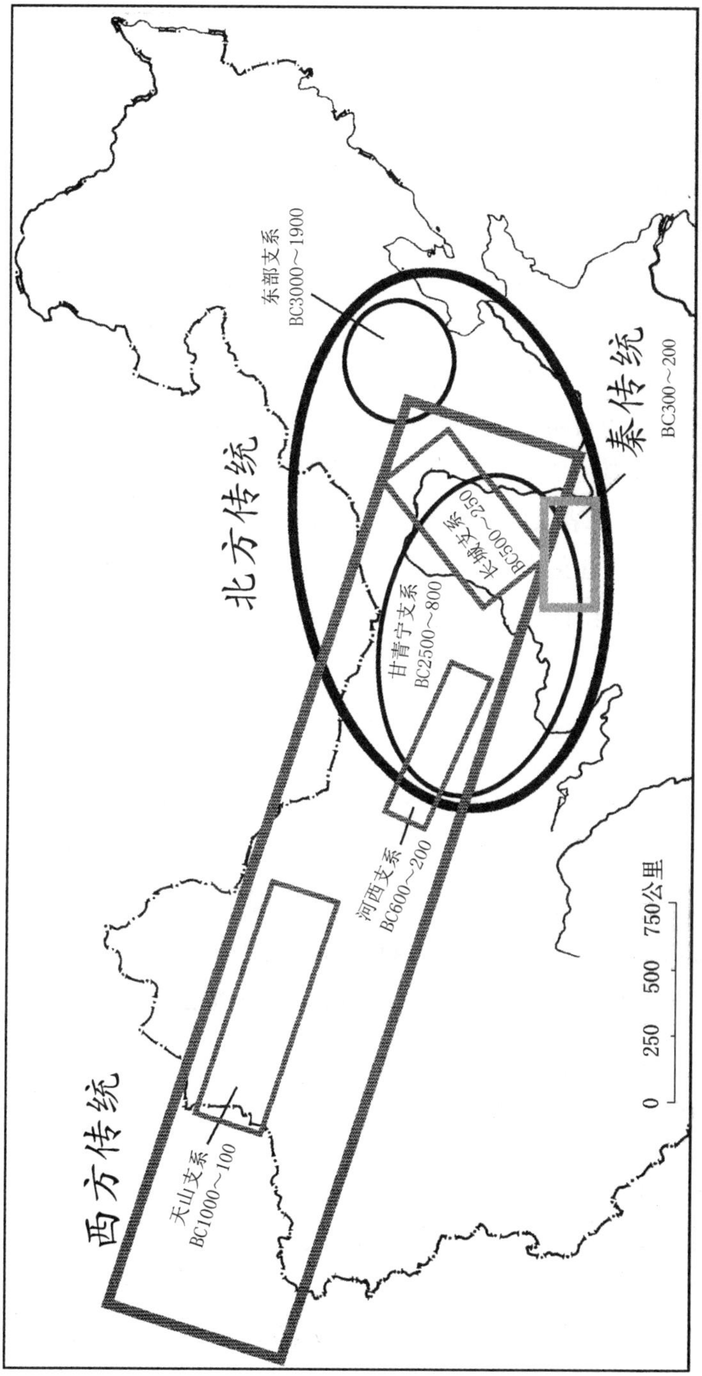

图一　中国先秦洞室墓谱系略图

墓地全部墓葬的比例至少当在 1/4 左右。姜家梁墓地仅有 7 座洞室墓，占全部墓葬的比例不足 10%。两个墓地的洞室墓都是在长方形竖穴墓道的长边一侧掏洞，洞底略低于墓道底部，拱形顶或平顶，洞的长边和墓道长边相等或接近相等，属于横式，可以归入曰字形洞室墓类。①

中国最早的窑洞式建筑的确大体同时出现在陇东和晋中的仰韶文化当中，②却并不见于最早发明洞室墓的雪山一期文化，可见洞室墓不大可能为仿窑洞式房屋而来。从大南沟墓地来看，洞室墓虽不少，但和竖穴土坑墓浑然一体，没有明显的空间分异；其洞室长边和墓道长边完全相等，二者底面组合成一个宽长方形，也未发现封堵洞口现象(图二，1)。显然，大南沟并没有特别强调洞室墓和竖穴墓的区别，可以推测这里的洞室墓不过是竖穴墓稍加变异的产物。与此稍有不同的是，姜家梁墓地的少数几座洞室墓却主要集中在墓地中部，洞室长边略短于墓道长边，墓道呈长方形而洞室呈长圆形，二者底面有明显分界，还存在封堵洞口的迹象(图二，2)，推测其来源于西辽河流域并有变异。总之，西辽河和桑干河流域拥有中国最原始的曰字形洞室墓，洞室内置有仰身屈肢葬式的人骨，可以称其为洞室墓"北方传统"的"东部支系"。

二

洞室墓真正得到发扬光大是在第二区域。从铜石并用时代晚期早段，也就是龙山时代前期(公元前 2500—前 2200 年)开始，洞室墓大量出现于甘青宁地区。最流行洞室墓者当属宁夏南部和甘肃东部地区的菜园文化，在宁夏海原菜园遗址群的切刀把、瓦罐嘴、寨子梁、二岭子湾等墓地中，绝大部分墓葬都是洞室墓。③ 与此同时，在甘肃兰州土谷台④、焦家庄、十里店⑤以及青海循化苏呼撒⑥等马家窑文化半

---

① 谢端琚《试论我国早期土洞墓》，《考古》1987 年第 12 期，第 1097—1104 页。

② 庆阳地区博物馆《甘肃宁县阳坬遗址试掘简报》，《考古》1983 年第 10 期，第 869—876 页；山西大学历史系考古专业、忻州地区文物管理处、五台县博物馆《山西五台县阳白遗址发掘简报》，《考古》1997 年第 4 期，第 46—57 页。

③ 《宁夏菜园》发掘报告所谓"竖穴侧龛墓"实即洞室墓，所谓"竖穴土坑墓"绝大部分形制和"竖穴侧龛墓"基本相同，可能属于破坏更加严重而顶部基本不存的洞室墓，见宁夏文物研究所、中国历史博物馆考古部编著《宁夏菜园——新石器时代遗址、墓葬发掘报告》，科学出版社，2003 年。

④ 甘肃省博物馆、兰州市文化馆《兰州土谷台半山—马厂文化墓地》，《考古学报》1983 年第 2 期，第 191—222 页。

⑤ 甘肃省博物馆文物工作队《甘肃兰州焦家庄和十里店的半山陶器》，《考古》1980 年第 1 期，第 7—10 页。

⑥ 青海省考古研究所《青海循化苏呼撒墓地》，《考古学报》1994 年第 4 期，第 425—469 页。

山类型的墓地中，也发现了洞室墓。其中土谷台发现31座半山类型洞室墓，占墓葬总数的91%；苏呼撒的65座墓葬中，则仅有1座洞室墓。总体来看，甘青宁地区洞室墓存在着宁夏南部和兰州附近两个中心。这些洞室墓可以分为曰字形和凸字形两类，前者早先已经见于第一区域；后者为新出，此类洞室长边明显宽于墓道，都是穹窿顶或弧形顶。[①] 如果仔细比较，会发现菜园文化和半山类型的凸字形洞室墓基本相同（图二，4、8），而曰字形洞室墓则彼此有较为明显的区别：前者竖穴和洞室底面组成不甚规则的椭圆形，个别近似长方形，洞室底部较高且略小于墓道，人骨位于洞室，随葬品则置于墓道（图二，3）；后者竖穴和洞室底部分界明显，墓道为方形或梯形，洞室为半圆形或圆角长方形，洞室部分略大于墓道部分，人骨和随葬品都置于洞室，且洞口多以石板封堵（图二，6）。似乎前者更接近大南沟者，而后者与姜家梁洞室墓更为相似。

第二区域的曰字形洞室墓与第一区域洞室墓形制相似，二者还共同流行屈肢葬，共见锯齿纹、折线纹、鳞纹、棋盘格纹、菱格纹等彩陶纹饰，共具黑、红彩搭配风格，共见"卍"字纹和八角星纹，共有陶鸭形壶（鸮面罐）和双口壶等。可见，半山类型和菜园文化的洞室墓应当来源于雪山一期文化。[②] 当然，两个区域不是没有差别，首先从洞室墓占墓葬总数的比例来看，第二区域就远高于第一区域；其次，两个区域的曰字形洞室墓仍然各有特点，尤其第二区域还新出凸字形洞室墓，这说明洞室墓传播到甘青宁地区后发生了相当程度的变异。菜园文化和半山类型流行窑洞式房屋，其形制的不甚规整性和这些洞室墓近似，尤其房屋门道正好对应凸字形墓的墓道，有理由推测洞室墓所发生的变化与模仿当地房屋的观念有关。这样，我们就可以将甘青宁地区洞室墓也纳入北方传统，并称之为"甘青宁支系"。

铜石并用时代晚期晚段，也就是龙山时代后期（公元前2200—前1900年），洞室墓继续流行于甘青地区的马家窑文化马厂类型，见于甘肃省的兰州土谷台、皋兰糜地岘[③]、永昌鸳鸯池[④]，青海省的乐都柳湾[⑤]、民和马牌[⑥]等墓地。其中土谷台洞室

---

① 谢端琚《试论我国早期土洞墓》，《考古》1987年第12期，第1097—1104页。

② 韩建业《半山类型的形成与东部文化的西迁》，《考古与文物》2007年第3期；已收入本书。

③ 陈贤儒、郭德勇《甘肃皋兰糜地岘新石器时代墓葬清理记》，《考古通讯》1957年第6期，第7—8页。

④ 甘肃省博物馆文物工作队、武威地区文物普查队《甘肃永昌鸳鸯池新石器时代墓地》，《考古学报》1982年第2期，第199—228页。

⑤ 青海文物管理处、中国社会科学院考古研究所编著《青海柳湾——乐都柳湾原始社会墓地》，文物出版社，1984年。

⑥ 青海省文物管理处《青海民和马牌马厂墓葬发掘简报》，《史前研究（辑刊）1990—1991年》，第298—308页。

墓占墓葬总数的56%，柳湾、马牌洞室墓在45%左右，仍然以兰州附近最为发达。在柳湾齐家文化墓葬中仍有洞室墓，但仅占墓葬总数的13%。可见随着时间的推移，洞室墓习俗有淡化趋势。这些洞室墓仍不出曰字形和凸字形的范畴，与半山类型洞室墓显然一脉相承，仍属甘青宁支系。比较特殊的是，柳湾基本都是凸字形洞室墓，洞口以木棍或木板封堵，常见木棺，人骨绝大多数为仰身直肢葬(图二,7)。这应当是洞室墓传播到青海后与当地传统融合的结果。

此外，在山西五台阳白龙山后期的老虎山文化遗址中也发现有洞室墓，[①]形制和大南沟曰字形墓一致，当属于北方传统东部支系的遗留，只是其分布范围还不甚清楚。

三

公元前1900年以后进入青铜时代，曰字形洞室墓呈现向四周大范围扩散的态势，而凸字形洞室墓则消失。甘青地区仍是洞室墓的大本营，但分布中心已西移至青海和河西走廊。甘肃玉门火烧沟四坝文化墓地[②]和青海湟中下西河潘家梁卡约文化墓地[③]中，大多数为洞室墓，是当时最流行洞室墓的两处墓地。此外，在青海贵德山坪台[④]、大通上孙家寨[⑤]等卡约文化墓葬，青海民和核桃庄[⑥]、互助总寨[⑦]等辛店文化墓葬中，也都存在少量洞室墓。这些洞室墓的年代约在公元前1900—前800年，流行二次扰乱葬和仰身直肢葬，有的以木板或木棍封堵洞口。以资料较清楚的潘家梁和核桃庄墓地来说，前者既有洞室和竖穴等长者，也有洞室长于竖穴者(图二,11)，而后者仅见洞室和竖穴等长者(图二,10)。由于甘青地区的这些青铜时代文化均与此前流行洞室墓的马厂类型和齐家文化有千丝万缕的联系，因此完全可以将这些洞室墓仍归入北方传统的甘青宁支系。

---

① 山西大学历史系考古专业、忻州地区文物管理处、五台县博物馆《山西五台县阳白遗址发掘简报》,《考古》1997年第4期,第46—57页。

② 甘肃省博物馆《甘肃省文物考古工作三十年》,《文物考古工作三十年(1949—1979)》,文物出版社,1979年。

③ 青海省文物考古研究所《青海湟中下西河潘家梁卡约文化墓地》,《考古学集刊(第8集)》,科学出版社,1994年,第28—86页。

④ 青海省文物考古队、海南藏族自治州群众艺术馆《青海贵德山坪台卡约文化墓地》,《考古学报》1987年第2期,第255—274页。

⑤ 许新国《试论卡约文化的类型与分期》,《青海文物》第1、2期,1988、1989年。

⑥ 青海省文物考古研究所、青海省文物管理处、西北大学文博学院编著《民和核桃庄》,科学出版社,2004年。

⑦ 青海省文物考古队《青海互助土族自治县总寨马厂、齐家、辛店文化墓葬》,《考古》1986年第4期,第306—317页。

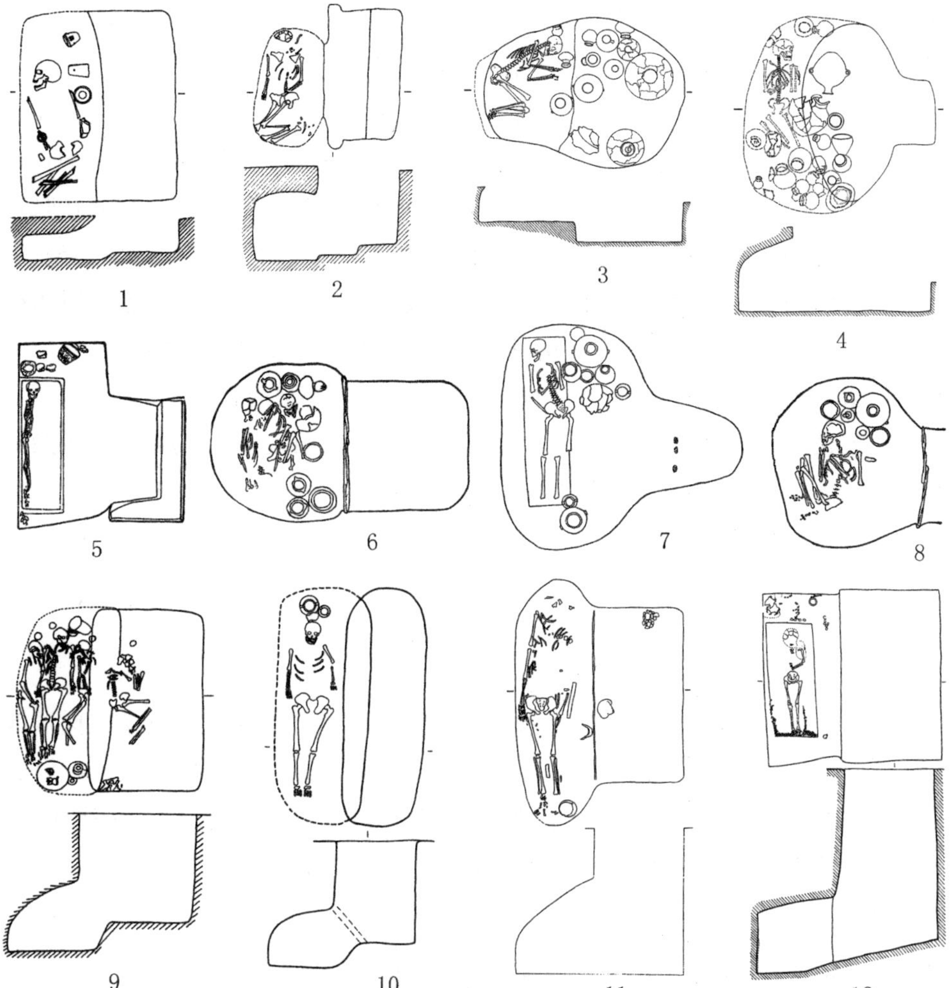

图二　北方传统洞室墓

1—3、5、6、9—12. 曰字形类(翁牛特旗大南沟 M52、阳原姜家梁 M29、海原菜园 QM38、扶风刘家 M11、兰州土谷台 M57、伊金霍洛旗白敖包 M41、民和核桃庄 M111、湟中潘家梁 M52、长安张家坡 M136)　4、7、8. 凸字形类(海原菜园 WM3、乐都柳湾 M1250、兰州土谷台 M33)

关中和鄂尔多斯地区也新出现曰字形洞室墓。扶风刘家墓地的 16 座形制清楚的墓葬中,有 15 座为洞室墓,占 93%。① 内蒙古准格尔白敖包朱开沟文化墓地中发现 30 座洞室墓,占墓葬总数的 43%。② 长安张家坡西周墓地有 21 座洞室墓,但占

① 陕西周原考古队《扶风刘家姜戎墓葬发掘简报》,《文物》1984 年第 7 期,第 16—29 页。

② 内蒙古文物考古研究所、伊金霍洛旗文物管理所、鄂尔多斯博物馆《伊金霍洛旗白敖包墓地》,《内蒙古文物考古文集(第 2 辑)》,中国大百科全书出版社,1997 年,第 327—337 页。

该墓地墓葬总数的比例不过5%左右。[①] 此外，长安大原村[②]和长武碾子坡[③]西周墓葬中，也有个别洞室墓。白敖包洞室墓的年代约在公元前1900—前1700年，其余约在公元前1400—前800年。这些洞室墓的共同特点，是长方形墓道底部稍高于洞室底部，且流行仰身直肢葬。具体来说，白敖包洞室墓洞室多为长圆形，有的长于墓道，有的短于墓道，显得较为随便(图二，9)；刘家洞室墓的洞室作长方形，在竖穴墓道的一边或两边有台阶，洞室某一端略长出墓道，多以土块封堵洞口(图二，5)；张家坡、大原村和碾子坡的洞室墓洞室作长方形或梯形，洞室一律短于墓道，多以木板和苇席封口(图二，12)。朱开沟文化早期曾受到晚期齐家文化颇多影响，[④]刘家文化主体来源于兰州附近的董家台类型，[⑤]张家坡等西周墓地的洞室墓又与刘家洞室墓存在关联。[⑥] 可见，青铜时代关中和鄂尔多斯地区的洞室墓，当为甘青地区洞室墓东向流播的产物。由于其在关中和鄂尔多斯地区并没有得到直接延续，故仍以归入北方传统的甘青宁支系为宜。

四

公元前1000多年，新疆地区已经率先进入早期铁器时代，同时在第三区域西端的伊犁河流域文化中开始流行洞室墓。[⑦] 伊犁河流域文化大体可以分为三期，在早期(约公元前1000—前800年)的尼勒克穷科克墓地[⑧]，中期(约公元前800—前500年)的尼勒克奇仁托海[⑨]、察布查尔索墩布拉克[⑩]、巩留山口水库[⑪]、石河子南

---

① 中国社会科学院考古研究所编著《张家坡西周墓地》，中国大百科全书出版社，1999年。

② 中国社会科学院考古研究所沣西发掘队《1984年沣西大原村西周墓地发掘简报》，《考古》1986年第11期，第977—981页。

③ 中国社会科学院考古研究所泾渭工作队《陕西长武碾子坡先周文化遗址发掘记略》，《考古学集刊(第6集)》，中国社会科学出版社，1989年，第123—142页。

④ 田广金、韩建业《朱开沟文化研究》，《考古学研究(五)》，文物出版社，2003年，第227—259页。

⑤ 李水城《刘家文化来源的新线索》，《远望集——陕西省考古研究所华诞四十周年纪念文集》，陕西人民美术出版社，1998年，第193—199页。

⑥ 梁星彭《张家坡洞室墓渊源与族属探讨》，《考古》1996年第5期，第68—76页。

⑦ 韩建业《新疆青铜时代—早期铁器时代文化的分期和谱系》，《新疆文物》2005年第3期，第57—100页。

⑧ 新疆文物考古研究所《尼勒克县穷科克一号墓地考古发掘报告》，《新疆文物》2002年第3、4期，第13—53页。

⑨ 新疆文物考古研究所《伊犁州尼勒克县奇仁托海墓地发掘简报》，《新疆文物》2004年第3期，第60—87页。

⑩ 新疆文物考古研究所《新疆察布查尔县索墩布拉克古墓群》，《考古》1999年第8期，第59—66页。

⑪ 新疆文物考古研究所《2005年度伊犁州巩留县山口水库墓地考古发掘报告》，《新疆文物》2006年第1期，第1—40页。

山墓地[①],以及晚期(约公元前500—前100年)的新源铁木里克[②]、七十一团一连鱼塘[③]等墓葬中,都发现有洞室墓。早期的穷科克墓地共有32座洞室墓,占该墓地墓葬总数的58%。中期南山墓地中洞室墓占总数的比例高达90%,其余墓地在25%—45%之间。晚期每个墓地仅见数座洞室墓。除去南山墓地,洞室墓比例总体趋于下降。这些洞室墓绝大多数可以归属曰字形偏室类,建造方法是先挖长方形竖穴至底,然后在一侧留出生土二层台,在对面一侧继续下挖并横向略掏形成很浅矮的弧顶半洞室;半洞室内置仰身直肢葬式的人骨(平行于竖穴),有时洞口斜搭圆木或石板封盖,二层台上也搭铺圆木、石板加固(图三,1—3)。还有一类洞室墓仅在巩留山口水库墓地发现9座,洞室位于墓道短边一侧,竖穴墓道仍为长方形,洞室低下且多为较深的长圆形,内置仰身直肢葬式的人骨和牲畜的头蹄骨殖。这类洞室墓属于纵式,或可称为日字形,可能是曰字形洞室墓的一种变体(图三,4)。无论是"半洞室"的曰字形,还是洞室较深的日字形偏洞室墓,都有不同于甘青地区洞室墓的鲜明特点。此外,这些洞室墓多有圆形土石堆或石圈等地上设施,并常见一个封堆下设双或三墓室的现象,这也是与甘青有别的地方。

由于新疆最早的洞室墓自具特点,又出现在伊犁河流域而非东疆,所以我们很难将其与更早的甘青地区洞室墓联系。实际上,邻近伊犁河流域的中亚地区早就流行这种二层台加"半洞室"的偏洞室墓,见于阿姆河流域的萨帕利文化、贝希肯特文化和瓦克什文化,年代至少可早至公元前2千纪中期。[④] 只是中亚洞室墓有的洞室部分较为宽大,且流行屈肢葬,这是与伊犁河流域不同的地方。伊犁河流域文化的洞室墓理应源自中亚地区,更早的渊源甚至可追溯至里海—黑海北部地区的洞室墓文化。洞室墓文化的年代上限大约在公元前3千纪末叶,可能由竖穴墓文化演变而来,[⑤]其洞室的出现与窑洞式建筑无关。总之,伊犁河流域洞室墓源于西方而又自具特色,我们可以称其为"西方传统"的"天山支系"。

新疆另一个存在洞室墓的文化,是从乌鲁木齐至吐鲁番的中部天山地区的苏贝希文化。该文化也可以分为大致与伊犁河流域文化对应的三期,在中期的鄯善洋

① 新疆文物考古研究所、石河子市军垦博物馆、新疆大学历史系《新疆石河子南山古墓葬》,《文物》1999年第8期,第38—46页。
② 新疆文物考古研究所《新疆新源铁木里克古墓群》,《文物》1988年第8期,第59—66页。
③ 新疆维吾尔自治区博物馆文物队《新疆新源县七十一团一连渔塘遗址发掘简报》,《考古与文物》1991年第3期,第5—15页。
④ A.H.丹尼、V.M.马松主编《中亚文明史(第一卷)》,中国对外翻译出版公司,2002年,第254、287—291页。
⑤ 莫润先《洞室墓文化》,《中国大百科全书·考古学》,中国大百科全书出版社,1986年,第110页。

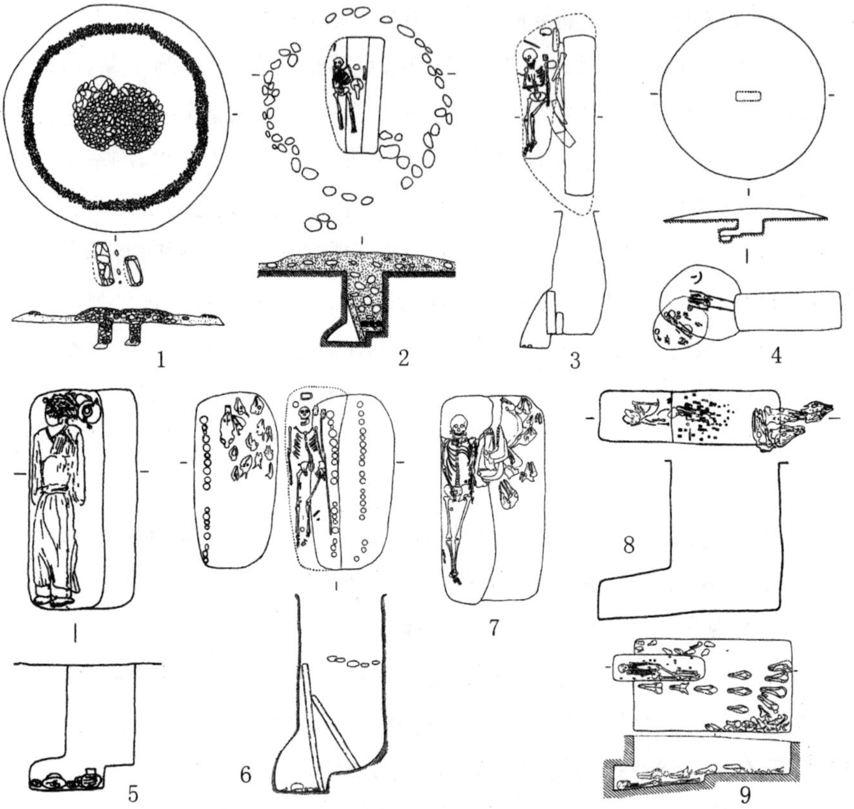

图三　西方传统洞室墓

1—3、5—7. 曰字形类(尼勒克穷科克 M13、察布查尔索墩布拉克 M6、石河子南山 M2、鄯善洋海 M329、永昌蛤蟆墩 M15、包头西园 M4)　4、8、9. 日字形类(巩留山口水库 M6、固原于家庄 M12、彭阳张街 M3)

海二号墓地①、苏贝希三号墓地②、三个桥墓地③和乌鲁木齐柴窝堡墓地④,晚期的鄯

---

① 新疆文物考古研究所、吐鲁番地区文物局《鄯善县洋海二号墓地发掘简报》,《新疆文物》2004 年第 1 期,第 28—49 页;新疆文物考古研究所、吐鲁番地区文物局《新疆鄯善县洋海墓地的考古新收获》,《考古》2004 年第 5 期,第 3—7 页。

② 新疆文物考古研究所、吐鲁番地区博物馆《新疆鄯善县苏贝希遗址及墓地》,《考古》2002 年第 6 期,第 42—57 页。

③ 新疆文物考古研究所、新疆大学历史系、吐鲁番地区博物馆《新疆鄯善三个桥墓葬发掘简报》,《文物》2002 年第 6 期,第 46—56 页。

④ 新疆文物考古研究所等《乌鲁木齐柴窝堡古墓葬发掘报告》,《新疆文物》1998 年第 1 期,第 11—31 页;新疆文物考古研究所《1993 年乌鲁木齐柴窝堡墓葬发掘报告》,《新疆文物》1998 年第 3 期,第 19—22 页;新疆文物考古研究所等《乌鲁木齐柴窝堡林场Ⅱ号点墓葬》,《新疆文物》1999 年第 3、4 期,第 19—29 页;新疆文物考古研究所等《乌鲁木齐市柴窝堡林场Ⅰ Ⅲ Ⅳ号点墓葬的发掘》,《新疆文物》2000 年第 1、2 期,第 6—10 页。

善洋海三号墓地[①]、苏贝希一号墓地[②]和吐鲁番交河故城沟北[③]、沟西墓地[④]中，都发现有洞室墓。中期的三个桥墓地中有10座洞室墓，占墓葬总数的37%；晚期的交河故城沟北一号墓地中有12座洞室墓，占总数的21%；其余各墓地仅各有数座洞室墓。可见苏贝希文化的洞室墓不但出现稍晚，而且总体也不如伊犁河流域发达。这些洞室墓绝大多数为二层台加半洞室的曰字形类（图三，5），在三个桥墓地还有个别日字形类，显然应当来源于伊犁河流域，同属西方传统的天山支系。只是交河故城沟北一号墓地还有个别双洞室墓，或者有个别洞室底高于竖穴底的现象，显得较为特殊。

五

从公元前8世纪（两周之际）开始，新疆以东的中国内地也进入早期铁器时代。由于西方传统的东进，洞室墓的谱系变得复杂起来。

河西走廊的沙井文化流行洞室墓，见于永昌蛤蟆墩[⑤]、西岗和柴湾岗墓地[⑥]，分别有洞室墓12、286、48座，占各墓地墓葬总数的比例在42%—63%之间。这些洞室墓均为二层台加半洞室的曰字形偏室墓，有的甚至设两层台阶；人骨仰身直肢葬于偏室内，下垫白灰、铺芨芨草，上盖芨芨草或芦苇席，洞口斜立圆木封堵，二层台上也搭圆木加固；竖穴墓道中多殉葬牛、羊、马的头骨及蹄趾骨，有的牲头多达20余具（图三，6）。沙井文化洞室墓大约出现在该文化的偏晚阶段，约当春秋战国时期，稍晚于天山地区洞室墓的出现，与甘青地区青铜时代洞室墓则存在较长的时间缺环；其墓葬基本特征与殉牲习俗等都和天山地区大同小异，甚至随葬的单耳直腹杯也和苏贝希文化者神似，而与洞室较深的甘青洞室墓存在较大差别。可见，沙井文化洞室墓并非来源于甘青地区，而是天山地区洞室墓向东传播的产物，可称为西方传统的“河西支系”。

---

① 新疆文物考古研究所、吐鲁番地区文物局《鄯善县洋海三号墓地发掘简报》，《新疆文物》2004年第1期，第50—68页。

② 新疆文物考古研究所、吐鲁番地区博物馆《新疆鄯善县苏贝希遗址及墓地》，《考古》2002年第6期，第42—57页。

③ 联合国教科文组织驻中国代表处、新疆文物事业管理局、新疆文物考古研究所编著《交河故城——1993、1994年度考古发掘报告》，东方出版社，1998年，第15—74页。

④ 新疆文物考古研究所《1996年新疆吐鲁番交河故城沟西墓地汉晋墓葬发掘简报》，《考古》1997年第9期，第46—54页。

⑤ 甘肃省文物考古研究所《永昌三角城与蛤蟆墩沙井文化遗存》，《考古学报》1990年第2期，第205—238页。

⑥ 甘肃省文物考古研究所编著《永昌西岗柴湾岗——沙井文化墓葬发掘报告》，甘肃人民出版社，2001年。

春秋战国之交至战国时期，在宁夏南部和陇东地区的杨郎文化中也开始盛行洞室墓。在正式发掘的宁夏固原于家庄①、马庄墓地②和彭阳张街村墓地③中，大多数都是洞室墓。其中马庄墓地形制清楚的29座墓葬中，28座都是洞室墓。继莱园文化消失千余年后，宁夏南部一带再次成为洞室墓比例最高的地区。这些洞室墓均较为规整，是在竖穴墓道的较短的一边，挖建与墓道长边平行的底部更低的墓室：墓室一半为洞室，一半为竖穴，底部里低外高。竖穴和洞室均为长方形，只是多数情况下前者明显宽于后者：其中洞室偏于竖穴窄边某一侧者近似刀形，位于竖穴窄边正中者近似凸字形(图三,9)。也有个别墓道和竖穴等宽的日字形墓葬(图三,8)，总体属于纵式洞室墓。在墓室内置头里足外、头低足高的仰身直肢葬的人骨，墓室或墓道中还殉葬大量牛、马、羊的头颌骨和蹄趾骨，多者头、颌骨总数近200具。杨郎文化洞室墓无论从年代还是二层台加"半洞室"的基本特征方面，都和天山、河西地区接近，而与甘青青铜时代洞室墓有较大差异，其主要来源应当在天山、河西地区。具体来说，其纵式墓葬结构和头里足外的葬式接近天山地区的日字形洞室墓，殉牲习俗更像河西，而宽大规整的竖穴、头低足高的姿势等则属于自身特色。由于其位于长城沿线，我们可称之为西方传统的"长城支系"。再往东，在内蒙古中南部桃红巴拉文化当中，也有战国早中期阶段的洞室墓。集中见于包头西园④、凉城小双古城⑤等墓地，都是些二层台加"半洞室"的曰字形偏洞室墓(图三,7)。虽然形制和杨郎文化的日字形墓有所不同，但殉牲习俗和随葬品都彼此类似，与潘家梁卡约文化洞室墓也有相似的一面。其主要来源应在天山、河西至宁夏南部一线，可仍归入西方传统的长城支系。

六

战国中晚期和秦代，在陇东和关中地区秦文化中也开始出现洞室墓。⑥ 见于甘

---

① 宁夏文物考古研究所《宁夏彭堡于家庄墓地》，《考古学报》1995年第1期，第79—108页。

② 宁夏文物考古研究所《宁夏固原杨郎青铜文化墓地》，《考古学报》1993年第1期，第13—56页。

③ 宁夏回族自治区文物考古研究所、彭阳县文物站《宁夏彭阳县张街村春秋战国墓地》，《考古》2002年第8期，第14—24页。

④ 内蒙古文物考古研究所、包头市文物管理处《包头西园春秋墓地》，《内蒙古文物考古》1991年第1期，第13—24页。

⑤ 杨星宇《凉城县小双古城东周时期墓地》，《中国考古学年鉴(2004)》，文物出版社，2005年，第137—138页。

⑥ 滕铭予《论关中秦墓中洞室墓的年代》，《华夏考古》1993年第2期，第90—97页。

肃省的武山东旱坪①、合水九站②,陕西省的陇县店子③、韦家庄④,宝鸡晁峪⑤、凤阁岭⑥,凤翔高庄⑦、西村⑧、黄家庄⑨,扶风刘家⑩,西安半坡⑪、山门口⑫,咸阳任家嘴⑬、塔儿坡⑭、黄家沟⑮,临潼刘庄⑯、零口⑰,渭南市区⑱,蓝田泄湖⑲,以及大荔朝邑⑳等诸多墓地。最流行洞室墓的数战国晚期至秦代的半坡和塔儿坡墓地,前者发现101座洞室墓,占该墓地墓葬总数的90%;后者发现281座洞室墓,占墓葬总数的近74%。其次,黄家沟墓地有20座洞室墓,占该墓地墓葬总数的58%;在任家嘴墓地有11座洞室墓,仅占该墓地墓葬总数的4.5%,但占同时期墓葬总数的约28%。店子墓地有14座洞室墓,约占同时期墓葬总数的15%。其余墓地仅各发现一座或数座洞室墓。从早至晚,洞室墓的比例在逐步提高,而且东部比西部更为发达。这些洞室墓多数为纵式(图四,1、3),少数为横式(图四,2、4),但由于长方形墓道均明显宽大于长方形洞室,故都呈凸字形。其纵式结构早先见于天山和宁夏地区,似乎与西方传统有更多联系;但洞室底齐于或高于墓道底、洞室深长而能够容纳整个人骨、

---

① 甘肃省文物考古研究所《甘肃武山县东旱坪战国秦汉墓葬》,《考古》2003年第6期,第32—43页。

② 北京大学考古学系、甘肃省文物考古研究所《甘肃合水九站遗址发掘报告》,《考古学研究(三)》,科学出版社,1997年,第300—477页。

③ 陕西省考古研究所编著《陇县店子秦墓》,三秦出版社,1998年。

④ 宝鸡市考古队、陇县博物馆《陕西陇县韦家庄秦墓发掘简报》,《考古与文物》2001年第4期,第9—19页。

⑤ 陕西省考古研究所《陕西宝鸡晁峪东周秦墓发掘简报》,《考古与文物》2001年第4期,第3—8页。

⑥ 王红武、吴大焱《陕西宝鸡凤阁岭公社出土一批秦代文物》,《文物》1980年第9期,第94—95页。

⑦ 雍城考古工作队《凤翔县高庄战国秦墓发掘简报》,《文物》1980年第9期,第10—14页;雍城考古队吴镇烽、尚志儒《陕西凤翔高庄秦墓地发掘简报》,《考古与文物》1981年第1期,第12—38页。

⑧ 雍城考古队李自智、尚志儒《陕西凤翔西村战国秦墓发掘简报》,《考古与文物》1986年第1期,第8—35页。

⑨ 陕西省考古研究所雍城考古队等《陕西凤翔黄家庄秦墓发掘简报》,《考古与文物》2002年增刊(先秦考古),第54—66页。

⑩ 周原博物馆《扶风刘家发现战国双洞室墓》,《文博》2003年第2期,第21—27页。

⑪ 金学山《西安半坡的战国墓葬》,《考古学报》1957年第3期,第63—92页。

⑫ 王久刚《西安南郊山门口战国秦墓清理简报》,《考古与文物》1994年第1期,第27—31页。

⑬ 咸阳市文物考古研究所编著《任家咀秦墓》,科学出版社,2005年。

⑭ 咸阳市文物考古研究所编著《塔儿坡秦墓》,三秦出版社,1998年。

⑮ 秦都咸阳考古队《咸阳市黄家沟战国墓发掘简报》,《考古与文物》1982年第6期,第6—15页。

⑯ 陕西省考古研究所秦陵工作站、临潼县文物管理委员会《陕西临潼刘庄战国墓地调查清理简报》,《考古与文物》1989年第5期,第9—13页。

⑰ 陕西省考古研究所《陕西临潼零口战国墓葬发掘简报》,《考古与文物》1998年第3期,第15—21页。

⑱ 崔景贤、王文学《渭南市区战国、汉墓清理简报》,《考古与文物》1998年第2期,第14—24页。

⑲ 中国社会科学院考古研究所陕西六队《陕西蓝田泄湖战国墓发掘简报》,《考古》1988年第12期,第1085—1089页。

⑳ 陕西省文管会、大荔县文化馆《朝邑战国墓葬发掘简报》,《文物资料丛刊(2)》,文物出版社,1978年,第75—91页。

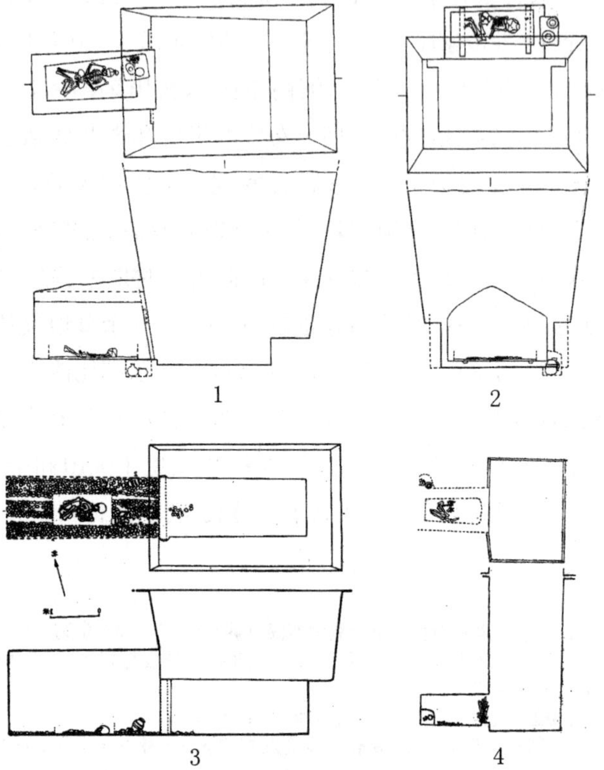

图四　秦传统洞室墓

1、2. 咸阳塔儿坡(M25099、M18052)　3. 陇县店子(M278)　4. 西安半坡(M68)

人骨多头外足内等特点,都与西方传统存在差异;竖穴口大底小且三面有二层台、流行木棺和屈肢葬、墓底铺卵石架圆木、墓葬规整划一等,更明确与秦文化自身的竖穴墓特点一致。由于自身特色突出,可以认为秦文化已经创造出了一个属于自己的洞室墓传统——"秦传统"。

七

总起来看,中国先秦洞室墓主要有北方、西方和秦三大传统。北方传统出现和衰亡的时间都最早,从铜石并用时代早期的公元前3000多年,延续至青铜时代的公元前800年左右。又分东部支系(公元前3000—前1900年)和甘青宁支系(公元前2500—前800年)。该支系与屈肢葬北方传统的东部支系和甘青宁支系有密切关系，[1]所属文化为农业经济和半农半牧经济。北方传统的洞室墓可能由竖穴墓发展而来，传播到甘青宁地区后，受到当地窑洞式建筑思路的启发，表现出许多与窑洞式建筑相似的特点，并得以发扬光大，向西最远传播到河西走廊西部。西方传统出现稍晚，仅限于早期铁器时代（公元前1000—前100年）。又分天山支系（公元前1000—前100年）、河西支系（公元前600—前200年）和长城支系（公元前500—前250年），更多与仰身直肢葬传统和畜牧—游牧经济相联系，其起源也与竖穴墓有关。从洞室墓文化算起，西方传统从顿河、伏尔加河下游起，经阿姆河流域、天山、河西地区，东至长城沿线，基本呈线型持续东进，跨越万余里空间。与屈肢葬传统联系在一起的还有洞室墓的秦传统（公元前300—公元前200年），虽出现最晚，但却规范讲究，开汉代以后中国洞室墓的先河。

（本文原载于《中国历史文物》2007年第4期）

① 韩建业《中国古代屈肢葬谱系梳理》，《文物》2006年第1期，第53—60页；已收入本书。

古史传说

涿鹿之战探索

"涿鹿之战"是五帝时代早期的重大历史事件。以往学界主要从文献本身进行探讨,难有定论。希望本文结合考古学文化来进行的探索,有助于问题的解决。

一

"涿鹿之战"以《逸周书·尝麦解》所记最为详明①:

> 昔天之初,诞作二后,②乃设建典,命赤帝分正二卿,命蚩尤于宇少昊。③ 以临四方,司□□上天末成之庆。蚩尤乃逐帝,争于涿鹿之河(或作"阿"),九隅无遗。赤帝大慑,乃说于黄帝,执蚩尤,杀之于中冀,以甲兵释怒。用大正顺天思序,纪于大帝。用名之曰绝辔之野。乃命少昊清司马鸟师,以正五帝之官,故命曰质。天用大成,至于今不乱。

所谓赤帝即炎帝,而"二后"当指炎帝和蚩尤。④ 我们从该段中至少可归纳出:(1) 炎帝、黄帝、蚩尤、少昊至少有一段时间共存;(2) 起先在炎帝和蚩尤的冲突中,炎帝处于劣势,其后黄帝和蚩尤争战,蚩尤遭到擒杀;⑤(3) 炎帝和黄帝关系密切,曾先后对付共同的敌人蚩尤;(4) 蚩尤居于少昊之地,似乎二者亲近,但此后蚩尤被杀

---

① 李学勤认为《尝麦》篇文字多与西周较早的金文类似,有可能是穆王初年的作品(《〈尝麦〉篇研究》,《古文献丛论》,上海远东出版社,1996年,第87—95页)。

② (清)朱右曾《集训校释》在阙处补"诞"。

③ 《路史》云:"命蚩尤宇于小颢。"小颢即少昊。

④ 徐旭生《中国古史的传说时代(新一版)》,文物出版社,1985年,第50页。也有认为"二后"指炎帝和黄帝者,如李学勤《〈尝麦〉篇研究》,《古文献丛论》,第91页。

⑤ 《尚书·吕刑》、《史记·殷本纪》等除记载蚩尤之败外,更叙述其作乱于百姓等种种恶状。《山海经·大荒北经》记载黄帝得到应龙和魃的帮助,才于"冀州之野"战败蚩尤。《史记·五帝本纪》正义引《龙鱼河图》,说黄帝得玄女相助制伏蚩尤,与《大荒北经》的说法相若。

而少昊安好，又说明他们之间有重要区别。[①] 至于涿鹿的地望，一般以为就在今冀西北涿鹿一带，[②]但也有其他说法。[③]

与涿鹿之战相联系的还有所谓“阪泉之战”。据《左传·僖公二十五年》“遇黄帝战于阪泉之兆”，此战的一方为黄帝。据《逸周书·史记解》，“昔阪泉氏用兵无已，诛战不休，并兼无亲，文无所立，智士寒心。徙居至于独鹿，诸侯畔之，[④]阪泉以亡”，知阪泉氏亡于独鹿。独鹿应即涿鹿，阪泉与涿鹿实为一地，[⑤]则知阪泉之战当即涿鹿之战。[⑥]《史记·五帝本纪》以阪泉之战的双方为黄帝和炎帝，与黄帝和蚩尤之间的涿鹿之战相区别，其所据只有《大戴礼记·五帝德》，恐不足信。[⑦]

对涿鹿之战涉及的炎帝、黄帝、蚩尤的居地、时代及相互关系，众说纷纭，但也未尝没有共通之处。

《国语·晋语》：“昔少典娶于有蟜氏，生黄帝、炎帝。黄帝以姬水成，炎帝以姜水成。成而异德，故黄帝为姬，炎帝为姜。”这是关于炎帝和黄帝本源的最重要的记载。由此可知二者由同一源头分化而来。姜水的地望是判断炎帝故地的关键。徐旭生据《水经注·渭水》条“岐水又东，经姜氏城南，为姜水”等说法，结合实地考察，论证炎帝发祥地在以宝鸡为中心的渭河上游一带。[⑧] 另据《水经注·渭水》条引《帝王世纪》“炎帝神农氏，姜姓，母女登，游华阳，感神而生炎帝，长于姜水”，知炎帝的中心地域或许还当包括华阳，即秦岭以南的汉水上游汉中附近。[⑨] 姬水的地望虽不清楚，但从某些方面来看，姬姓的本源地大约在汾河下游的晋西南附近。首先，晋西南是

---

① 《盐铁论·结和》篇：“轩辕战涿鹿，杀两曎、蚩尤而为帝。”这显然也是在说涿鹿之战。轩辕指黄帝，“两曎”即“两皞”“两昊”，指少昊和太昊（徐旭生《中国古史的传说时代（新一版）》，第53页）。在这里两昊、蚩尤一同被杀，与《逸周书》有不合之处，应当另有所本。

② 《水经注·瀔水》“涿水出涿鹿山”一句下杨守敬加的按语说：“《史记·五帝本纪》集解引服虔曰，涿鹿，山名，在涿郡。张晏曰，涿鹿在上谷。《索隐》或作‘浊鹿’，古今字异耳。按《地理志》，上谷有涿鹿县，然则服虔云在涿郡者，误也。”见《水经注疏》，江苏古籍出版社，1989年，第1183—1184页。

③ 上注服虔有涿郡（河北涿县）说，《帝王世纪》引《世本》有彭城（河北磁县）说，徐旭生有可能在河北巨鹿的推测（《中国古史的传说时代（新一版）》，第95页）。

④ “畔”，朱右曾《集训校释》作“叛”。

⑤ 《水经注·瀔水》“涿水出涿鹿山……其水又东北与阪泉合，水道源县之东泉”一段下，引《魏土地记》曰：“下洛城东南六十里，有涿鹿城，城东一里有阪泉，泉上有黄帝祠。”

⑥ 梁玉绳《史记志疑》早已指出此点。又童书业（《春秋左传研究》，上海人民出版社，1980年）、刘起釪（《我国古史传说时期综考》，《古史续辨》，中国社会科学出版社，1991年）等也都持这种看法。

⑦ 《史记·五帝本纪》：“轩辕乃修德振兵，……以与炎帝战于阪泉之野。三战，然后得其志。”在《五帝德》中，炎帝作“赤帝”。

⑧ 徐旭生《中国古史的传说时代（新一版）》，第40—42页。

⑨ 亦即《尚书·禹贡》“华阳、黑水惟梁州”中的“华阳”。

姬姓中后世最著名的姬周的起源地。[①] 其次,姬周常以夏人自居,[②]而晋西南曾为“夏墟”。[③] 再次,晋西南有不少姬姓小国应早在西周以前就已存在。[④] 看来,黄帝的中心地域非晋西南莫属。要之,炎、黄二族系本源一致,故地相邻,共同构成早期华夏集团的主体。[⑤] 但需要注意的是,炎帝和黄帝大约并非完全同时,至少其兴盛期是炎帝在前而黄帝居后。[⑥]

《尚书·吕刑》:“蚩尤惟始作乱……苗民弗用灵,制以刑,惟作五虐之刑曰法,杀戮无辜。……皇帝哀矜庶戮之不辜,报虐以威,遏绝苗民,无世在下。”这里的蚩尤和苗民实际上是同一对象。又据《国语·楚语下》“三苗复九黎之德”一句,知苗民(三苗)源于九黎。《国语·周语下》更有“黎苗之王”的提法。因此,汉郑玄以为“苗民即九黎之后”(《尚书·吕刑》正义引),高诱等人说蚩尤是九黎的君长(《战国策·秦策》注),应当是可信的。据徐旭生考证,作为古地名的“黎”,从晋东南一直延伸到河北、河南、山东三省交界之处,当年的九黎之地或蚩尤故地大概就主要在此范围吧。[⑦] 又《帝王世纪》说杀蚩尤于“凶黎之丘(或谷)”[⑧],又上引《逸周书·史记解》中的“阪泉氏”指蚩尤,显然有以阪泉(涿鹿)为蚩尤之地的意思。[⑨] 然则蚩尤族系的主要分布地域还当延伸到河北西北部。至于上引《逸周书·尝麦解》蚩尤“于宇少昊”一句,以及汉代鲁西地区流行蚩尤传说的情况,[⑩]最多说明蚩尤临近属东夷集团的少昊故地山东,与上述推论并不相悖。[⑪] 但据《战国策·魏策》等记载,作为蚩尤(九黎)后裔

---

① 关于姬周祖先后稷弃与其母有邰氏姜嫄的居地,旧说以为在泾、渭水一带,独钱穆提出晋南起源说(《周初地理考》,《燕京学报》第10期,1931年,第1955—2008页)。陈梦家(《殷墟卜辞综述》,科学出版社,1956年)、邹衡(《论先周文化》,《夏商周考古学论文集》,文物出版社,1980年,第297—356页)等表示赞同。

② 如《尚书·康诰》“用肇造我区夏”,《尚书·君奭》“惟文王尚克修和我有夏”,《尚书·立政》“我有夏,式商受命,奄甸万姓”等。

③ 《左传·定公四年》:“分唐叔以大路、密须之鼓、阙巩、沽洗,怀姓九宗,职官五正。命以《康诰》,而封于夏墟,启以夏政,疆以戎索。”唐叔封地在晋南无疑。见北京大学考古学系商周组、山西省考古研究所编著《天马—曲村(1980—1989)》,科学出版社,2000年。

④ 如杨、魏、荀、贾、耿等,见徐旭生《中国古史的传说时代(新一版)》,第45页。

⑤ “华夏”“东夷”“苗蛮”所谓“三大集团”为徐旭生先生首先提出,本文用其大意而细部略异。

⑥ 除上引《逸周书·尝麦解》的有关记述外,《史记·五帝本纪》还有“轩辕之时,神农氏衰”的记载,此处的轩辕和神农分别指黄帝和炎帝无疑。

⑦ 徐旭生《中国古史的传说时代(新一版)》,第49—53页。

⑧ 《太平御览》卷七十九引《帝王世纪》:“擒之于涿鹿之野,使应龙杀之于凶黎之丘。”《史记·五帝本纪》索隐引皇甫谧云:“黄帝使应龙杀蚩尤于凶黎之谷。”

⑨ 据《水经注·漯水》引《晋太康地记》曰:“阪泉,亦地名也。泉水东北流,与蚩尤泉会,水出蚩尤城。”知阪泉确为蚩尤故地。

⑩ 徐旭生《中国古史的传说时代(新一版)》,第49—53页。

⑪ 徐旭生主要据此勉强将蚩尤归入东夷集团。

的三苗的中心居地却在江汉一带，[①]显然与黄河以北有相当大的距离。这只有用南迁说才能有完满的解释。[②] 如此看来，蚩尤属于苗蛮集团或黎苗族系是没有多大问题的。

将以上论述联系起来，就可以大致看出涿鹿之战的前因后果。五帝时代前期，在黄河流域存在相互发生关系的三大集团。他们是西部以炎帝和黄帝为代表的华夏集团、中部以蚩尤为代表的黎苗集团以及东部以少昊为代表的东夷集团。开始的时候，大概以炎帝和蚩尤族系最为兴盛。炎帝自西而东、蚩尤自东而西分别扩张，终于在涿鹿附近相遇并发生激烈冲突，蚩尤暂时居于优势。但后来继炎帝而兴起的黄帝族系势力大涨，与蚩尤在涿鹿一带再次交锋，终于取得决定性的胜利。失败的黎苗集团被迫离开故园，渡河越岭向南迁徙。而与黎苗集团若即若离的东夷集团也只好暂时服从于华夏集团。黄河、长江流域的社会进入一个相对和平稳定的时期。

还有一个黄帝与冀州关系的问题需要讨论。《禹贡》所谓“冀州”之域，包括黄河以北太行山两侧的山西、河北、豫北和辽宁南部地区。[③] 而这一地区正是黄帝的主要活动区域。涿鹿之战的结果是黄帝杀蚩尤于“中冀”，显见涿鹿属于“中冀”，即位于中土(即中国)的“冀州”。黄帝曾都涿鹿之说，大约是从涿鹿之战衍化而来。[④] 又《礼记·乐记》有“封黄帝之后于蓟”的记载，[⑤]而姬姓的燕国又可能早在西周以前就已存在，则北京及附近地区也可能是黄帝族系的分布范围。[⑥] 而最重要的是，黄帝的中心居地晋西南地区，恰好也是冀州的原始地境。[⑦] 那么就可以推测，冀州或许正是随着黄帝族系的扩张，尤其是涿鹿之战以后，并入了原蚩尤居地后才扩大了其范围的。[⑧] 此

---

① 《战国策·魏策》：“三苗之居，左彭蠡之波，右有洞庭之水，文山在其南，而衡山在其北。”

② 关于蚩尤为苗族祖先以及苗族南迁的说法，见于近现代许多地方苗族的古歌传说中(伍新福、龙伯亚《苗族史》，四川民族出版社，1992年)。有的更具体叙述其祖先蚩尤从黄河以北南迁的经过(贵州省安顺地区民委少数民族古籍整理办公室编《蚩尤的传说》，贵州民族出版社，1989年)。

③ (清)胡渭、邹逸麟整理《禹贡锥指》，上海古籍出版社，1996年；顾颉刚《禹贡注释》，《中国古代地理名著选读(第一辑)》，科学出版社，1959年。

④ 《史记·五帝本纪》：“(黄帝)邑于涿鹿之阿。”正义引《舆地志》云：“涿鹿本名彭城，黄帝初都，迁有熊也。”

⑤ 《礼记·乐记》：“武王克殷，反商，未及下车而封黄帝之后于蓟。”正义曰：“蓟，音计。今涿郡蓟县是也，即燕国之都也。”

⑥ 徐旭生《中国古史的传说时代(新一版)》，第44—46页。

⑦ 刘起釪《由夏族原居地纵论夏文化始于晋南》，《华夏文明(第1集)》，北京大学出版社，1987年，第18—52页。

⑧ 刘起釪以为冀州范围的扩大是晋国向外扩张的结果(见上注)，恐怕不确。河北东北部和辽宁南部地区显然是燕国的疆域。

外黄帝的主要居地大约还包括河南中西部地区。[①] 这就意味着黄帝的主要地域其实正是《禹贡》"冀州",还可能包括《禹贡》的"豫州"北境。而在《淮南子》中这些都属于"冀州"范围。[②]

当然黄帝的传说和姬姓的分布并不局限于冀州和豫州北境,但其他地方大约主要是涿鹿之战后其影响所及之处,并非其主要居地。看《史记·五帝本纪》,黄帝的武力不但西抵甘肃,东至于海,南到江、湘,着意向周围施加影响,而且还尝试着对此广大范围进行一定程度的管理。[③] 这与此前炎帝兴盛时期的情况有很大区别。黄帝族系似乎已成为整个黄河、长江流域的"霸主"。这大约就是《史记》将黄帝作为标志一个新时代的"五帝"之首的原因吧。[④]

二

古代族系与考古学文化存在一定的对应关系,这已被夏商周考古学的卓越研究成果所证实。而由业经证实的族系和考古学文化分别前溯,就有可能弄清涿鹿之战这样一些传说时期重大事件的真实原委,并进而极大地丰富其内涵。这里我们首先从对黄帝、炎帝、蚩尤、少昊大致对应的考古学文化的推测开始。应当说明的是,关于中国新石器时代文化的分期,本文采用严文明先生的划分方案。[⑤]

要探讨黄帝的文化,需以对夏文化的认定作为基础。以豫西为分布中心的二里头文化总体上属夏文化无疑,[⑥]具体当属"少康中兴"之后的晚期夏文化;此前的王湾三期文化后期为早期夏文化。由此前溯,王湾三期文化前期及其前身谷水河类

---

① 《史记·五帝本纪》正义引《舆地志》云:"涿鹿本名彭城,黄帝初都,迁有熊也。"集解引谯周曰:"有熊国君,少典之子也。"皇甫谧曰:"有熊,今河南新郑是也。"又《史记·封禅书》:"黄帝采首山铜,铸鼎于荆山下。"《汉书·郊祀志》同句下引晋灼曰:"《地理志》首山属河东蒲阪,荆山在冯翊怀德县也。"《水经注·河水四》引《魏土地记》曰:"宏农湖县,有轩辕黄帝登仙处。黄帝采首山之铜,铸鼎于荆山之下,有龙垂胡于鼎。黄帝登龙,从登者七十人,遂升于天,故名其地为鼎湖(胡)。荆山在冯翊,首山在蒲坂,与湖县相连。"湖县即今河南灵宝一带,与晋西南的蒲阪(今永济)隔河相望。

② 《淮南子·地形》:"正中冀州曰中土","少室、太室在冀州"。显然将豫西也包括在"冀州"之内,或许有更早的出处。

③ 《史记·五帝本纪》:"天下有不顺者,黄帝从而征之,平者去之,披山通道,未尝宁居。东至于海,登丸山,及岱宗。西至于空桐,登鸡头。南至于江,登熊、湘。北逐荤粥,合符釜山,而邑于涿鹿之阿。"

④ 严文明《炎黄传说与炎黄文化》,《农业发生与文明起源》,科学出版社,2000年,第273—283页。

⑤ 严文明《略论中国文明的起源》,《文物》1992年第1期,第40—49页。

⑥ 邹衡《试论夏文化》,《夏商周考古学论文集》,第95—182页。

型就属于先夏文化的范畴。又因为谷水河类型主要是庙底沟二期类型东向推移的结果，[①]故以晋西南(包括黄河南岸的灵宝、陕县一带)为中心的庙底沟二期类型应当是最早的先夏文化，而黄帝文化就只能在此以前。这是其一。但在龙山时代前夕(公元前2600年左右)，临汾盆地的庙底沟二期类型末期遗存，却被包含大量大汶口文化等东方因素的陶寺类型代替；龙山前、后期之交(公元前2200年左右)，陶寺类型又被包含大量老虎山文化因素的陶寺晚期类型代替。[②] 前后两次大的变动，与发生在晋西南的"唐伐西夏"和"稷放丹朱"事件应分别有对应关系。[③] 那么分布在晋中、冀西北、内蒙古中南部和陕北这一北方地区的老虎山文化就可能是后稷所代表的最早的姬周文化，晋西南的陶寺晚期类型是稍晚的姬周文化。[④] 这是其二。由上述两点再向前追溯渊源，庙底沟二期类型之前为西王类型(仰韶三期)→庙底沟类型(仰韶二期)；老虎山文化之前则一分为二：在内蒙古中南部为阿善三期类型(庙底沟二期)→海生不浪类型(仰韶三期)→白泥窑子类型(仰韶二期)，在晋中为白燕类型(庙底沟二期)→义井类型(仰韶三期)→白泥窑子类型(仰韶二期)。[⑤] 那么与黄帝联系的有可能为其中的哪种(些)类型呢？仰韶三期时的西王类型、义井类型和海生不浪类型地方特征明显，实力难分轩轾，对外影响有限，这与关于黄帝的记载相差甚大；而仰韶二期时虽也分为庙底沟类型和白泥窑子类型，但后者实际上是前者向北扩张的结果，彼此面貌差别不大，正与黄帝时以晋西南为中心和冀州以山西为根本的情况吻合。值得注意的是，在与晋西南隔河相望的河南灵宝铸鼎塬一带，发现了北阳平等面积达百万平方米的大型聚落，[⑥]与当时的黄河长江流域一般聚落为几万平方米的情况形成鲜明对照，这为黄帝以晋西南(及其附近)为中心的说法增添了

① 韩建业《夏文化的起源与发展阶段》，《北京大学学报》(哲学社会科学版)1997年第4期，第120—125页；已收入本书。

② 陶寺遗址的资料见中国社会科学院考古研究所山西工作队、临汾地区文化局《山西襄汾县陶寺遗址发掘简报》，《考古》1980年第1期，第18—31页；《1978—1980年山西襄汾陶寺墓地发掘简报》，《考古》1983年第1期，第30—42页；《陶寺遗址1983—1984年Ⅲ区居住址发掘的主要收获》，《考古》1986年第9期，第773—781页。老虎山文化的资料见内蒙古文物考古研究所编著《岱海考古(一)——老虎山文化遗址发掘报告集》，科学出版社，2000年。

③ 韩建业《唐伐西夏与稷放丹朱》，《北京大学学报》(哲学社会科学版)2001年第3期，第119—123页；已收入本书。

④ 韩建业《先周文化的起源与发展阶段》，《考古与文物》2002年增刊(先秦考古)，第212—218页；已收入本书。

⑤ 韩建业《中国北方地区新石器时代文化研究》，北京大学考古文博院博士学位论文，2000年。

⑥ 河南省文物考古研究所、中国社科院考古研究所河南一队等《河南灵宝铸鼎塬及其周围考古调查报告》，《华夏考古》1999年第3期，第19—42页；中国社会科学院考古研究所河南第一工作队、河南省文物考古研究所等《河南灵宝市北阳平遗址调查》，《考古》1999年第12期，第1—15页。

强有力的证据。说明当时地区间发展水平已有明显的高下之别，聚落间地位的差异也日益显著。① 然则庙底沟类型为黄帝族系的主要文化遗存，几乎可成定论。②

炎帝的兴盛时代早于黄帝，则其早期阶段的文化自然就应早于庙底沟类型；而炎帝的中心地域渭河（包括汉水）上游宝鸡一带，恰好是属仰韶文化一期的半坡类型的发源地，③则炎帝与半坡类型就应存在对应关系。④ 半坡类型已进入新石器时代晚期（约公元前5000—前4000年），聚落内部结构井然有序，反映了社会管理功能的加强，给个人发挥其才能提供了更为广阔的舞台；但贫富分化尚不十分明显。⑤

蚩尤文化可从两条途径探索。由于蚩尤与炎帝同时，因此，分布在河北一带所谓蚩尤故地的与半坡类型同时的仰韶文化后岗类型，自然就可能是蚩尤族系的文化遗存。这是其一。据俞伟超先生推测，以江汉平原为分布中心的屈家岭—石家河文化为三苗的文化，⑥而通过“禹征三苗”在考古学上的明晰反映，又可进一步证明此点。⑦ 屈家岭文化最初由分布于江汉东部地区的油子岭一期一类遗存发展而来大概不成问题，⑧而后者实际上是在钟祥边畈早期一类遗存的基础上，融合了大量大溪文化因素而形成的。⑨ 非常有趣的是，与边畈早期一类遗存最近似的遗存竟是仰韶文化的后岗类型，⑩故前者极可能是后岗类型的人们南向移居的结果。这与关于

① 苏秉琦和张忠培先生都强调公元前4000年左右，社会发生了一定程度的变革。见苏秉琦《中国文明起源新探》，生活·读书·新知三联书店，1999年；张忠培《仰韶时代——史前社会的繁荣与向文明时代的转变》，《文物季刊》1997年第1期，第1—47页。

② 黄怀信早已明确提出此论。见《仰韶文化与原始华夏族——炎、黄部族》，《考古与文物》1997年第4期，第33—37页。

③ 中国社会科学院考古研究所编著《宝鸡北首岭》，文物出版社，1983年；陕西省考古研究所编著《龙岗寺——新石器时代遗址发掘报告》，文物出版社，1990年。

④ 从关中以西商至汉代确切的羌（姜）人遗存前溯，也是探索炎帝文化的可行途径之一。

⑤ 严文明《中国新石器时代聚落形态的考察》，《庆祝苏秉琦考古五十五年论文集》，文物出版社，1989年，第24—37页。

⑥ 俞伟超《先楚与三苗文化的考古学推测》，《文物》1980年第10期，第1—12页。

⑦ 杨新改、韩建业《禹征三苗探索》，《中原文物》1995年第2期，第46—55页；已收入本书。

⑧ 湖北省荆州地区博物馆《湖北京山油子岭新石器时代遗址的试掘》，《考古》1994年第10期。关于油子岭一期一类遗存的文化性质还存在不同认识，如张绪球称其为大溪文化油子岭类型（《长江中游新石器时代文化概论》，湖北科学技术出版社，1992年），沈强华称其为油子岭文化（《油子岭一期遗存试析》，《考古》1998年第9期，第53—63页）。

⑨ 张绪球称其为边畈文化（《长江中游新石器时代文化概论》）。另见黄锂《湖北武汉地区发现的红陶系史前文化遗存》，《考古》1996年第12期。

⑩ 孝感地区博物馆《孝感、黄陂两县部分古遗址复查简报》，《江汉考古》1983年第4期，第1—13页。边畈早期一类遗存的陶器以红为主，其主要器物如足根压印圆窝纹的釜形鼎、红顶钵、成组的条纹彩陶钵、旋纹罐、口沿外附加一圈泥钉的大口尖底罐等，都是后岗类型的典型器（参见河北省文物研究所、邯郸地区文物管理所《永年县石北口遗址发掘报告》，《河北省考古文集》，东方出版社，1998年，第46—105页）。当然它与豫西南下王岗一期一类遗存也有相似的一面（河南省文物研究所、长江流域规划办公室考古队河南分队编著《淅川下王岗》，文物出版社，1989年），并融合了部分大溪文化因素在内。

黎苗集团南迁的传说何其吻合！这是其二。和半坡类型一样，后岗类型虽未出现显著的贫富分化，但与宗教等相联系的个人地位的差别已开始明显起来。[①]

少昊的文化也可从两条途径探索。由于少昊与蚩尤大致同时，因此，分布在山东一带所谓少昊故地的与后岗类型同时的北辛文化，至少就应当是少昊族系的文化遗存。这是其一。严文明先生从周代山东半岛的东夷遗迹，经商代珍珠门文化、夏代岳石文化，一直追溯到新石器时代。认为“从北辛文化、大汶口文化到龙山文化的整个时期，都应属于东夷远古文化的系统”[②]。王迅对此有更为详备的论述，并进而推测少昊族系属于大汶口文化。[③] 但大汶口文化与少昊并不一定是完全对应的关系。我们曾通过对先商文化的探源，推测帝喾为大汶口文化末期的首领；[④]又依据“绝地天通”所反映的社会大变革以及东夷集团的振兴与扩张，推测颛顼时当大汶口文化前、后期之交（约公元前3500年）。[⑤] 然则少昊的时代就不能晚于大汶口文化前期。再向前溯，大汶口文化的主体是从当地的北辛文化发展而来。[⑥] 因此北辛文化就可能也属于少昊族系。这是其二。北辛文化固然尚处于和后岗类型相似的发展阶段，但与庙底沟类型同时的大汶口文化前期却已出现较明显的贫富分化，聚落间差别很是显著。[⑦]

三

黄帝等所对应的考古学文化大致如上所述。将这些考古学文化联系起来，从大的文化局势的变动再来观察文化间关系，就可能真正弄清涿鹿之战的来龙去脉。

据研究，从大约公元前5000年开始，黄河长江流域的气候进入温暖湿润的所谓全新世大暖期“鼎盛阶段”，[⑧]这给人类提供了一次极好的发展机遇。考古学上反映

① 濮阳西水坡龙虎墓的发现就是一个重要的例证。见濮阳市文物管理委员会、濮阳市博物馆、濮阳市文物工作队《河南濮阳西水坡遗址发掘简报》，《文物》1988年第3期，第1—6页；濮阳西水坡遗址考古队《1988年河南濮阳西水坡遗址发掘简报》，《考古》1989年第12期，第1056—1066页。

② 严文明《东夷文化的探索》，《文物》1989年第9期，第1—12页。

③ 王迅《东夷文化与淮夷文化研究》，北京大学出版社，1994年。

④ 韩建业《先商文化探源》，《中原文物》，1998年第2期，第48—54页；已收入本书。

⑤ 韩建业、杨新改《苗蛮集团来源与形成的探索》，《中原文物》1996年第4期，第44—49页。

⑥ 吴汝祚《试论北辛文化——兼论大汶口文化的渊源》，《山东史前文化论文集》，齐鲁书社，1986年，第196—210页；山东省文物考古研究所编著《大汶口续集——大汶口遗址第二、三次发掘报告》，科学出版社，1997年。

⑦ 山东省文物考古研究所编著《大汶口续集——大汶口遗址第二、三次发掘报告》。

⑧ 施雅风等《中国全新世大暖期的气候波动与重要事件》，《中国科学（B辑）》1992年第12期，第1300—1308页。

出此时正是新石器时代中期向晚期过渡之时。[①] 当时，作为半坡类型前身的流行绳纹陶罐的北首岭下层一类遗存局限于渭河和汉水上游，盛行陶釜的北辛文化早期主要分布在山东地区，而河北大部地区为素面陶罐和陶釜兼有的镇江营一期—石北口早期一类遗存——也即后岗类型的前身。[②] 仅从分布范围来看，半坡类型明显要弱于其余二者。另外，晋南—陕西东部—河南大部地区此时为流行素面陶罐的遗存。[③] 这些遗存中除北辛文化早期外，其余因都以陶罐、钵、壶为主要器类而属于一个大的整体，实际上即是一般所谓仰韶文化的前身，我们甚至可以将其作为仰韶文化的最早期看待。但从另一方面来看，从临潼以东直至山东半岛的广大区域，却因崇尚素面而联系在一起，尤其河北和山东地区因共有陶釜而显得颇为亲近。这或许就是"蚩尤于宇少昊"的背景。总体上，当时各类型处于相对稳定的状态。

到公元前4800年左右，半坡类型、后岗类型正式形成。文化局势虽未大变，但局部开始活跃起来。最明显的是半坡类型开始逐渐扩展到陕西大部[④]乃至鄂尔多斯地区西南部[⑤]，并进而朝人烟稀少的东北方向继续拓展，后岗类型同时也向西发展。二者在内蒙古中南部、晋中乃至冀西北一带碰撞并融合，形成仰韶文化鲁家坡类型。[⑥] 若从细部来说，鲁家坡类型中后岗类型的因素似乎要更强烈一些。[⑦] 这大概就是炎帝和蚩尤起冲突并以蚩尤略占上风的真实反映。

公元前4200年左右，气候环境变得最为适宜，而文化局势也开始发生较大变化。最突出的表现是庙底沟类型的前身——东庄类型在晋西南的形成和崛起。[⑧]

---

① 孙祖初《中原地区新石器时代中期向晚期的过渡》，《华夏考古》1997年第4期，第47—59页。

② 镇江营一期资料见北京市文物研究所编著《镇江营与塔照——拒马河流域先秦考古文化的类型与谱系》，中国大百科全书出版社，1999年。

③ 如枣园H1遗存（山西省考古研究所《山西翼城枣园新石器时代早期遗址调查报告》，《文物季刊》1993年第2期，第1—15页）、大河村"前三期"遗存（郑州市文物考古研究所《1982、1985年河南郑州市大河村遗址发掘》，《考古学集刊（第11集）》，中国大百科全书出版社，1997年，第32—83页）等。

④ 赵宾福《半坡文化研究》，《华夏考古》1992年第2期，第34—55页；孙祖初《半坡文化再研究》，《考古学报》1998年第4期，第419—446页。

⑤ 王志浩、杨泽蒙《鄂尔多斯地区仰韶时代遗存及其编年与谱系初探》，《内蒙古中南部原始文化研究文集》，海洋出版社，1991年，第86—112页。

⑥ 内蒙古文物考古研究所《准格尔旗鲁家坡遗址》，《内蒙古文物考古文集（第2辑）》，中国大百科全书出版社，1997年，第120—136页；韩建业《中国北方地区新石器时代文化研究》，北京大学考古文博院博士学位论文，2000年。

⑦ 张忠培和乔梁把北方地区、河北乃至山东大部的此期遗存，统归入"后岗一期文化"的范畴（《后岗一期文化研究》，《考古学报》1992年第3期，第261—280页）。

⑧ 严文明《略论仰韶文化的起源和发展阶段》，《仰韶文化研究》，文物出版社，1989年，第122—165页。

以芮城东庄村仰韶遗存和翼城北橄一期至三期为代表的东庄类型,[①]时代介于半坡类型和庙底沟类型之间,[②]实际上是半坡类型东进并与当地土著文化融合的结果,[③]也可谓半坡类型的关东变体。[④] 如此正可解释炎黄同源且其兴盛期早晚有别的说法。东庄类型一经形成,就显示出其旺盛的创新、进取和开拓精神。首先向文化相对薄弱、空白地带多的晋中和内蒙古中南部挺进,形成与东庄类型相似的白泥窑子类型,大大扩充了东庄类型的实力。[⑤] 然后再向周围施加强烈影响。向西使原半坡类型的发展方向发生变化,令其进入晚期阶段。[⑥] 向东南使豫中、豫西南地区遗存也带上了浓厚的东庄类型色彩。[⑦] 向东北使原属后岗类型的冀西北和晋北区文化演变为地方特征浓厚的马家小村类型,[⑧]这表明黄帝族系的触角虽已伸至涿鹿一带,但蚩尤的势力还尚未退出。向东影响最小,显然与后岗类型的顽强抵制有关。[⑨]这时太行山两侧表面上的和平共处,或许正是黄帝和蚩尤双方经多次较量后而暂时势均力敌的表现。

公元前 4000 年左右庙底沟类型正式形成之后,其与后岗类型的对峙局面终于宣告结束。这时冀西北遗存已可归入白泥窑子类型,河北平原地区除磁县钓鱼台等少数与庙底沟类型近似的遗存[⑩]外,大部呈现出一派萧条景象。这表明,不但涿鹿一带已归属黄帝,而且其势力已扩展到太行山东麓;河北平原的文化发展受到严重

① 中国科学院考古研究所山西工作队《山西芮城东庄村和西王村遗址的发掘》,《考古学报》1973 年第 1 期,第 1—64 页;山西省考古研究所《山西翼城北橄遗址发掘报告》,《文物季刊》1993 年第 4 期,第 1—51 页。

② 张忠培《试论东庄村和西王村遗存的文化性质》,《考古》1979 年第 1 期,第 37—44 页。

③ 戴向明《试论庙底沟文化的起源》,《青果集——吉林大学考古系建系十周年纪念文集》,知识出版社,1998 年,第 18—26 页。

④ 严文明《论半坡类型和庙底沟类型》,《考古与文物》1980 年第 1 期,第 64—72 页。

⑤ 白泥窑子类型以白泥窑子遗址 C 点 F1 为代表。见崔璿、司琴《内蒙古清水河白泥窑子 C、J 点发掘简报》,《考古》1988 年第 2 期,第 97—108 页。

⑥ 即所谓"史家类型"阶段。见西安半坡博物馆、渭南县文化馆《陕西渭南史家新石器时代遗址》,《考古》1978 年第 1 期,第 41—53 页;王小庆《论仰韶文化史家类型》,《考古学报》1993 年第 4 期,第 415—434 页。

⑦ 如大河村"前一期""一期"遗存(郑州市文物考古研究所《1982、1985 年河南郑州市大河村遗址发掘》,《考古学集刊(第 11 集)》,第 32—83 页)、下王岗二期遗存(河南省文物研究所、长江流域规划办公室考古队河南分队编著《淅川下王岗》)等。

⑧ 以马家小村遗存(山西省考古研究所、大同市博物馆《山西大同马家小村新石器时代遗址》,《文物季刊》1992 年第 3 期,第 7—16 页)、三关 F4 遗存(张家口考古队《1979 年蔚县新石器时代考古的主要收获》,《考古》1981 年第 2 期,第 97—105 页)为代表。

⑨ 以石北口中期四段和晚期为代表的遗存中,仅有极少量黑彩宽带钵、侈口绳纹罐等东庄类型因素。见河北省文物研究所、邯郸地区文物管理所《永年县石北口遗址发掘报告》,《河北省考古文集》,第 46—105 页。

⑩ 严文明先生称其为仰韶文化钓鱼台类型(《略论仰韶文化的起源和发展阶段》,《仰韶文化研究》)。

破坏。这应当正是涿鹿之战后的具体表现。后岗类型所代表的黎苗集团被迫大部南迁，抵达江汉东部地区者终于留下了边畈早期一类遗存。

如果放大眼光，会发现庙底沟类型的影响远远不限于此。与之近似的遗存还广布于渭水流域和汉水上游（泉护类型）以及郑洛（阎村类型）等地，它们共同构成颇具统一性的幅员广阔的（第二期）仰韶文化（约公元前 4000—前 3500 年），[①]其范围则恰好以冀州为核心；而庙底沟类型的影响则北逾燕山，东达海岱，东南至江淮，南达江湘，又与《史记》所载黄帝所至之处何其相似！

有趣的是，由于此时南方龙虬庄一期一类遗存因素的北上，山东地区的北辛文化演变成大汶口文化，[②]进入一个全新的发展阶段，与仰韶文化的差别也明显增大。但毋庸置疑，以庙底沟类型为代表的仰韶文化暂时还处于优势地位。这或许就是其能"命少昊"的原由。

总之，涿鹿之战确立了庙底沟期仰韶文化所代表的华夏集团的主导地位，使黄帝及其中原地区成为古代中国的认知核心。对中国古代文明的起源、形成和发展都有深远影响。

（本文原载于《中原文物》2002 年第 4 期）

① 严文明《略论仰韶文化的起源和发展阶段》，《仰韶文化研究》，第 122—165 页。由于其在一个很大的范围内统一性很强，故张忠培先生称其为"庙底沟文化"或"西阴文化"（《仰韶时代——史前社会的繁荣与向文明时代的转变》，《文物季刊》1997 年第 1 期，第 1—47 页）。

② 龙虬庄遗址考古队编著《龙虬庄——江淮东部新石器时代遗址发掘报告》，科学出版社，1999 年。

唐伐西夏与稷放丹朱

“唐伐西夏”与“稷放丹朱”是关涉陶唐氏与夏、周先人兴衰荣辱和相互关系的重大事件。对其作考古学观察，当为在三代文化的基础上进一步追溯中国上古史实的关键步骤。

一

“唐伐西夏”最早见于《逸周书·史记解》：

> 昔者西夏，性仁非兵，城郭不修，武士无位，惠而好赏，屈而无以赏。唐氏伐之，城郭不守，武士不用，西夏以亡。

《博物志·杂说上》有类似的说法。① 此夏前唐后的顺序，也正与《左传·昭公元年》中的记载一致。②

这里提到的“西夏”和“唐氏”，即通常文献中所见的夏和陶唐二族，人们对其居地历来有不同说法。

关于夏的主要居地，笼统来说不出晋南和豫西，③实际上当为起于晋南而迁至豫境。④ 晋南才是夏人真正的老家，故其地有“夏墟”之称。⑤

---

① 《博物志·杂说上》：“昔西夏仁而去兵，城郭不修，武士无位，唐伐之，西夏云（亡）。”

② 《左传·昭公元年》：“昔高辛氏有二子，伯曰阏伯，季曰实沈，居于旷林，不相能也。日寻干戈，以相征讨。后帝不臧，迁阏伯于商丘，主辰。商人是因，故辰为商星。迁实沈于大夏，主参。唐人是因，以服事夏、商。……昔金天氏有裔子曰昧，为玄冥师，生允格、台骀。台骀能业其官，宣汾、洮，障大泽，以处大原。帝用嘉之，封诸汾川。沈、姒、蓐、黄，实守其祀。”

③ 徐旭生《1959年夏豫西调查“夏墟”的初步报告》，《考古》1959年第11期，第592—600页；《略谈研究夏文化的问题》，《新建设》1960年第3期，第62—65页。

④ 刘起釪《由夏族原居地纵论夏文化始于晋南》，《华夏文明（第1集）》，北京大学出版社，1987年，第18—52页。

⑤ 《左传·定公四年》：“分唐叔以大路、密须之鼓、阙巩、沽洗，怀姓九宗，职官五正。命以《康诰》，而封于夏墟，启以夏政，疆以戎索。”唐叔封地在晋地无疑。

陶唐居地的情况要复杂得多，有山东、河北、山西诸说。山西说因见于《左传》等先秦典籍而倍受重视，但其本身又早有晋南临汾“平阳”说和晋中太原“晋阳”说的分歧。[①] 独皇甫谧主张从晋阳徙平阳，倒也许离事实最近。[②] 山东、河北说虽明确出现于汉代，但也不容忽视。应劭认为唐县和平阳均为尧之居地，或许有着更早的出处，因此存在陶唐氏由河北迁山西的可能。[③] 再联系尧为喾子，[④]以及高辛氏居东方的说法，[⑤]则陶唐氏的始居地就可能确在东方。这样从山东附近伊始，经河北、晋中，终抵晋南，就构成陶唐氏由东徂西的一条可能之路。

陶唐氏的西进与南下，理当存在一个与当地居民冲突和融合的问题，尤其当最终要占领夏人根据地晋南的时候，大概双方经过了一场较为惨烈的战争。这也许就是“唐伐西夏”的来由。

二

结合考古学文化来看，以豫西为分布中心的二里头文化总体上属夏文化无疑，[⑥]具体当属“少康中兴”之后的晚期夏文化；此前的王湾三期文化后期为早期夏文化。由此前溯，王湾三期文化前期及其前身谷水河类型就属于先夏文化的范畴。又因为谷水河类型主要是庙底沟二期类型东向推移的结果，[⑦]故庙底沟二期类型应当是更早的先夏文化，亦即以“西夏”为主体的遗存。

庙底沟二期类型的中心分布地域，是晋南的临汾盆地、运城盆地和黄河沿岸地区。庙底沟二期类型流行横篮纹，可明确分为3期。第1期以芮城西王村上层[⑧]、夏县东下冯遗存[⑨]和襄汾陶寺H356[⑩]为代表，有喇叭口尖底瓶、筒形罐、平底盆、钵、

① 徐旭生《尧、舜、禹（上）》，《文史（第三十九辑）》，中华书局，1994年，第1—26页。

② 《帝王世纪》：“帝尧始封于唐，又徙晋阳。及为天子，都平阳。”

③ 《汉书·地理志上》河东郡“平阳”条下，应劭曰：“尧都也，在平河之阳。”《汉书·地理志下》中山国“唐”条下有“尧山在南”，应劭曰：“故尧国也。”

④ 《史记·五帝本纪》：“帝喾娶陈丰氏女，生放勋……是为帝尧。”

⑤ 王国维《殷卜辞中所见先公先王考》，《观堂集林》卷第九，中华书局，1959年，第409—436页；徐旭生《中国古史的传说时代（新一版）》，文物出版社，1985年，第88—93页。

⑥ 邹衡《试论夏文化》，《夏商周考古学论文集》，文物出版社，1980年，第95—182页。

⑦ 韩建业《夏文化的起源与发展阶段》，《北京大学学报》（哲学社会科学版）1997年第4期，第120—125页；已收入本书。

⑧ 中国科学院考古研究所山西工作队《山西芮城东庄村和西王村遗址的发掘》，《考古学报》1973年第1期，第1—63页。

⑨ 中国社会科学院考古研究所、中国历史博物馆、山西省文物工作委员会东下冯考古队《山西夏县东下冯龙山文化遗址》，《考古学报》1983年第1期，第55—92页。

⑩ 中国社会科学院考古研究所山西工作队、山西省临汾地区文化局《陶寺遗址1983—1984年Ⅲ区居住址发掘的主要收获》，《考古》1986年第9期，第773—781页。

碗、敛口豆等基本器类，以及少量背壶。第 2 期以垣曲古城东关 H251① 和侯马东呈王遗存②为代表，尖底瓶变为高领罐，见釜灶，新出典型器盆形鼎和斝，以及少量双腹豆、折腹杯和觚形杯。这两期分布于晋南全境，且对关中影响较大。第 3 期以垣曲古城东关 H1 和 H188 为代表，斝三足外移，器体变矮，新出凿形足罐形鼎，以及双耳折肩壶和薄胎红陶杯；主要分布在偏南的运城盆地和黄河沿岸，而在临汾盆地却被以陶寺 M3002 为代表的遗存代替。③ 也正在此时，庙底沟二期类型东南向移动形成谷水河类型。至龙山时代前期，在运城盆地和黄河沿岸演变为以垣曲古城东关 H91、H145 和垣曲龙王崖 H106 为代表的遗存，④器表多拍印斜篮纹，斝大口，三足外移至器腹，红陶杯胎变厚，另有罐形鼎、侈口罐、高领罐、釜灶、斜腹盆、盆形擂钵等器类。在临汾盆地则发展成以陶寺 M3015 为代表的遗存。⑤ 同时，豫西进入王湾三期文化前期。⑥

以陶寺 M3002 和 M3015 为代表的遗存一般被归为陶寺类型早期，绝对年代约在公元前 2600—前 2200 年。它的文化因素主要可分为两大部分：斝、筒形罐、釜灶、扁壶等主要日常陶器种类为继承当地庙底沟二期类型第 2 期而来，而高领折肩壶、折肩罐、折腹盆、大口缸、陶鼓、鼍鼓、钺、厨刀、琮等器类，以及陶、木器上的彩绘，大小墓的严重分化等多同表现“礼制”相关的因素，和庙底沟二期类型第 2 期风格迥异，而与以大汶口文化晚期乃至良渚文化为代表的东方地区的文化面貌相当吻合。这就清楚地表明，陶寺类型的形成是东方文化西移，并与当地文化融合的产物。同时，社会的上层人物应以东方“殖民者”为主，他们力图维护原有文化传统和等级制度。

既然庙底沟二期类型是“西夏”人的文化，那么其在临汾盆地被陶寺类型早期代替，反映的不正是自东而来的陶唐氏对夏人的征服吗？战争的结果可能是夏人主体被赶出临汾，并被迫移居豫西，而部分人留在原地受侵略者统治。或许这就是西周

---

① 中国历史博物馆考古部、山西省考古研究所、垣曲县博物馆《1982—1984 年山西垣曲古城东关遗址发掘简报》，《文物》1986 年第 6 期，第 27—40 页；张素琳、佟伟华《垣曲古城东关遗址庙底沟二期文化和龙山文化遗存》，《三晋考古》第二辑，山西人民出版社，1996 年，第 141—181 页。

② 山西省考古研究所、山西大学历史系考古专业《山西侯马东呈王新石器时代遗址》，《考古》1991 年第 2 期，第 110—124 页。

③ 高天麟、张岱海、高炜《龙山文化陶寺类型的年代与分期》，《史前研究》1984 年第 3 期，第 22—31 页。

④ 中国社会科学院考古研究所山西工作队《山西垣曲龙王崖遗址的两次发掘》，《考古》1986 年第 2 期，第 97—112 页。

⑤ 中国社会科学院考古研究所山西工作队、临汾地区文化局《1978—1980 年山西襄汾陶寺墓地发掘简报》，《考古》1983 年第 1 期，第 30—42 页。

⑥ 韩建业、杨新改《王湾三期文化研究》，《考古学报》1997 年第 1 期，第 1—22 页。

武装殖民制度的滥觞吧！此一推论也正与一般所说陶寺类型早期属陶唐氏遗存的观点相符。①

但远来乍到的陶唐氏也仅仅实现了对临汾盆地的控制，尽管其发展程度远远高于周围文化。它向更南地区的扩展受到了夏人最严厉的抵制，这也就是运城盆地及黄河沿岸地区同时期文化基本不见陶寺类型中那类东方因素的原因。

此外，相当于庙底沟二期类型第3期时，晋中地区以太谷白燕二期为代表的遗存中，也突然出现高领折肩壶、折肩罐、折腹盆等东方因素，②恰与陶寺类型最早期的情况相似。这与陶唐氏通过晋中抵达晋南的说法吻合。遗憾的是，河北中部同时期考古学文化的情况尚不清楚，故难以将陶唐氏迁移路线从考古学上完全复原。

三

“稷放丹朱”见于《古本竹书纪年》：“后稷放帝朱于丹水。”③《路史·后记十一》作“稷避丹朱”④，其实不过是换了一种说法。又有把丹朱被放与舜联系者，大约是舜为当时中原领袖，故将此等大事依托于他的名义下。

后稷与其母有邰氏姜嫄的居地，旧说以为在泾、渭水一带，独钱穆提出晋南起源说。⑤ 其实如果“自土沮（徂）漆”的“土”果真是石楼附近，⑥有邰氏（台骀）所处“大原”本指今太原盆地，⑦则周之先人祖居地还当包括晋中在内。或者周先人也存在一个由晋中扩展至晋南的过程。

丹朱既然为尧子，⑧其始居中心地自然还应在临汾盆地。至于居处豫西南丹水，或许正是被逐放的结果。⑨

---

① 王文清《陶寺遗存可能是陶唐氏文化遗存》，《华夏文明（第1集）》，北京大学出版社，1987年，第106—123页。

② 晋中考古队《山西太谷白燕遗址第一地点发掘简报》，《文物》1989年第3期，第1—21页。

③ 《山海经·海内南经》注。另：《史记·高祖本纪》正义引“后稷放帝子丹朱于丹水”；《史记·五帝本纪》正义引“后稷放帝子丹朱”。

④ 《路史·后记十一》：“稷避帝子丹朱于南河之南，天下之觐者不之朱而之舜，讴歌者不之朱而之舜，狱讼者不之朱而之舜。”

⑤ 钱穆《周初地理考》，《燕京学报》第10期，1931年，第1955—2008页。

⑥ 《诗·大雅·绵》：“绵绵瓜瓞，民之初生，自土沮漆。”参见邹衡《论先周文化》，《夏商周考古学论文集》，第297—356页。

⑦ 另《诗·小雅·六月》有“薄伐猃狁，至于大原”一句。朱熹《诗集传》以为“大原”即今太原。

⑧ 《史记·五帝本纪》正义引《帝王世纪》：“尧娶散宜氏女，曰女皇，生丹朱。”

⑨ 《史记·五帝本纪》正义引范汪《荆州记》云：“丹水县在丹川，尧子朱之所封也。”《括地志》云：“丹水故城在邓州内乡县西南百三十里。”

以陶寺 H365 和 H303 为代表的分别被称为陶寺中、晚期的遗存，[①]与早期遗存实有重大区别，可暂称为“陶寺晚期类型”。陶寺早期斝、扁壶等原属庙底沟二期系统的器物在晚期得到较多承继，而特征鲜明的东方因素丧失殆尽，又新出大量鬲类。由于包括晋中和内蒙古中南部在内的狭义的北方地区是鬲的主要发源地，则陶寺早、晚期间发生变化的原因自当是由于北方老虎山文化的南进。[②] 而变化程度之巨，使人不得不再一次将其与战争一类的剧烈冲突相联系。然则“稷放丹朱”的实质，不过是北方姬周先民对陶唐氏的征服。不仅如此，北方文化的影响继续南下，使鬲类遗存扩展和影响到运城盆地、黄河沿岸乃至伊洛流域，对夏人文化也造成了很大影响。就连紧接其后发生的象征夏王朝诞生的“禹征三苗”事件，[③]也当与北方文化的南渐有所关联。

值得一提的是，邹衡在研究关中地区晚期先周文化的渊源时，曾追溯到朱开沟文化（当时称“光社文化”），[④]而陶寺晚期类型正是朱开沟文化的重要来源之一。[⑤]这与本文将陶寺晚期类型推测为稷前后周人文化的观点正好相合。

四

陶唐氏的东迁，像一颗巨星那样照亮了相对黑暗的中原大地，导致了该地区一次文明高峰的出现，又刺激了中原文化此后的飞速发展。而与土著居民的两次大的冲突及其余波，更直接导致了夏人主体向东南移动并终至创建夏王朝。但这颗巨星仅仅过了大约 300 年，就匆匆殒落。这似乎与其所达到的辉煌的文化成就不相吻合。究其原因，恐怕主要缘于它和当地土著在文化传统上的隔阂，及其对外关系的孤立。

狭义的北方地区文化和晋南地区的新石器时代文化一样，都属于广义的中原古文化的重要组成部分，都是庙底沟期仰韶文化不同类型不断发展、分化的产物。[⑥]

---

① 中国社会科学院考古研究所山西工作队、临汾地区文化局《山西襄汾县陶寺遗址发掘简报》，《考古》1980 年第 1 期，第 18—31 页；中国社会科学院考古研究所山西工作队、山西省临汾地区文化局《陶寺遗址 1983—1984 年Ⅲ区居住址发掘的主要收获》，《考古》1986 年第 9 期，第 773—781 页。
② 田广金《凉城县老虎山遗址 1982—1983 年发掘简报》，《内蒙古文物考古》1986 年第 4 期，第 38—46 页。
③ 杨新改、韩建业《禹征三苗探索》，《中原文物》1995 年第 2 期，第 46—55 页；已收入本书。
④ 邹衡《论先周文化》，《夏商周考古学论文集》，第 297—356 页。
⑤ 内蒙古文物考古研究所《内蒙古朱开沟遗址》，《考古学报》1988 年第 3 期，第 301—332 页。
⑥ 严文明《略论仰韶文化的起源和发展阶段》，《仰韶文化研究》，文物出版社，1989 年，第 122—165 页。

从这个意义上讲，夏、周先民其实有着共同的文化渊源，这或许就是周人常以夏人自居的原因。[①] 陶唐氏所代表的东方文化传统在许多方面与其格格不入，难怪要遭到抵制并最终被取代了。而相对于有着悠久发展历史的夏、周先民来说，初来乍到的陶唐氏又好像大海上的一叶孤舟，较快倾覆是自然的事情。说到底，夏与唐、唐与稷间发生的冲突颇有些冤冤相报的意味。

（本文原载于《北京大学学报》[哲学社会科学版]2001 年第 4 期）

① 《尚书·康诰》“用肇造我区夏”；《尚书·君奭》“惟文王尚克修和我有夏”；《尚书·立政》“我有夏，式商受命，奄甸万姓”。

禹征三苗探索

一

禹是中国古史传说中一位伟大的人物，他有两大功绩历来为人们所称道：一是治水，二是创建夏王朝。[①] 在当时"万国"林立的形势之下，认为禹"坏城平池，散财物，焚甲兵，施之以德，海外宾服"[②]，那显然不合情理。夏后氏能脱颖而出，不过因为它是部落邦国争战中的胜利者而已，"禹征三苗"便是夏后氏禹发动的规模最大的一场对外战争。

《墨子·非攻下》记载了这次战争的情况："昔者三苗大乱，天命殛之。日妖宵出，雨血三朝，龙生于庙，犬哭乎市，夏冰，地坼及泉，五谷变化，民乃大振。高阳乃命玄宫，禹亲把天之瑞令，以征有苗。四电诱祇，有神人面鸟身，若瑾以侍。搤矢有苗之祥，苗师大乱，后乃遂几。禹既已克有三苗，焉磨为山川，别物上下，卿制大极，而神民不违，天下乃静。则此禹之所以征有苗也。"似乎是禹乘三苗发生天灾内乱之际突然入侵，三苗惨败并被彻底征服。宗庙被夷，"子孙为隶"，[③]三苗从此退出历史舞台。

禹征三苗其实是尧、舜以来"华夏"与"苗蛮"两大集团之间斗争的继续，[④]只不过因为此时华夏族实力大长，对土地资源、劳动力和财富的需求更为迫切，故战争进行得更惨烈。此前，"尧战于丹水之浦以服南蛮，舜却苗民，更易其俗"(《吕氏春秋·

---

① 《古本竹书纪年》有"自禹至桀十七世，有王与无王，用岁四百七十一年"(《太平御览》卷八十二)；"夏自禹以至于桀，十七王"(《文选·六代论》注引)。《论衡·谢短》："夏始于禹，殷本于汤，周祖后稷。"

② 《淮南子·原道训》："昔者夏鲧作三仞之城，诸侯背之，海外有狡心。禹知天下之叛也，乃坏城平池，散财物，焚甲兵，施之以德，海外宾服，四夷纳职，合诸侯于涂山，执玉帛者万国。"

③ 《国语·周语下》："王无亦鉴于黎苗之王，下及夏商之季……是以人夷其宗庙，而火焚其彝器，子孙为隶，下夷于民。"

④ 徐旭生《中国古史的传说时代(新一版)》，文物出版社，1985 年，第 101—109 页。

召类》),说明在尧、舜与三苗的冲突中,华夏族已占上风。

战争的起因是多方面的,除了掠夺财富和劳动力、争抢地盘以外,宗教习俗上的歧异也是其中之一。《尚书·吕刑》有这样的记载:“苗民弗用灵。制以刑,惟作五虐之刑,曰法。杀戮无辜……皇帝哀矜庶戮之不辜,报虐以威,遏绝苗民,无世在下。”好像是因为苗民统治者滥刑峻法而致灭亡。但这些话出自战胜者之口,不免得打上几分折扣。其实首句“弗用灵”才是关键。徐旭生先生引《说文》“灵,巫也”的说法,将战争的原因解释为三苗不肯遵守华夏族的宗教(巫教)习俗,①很有道理。此外,《伪孔传》说“三苗之君效蚩尤之恶”,《国语·楚语下》言“三苗复九黎之德”,也表达了同样的意思。被认为有凶德的不少,为何独言东夷集团的“蚩尤”“九黎”?说明苗蛮与东夷集团之间有过密切关系,宗教习俗上有共同之处,这在华夏人眼中自然就成为“恶”或“凶德”。《吕氏春秋·召类》说“舜却苗民,更易其俗”,可见舜时就已在试图改变三苗的宗教习俗了。可惜文献中对三苗的独特习俗记载甚少,只有装束方面提到一点。《淮南子·齐俗训》:“三苗髽首,羌人括领,中国冠笄,越人劗鬋,其于服一也。”何谓“髽首”?解释有三:以枲麻束发,“屈布为巾”或“去缅而纷”,总之不用簪笄,与中原不同。②

从考古学上探索禹征三苗,首先要弄清楚夏后氏与三苗的考古学文化归属问题。夏文化问题已讨论多年,不少认识渐趋一致。多数人认为河南中、西部为夏之中心地域,二里头文化早期属夏文化。但对夏文化的上、下限意见还不一致。就上限来讲,或认为二里头文化早期才进入夏代,③或认为可提早到王湾三期文化晚期。④ 无论哪一种说法,夏后氏(先夏)都与王湾三期文化有关联。华夏集团作为包括陶唐氏、有虞氏和夏后氏等在内的联合体,其文化应大体与“中原龙山文化”⑤对应。

三苗文化曾被推测为以江汉平原为中心的屈家岭文化和石家河文化。⑥ 到同

---

① 徐旭生《中国古史的传说时代(新一版)》,第105—106页。

② 俞伟超《先楚与三苗文化的考古学推测》中说:“三苗的那种‘髽首’之俗,据《左传》襄公四年杜注和孔疏引郑众说,《齐俗训》高注,都以为是枲麻束发而结,襄公四年孔疏引马融说以为是‘屈布为巾’,引郑玄说以为是‘去缅而纷’,总之,是不用簪笄的。”见《文物》1980年第10期,第9页。

③ 邹衡《关于探讨夏文化的几个问题》,《文物》1979年第3期,第64—69页。

④ 安金槐《豫西夏代文化初探》,《中国历史博物馆馆刊》1979年第1期,第38—39页;李伯谦《二里头类型的文化性质与族属问题》,《文物》1986年第6期,第41—47页。

⑤ “中原龙山文化”包括客省庄二期文化、王湾三期文化、后岗二期文化、陶寺类型和造律台类型等。见严文明《略论仰韶文化的起源和发展阶段》,《仰韶文化研究》,文物出版社,1989年,第122—165页。

⑥ 俞伟超《先楚与三苗文化的考古学推测》,《文物》1980年第10期,第1—12页。

尧、舜、禹发生冲突的时候，应该就已经是石家河文化了。在湖北天门石家河遗址群发现过不少双手抱鱼的小陶人，头部似为束发，恰好与文献中“方捕鱼”[①]和“髽首”的记载相合。

既然夏后氏和三苗文化分别与王湾三期文化和石家河文化相关，那么只有对这两个文化自身的面貌特征、年代分期及相互间关系等问题有个较为深入的认识，才可望对禹征三苗在考古学上的体现有所揭示。

二

王湾三期文化因发现于河南洛阳王湾而得名。[②] 它和后岗二期文化、造律台类型一样，都在一定的区域内经过了较长的发展时期，各自内涵有别，源流各异，因此是中国铜石并用时代晚期几个独立的考古学文化，同属于“中原龙山文化”系统。王湾三期文化被认为来源于仰韶文化四期的谷水河类型，[③]这是没有多大问题的，但二者之间存在明显的缺环却也不容否认。实际上，随着资料的增多，我们知道在二者之间确实还存在一类具有过渡性质的遗存。这类遗存也分布于豫西、豫中地区，而且有清楚的层位关系表明其早于典型的王湾三期文化，如在郑州站马屯[④]、郾城郝家台[⑤]和襄城台王[⑥]遗址所见。这类遗存有的遗址规模大，堆积丰富，郝家台遗址甚至有了 3 万多平方米的长方形夯土城。房屋属长方形地面式排房，多者达 8 间。墓葬不多，瓮棺葬与土坑竖穴墓并存，瓮棺葬有以矮乳足鼎作为葬具者，上扣一底凿圆洞的盆；土坑墓多为仰身直肢，发现用原木凿成凹槽的木质葬具。[⑦] 陶器以泥质灰黑陶为主，泥质和夹砂红褐陶亦占相当比例；素面或磨光陶居多，并有相当数量的横篮纹；器类有高直领瓮、深腹罐、高足或矮足罐形鼎、折盘豆、深腹盆形甑、深腹平

① 《山海经・大荒北经》:“颛顼生驩头，驩头生苗民，苗民厘姓。”表明三苗与驩头或为同族。《山海经・海外南经》又讲“驩头国在其南，其为人，人面有翼，鸟喙，方捕鱼。”《山海经・大荒南经》说:“大荒之中，有人名曰驩头……头人面鸟喙，有翼，食海中鱼。”

② 北京大学考古实习队《洛阳王湾遗址发掘简报》,《考古》1961 年第 4 期，第 175—178 页。

③ 严文明《略论仰韶文化的起源和发展阶段》,《仰韶文化研究》，第 122—165 页。

④ 河南省文物研究所、文化部文物局郑州培训中心《郑州市站马屯遗址发掘报告》,《华夏考古》1987 年第 2 期，第 3—46 页。

⑤ 河南省文物研究所、郾城县许慎纪念馆《郾城郝家台遗址的发掘》,《华夏考古》1992 年第 3 期，第 62—91 页。

⑥ 河南省文物研究所《襄城县台王遗址试掘简报》,《中原文物》1988 年第 1 期，第 7—13 页。

⑦ 河南省驻马店地区文管会《河南上蔡十里铺新石器时代遗址》,《考古学集刊(第 3 集)》，中国社会科学出版社，1983 年，第 69—80 页。

底盆、小平底碗、小平底钵、圈足盘、觚形杯、圈足杯、壶、平底小实足鬶等，王湾三期文化的一些基本特征已经具备。因此可将其归入王湾三期文化范畴，作为王湾三期文化的前期，而把典型的王湾三期文化作为后期。应该指出，前期时偏南的汝颍区和靠北的郑洛区之间存在一定的地方性差异。汝颍区以郝家台一、二期为代表，可称之为"郝家台类型"，流行鼎、杯、壶类；郑洛区站马屯一期最有特征的器物是深腹平底盆、卷沿绳纹罐等，待材料充足后或可划为一个地方类型。

王湾三期文化后期分布范围扩大，在王城岗遗址也发现有夯土城垣。[①] 房屋仍多为方形地面式，有的分间，有的不分间。婴孩瓮棺葬与成人土坑墓并存，基本不见随葬品。陶器以夹砂和泥质灰陶为主，磨光黑陶次之，红褐陶极少；篮纹、方格纹大增，且篮纹多为竖或斜施；直领瓮、深腹罐、罐形鼎、平底碗、平底盆、小实足平底鬶等器类脱胎于前期而有所变化（图一），壶、杯、瓶类大为减少。经济应是以农业为主的综合经济，主要种粟，兼营水稻。[②] 有用卜骨占卜的习俗。已能冶铸青铜。[③] 后期可分煤山、王湾两个类型。王湾类型鼎少罐多，双腹盆、平底盆、斝等富于特色；而煤山类型则流行鼎（特别是矮乳足罐形鼎）、觚形器，双腹盆等很少。

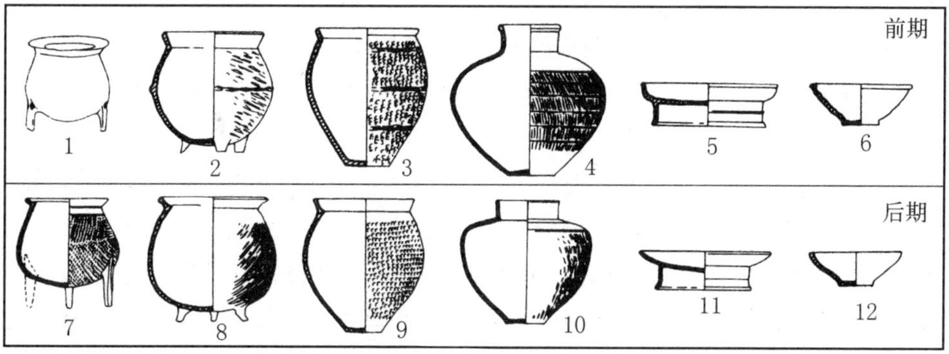

图一　王湾三期文化前、后期典型陶器比较

1. 郾城郝家台（T47⑦：50）　3、6. 临汝北刘庄（W3：1、T16③：1）　2、4. 上蔡十里铺（H3：9、M5：2）　5. 郑州站马屯（F4：3）　7、12. 临汝煤山（T19④：3、T25③c：15）　8、10、11. 登封王城岗（H402：11、H206：15、H126：7）　9. 洛阳王湾（H166：156）

① 河南省文物研究所、中国历史博物馆考古部编著《登封王城岗与阳城》，文物出版社，1992 年。

② 中国社会科学院考古所河南一队《河南汝州李楼遗址的发掘》，《考古学报》1994 年第 1 期，第 63—98 页。

③ 在临汝煤山、登封王城岗和郑州牛砦龙山遗存中发现有铜渣、铜片或铜块。见《登封王城岗与阳城》及中国社会科学院考古研究所河南二队《河南临汝煤山遗址发掘报告》，《考古学报》1982 年第 4 期，第 427—476 页。

三

石家河文化因首先发现于湖北天门石河镇而得名,[①]属中国铜石并用时代晚期。它的前身是屈家岭文化,主要分布在江汉地区。张绪球《石家河文化的分期分布与类型》一文对其论述甚详,[②]但有些问题还值得商议。下面就一些典型单位来略加分析。

天门邓家湾 M40、M18、M23 等一组单位和屈家岭文化一脉相承而又有变化。如仍以泥质灰陶为主,但泥质红陶的比例大幅度增加;仍以素面居多,但篮纹增加,彩陶大为减少;高领瘦腹罐、圈足深腹盆形甑、折腹缸、薄胎红陶杯、变异壶形器、大口圈足杯等脱胎于屈家岭文化同类器,另外如红陶平底钵、鬶、粗柄搂孔豆、宽扁足釜形鼎则为新出。此时,石家河文化极富特色的“红陶器物群”已基本形成,它们包括红陶杯、平底钵、变异壶形器、大口圈足杯、高足杯及小动物、小人等,数量多,成群出现,制作粗糙,火候低,不像日常用品,而是具有浓厚的宗教色彩。邓家湾 M32、M54 和 H69 等单位泥质红陶剧增,在有些单位甚至超过泥质灰陶而居首位,这主要是“红陶器物群”数量猛增的结果。肖家屋脊 H42、H43 等单位泥质红陶比例开始下降,篮纹、方格纹普遍,主要器类有腰鼓罐、小高领罐、漏斗形擂钵、厚胎红陶杯等,“红陶器物群”数量大减。以上三组单位在《石家河文化的分期分布与类型》一文中分别被定为“石家河文化早期”“中期早段”和“中期晚段”,总体上和屈家岭文化属一个文化系统。在《石家河文化的分期分布与类型》一文中被定为“石家河文化晚期”的一组单位,以肖家屋脊 H1、H25、H68 和石板巷子遗存为代表。[③] 陶器以灰色最多,红色者很少;篮纹为主,方格纹、绳纹次之,并有少量叶脉纹;器类与前迥然不同,数量最多的是直领瓮、侧三角形或锥状足罐形鼎、高直柄浅盘豆、矮柄浅盘豆和圈足盘,还有盆、鬶、盉、盆形擂钵、盆形甑、平底碗及平底钵等,都是以前不见或少见的器类;前期流行的小高领罐、腰鼓罐、缸、漏斗形擂钵消失,“红陶器物群”基本不见,仅

---

① 关于石家河遗址群各遗址的材料见于:湖北省文物管理委员会《湖北京山、天门考古发掘简报》,《考古通讯》1956 年第 3 期,第 11—20 页;石河考古队《湖北省石河遗址群 1987 年发掘简报》,《文物》1990 年第 8 期,第 1—16 页;荆州地区博物馆、北京大学考古系《天门邓家湾遗址 1987 年春发掘简报》,《江汉考古》1993 年第 1 期,第 1—13 页;石河考古队《湖北天门市邓家湾遗址 1992 年发掘简报》,《文物》1994 年第 4 期,第 32—42 页;湖北省文物考古研究所、中国社会科学院考古研究所《湖北石家河罗家柏岭新石器时代遗址》,《考古学报》1994 年第 2 期,第 191—230 页。

② 张绪球《石家河文化的分期分布与类型》,《考古学报》1991 年第 4 期,第 389—414 页。

③ 宜都考古发掘队《湖北宜都石板巷子新石器时代遗址》,《考古》1985 年第 11 期,第 961—976 页。

残留个别退化成细高实心柄的红陶杯。[①] 总体上已不再同屈家岭文化属一个文化系统，也不能再纳入石家河文化范畴。总之，湖北、豫南地区龙山时代可分前、后两大阶段：前期阶段为石家河文化，后期阶段为石板巷子一类遗存，前、后期之间发生了一次巨变。

石家河文化遗址众多，聚落群普遍且分化严重。如石家河遗址群在8平方千米的范围内就有二三十个村落，遗址群中心建有一座面积达一百多万平方米的城垣。城内居民生活区、墓葬区及具有宗教意义的特殊场所等均经规划，[②]并出土了成千上万的红陶杯、大口圈足杯、钵、小动物、小人等极富宗教色彩的红陶小器物，而这些东西在其他遗址并不多见。该文化房屋多为连间的长方形地面式建筑，地面常用红烧土铺垫用以隔潮。墓葬多是长方形土坑竖穴墓，部分有二层台，随葬器物多少不等。经济应是以农业为主的综合性经济，主要种植水稻。可能已能冶铜。[③]

石家河文化范围广大，各地区之间差异较明显。《石家河文化的分期分布与类型》一文将湖北与豫西南地区划为六个地方类型，其实有的可能是独立的考古学文化，属于“石家河文化”这个大的文化系统。豫东南地区的石家河文化以驻马店杨庄一期[④]、信阳阳山灰沟[⑤]遗存为代表，待材料增多后或可划作一二个新的类型或文化（图二）。

龙山后期，湖北及豫西南地区遗址数剧减，零星分布，只有豫东南地区遗址数反而有所增加。此时石家河城已废弃，[⑥]在原屈家岭文化和石家河文化的建筑遗存之上开始出现大批灰坑及瓮棺葬群。各地区之间差异显著，可分五个区来加以讨论。

1. 豫东南区。以驻马店杨庄二期为代表。[⑦] 流行瓮棺葬。泥质陶（74.53%）远多于夹砂陶（25.47%），多拍印篮纹（59.84%），素面者其次（36.16%）。典型器类有直领瓮、矮乳足或高足罐形鼎、深腹罐、平底碗、平底钵、高柄浅盘豆、圈足盘、瓶等（图二）。另有少量退化成细高实心柄状的红陶杯和上腹很浅的漏斗形擂钵。

---

① 见上注出处中之图十三，6、13，发掘者称之为“圆柱体”。

② 北京大学考古系、湖北省文物考古研究所、湖北荆州地区博物馆石家河考古队《石家河遗址调查报告》，《南方民族考古（第五辑）》，四川科学技术出版社，1993年，第213—294页。

③ 张绪球《长江中游新石器时代文化概论》，湖北科学技术出版社，1992年。

④ 北京大学考古系、驻马店市文物保护管理所《河南驻马店市杨庄遗址发掘简报》，《考古》1995年第10期，第873—882页。

⑤ 河南文物工作队信阳发掘小组《河南信阳市新石器时代遗址试掘记》，《文物参考资料》1955年第8期，第59—67页。

⑥ 石河考古队《湖北天门市邓家湾遗址1992年发掘简报》，《文物》1994年第4期，第32—42页。

⑦ 北京大学考古系、驻马店市文物保护管理所《河南驻马店市杨庄遗址发掘简报》，《考古》1995年第10期，第873—882页。

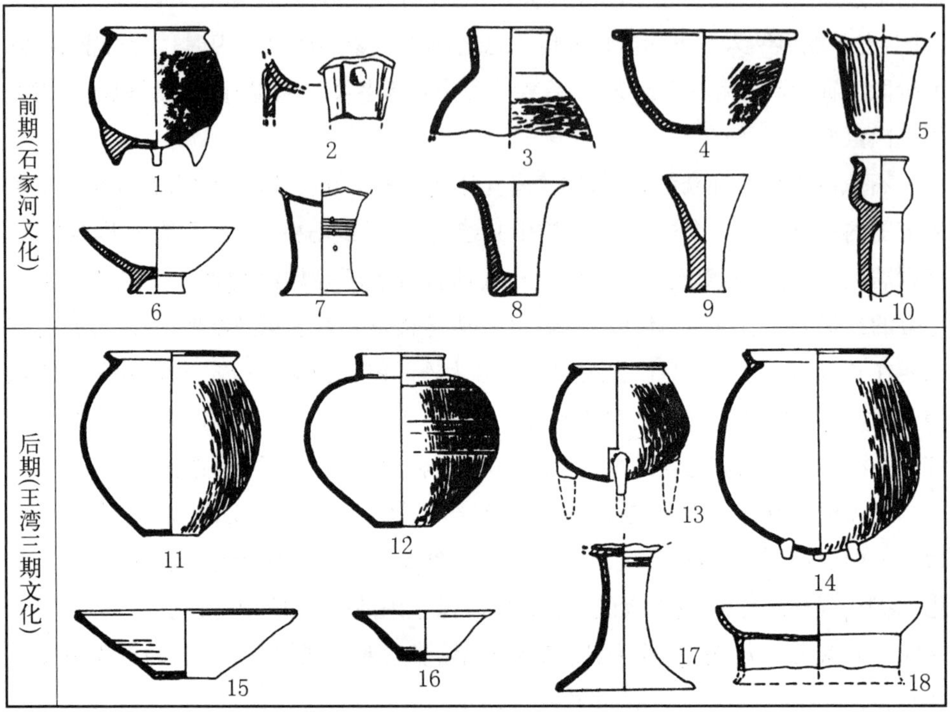

图二　豫东南地区龙山遗存典型陶器

1、6、7、9、10. 信阳阳山灰沟　2、3、5. 遂平唐岗采集　4、8. 驻马店杨庄(T20⑦：1、T31⑦：5)
11—18. 驻马店杨庄(W12：2、1，T30③：4，W10：1，H27：4，T30③：3、14、5)

2. 豫西南、鄂西北区。以淅川下王岗晚二期、郧县大寺“龙山文化”遗存为代表。[①] 土坑墓与瓮棺葬并存，土坑墓中屈肢葬与仰身直肢葬并存。泥质灰黑陶最多(60%)，夹砂灰陶其次(30%)，红褐陶很少(10%)。素面陶稍多于拍印篮纹、绳纹者。主要器类有直领瓮、侧三角形足罐形鼎、盆形鼎、深腹罐、釜、圈足盘和带耳罐(图三)。

3. 鄂东北区。以随州西花园龙山晚期遗存为代表。[②] 夹砂黑灰陶最多(68%)，篮纹陶(66%)约为素面(21%)与磨光(9%)陶总数的两倍。富有特色的陶器有折腹直领瓮、罐形鼎、平底盆形鼎、平底碗、圈足盘及矮柄豆等(图四)。

① 河南省文物研究所、长江流域规划办公室考古队河南分队编著《淅川下王岗》，文物出版社，1989 年；中国社会科学院考古研究所编著《青龙泉与大寺》，科学出版社，1991 年。

② 武汉大学随州考古发掘队《随州西花园遗址发掘简报》，《江汉考古》1991 年第 2 期，第 15—22 页。

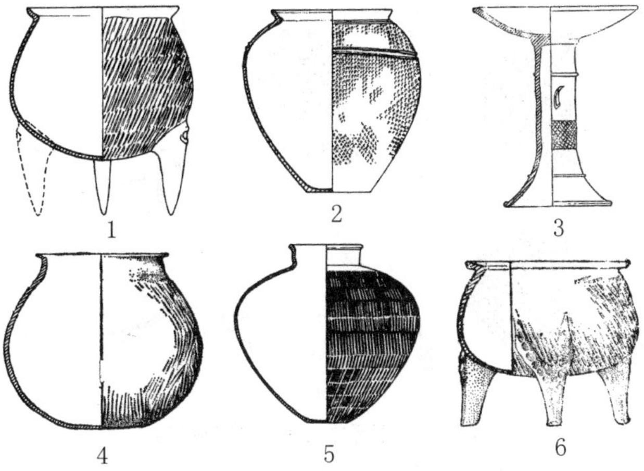

图三　豫西南鄂西北区龙山后期典型陶器

1、2、5. 郧县大寺(T7②：11、W13：1、T6②：13)　3、4、6. 淅川下王岗(T1①：9、H166：1、H2：14)

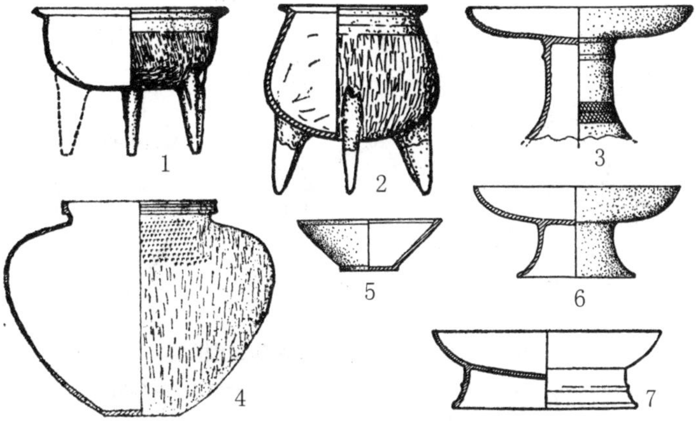

图四　鄂东北区龙山后期典型陶器

1—7. 随州西花园(H13：167、166、1、125、39、84、46)

4. 鄂西区。以石板巷子遗存为代表。泥质陶最多(70%)，夹砂陶次之(25%)，并有极少量夹炭陶(2%)。陶色以黑灰为主(65%)，红褐陶也占一定比例(20%)。素面(40%)稍多于篮纹(30%)，方格纹也不少(20%)。典型器类有直领瓮、侧三角形足罐形鼎、釜、平底碗、直柄豆、圈足盘和盆形擂钵(图五)。

5. 江汉平原区。以肖家屋脊 H1、H25 为代表。泥质灰陶为主，红陶较少。篮纹最多，方格纹、绳纹其次，并有少量叶脉纹。典型器类有直领瓮、凹底罐、突腹小底瓮、直柄豆、圈足盘、麻面足鼎等(图六)。

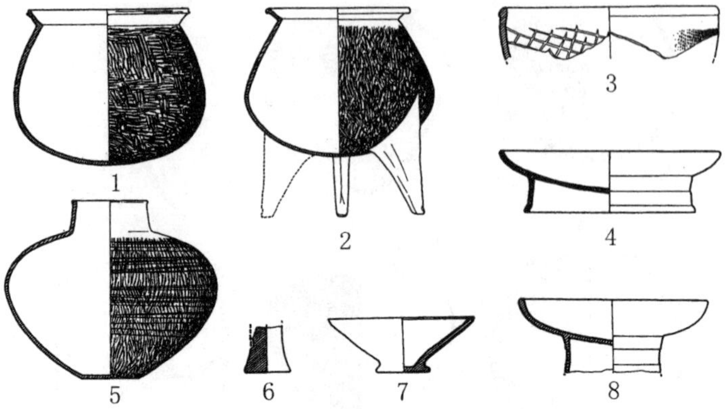

图五　鄂西区龙山后期典型陶器

1—8. 宜都石板巷子(H8：2、H8：1、T13③B：13、H11：2、T12④：4、T15③A：7、T13④：4、T14④：3)

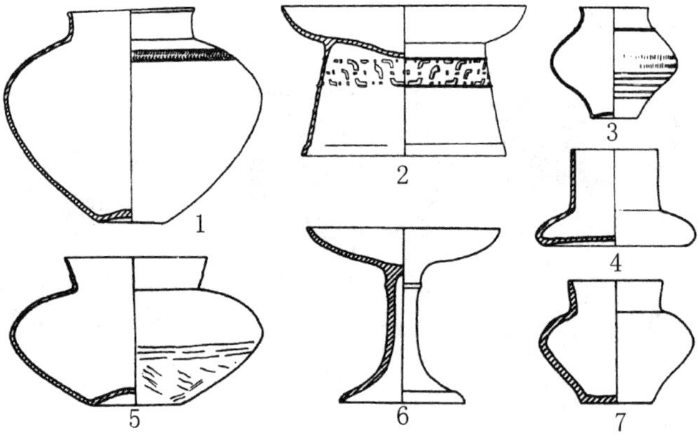

图六　江汉平原区龙山后期典型陶器

1—7. 天门肖家屋脊(H68：68、AT204②：33、H538：31、T2022②：9、H254：10、H1：3、H1：2)

四

以上将河南大部及湖北地区龙山时代文化分为前、后两大阶段：前期阶段，在豫中、豫西为王湾三期文化前期，湖北、豫南为石家河文化；后期阶段，在豫中、豫西、豫东南是王湾三期文化后期，湖北、豫西南是下王岗晚二期、西花园龙山晚期、石板巷子、肖家屋脊 H1 一类遗存。下面我们再来看看前、后期阶段的绝对年代。[①]

① 本文^{14}C 数据均采用 1988 年国际^{14}C 会议确认的高精度树轮校正表校正。见中国社会科学院考古研究所编《中国考古学中碳十四年代数据集(1965—1991)》，文物出版社，1991 年。

王湾三期文化的绝对年代共有 14 个 ^{14}C 数据可供参考(表一)。前期仅站马屯 F4 一个数据 2559BC—2149BC。后期有 13 个数据,排除两个明显偏晚者,其可能值落在 2200BC—1900BC 之间。[①] 湖北地区龙山遗存目前共有 12 个 ^{14}C 数据(表二)。前期石家河文化数据有 6 个,排除两个明显偏早者,其可能值在 2500BC—2200BC 之间。后期 6 个数据较接近,在 2200BC—1900BC 之间,与王湾三期文化后期的绝对年代相当。

表一 王湾三期文化遗存 ^{14}C 年代

样本	年代(BC)
1. 站马屯 F4 居住面	2559—2149
2. 瓦房 IT4④上	2484—2205
3. 王城岗 T48 奠基坑	2469—2291
4. 王湾 H79	2465—2143
5. 煤山 T11③B	2452—2030
6. 王成岗 H413	2300—2039
7. 瓦店 T1H3	2300—2034
8. 阎庄 H43	2193—1941
9. 瓦店 1157	2192—1946
10. 瓦店 ⅠT5⑥	2140—1777
11. 煤山 F6 上	2030—1750
12. 王城岗 H617F	1960—1543
13. 新砦 H6	1896—1688
14. 王城岗 T45H99	1750—1525

1. 前期 2—14. 后期

表二 湖北地区龙山遗存 ^{14}C 年代

样本	年代(BC)
1. 七里河 F8 南墙下	3380—2910
2. 七里河 IT7A③	3264—2600
3. 七里河 F8 北台下	3028—2667
4. 七里河 IT1B④	2855—2461
5. 鸡子河 T1H2	2573—2200
6. 鸡子河 T2H1	2460—2040
7. 茶店子 T1H21 下	2559—2050
8. 茶店子 T2H18	2330—1950
9. 茶店子 T1⑤	2307—2038
10. 荆南寺 T14⑤	2278—1880
11. 石板巷子 T14③	2190—1930
12. 香炉石	2138—1906

1—6. 龙山前期(石家河文化) 7—12. 龙山后期

① 仇士华等认为二里头文化的上限在 1900BC,正好与王湾三期文化下限衔接。见仇士华等《有关所谓"夏文化"的碳十四年代测定的初步报告》,《考古》1983 年第 10 期,第 923—928 页。

五

现在我们知道，豫南和湖北地区龙山前、后期文化发生了巨大而猛烈的变化，那么这种变化的实质和动因又是什么呢？以下对各同时期文化间关系的分析或许有助于找到问题的答案。

龙山前期，石家河文化与王湾三期文化前期之间的交流和影响是显而易见的。为了讨论方便，我们将两种文化的陶器分作三群：A 群有宽扁式足釜形鼎、漏斗形擂钵、红陶杯及粗柄搂孔豆等，为石家河文化的典型器，但在王湾三期文化前期也有相同或相似的器物（图七）；B 群有折盘豆、篮纹弧腹钵、瓶、圈足杯和瘦长体束颈鬶等，在二者中均有且皆非主要器类（图八）；C 群有直领瓮、深腹罐、盆形擂钵、平底碗、乳足或高足罐形鼎等，为王湾三期文化前期的典型器类，在石家河文化中也有发现（图九）。从这三群器物的情况看，两种文化的相互影响基本是势均力敌的，但如果动态地观察，在不同时期又有所区别。A 群器物在王湾三期文化前期遗存中的比例从早到晚大减，而 C 群器物在石家河文比遗存中的比例却猛增，篮纹、方格纹等在石家河文化中的比例也增加得很快，这反映了石家河文化的影响在日趋减弱，王湾三期文化的影响则在不断增强。

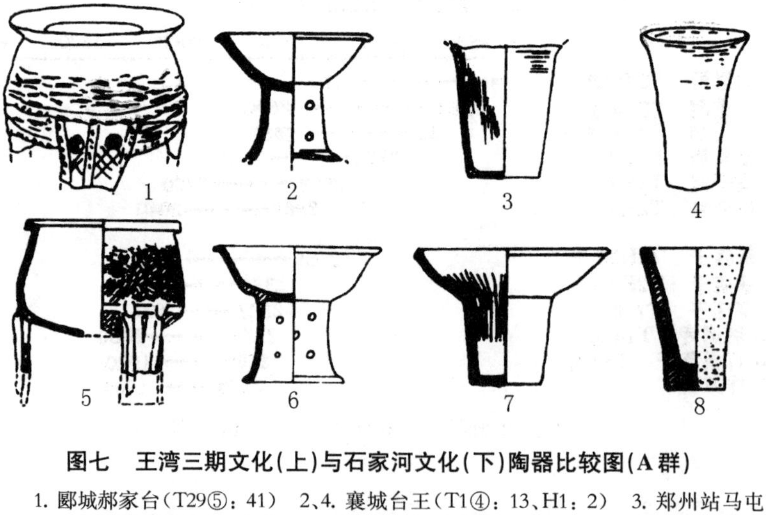

图七　王湾三期文化（上）与石家河文化（下）陶器比较图（A 群）

1. 郾城郝家台（T29⑤：41）　2、4. 襄城台王（T1④：13、H1：2）　3. 郑州站马屯（F4：11）　5. 郧县青龙泉（T2⑤C：60）　6. 天门邓家湾　7. 淅川下王岗（H9：14）　8. 驻马店杨庄（T20⑦：3）

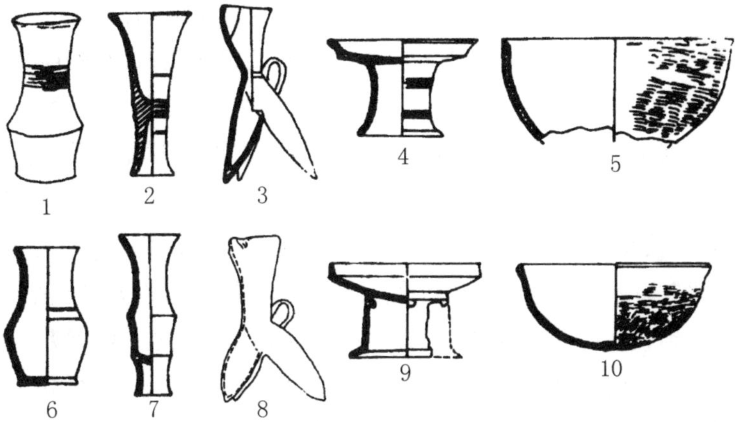

图八　王湾三期文化(上)与石家河文化(下)陶器比较图(B群)

1. 郾城郝家台(T8④:31)　2—4. 上蔡十里铺(M3:6、M5:9、M3:4)　5. 襄城台王(T1④:16)　6、7、9. 麻城栗山岗(M6:1、M2:1、T12⑤C:28)　8. 天门邓家湾(M30:47)　10. 郧县青龙泉(T2⑤C:69)

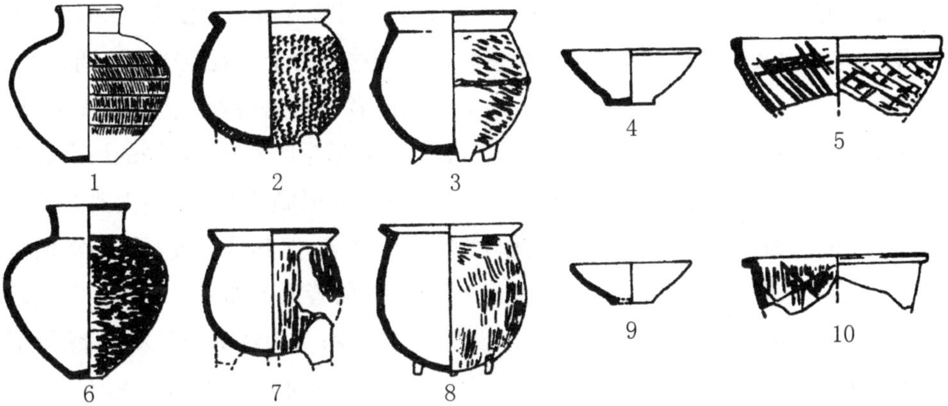

图九　王湾三期文化(上)与石家河文化(下)陶器比较图(C群)

1、3. 上蔡十里铺(M5:2、M3:9)　2、4. 临汝北刘庄(H17:3、19)　5. 郑州站马屯(F4:3)　6. 邓州八里岗(H120:1)　7、10. 麻城栗山岗(T10⑤A:53、T4⑤A:26)　8. 随州西花园(T1③:27)　9. 郧县青龙泉(T6④:91)

龙山后期,豫南及湖北的五类文化遗存虽然各有特色,但都与王湾三期文化后期遗存有诸多共同之处:均以灰陶为主,篮纹普遍;主要器类都是直领瓮、罐形鼎、直柄豆、平底碗和圈足盘。这么多共同点,再用一般的文化交流和影响是无法解释得通的,这些共同点说明它们和王湾三期文化(后期)已经属于同一个大的文化系统——中原龙山文化系统。换句话说,龙山前、后期之交,以王湾三期文化为主体的中原龙山文化大幅度向南扩张，代替了原来的石家河文化，又保留了当地的一些文化特点，从而在豫南、湖北地区形成了同属于中原龙山文化系统的五类文化遗存。按距离的远近，这五类文化遗存中又以杨庄二期类型最接近王湾三期文化，下王岗晚二期和西花园龙山晚期遗存次之，石板巷子遗存再次，肖家屋脊晚期遗存地方特色最浓厚。

这就是说，湖北、豫南龙山前后期文化巨变的实质，是以王湾三期文化为主体的中原龙山文化对石家河文化的取代。但为什么被取代的是石家河文化而非相反？根本原因还得到文化自身中去寻找。先让我们追溯到庙底沟二期阶段。当时，中原系统的仰韶末期文化正处于低谷期，而江汉系统的屈家岭文化则异常繁荣。湖北天门的石家河城、荆门的马家垸城、江陵的阴湘城、石首的走马岭城①及湖南澧县的城头山城②均被认为始建于屈家岭文化中、晚期，屈家岭文化的影响还远及河南、山东、陕西和山西。到龙山阶段，中原龙山文化开始蒸蒸日上，而石家河文化不过保持了一段时间的辉煌，接着就开始走下坡路了。

龙山前期约三百年的时间里，石家河文化从早到晚经历了由盛至衰的整个过程，而中原龙山文化则刚好发展到其鼎盛阶段。当这样两个发展韵律不协调、发展阶段不统一的文化发生碰撞时，被取代的必然是前者而不是后者。再进一步来说，文化变迁的内在原因又在于生产力的发展状况，而衡量生产力发展水平的最重要的标志便是生产工具。庙底沟二期阶段，屈家岭文化石器的制作水平总体上要高于仰韶末期文化。如屈家岭文化有不少制作光滑的锛、凿等，尤其是少数石铲异常精美规整，为仰韶末期文化所不见。但就农业工具而言，前者反不如后者。前者大量的中耕农具石锄均为打制，磨制的镰、刀等收割农具很少；后者收割农具发达，除沿用两侧带缺口石刀和长方形穿孔石刀外，新出先进的半月形石刀及石镰。正因为屈家岭文化未将先进的技术用于农业工具，所以必然导致其生产力水平的停滞不前；相反，仰韶四期文化的生产力水平则在逐步提高。进入龙山阶段，中原龙山文化的石器制作水平与质量就超出石家河文化了。如王湾三期文化前期的石器几乎均经磨制，镰、半月形穿孔石刀等进步的收割农具大增，用作武器的石镞不仅数量多、磨制精，而且形式多样：有三棱、四棱、六棱、圆锥、柳叶形等多种。而石家河文化的石器则仍停留在屈家岭阶段的水平：镰、刀少见，石锄仍为打制，镞数量少、磨制不精且

① 张绪球《长江中游新石器时代文化概论》。

② 湖南省文物考古研究所、湖南省澧县文物管理所《澧县城头山屈家岭文化城址调查与试掘》，《文物》1993年第12期，第19—30页。

形式单调，主要为继承屈家岭文化而来的一种落后的宽扁柳叶形镞。这就决定了王湾三期文化的生产力发展水平提高很快，而石家河文化则仍停留在原地。由此看来，石家河文化最后被取代也就是自然而然的事了。

六

龙山前、后期之交，以王湾三期文化为主体的中原龙山文化对石家河文化的取代，正好与文献中“禹征三苗”而使其“无世在下”的记载吻合。此前王湾三期文化对石家河文化影响的不断增强，也与尧、舜攻三苗而常占上风的情况不悖。因此我们推测，由于生产力水平的停滞不前，集团内部各种矛盾的激化，三苗集团进入龙山时代就基本开始走下坡路；到公元前 22 世纪左右，终于在内乱和天灾的背景之下，被生产力更先进、更富于生命力的华夏集团所征服。之后，华夏集团使其“子孙为隶”，并“变易其俗”，从而造成了文化上的巨变。这种情况与商王朝对东夷的征服过程何其相似！只不过禹征三苗进行得更猛烈、时间更短促而已。

除了生产力的落后，三苗被灭还有一个重要原因，就是它与东夷集团关系的疏远。《战国策·魏策二》说：“禹攻三苗而东夷之民不起。”说明以前华夏与苗蛮发生战争时，东夷可能总是帮助三苗，而这次则没有行动。蛮、夷关系曾一度密切，从“三苗之君效蚩尤之恶”“三苗复九黎之德”等话可略知端倪。

从考古文化上看，三苗之石家河文化与东夷之龙山文化[①]关系确实比较远，因为在它们之间还隔着一个中原龙山文化系统的造律台类型。[②] 但早一阶段，屈家岭文化和大汶口文化的关系则异常密切。如陶器多薄胎素雅，流行三足、圈足器，并有凿足鼎、尊、双腹豆、圈足小罐、壶、高柄杯等，与仰韶四期文化厚胎粗放、流行拍印纹饰平底器的风格形成鲜明对照。

以往不少人认为禹征三苗发生在龙山末期与二里头早期之交，这主要是受“二里头文化即夏文化”说的影响所致。如果按龙山晚期已进入夏代的说法，情况就不会这样。关键是对禹征三苗的探索必须从这一事件本身入手，而不能作为“夏文化”讨论的副产品。我们提出禹征三苗发生于龙山前、后期之交，除以上叙述的一些理

① 严文明《东夷文化探索》，《文物》1989 年第 9 期，第 1—12 页。

② 造律台类型被认为与有虞氏有关，见李伯谦《论造律台类型》，《文物》1983 年第 4 期，第 50—59 页。秦文生进一步认为平粮台古城即为舜都，见秦文生《舜都于淮阳平粮台龙山文化古城考》，《中原文物》1991 年第 4 期，第 45—50 页。

由外，还有以下两点：

1. 文献中提到禹征三苗的一个重要原因是“苗民弗用灵”，即不遵守华夏族的宗教习俗。从考古上看，石家河文化中大量极富宗教色彩的“红陶器物群”确实与中原格格不入，而中原龙山文化流行的用卜骨占卜的习俗在石家河文化中也未见。但到龙山后期，江汉地区已属中原龙山系统，“红陶器物群”消失，这显然是禹征三苗后的结果。如果说龙山后期江汉地区仍属三苗文化区，岂不与“弗用灵”的记载矛盾？

2. 文献中提到华夏与苗蛮的战争，虽说华夏族常占上风，但也有失利的时候。如《淮南子·修务训》就说“舜南征三苗，道死苍梧”。这说明禹征三苗前，两者基本上势均力敌，也就不可能发生文化上的巨变。《尚书·尧典》所谓“窜三苗于三危”最多不过是局部的胜利。如果说龙山后期江汉地区仍属三苗文化区，又如何解释龙山前、后期文化上的巨变呢？总之，禹征三苗之后，中国的大格局由“三足鼎立”变为“东西争雄”。[①] 三苗虽然灭亡了，但它对中国文明的诞生所作的贡献却永远不会消失。

附记：

1. 徐旭生先生认为《尚书·吕刑》“苗民弗用灵”一节实际在说禹征三苗之事，其与之前叙述蚩尤作乱一节没有直接关系。我写作该文时同意了徐先生的意见。后来研究涿鹿之战，才知道这两节其实都是在说黄帝与蚩尤之间的战事，蚩尤即苗民或九黎的首领，蚩尤作乱、苗民弗用灵，才有下文皇帝（即黄帝）遏绝苗民的说法，其后才能够顺理成章地接重黎绝地天通一节。不过尧舜禹时期的三苗毕竟和黄帝时期的苗民属于同一族系，其与华夏族系在宗教习俗上存在隔阂的情况也应类似，因此徐旭生先生以“苗民弗用灵”来解释禹征三苗的起因仍然有一定道理。另外，我在该文中将蚩尤归入东夷集团，也是依据了徐旭生先生的说法，实际上蚩尤时的苗民属于华夏集团，南迁江汉以后才成为较为独立的苗蛮集团（参见《五帝时代——以华夏为核心的古史体系的考古学观察》一书《涿鹿之战探索》一节）。

2. 我在该文中划分的属于石家河文化和王湾三期文化前期共有的所谓B群器物，除篮纹弧腹钵外，其余折盘豆、瓶、圈足杯、瘦长体束颈鬶等基本都属于龙山文化因素。这一点我在写作该文时没有给予足够的注意。现在看来，早

① 傅斯年《夷夏东西说》，《庆祝蔡元培先生六十五岁论文集（下册）》，1935年，第1093—1134页。

期龙山文化(东夷文化)对中原、江汉龙山前期文化的形成起到了相当大的促进作用。

3. 该文推测禹征三苗的时间在“龙山前、后期之交”,大致是不错的,具体当在王湾三期文化后期之初。

4. 天门石家河、钟祥六合、澧县孙家岗、荆州枣林岗等遗址墓葬中所见龙山后期小件玉器,与石家河文化和更早的屈家岭文化都缺乏联系,而与中原龙山文化和龙山文化玉器有相似之处。如形态较一致的鹰形笄不但见于肖家屋脊、孙家岗、枣林岗,还发现于禹州瓦店甚至陕北;类似的兽面形冠状饰既见于肖家屋和六合,也见于临朐朱封和陶寺大墓。可见禹征三苗前后不但有中原华夏文化南进,同时还有东夷文化的渗入。禹征三苗时东夷可能不但未帮助三苗,还是禹的同盟军。

5. 我论述禹征三苗事件,主要从文化变迁角度着手。至于该事件后有多少华夏人进入江汉地区,有多少三苗人留在当地,又有多少三苗人外迁,甚至是否存在华夏和三苗人的血缘融合,或许只有借助人骨鉴定、DNA分析等科技手段才有可能逐步知晓。

6. 关于禹征三苗的起因,我遗漏了最为重要的一方面,也就是自然环境的变迁。公元前22世纪前后,华北气候趋于干冷,导致人类及其文化连锁式向南移动,禹征三苗不过是这个链条中稍后的一环而已。这是我上博士后在田广金老师影响下才逐渐形成的看法,写作该文时还不曾想到。

(本文原刊于《中原文物》1995年第2期,附记首见《五帝时代——以华夏为核心的古史体系的考古学观察》)

夏文化的起源与发展阶段

对夏文化的探讨是中国考古和历史学界的一件盛事。早在20世纪三四十年代,便有学者将夏文化与仰韶文化、龙山文化联系起来。[①] 70年代以后,大家最终把目光集中到王湾三期文化和二里头文化身上,但具体认识仍存在较大分歧。本文拟从对较大时空范围内文化变迁的分析入手,结合历史文献,对夏文化的起源、形成、中兴和消亡过程略作探讨。

一、起　　源

研究夏文化的起源,主要就是探讨何为先夏文化。如果二里头文化即夏文化,那么作为其主要渊源的王湾三期文化后期就至少是先夏文化;如果王湾三期文化后期已进入夏代,则王湾三期前期就可能是先夏文化。

王湾三期文化前、后期遗存主要分布在豫西、豫中地区。前期遗存如郑州站马屯一期[②],临汝北刘三期[③],郾城郝家台一、二期[④]和上蔡十里铺一至三期[⑤]。陶器以灰陶为主,红褐陶也占一定比例,流行横篮纹。典型器类有侈口罐、高直领瓮、三角形足或矮乳状足罐形鼎、双腹盆、平底碗、钵、豆、圈足盘和平底实足鬶。后期遗存如

---

① 徐中舒《再论小屯与仰韶》,《安阳发掘报告》1931年第3期,第523—558页;范文澜《中国通史简编》修订本第一编,人民出版社,1953年。

② 河南省文物研究所、文化部文物局郑州培训中心《郑州市站马屯遗址发掘报告》,《华夏考古》1987年第2期,第3—46页。

③ 河南省文物研究所《河南临汝北刘庄遗址发掘报告》,《华夏考古》1990年第2期,第11—42页。

④ 河南省文物研究所、郾城县许慎纪念馆《郾城郝家台遗址的发掘》,《华夏考古》1992年第3期,第62—91页。

⑤ 河南省驻马店地区文管会《河南上蔡十里铺新石器时代遗址》,《考古学集刊(第3集)》,中国社会科学出版社,1983年,第69—80页。

洛阳王湾三期[①]和临汝煤山一、二期[②]。除红褐陶大减，篮纹由横拍变为竖或斜施以外，其典型器类几乎均为承继前期而来。所以，王湾三期文化前、后期应是一个文化一脉相承的两个发展阶段。如果后期属先夏文化，前期自然也是先夏文化。这就是说，虽然对夏文化认识不同，但在把王湾三期文化前期作为先夏文化这一点上则是可以统一的。

如果进一步溯源，王湾三期文化前期就应当是以时代上相当于庙底沟二期晚段的谷水河类型为主体发展而来。[③] 谷水河类型遗存在郑洛地区屡有发现，如洛阳王湾二期四段[④]、渑池仰韶三期[⑤]、禹县谷水河三期[⑥]和郑州大河村五期[⑦]。陶器以夹砂灰陶居多，篮纹横向，其主要器类高领罐、侈口罐、罐形鼎、双腹盆、碗、钵和斝等均属王湾三期文化前期同类器的前身。因此，谷水河类型也可纳入先夏文化范畴。

那么，谷水河类型是不是郑洛地区最早的先夏文化呢？

郑洛地区相当于半坡晚期和庙底沟二期早段的是颇具特色的秦王寨类型遗存，如郑州大河村三、四期[⑧]，渑池仰韶二期[⑨]和洛阳王湾二期一至三段[⑩]。其陶器素雅精美，流行太阳纹、睫毛纹、网纹、"∽"形纹及"X"形纹彩陶；除双折腹鼎、盆和钵等明确属承继当地阎村类型者外，其余陶器多为新出。从大河村三期细颈壶、双连壶、镂孔圈足豆、凿形足鼎等的较多出现，可以推测出秦王寨类型是伴随着东夷居民的西渐，在大汶口文化强烈影响下形成的。此时兴建的郑州西山古城[⑪]可能正是东夷人修筑的用以防御土著的堡垒。到大河村四期，除继续接受来自东方的影响外，南方屈家岭文化的典型器圈足碗、圈足小罐和锅等也常见于秦王寨类型。

谷水河类型的陶器虽然继承了不少秦王寨类型因素，但二者区别还是很大的。前

---

① 北京大学考古实习队《洛阳王湾遗址发掘简报》，《考古》1961年第4期，第175—178页。

② 中国社会科学院考古研究所河南二队《河南临汝煤山遗址发掘报告》，《考古学报》1982年第4期，第427—476页。

③ 严文明《略论仰韶文化的起源和发展阶段》，《仰韶文化研究》，文物出版社，1989年，第122—165页。

④ 严文明《从王湾看仰韶村》，《仰韶文化研究》，第1—20页。

⑤ 河南省文物研究所、渑池县文化馆《渑池仰韶遗址1980—1981年发掘报告》，《史前研究》1985年第3期，第38—59页。

⑥ 河南省博物馆《河南禹县谷水河遗址发掘简报》，《考古》1979年第4期，第300—307页。

⑦ 郑州市博物馆《郑州大河村遗址发掘报告》，《考古学报》1979年第3期，第301—376页。

⑧ 郑州市博物馆《郑州大河村遗址发掘报告》，《考古学报》1979年第3期，第301—376页。

⑨ 河南省文物研究所、渑池县文化馆《渑池仰韶遗址1980—1981年发掘报告》，《史前研究》1985年第3期，第38—59页。

⑩ 严文明《从王湾看仰韶村》，《仰韶文化研究》，第1—20页。

⑪ 张玉石、杨肇清《新石器时代考古获重大发现——郑州西山仰韶时代晚期遗址面世》，《中国文物报》1995年9月10日，第1版。

者是厚胎多拍印纹饰的西方风格，后者是薄胎素雅的东方风格。前者中柱状足鼎、平底碗、敞口钵、扁壶等很少见于后者。由于谷水河类型中涌现出的大量新因素正好是渭、汾流域庙底沟二期类型的典型特征，所以它的形成自然是和庙底沟二期类型的强烈影响分不开的。西山古城恰巧废弃在公元前2800年前后的谷水河类型形成之际。

显然，秦王寨类型只是谷水河类型的来源之一，不再是先夏文化。最早的先夏文化谷水河类型可能是在西方庙底沟二期类型居民东进的背景下形成的。

文献记载夏后氏禹的来源，多谓其出自西羌。如《史记·六国年表》云："禹兴于西羌。"《盐铁论·国疾篇》曰："禹出西羌。"《潜夫论·五德志》又称禹为"戎禹"。顾颉刚先生认为禹最初属"九州之戎"的宗神。①

西羌或九州之戎所居的汾、渭流域，恰巧是庙底沟二期类型的分布地，或者庙底沟二期类型就是西羌或九州之戎的文化遗存。属先夏文化的谷水河类型大约正是由于西方羌戎族人东进并与当地居民融合而形成的。具体来讲，夏人极可能是西起晋南再东进豫境的。②

二、形　　成

关于夏文化的形成时间，主要有王湾三期文化后期和二里头文化早期两种说法。③ 哪一种更符合实际呢？

如果仅从郑洛地区着眼，则从谷水河类型到王湾三期文化前、后期直至二里头文化都是一脉相承的文化发展过程。但若放大眼光，就会发现龙山前、后期之交，在豫南、湖北地区发生了一次文化上的巨变，这一变化同夏文化的形成有着密切关系。

龙山前期，在豫南、湖北地区分布着承继屈家岭文化而来的石家河文化，如驻马店杨庄一期④，郧县青龙泉三期⑤，天门石家河遗址群六、七期⑥。陶器虽以灰陶较

---

① 顾颉刚《九州之戎与戎禹》，《古史辨》第七册（下），上海古籍出版社，1982年，第117—138页。

② 刘起釪《由夏族原居地纵论夏文化始于晋南》，《华夏文明（第1集）》，北京大学出版社，1987年，第18—52页。

③ 前者如吴汝祚《关于夏文化及其来源的初步考察》，《文物》1978年第9期，第70—73页；安金槐《豫西夏代文化初探》，《中国历史博物馆馆刊》，1979年第1期，第38—39页。后者如邹衡《试论夏文化》，《夏商周考古学论文集》，文物出版社，1980年，第95—182页。

④ 北京大学考古系、驻马店市文物保护管理所《河南驻马店市杨庄遗址发掘简报》，《考古》1995年第10期，第873—882页。

⑤ 中国社会科学院考古研究所编著《青龙泉与大寺》，科学出版社，1991年。

⑥ 石河考古队《湖北省石河遗址群1987年发掘简报》，《文物》1990年第8期，第1—16页。

多，但红陶也占相当比例。实用器类主要有高领溜肩罐、腰鼓罐、宽扁足釜形鼎、漏斗形擂钵、圈足碗、镂孔粗柄豆。还有大量颇具宗教色彩的红陶小器物，如红陶杯、平底钵、变异壶形器、大口圈足杯及小动物、小人。屈家岭文化时期始建的石家河古城等仍在沿用。①

龙山后期，在豫南、湖北地区分布着驻马店杨庄二期、淅川下王岗晚二期②、均县乱石滩上层③和天门石家河遗址群八期一类近似于王湾三期文化的遗存。陶器绝大多数为灰陶，红陶很少。实用器变成直领瓮、侈口罐、罐形鼎、细柄豆、圈足盘、盆形擂钵、平底碗和平底钵等。红陶小器物已基本不见。石家河古城等也遭废弃。

可以看出，龙山前、后期之交文化巨变的实质，是以王湾三期文化为主体的中原龙山文化对石家河文化的替代，其时约当公元前 2200 年。

夏代是从禹开始的。④ 与禹创建夏王朝直接相关的重大事件便是“禹征三苗”。许多文献都记载了这件事。如《墨子·非攻下》说：“昔者三苗大乱，天命殛之……禹亲把天之瑞令以征有苗……苗师大乱，后乃遂几。”说明经过禹这次大规模征伐，三苗集团已基本衰亡。

石家河文化被认为就是苗蛮文化，⑤王湾三期文化前期又正好是先夏文化，那么上述这次文化巨变反映的不正是“禹征三苗”这一历史事件吗？⑥ 如此，则王湾三期文化后期就已属早期夏文化。王城岗古城正好兴建于王湾三期文化后期早段，也许确属“禹都阳城”⑦。

三、中　　兴

夏文化的中兴，具体指二里头文化在王湾三期文化后期的基础上有了突飞猛进的发展。

早期夏文化阶段，属王湾三期文化后期早段的遗存在郑洛地区分布密集，以王

---

① 张绪球《屈家岭文化古城的发现和初步研究》，《考古》1994 年第 7 期，第 629—634 页。
② 河南省文物研究所、长江流域规划办公室考古队河南分队编著《淅川下王岗》，文物出版社，1989 年。
③ 中国社会科学院考古研究所长江工作队《湖北均县乱石滩遗址发掘报告》，《考古》1986 年第 7 期，第 586—596 页。
④ 《竹书纪年》(《文选·六代论》注引)：“夏自禹以至于桀，十七王。”《史记·夏本纪》：“禹于是遂即天子位，南面朝天下，国号曰夏后，姓姒氏。”
⑤ 俞伟超《先楚与三苗文化的考古学推测》，《文物》1980 年第 10 期，第 1—12 页。
⑥ 杨新改、韩建业《禹征三苗探索》，《中原文物》1995 年第 2 期，第 46—55 页；已收入本书。
⑦ 河南省文物研究所、中国历史博物馆考古部编著《登封王城岗与阳城》，文物出版社，1992 年。

湾三期和王城岗一至三期为代表。陶器精美规整，胎较薄，侈口罐小底鼓腹，并已能冶铜，表现出较高的发展水平。后段遗存遗址数减少，以王城岗五期、郑州牛砦[①]和密县新砦龙山遗存[②]为代表。陶器变得粗糙笨拙，胎较厚，侈口罐大底瘦腹，呈现出明显的衰落景象。至晚期夏文化阶段，二里头文化早期不仅和王湾三期文化后期晚段的衰败状况全然不同，而且相较王湾三期文化后期早段有了更大发展。例如，偃师二里头早期发现大型夯土建筑基址、大型铸铜遗址以及铜、玉、象牙、漆器等。陶器不仅数量、种类多，而且制作工艺先进，规整精美。[③]

二里头文化是以王湾三期文化为主体发展而来的。其主要器类中口长腹罐、圆腹罐、大口尊、罐形鼎、盆形鼎、擂钵、鸡冠耳盆、平底盆、器盖、甑、圈足盘和单耳杯等均可在王湾三期文化中找到渊源。但二里头文化形成过程中深受东方文化影响却也是不可否认的事实。如觚、鬶、三足盘的形制和龙山文化同类器更为近似，[④]壶、曲尺形镂孔柄豆则似源于造律台类型。

文献记载，夏前期曾有过"太康失国""后羿代夏"和"少康中兴"的政局变动。"太康失国"是由于东夷居民的侵入。[⑤] 其后经仲康，至后羿代相为王，"因夏民以代夏政"(《左传·襄公四年》)。相妻后缗奔于有仍而生少康。后来少康依靠有虞氏、有鬲氏等的帮助攻杀浞、浇，恢复夏政权，实现了"中兴"的局面。[⑥]

用"后羿代夏"虽然可以解释二里头文化中东方因素的出现，[⑦]但其后既然有"少康中兴"，则应当引起新的文化变动。这就与二里头文化一至三期持续发展的情况有些矛盾。其实"少康中兴"也是同东方势力的影响分不开的。少康所依靠的有仍和有鬲氏大约在今山东西部，[⑧]属龙山文化分布区。可能属有虞氏文化的造律台

---

① 河南省文化局文物工作队《郑州牛砦龙山文化遗址发掘报告》，《考古学报》1958年第4期，第19—26页。

② 中国社会科学院考古研究所河南二队《河南密县新砦遗址的试掘》，《考古》1981年第5期，第398—408页。

③ 赵芝荃《探索夏文化三十年》，《中国考古学论丛——中国社会科学院考古研究所建所40年纪念》，科学出版社，1993年，第182—189页。

④ 中国科学院考古研究所洛阳发掘队《河南偃师二里头遗址发掘简报》，《考古》1965年第5期，第215—224页；邹衡《试论夏文化》，《夏商周考古学论文集》，第95—182页；李伯谦《二里头类型的文化性质与族属问题》，《文物》1986年第6期，第41—47页。

⑤ 《路史·后纪》卷十三注引《竹书纪年》："太康居斟寻，乃失邦。"《太平御览》卷八十二引《帝王世纪》："太康无道，在位二十九年，失政而崩。"《史记·夏本纪》有"帝太康失国"，《集解》引孔安国"为羿所逐，不得反国"。

⑥ 见《左传·襄公四年》《左传·哀公元年》《潜夫论·五德志》《竹书纪年》《楚辞·天问》《离骚》等。

⑦ 李伯谦《二里头类型的文化性质与族属问题》，《文物》1986年第6期，第41—47页。

⑧ 顾颉刚《有仍国考》，《古史辨》第七册(下)，第324—329页。

类型中也包含大量龙山文化因素。[①] 这样，二里头文化就极可能诞生于少康之时，是在王湾三期文化的基础上，随着有仍、有鬲和有虞等东方居民西进并带来龙山文化因素而形成的。而且如此一来，王湾三期文化后期晚段文化中衰的现象也可以用"太康失国"来解释。

从^{14}C测年数据看，王湾三期文化后期约从公元前2200年持续到公元前1900年。二里头文化也正始于公元前1900年。[②] 因此早期夏文化共约持续了300年时间。据记载，禹、启、太康在位共一百多年，再加上仲康、相、羿、寒浞四世近百年，[③] 就和^{14}C年数相差不多了。

四、消　亡

夏文化的消亡和商王朝的建立是同时的。

目前关于夏、商分界主要有四种不同认识，即在二里头文化一、二、三、四期和二里岗下层文化之间分别划界。[④] 总体看来，以三、四期分界说证据较为充分。如二里头遗址二、三期均有大规模的宫殿建筑，至四期废弃；深腹平底罐、细绳纹鬲等漳河型一类文化因素在四期有较多出现，大口尊增加，而圜底深腹罐、平底盆、三足盘、觚、盉、鬶等典型的二里头文化因素却明显减少。[⑤] 此外，大范围的文化变迁也反映出三、四期间是一个重要转折点。

二里头文化的分布和影响面，二、三期较一、四期明显大。二、三期遗存除在伊、洛流域密集分布外，在周围较远或很远的地方也有所发现。带有一定地方特点的二里头文化二、三期遗存，向南在驻马店杨庄、淅川下王岗和信阳三里店[⑥]，向北在夏

---

① 李伯谦《论造律台类型》，《文物》1983年第4期，第50—59页。

② 仇士华、蔡莲珍等《有关所谓"夏文化"的碳十四年代测定的初步报告》，《考古》1983年第10期，第923—928页。

③ 参见庄春波《羿浞代夏少康中兴轶史与年代学和考古学解释》一文表II"夏代诸王纪年表"，《中原文物》1990年第2期，第45—53页。

④ 一、二期分界说，如李民、文兵《从偃师二里头文化遗址看中国古代国家的形成和发展》，《郑州大学学报》(哲学社会科学版)1975年第4期，第80—84页。二、三期分界说，如殷玮璋《二里头文化探讨》，《考古》1978年第1期，第1—4页；安金槐《豫西夏代文化初探》，《中国历史博物馆馆刊》1979年第1期，第38—39页。三、四期分界说，如孙华《关于二里头文化》，《考古》1980年第6期，第521—525页；田昌五《夏文化探索》，《文物》1981年第5期，第18—26页。四期与二里岗下层文化间分界说，如邹衡《试论夏文化》，《夏商周考古学论文集》，第95—182页。

⑤ 郑光《二里头陶器分期初论》，"中国商文化国际学术讨论会"论文，1995年。

⑥ 河南省文化局文物工作队《河南信阳三里店遗址发掘报告》，《考古学报》1959年第1期，第1—12页。

县东下冯①,向东在杞县牛角岗②和朱岗③等遗址都有发现。二里头文化二、三期因素更是远布湖北、四川、安徽、上海、江西、陕西、河北、内蒙古等广大地区。

杜金鹏认为,二里头文化二、三期分布和影响面的急剧扩大,是由于夏人在商人强大军事压力下的大迁移。向南者为"桀奔南巢",朝北者成为匈奴的来源之一。因此他主张夏、商断代应在二、三期之交。④ 这种解释令人耳目一新,但却存在着不可回避的矛盾。既然在很远的地方都能发现二里头文化二、三期因素,则表明二、三期正处于鼎盛阶段,正在对四周产生着极大的影响和作用。如果二期为夏三期为商,则流散四处的夏人只能继承到二期因素,只会在二期基础上朝不同方向发展,如何能在西南、东南直到东北都出现三期因素呢?

实际上,除少数边远遗存中二里头文化三期(晚段)因素的突然出现可能是由夏人逃亡带去的,其余主要可用文化的交流和影响来解释。夏王朝末年仍是十分强大的,夏文化的灭亡也并非文化自然发展的结果。史载桀伐岷山、有缗和有施,⑤就是其强大的证明。《左传·昭公十一年》"桀克有缗以丧其国",正与"纣克东夷而陨其身"相仿佛。夏通过征伐或其他方式将其文化传播至远方是完全可能的。因此,上述现象反映的恰好是二里头文化三、四期间为夏、商分界这一事实。

夏从少康而至桀共约 300 年时间,⑥这与二里头文化一至三期 ^{14}C 数据从大约公元前 1900 年至公元前 1600 年大致相合。⑦

(本文原载于《北京大学学报》[哲学社会科学版]1997 年第 4 期)

① 中国社会科学院考古研究所、中国历史博物馆、山西省考古研究所编著《夏县东下冯》,文物出版社,1988 年。

② 郑州大学考古专业、开封市博物馆考古部、杞县文物保管所《河南杞县牛角岗遗址试掘报告》,《华夏考古》1994 年第 2 期,第 6—35 页。

③ 郑州大学考古专业、开封市博物馆、杞县文物保管所《河南杞县朱岗遗址试掘报告》,《华夏考古》1992 年第 1 期,第 1—27 页。

④ 杜金鹏《夏商文化断代新探》,《中原文物》1993 年第 1 期,第 12—18 页。

⑤ 孙淼《夏商史稿》,文物出版社,1987 年。

⑥ 参见庄春波《羿浞代夏少康中兴轶史与年代学和考古学解释》一文表II"夏代诸王纪年表",《中原文物》1990 年第 2 期,第 45—53 页。

⑦ 仇士华、蔡莲珍《解决商周纪年问题的一线希望》,"中国商文化国际学术讨论会"论文,1995 年。

先商文化探源

20世纪以来，甲骨文的发现和殷墟、郑州商代遗址的发掘使商文化得以确立，以此为基点上溯先商文化及其来源，将是进一步研究中国上古史的关键。

一

关于先商文化的认识虽然还存在一些分歧，但在把漳河型作为先商文化这点上，学界的看法则是基本一致的。[①]

漳河型最具代表性的三种陶器是卷沿弧腹鬲、卷沿有腰隔甗和卷沿橄榄形罐。一般认为，卷沿弧腹鬲来自晋中龙山时代文化，[②]但对于另两种器物的来源则有不同说法：其一，认为仅源于豫北、冀南的"河北龙山文化涧沟型"[③]，即通常所说"后岗二期文化"；其二，认为仅来自冀南龙山遗存"涧沟型"，与豫北的后岗二期文化无关。[④] 二者差别主要在于对豫北龙山遗存的认识上。

豫北龙山遗存以安阳后岗[⑤]、大寒[⑥]和汤阴白营[⑦]为代表。发掘者曾分别将后

---

① 邹衡《试论夏文化》，《夏商周考古学论文集》，文物出版社，1980年，第95—182页；李伯谦《先商文化探索》，《庆祝苏秉琦考古五十五年论文集》，文物出版社，1989年，第280—293页；张立东《先商文化浅议》，"中国商文化国际学术讨论会"论文，1995年。

② 邹衡《试论夏文化》，《夏商周考古学论文集》，第95—182页；李伯谦《先商文化探索》，《庆祝苏秉琦考古五十五年论文集》，第280—293页；王立新、朱永刚《下七垣文化探源》，《华夏考古》1995年第4期，第59—67页。

③ 邹衡《试论夏文化》，《夏商周考古学论文集》，第95—182页。

④ 王立新、朱永刚《下七垣文化探源》，《华夏考古》1995年第4期，第59—67页。

⑤ 中国科学院考古研究所安阳工作队《1972年春安阳后岗发掘简报》，《考古》1972年第5期，第8—19页；中国社会科学院考古研究所安阳工作队《1979年安阳后岗遗址发掘报告》，《考古学报》1985年第1期，第33—88页。

⑥ 中国社会科学院考古研究所安阳队《安阳大寒村南岗遗址》，《考古学报》1990年第1期，第45—70页。

⑦ 河南省安阳地区文物管理委员会《汤阴白营河南龙山文化村落遗址发掘报告》，《考古学集刊(第3集)》，中国社会科学出版社，1983年，第1—47页。

岗和白营龙山遗存各分作三期。如果进一步考察这两个遗址的层位关系，并结合其他遗址材料加以对比，可将豫北龙山遗存分为两期四段。其典型器类夹砂罐和无腰隔甗由卷沿、绳纹细密整齐逐渐发展成折沿、绳纹粗疏浅乱；罐最大径由上腹渐至中腹，器体由瘦高而至矮胖；甗由鼓上腹、实足根不明显变为上腹斜弧、实足根明显（图一）。① 可以看出，豫北龙山前期罐和甗卷沿、细绳纹的特点与漳河型同类器有些相似，而龙山后期者则与之相差甚远。豫北龙山遗存是一个连续发展的整体，不能越过后期而直接以其前期作为漳河型的渊源。②

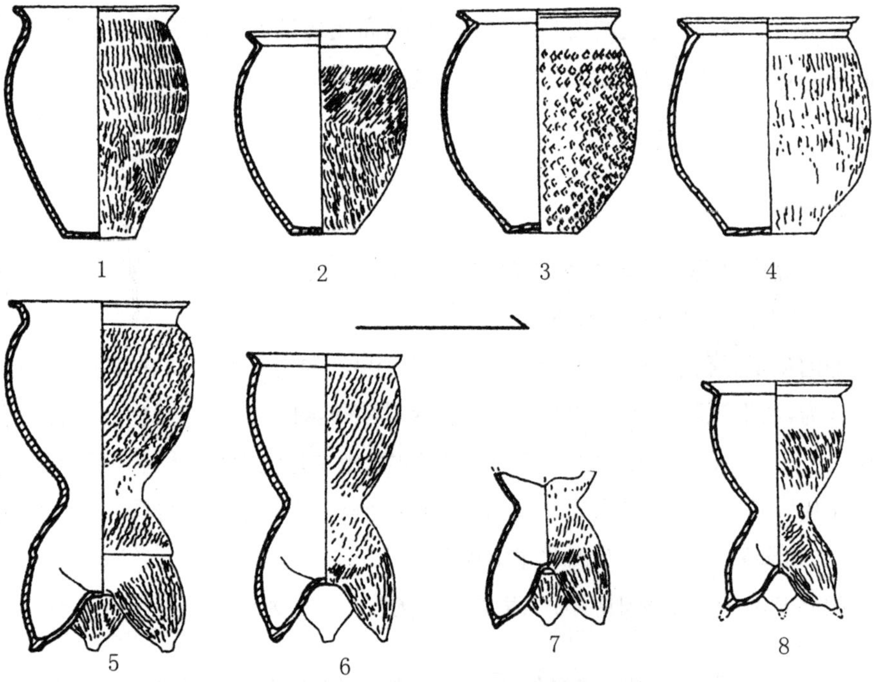

图一 后岗龙山遗存陶罐、甗演变序列示意图

1—4. 罐（M21：1、H50：11、F4：2、M23：2） 5—8. 甗（H31：6、H50：8、T12：6、H1：1）（1、2、5、6 属前期，3、4、7、8 属后期）

① 中国科学院考古研究所安阳工作队《1972 年春安阳后岗发掘简报》，《考古》1972 年第 5 期，第 8—19 页；中国社会科学院考古研究所安阳工作队《1979 年安阳后岗遗址发掘报告》，《考古学报》1985 年第 1 期，第 33—88 页。

② 据原报告器物描述及图、图版，在白营龙山晚期遗存见有卷沿绳纹小罐（T16②：16，见原报告图十六，4）和卷沿绳纹甗（H68：18，见原报告图十六，1）各一，其余 40 余件罐、甗似乎都是折沿。后岗龙山后期很少有卷沿罐、甗。

那么冀南龙山遗存是否就是漳河型橄榄形罐和有腰隔甗的直接来源呢？

邹衡先生将“河北龙山文化涧沟型”分为三期。“早期以河北邯郸涧沟龙山遗址为代表，河北磁县下潘汪龙山遗址下层亦属此期。中期以河北邯郸龟台寺龙山遗址为代表，河南安阳后岗 1972 年龙山灰坑（H2）亦属此期。晚期以最近发现的河南汤阴白营龙山遗址的上层（白营龙山晚期）为代表。”[①]据此分期，则恰好属晚期的白营上层的罐、甗与漳河型同类器区别最大；而涧沟龙山遗址和下潘汪龙山遗址下层既属早期，从逻辑上就不应当和漳河型存在直接关系。

但实际上冀南龙山遗存本身即有其相对完整的序列，涧沟龙山遗址也并非只属早期。

《1957 年邯郸发掘简报》和《河北邯郸涧沟村古遗址发掘简报》分别将涧沟龙山遗存分为三类堆积和早、晚两期。[②] 将二者加以对比，会发现第一、二类堆积同于早期，第三类堆积同于晚期。综合起来看，早期流行素面或绳纹敞口夹砂罐、斝、鬲、鼎、鬶、双腹盆和豆等，有细石器；晚期多无颈或短颈、小口的方格纹及绳纹夹砂罐，较多甗、鬲、豆，罕见泥质磨光黑陶和细石器。

两个简报均未指明见于图或图版的罐和甗的具体期属。但简报描述近似于漳河型的卷沿罐为敞口（图二，1），可见其极可能属于早期。与涧沟龙山早期相当的下潘汪龙山下层 F1、T36③中，也发现了卷沿小罐。[③] 可能属涧沟龙山晚期的侈口、折沿、鼓腹夹砂方格纹罐或绳纹罐则与漳河型罐明显不同；同类的龟台寺龙山遗存中也流行折沿罐（图二，3）。[④] 因此，冀南龙山遗存大概不是橄榄形罐的来源。不过简报中提到龙山晚期多甗，与其大体同时的下潘汪 T41③出有有腰隔甗（图二，4）。看来，漳河型甗的确与冀南龙山遗存有些关系，可惜我们无从知晓冀南龙山甗的整体情况。

在已发表的涧沟的材料中，最有可能准确判断其时代的当属水井 H6。井中出土百余件陶器，仅复原者即达 50 余件。器类包括壶、瓶、罐类汲水器，其中陶壶、瓶

---

① 邹衡《关于夏商时期北方地区诸邻境文化的初步探讨》，《夏商周考古学论文集》，第 253—294 页。

② 北京大学、河北省文化局邯郸考古发掘队《1957 年邯郸发掘简报》，《考古》1959 年第 10 期，第 531—536 页；河北省文化局文物工作队《河北邯郸涧沟村古遗址发掘简报》，《考古》1961 年第 4 期，第 197—202 页。

③ 河北省文物管理处《磁县下潘汪遗址发掘报告》，《考古学报》1975 年第 1 期，第 73—116 页。

④ 北京大学、河北省文化局邯郸考古发掘队《1957 年邯郸发掘简报》，《考古》1959 年第 10 期，第 531—536 页。

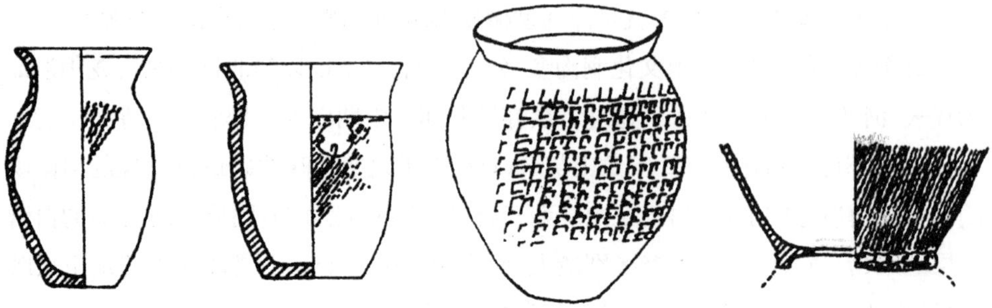

图二　冀南龙山遗存陶罐、甗

1、2. 涧沟　3. 龟台寺　4. 下潘汪(T41③：47)

(1、2属前期,3、4属后期)

敞口,高颈,瘦腹,素面或饰横篮纹、绳纹,有的口边有泥钉,一般认为其时代属龙山早期。[①] 但如将井中陶壶、瓶和胶县三里河大汶口文化晚期陶尊[②]相比较,会发现二者惊人地相似(图三)。由此,涧沟H6一类遗存极可能是直接从山东地区传播而来,时代属大汶口文化晚期无疑。其与漳河型相距六七百年,二者应当没有多少关系。

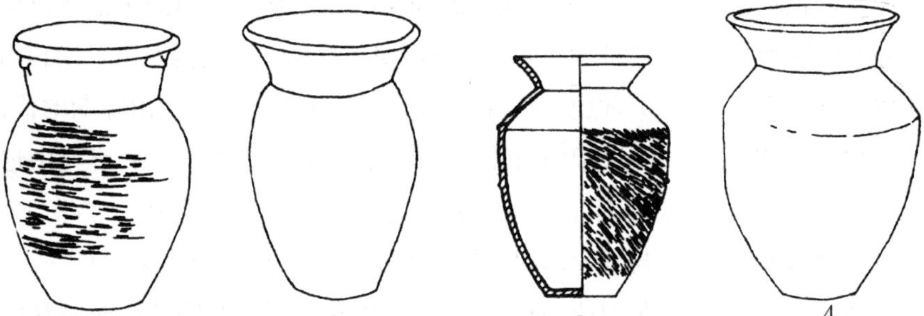

图三　涧沟水井H6陶瓶与三里河大汶口文化晚期陶尊比较图

1、2. 涧沟陶瓶(H6)　3、4. 三里河陶尊(M250：11、M288：11)

探讨先商文化漳河型的来源,还必须注意冀北,尤其是冀东北地区。最近任丘哑叭庄遗址的发掘为我们提供了依据。[③]

哑叭庄遗址下层为龙山堆积,其上叠压着漳河型一类先商文化遗存。龙山遗

① 邹衡《关于夏商时期北方地区诸邻境文化的初步探讨》,《夏商周考古学论文集》,第253—294页;北京大学、河北省文化局邯郸考古发掘队《1957年邯郸发掘简报》,《考古》1959年第10期,第531—536页。

② 中国社会科学院考古研究所编著《胶县三里河》,文物出版社,1988年。

③ 河北省文物研究所、沧州地区文物管理所《河北省任邱市哑叭庄遗址发掘报告》,《文物春秋》1992年增刊,第178—219页。

存基本属龙山后期,可大致分为以 H34、H35 和 H115 为代表的三段。其中前两段和后岗龙山后期时代相当,第三段晚于后岗龙山遗存。哑叭庄龙山遗存典型器类夹砂中口罐和甗由口沿微折渐趋卷沿,正可与漳河型早期同类器相衔接(图四)。只是其甗中无腰隔,与漳河型甗有一定区别。发掘者称此类遗存为"龙山时代哑叭庄类型",其当是漳河型橄榄形罐的直接来源和有腰隔卷沿甗的主要来源之一。近似遗存在冀东北还有所发现,如昌平雪山二期①、唐山大城山龙山遗存②等。

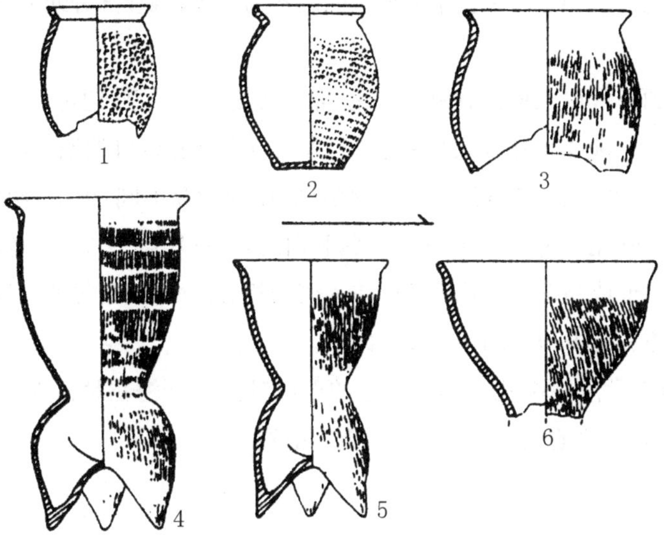

图四　哑叭庄龙山遗存陶罐、甗演变序列示意图

1—3. 罐(H34:106、H35:20、H70:1)　4—6. 甗(H34:95、H7:9、H30:15)(均属后期)

由以上分析可知,冀南和冀东北龙山遗存均与漳河型有密切关系。那么更早的来源又是什么呢?

冀东北龙山时代以前新石器时代文化序列为兴隆洼文化、赵宝沟文化和红山文化。③ 三者皆属北方筒形罐"之"字纹文化系统,与哑叭庄类型龙山后期遗存间存在较大缺环,文化面貌也绝不相类。显而易见,哑叭庄型龙山遗存不是当地原始文化自然发展的产物。

哑叭庄龙山遗存陶器以泥质和夹砂灰陶为主,并有磨光黑陶、白陶和夹蚌陶,主

① 北京市文物局考古队《建国以来北京市考古和文物保护工作》,《文物考古工作三十年》,文物出版社,1979 年,第 1—12 页。

② 河北省文物管理委员会《河北唐山市大城山遗址发掘报告》,《考古学报》1959 年第 3 期,第 17—36 页。

③ 郑绍宗《河北考古发现研究与展望》,《文物春秋》1992 年增刊,第 1—21 页。

要器类包括直领贯耳瓮、子口罐、子口缸、粗柄豆、圈足盘、平底盆、贯耳壶、宽把杯、粗颈鬶、三足奁、器盖等，流行骨、角、蚌器。这些和海岱地区，尤其是鲁西北、豫东地区龙山文化的情况很相似。哑叭庄甗的形态介于龙山文化和后岗二期文化之间，夹砂中口罐则是此时黄河中、下游地区普遍存在的器物。但同时应当看到，哑叭庄龙山遗存盛行绳纹、篮纹和方格纹，有一定数量的红褐陶，较多带鸡冠鋬耳的鬲、盆、瓮、罐，与内蒙古中南部以及三北地区龙山时代文化存在相近的一面。因此，冀东北的哑叭庄型龙山遗存是以来自东方地区的因素为主体，融合部分北方和中原文化因素而形成的。①

冀南龙山时代以前依次有磁山文化、仰韶文化后岗类型、钓鱼台类型、大司空类型和台口类型，②基本属中原文化系统。③ 大司空类型和台口类型陶器有敛口钵、折腹盆、彩陶罐类平底器，与涧沟龙山遗存多鼎、豆的情况不同，再结合涧沟龙山遗存陶器以素面或磨光为主，有少数蛋壳黑陶和白陶，多贯耳瓮、平底盆、宽把杯等特点，可以认为它的形成与东方文化因素的渗入密切相关。而斝、鬲等的大量存在又表明它继承了中原和北方地区的不少文化因素。

总之，冀东北和冀南地区龙山遗存的形成都离不开海岱地区龙山文化的强烈影响，只不过冀东北地区东方文化因素更为浓烈一些。

二

先商自契至汤灭夏，恰与夏王朝相始终。先商十四世也可大体和夏十九世(除去羿、寒浞二世为十七世)相对应。

依《尚书》《史记》等记载，契和禹为同时代之人。据《今本竹书纪年》，夏帝相、少康、杼、芒、泄、不降、孔甲、履癸时，商先公有过重要活动或先商发生过重大事件。④ 由

① 王青《试论任邱哑叭庄遗址的龙山文化遗存》，《中原文物》1995 年第 4 期，第 75—86 页。

② 严文明《略论仰韶文化的起源和发展阶段》，《仰韶文化研究》，文物出版社，1989 年，第 122—165 页。

③ 涧沟水井 H6 的时代和台口类型大体相当，包含物则主要属大汶口文化系统。由于和 H6 性质类似的遗存在冀南其他地方尚未发现，故可认为这只是少数大汶口文化居民西迁时的遗留，与河南平顶山、偃师滑城等地所发现的大汶口文化墓葬性质相似。参见武津彦《略论河南境内发现的大汶口文化》，《考古》1981 年第 3 期，第 261—265 页。

④ 《今本竹书纪年》(王国维疏证)："帝相十五年，商侯相土作乘马。""帝少康十一年，使商侯冥治河。""帝杼十三年，商侯冥死于河。""帝芒三十三年，商侯迁于殷。"(王国维疏证："此因《山海经》引《纪年》有'殷王子亥'，故设迁殷一事。")"帝泄十二年，殷侯子亥宾于有易，有易杀而放之。十六年，殷侯微以河伯之师伐有易，杀其君绵臣。""帝孔甲九年，陟。殷侯复归于商丘。""帝癸三十一年，大雷雨，战于鸣条。"

此可约略排出夏王与商先公年代对照表：

夏王与商先公年代对照表

禹	———契	芒	———振(王亥)
启		泄	
太康	昭明	不降	———微(上甲微)
中康		扃	报乙
相	———相土	廑	报丙
羿	昌若	孔甲	报丁
寒浞	曹圉	皋	主壬
少康	———冥	发	主癸
予(杼)		履癸(桀)	———汤(履)
槐(芬)			

(横线表示文献中记载的夏王与商先公对应关系)

从禹至桀亡国和从契至汤灭夏，分别以夏、商二族为主体创造和使用的文化即夏文化和先商文化。

我们知道，漳河型虽属先商文化，但它本身经历时间不长，不应是整个先商文化。漳河型到底是从哪一位先公开始的先商文化呢？也许通过与夏文化的比较能回答这个问题。

夏文化包括两大阶段：通过"禹征三苗"在考古学上的明晰反映可确定王湾三期文化后期属早期夏文化，绝对年代约为公元前2200年—前1900年；[①]通过年代上的排比和"少康中兴"所带来的东方文化因素在考古学上的体现，可判断二里头文化一至三期属晚期夏文化，绝对年代约为公元前1900年—前1600年。[②] 漳河型大致可分三期，大约相当于二里头文化二、三期，即其开始时间要比二里头文化晚一期，绝对年代在公元前1800—前1600年。据《路史》《古本竹书纪年》和《今本竹书纪年》等记载，从少康至泄，五王共百余年，此亦即冥和王亥、王恒两代的约略年数，大体上和二里头文化一期持续时间相当。这样，漳河型也许是自上甲微开始至汤灭夏前的先商文化。

① 杨新改、韩建业《禹征三苗探索》，《中原文物》1995年第2期，第46—55页；已收入本书。
② 韩建业《夏文化的起源与发展阶段》，《北京大学学报》(哲学社会科学版)1997年第4期，第120—125页；已收入本书。

事实上，王亥、上甲微两代也确为先商史上变化最剧烈的时期。此时发生了两件互有联系的重大事件，即王亥仆牛而被有易氏所杀，其后上甲微借河伯之师杀有易之君绵臣，为王亥报了仇。这两件事在《楚辞·天问》《易经》《山海经·大荒东经》《今本竹书纪年》等书中均有记载。王国维、顾颉刚、吴其昌等详加考证，①其可靠性不容置疑。漳河型的形成大约正与此重大变动有关。

前文提到，漳河型最重要的三种器物，卷沿弧腹鬲来自晋中，卷沿橄榄形罐和卷沿有腰隔甗源于河北。晋中地区恰又是河伯原住地，②则卷沿弧腹鬲的东传不正可与上甲微借河伯师之事相联系吗？不仅如此，这一推断还可在甲骨文中得到印证。

据张光直研究，从上甲微开始，祭祀商王的日干数一般与商王名干相合，商王天干记名也表现出"甲乙组"和"丁组"交替出现的情况，这是商王室内两股势力轮流执政的反映。上甲微之前，祭祀商先公大多在辛日，也许商始祖帝喾高辛氏之名也与此有关。③ 至于祭河之日则颇杂乱，辛日、丁日均见，④而且关于河伯是否为商先公也有不同说法。我们认为，商此二分制度的形成正和上甲微借河伯师一事有关。上甲微之前，商人是单系，祭祀用辛日；借河伯师后并非没有代价，河伯势力极可能也随之跟进，甚至河伯的借师可能是以和原商先公轮流执政作为交换条件的。这样祭祀就不能只在辛日进行，而是改为原商人一方用甲、乙、壬、癸日，原河伯一方用丁、丙、戊、己日。至于河伯，因其与王亥、上甲微同时，不能算作正式的商先公，故《史记·殷本纪》等不载，但他因是丁组一方始祖而被以先公礼祭祀。其祭日的杂乱正反映了变革之初的混乱情况，以辛日祭可能是延续传统，以丁日祭则是丁组先公应当之礼。

既然漳河型只是自上甲微开始的晚期先商文化，那么此前还当有从契至王亥的早期先商文化。河北境内包含卷沿有腰隔甗和卷沿橄榄形罐的涧沟型和哑叭庄型龙山遗存，大概就是早期先商文化，其分布地区也正和文献中契至王亥的居地相合。

契是商第一位先公。《世本·居篇》："契居蕃。"（《水经·渭水注》引，《通鉴地理

① 王国维《殷卜辞中所见先公先王考》，《观堂集林》卷九，中华书局，1959年，第409—436页；顾颉刚《周易卦爻辞中的故事》，《古史辨》第三册，上海古籍出版社，1982年，第1—44页；吴其昌《卜辞所见殷先公先王三续考》，《古史辨》第七册（下），上海古籍出版社，1982年，第333—360页。

② 邹衡《试论夏文化》，《夏商周考古学论文集》，第95—182页。

③ 张光直《商王庙号新考》《谈王亥与伊尹的祭日并再论殷商王制》，《中国青铜时代》，生活·读书·新知三联书店，1983年，第135—168页。

④ 陈梦家《殷墟卜辞综述》，科学出版社，1956年。

通释》引作“番”)丁山疑此“蕃”为“亳”的音伪,其地在今永定河与滱河之间。[①] 赵铁寒认为契始居鄴,即蓟,在今北京市区。[②] 二说近似。京、津、唐所在冀东北地区哑叭庄型龙山遗存恰好始于龙山后期,正与契的时代相合。

《荀子·成相篇》云:“契玄王,生昭明,居于砥石迁于商。”丁山考证砥石即今砥水流域,商在漳河沿岸。又《左传·昭公元年》:“昔高辛氏有二子,伯曰阏伯,季曰实沈,居于旷林,不相能也。日寻干戈,以相征讨。后帝不臧,迁阏伯于商丘,主辰,商人是因,故辰为商星;迁实沈于大夏,主参,唐人是因,以服事夏商。”《左传·襄公九年》:“昔阏伯居商丘,祀大火,而火纪时焉,相土因之,故商主大火。”此阏伯始居、相土继居的商丘应即昭明所迁之商,而绝非周代宋人所居的商丘。[③] 邯郸涧沟遗址南距漳河不远,其水井 H6 中汲水器与大汶口文化同类器相似,或者就是阏伯之遗留。如此,可进一步证实昭明、相土所居之商或商丘在冀南漳河附近。此后,商侯王亥迁于殷,地在今安阳殷墟一带,[④]也离漳很近。泜河、漳河流经的冀南地区之漳河型龙山遗存大约便是从昭明到王亥时的先商文化。

契为商“生祖”,并非“始祖”。[⑤] 商始祖是帝喾高辛氏,与帝颛顼高阳氏可能间接相关。[⑥] 又《诗经·商颂·长发》云:“有娀方将,帝立子生商。”《楚辞·天问》说:“简狄在台喾何宜。”可见与商有关的还有一个有娀氏,与喾存在联系的还有简狄。《史记·殷本纪》将以上综合为“殷契,母曰简狄,有娀氏之女,为帝喾次妃”。实际正如《史记·索隐》引谯周《古史考》所说,契“必非喾子”,但有娀氏和简狄大概的确有关系。唐兰以为有娀就是戎,[⑦]和简狄之狄合起来即为戎狄,应当是中国北方地区一个大的部族集团。

关于帝喾居地,王国维据《尚书·商书序》“汤始居亳,从先王居,作帝告”和《尚书·商书序》孔传“契父帝喾居亳,汤自商丘迁焉,故曰从先王居”的说法,考证喾所居亳在今山东曹县境。[⑧] 又高辛与高阳关系密切,《左传·昭公十七年》:“卫,颛顼之虚也。”杜预集解曰:“卫,今濮阳县,昔帝颛顼居之。”帝喾居地也当离此不远,总之

① 丁山《商周史料考证》,中华书局,1988 年。
② 赵铁寒《汤前八迁的新考证》,《古史考述》,台湾正中书局,1956 年。
③ 丁山《商周史料考证》,第 18 页。
④ 邹衡《论汤都郑亳及其前后的迁徙》,《夏商周考古学论文集》,第 183—218 页。
⑤ 赵铁寒《汤前八迁的新考证》,《古史考述》。
⑥ 徐旭生《中国古史的传说时代(新一版)》,文物出版社,1985 年,第 88—93 页。
⑦ 唐兰《用青铜器铭文来研究西周史——综论宝鸡市近年发现的一批青铜器的重要历史价值》,《文物》1976 年第 6 期,第 31—39 页。
⑧ 王国维《殷卜辞中所见先公先王考》,《观堂集林》卷九,第 409—436 页。

离不开豫东、鲁西南地区。

从前文知，哑叭庄型龙山遗存尤与造律台类型面貌相似，这或许说明帝喾的确与商之形成有关。哑叭庄型龙山遗存又含有一些三北地区龙山时代文化因素，正与戎狄占据北方及有娀地望在山西境内[①]的记载吻合。

总结起来看，商始祖帝喾一族大约生活在豫东、鲁西南一带。到龙山前、后期之交，其一支北迁入冀东北京、津、唐地区，与来自西北方的戎狄族融合，形成以契为首领的商族和以哑叭庄型龙山遗存为代表的早期先商文化。其后商人向西向南迁徙，最后在漳水附近形成中心。王亥时与北方有易部族发生激烈冲突，至于上甲微联合晋中河伯攻伐有易，而河伯一支也随之融入原商人之中，形成漳河型一类晚期先商文化。

（本文原载于《中原文物》1998 年第 2 期）

① 邹衡《试论夏文化》，《夏商周考古学论文集》，第 95—182 页。

先周文化的起源与发展阶段

先周文化的探索肇始于20世纪30年代苏秉琦等对宝鸡斗鸡台墓地的发掘，[①]成熟于80年代初邹衡《论先周文化》一文[②]的发表。时至今日，周人早期都邑周原、丰镐的地望已确认，基本弄清了公亶父迁岐以后先周与商王朝的关系。但关于迁岐以后先周文化的内涵，学界还缺乏一致意见，对此前先周的起源与发展过程，更存在认识上的重大分歧。本文赞同姬周源于山西的说法，并由此展开讨论。

一、源 于 山 西

姬周的历史，最早可追溯到后稷。[③] 后稷弃与其母有邰氏姜嫄的居地，[④]旧说以为在泾、渭水一带，独钱穆提出晋南说，[⑤]陈梦家[⑥]、邹衡[⑦]、田昌五[⑧]、许倬云[⑨]、王克林[⑩]等表示赞同。今举"稷放丹朱"一事进一步予以论证。

---

① 苏秉琦《斗鸡台沟东区墓葬》，北平研究院史学研究所，1948年；苏秉琦《斗鸡台沟东区墓葬图说》，中国科学院，1954年。

② 邹衡《论先周文化》，《夏商周考古学论文集》，文物出版社，1980年，第297—356页。

③ 《国语·周语下》："自后稷以来宁乱，及文、武、成、康而仅克安民。自后稷之始基靖民，十五王而文始平之，十八王而康克安之。"

④ 《诗经·大雅·生民》："厥初生民，时维姜嫄。生民如何？克禋克祀，以弗无子。履帝武敏歆，攸介攸止，载震载夙，载生载育，时维后稷。……诞后稷之穑，有相之道。茀厥丰草，种之黄茂。……即有邰家室。"

⑤ 钱穆《周初地理考》，《燕京学报》第10期，1931年，第1955—2008页。

⑥ 陈梦家《殷墟卜辞综述》，科学出版社，1956年，第292页。

⑦ 邹衡《论先周文化》，《夏商周考古学论文集》，第297—356页。

⑧ 田昌五《对周灭商前所处社会发展阶段的估计》，《华夏文明（第2集）》，北京大学出版社，1990年，第79—120页。

⑨ 许倬云《西周史（增订本）》，生活·读书·新知三联书店，1994年。

⑩ 王克林《周族、周文化的起源及有关问题》，《周秦文化研究》，陕西人民出版社，1998年，第240—245页。

"稷放丹朱"见于《古本竹书纪年》:"后稷放帝朱于丹水。"[①]丹朱既为尧子,[②]其始居地理应也在陶唐氏的根据地临汾盆地。[③] 至于其居处丹水,或许正是被逐放的结果。[④] 那么后稷所代表的姬姓族自然就应代之而居于晋南。

我们曾通过庙底沟二期类型的东进与王湾三期文化的形成,讨论了夏人西起晋南、东进豫西这一史实。[⑤] 又将临汾盆地陶寺类型对庙底沟二期类型的代替,与所谓"唐伐西夏"相联系。[⑥] 如此一来,陶寺类型自然就非陶唐氏遗存莫属。[⑦] 但到龙山后期,以陶寺 H365 和 H303 为代表的陶寺晚期类型[⑧],在临汾盆地代替了陶寺类型,并将其范围南扩至稷山、新绛一带。陶寺类型斝、扁壶等原属庙底沟二期系统的土著器物,在陶寺晚期类型得到较多承继,而特征鲜明的高领折肩壶、折肩罐、折腹盆、大口缸、陶鼓、鼍鼓、钺、厨刀、琮等器类,以及陶、木器上的彩绘等东方因素则丧失殆尽,又新出大量鬲类。由于包括晋中、陕北和内蒙古中南部在内的狭义的北方地区是鬲的主要发源地,[⑨]则陶寺早、晚期间发生变化的原因,自当是由于北方老虎山文化游邀类型的南进。[⑩] 这可能正是"稷放丹朱",亦即后稷族系逐走陶唐氏这一事件在考古学上的真实反映。由此可知,不但龙山后期的陶寺晚期类型为后稷族系早期的文化(公元前 2200—前 1900 年),而且其源头还在龙山前期的老虎山文化前期(约公元前 2500—前 2200 年)。[⑪]

于此还可补充 4 点:

---

① 《山海经·海内南经》注。另:《史记·高祖本纪》正义引"后稷放帝子丹朱于丹水";《史记·五帝本纪》正义引"后稷放帝子丹朱"。

② 《国语·楚语上》:"故尧有丹朱,舜有商均,启有五观,汤有太甲,文王有管、蔡。是五王者,皆有元德也,而有奸子。"

③ 徐旭生《尧、舜、禹(上)》,《文史(第三十九辑)》,中华书局,1994 年,第 1—26 页。

④ 《史记·五帝本纪》正义引范汪《荆州记》云:"丹水县在丹川,尧子朱之所封也。"《括地志》云:"丹水故城在邓州内乡县西南百三十里。"

⑤ 韩建业《夏文化的起源与发展阶段》,《北京大学学报》(哲学社会科学版)1997 年第 4 期,第 120—125 页;已收入本书。

⑥ 韩建业《唐伐西夏与稷放丹朱》,《北京大学学报》(哲学社会科学版)2001 年第 4 期,第 119—123 页;已收入本书。

⑦ 王文清《陶寺遗存可能是陶唐氏文化遗存》,《华夏文明(第 1 集)》,北京大学出版社,1987 年,第 106—123 页。

⑧ 中国社会科学院考古研究所山西工作队、临汾地区文化局《山西襄汾县陶寺遗址发掘简报》,《考古》1980 年第 1 期,第 18—31 页;中国社会科学院考古研究所山西工作队、山西省临汾地区文化局《陶寺遗址 1983—1984 年Ⅲ区居住址发掘的主要收获》,《考古》1986 年第 9 期,第 773—781 页。

⑨ 苏秉琦《晋文化问题——在晋文化研究会上的发言》,《华人·龙的传人·中国人——考古寻根记》,辽宁大学出版社,1994 年,第 17—21 页。

⑩ 韩建业《中国北方地区新石器时代文化研究》,北京大学考古文博院博士学位论文,2000 年。

⑪ 韩建业《中国北方地区新石器时代文化研究》,北京大学考古文博院博士学位论文,2000 年。

1. 钱穆正确地指出姜嫄“有邰氏”之“邰”即“台骀”之“骀”；[①]但他将台骀所处之“大原”或“汾川”局限在闻喜一带，并无十足理由。或者“大原”即今太原。[②]

2. 属于老虎山文化的凉城老虎山[③]、五台阳白[④]等遗址发现的陶人脚，正与《诗经·大雅·生民》中姜嫄踩帝之大脚趾印才生育后稷的传说吻合。[⑤] 这在一定程度上增强了后稷族系源于晋中的真实性。

3. 后稷之老虎山文化游邀类型前期，与陶唐氏之陶寺类型、夏后氏之王湾三期文化前期约略同时，证明后稷的确时当虞、夏时期。[⑥]

4. 游邀类型和陶寺晚期类型所分布的晋中南地区自然环境优越，适于发展农业，与后稷善于稼穑的记载不悖。

总之，无论是晋中还是晋南，姬周的起源地均不出山西境内。

二、窜 于 戎 狄

《国语·周语上》：“昔我先王世后稷，以服事虞、夏。及夏之衰也，弃稷不务，我先王不窋用失其官，而自窜于戎狄之间。”韦昭以“太康失国”解释“夏之衰”，可谓确当。[⑦]《史记·周本纪》引用了上面这段话，《索隐》并以为不窋实非弃子。[⑧]

“太康失国”正当豫西王湾三期文化后期晚段衰败之时，[⑨]而“少康中兴”则应已

---

① 钱穆《周初地理考》，《燕京学报》第10期，1931年，第1955—2008页。“台骀”见《左传·昭公元年》：“昔金天氏有裔子曰昧，为玄冥师，生允格、台骀。台骀能业其官，宣汾、洮，障大泽，以处大原。帝用嘉之，封诸汾川。沈、姒、蓐、黄，实守其祀。”

② 古之言“太原”者虽多，但“命虢公率六师伐太原之戎”（《后汉书·西羌传》注引《纪年》）、“王师伐太原之戎”（《后汉书·西羌传》引《纪年》）甚至“既修太原，至于岳阳”（《尚书·禹贡》）中的“太原”，应当就是战国晚期秦置太原郡的地方（《史记·秦本纪》）；与《左传·昭公元年》“晋中行穆子败无终及群狄于大原”中的“大原”一样（《春秋》中为“大卤”），均应指今太原一带。然则“台骀”所居之“大原”就没有必要非得在晋南。

③ 内蒙古文物考古研究所编著《岱海考古（一）——老虎山文化遗址发掘报告集》（图二〇二，2；图三二八，6），科学出版社，2000年。

④ 山西大学历史系考古专业、忻州地区文物管理处、五台县博物馆《山西五台县阳白遗址发掘简报》（图一四，2），《考古》1997年第4期，第46—57页。

⑤ 据《尔雅》：“武，迹也；敏，拇也。”

⑥ 《国语·周语上》：“昔我先王世后稷，以服事虞、夏。”

⑦ 韦昭注：“衰，启子太康废稷之官，不复务农。《夏书序》曰：‘太康失邦，昆弟五人须于洛汭。’”见《国语·周语上》，上海古籍出版社，1988年，第2—3页。

⑧ 《史记·周本纪》：“后稷卒，子不窋立。不窋末年，夏后氏政衰，去稷不务，不窋以失其官而犇戎狄之间。”《史记索引》：“《帝王世纪》云‘后稷纳姞氏，生不窋’，而谯周按《国语》云‘世后稷，以服事虞、夏’，言世稷官，是失其代数也。若以不窋亲弃之子，至文王千余岁唯十四代，实亦不合事情。”

⑨ 韩建业、杨新改《王湾三期文化研究》，《考古学报》1997年第1期，第1—22页。

进入二里头文化时期。[①] 二里头文化一经形成，就以其极富活力的姿态，向周围地区迅速扩张。向北先后进入垣曲、运城、临汾盆地，融入部分当地及周围文化因素，形成二里头文化东下冯类型。[②] 与此同时，陶寺晚期类型则在临汾盆地消失。既然陶寺晚期类型是后稷族系的文化遗存，则这次变故就意味着夏人对其进行了严厉的排挤压迫，不窋之失官与出走极可能与此相关。

那么，不窋所窜之“戎狄之间”到底在什么地方呢？这似乎难以确指。[③] 而朱开沟文化的发现则为我们提供了解决问题的珍贵线索。朱开沟文化是分布于北方地区的早期青铜时代文化，以三足瓮、鬲、甗等器物为代表，可以分为三期。其中早期（约公元前1900—前1700年）又至少可分出鄂尔多斯区的朱开沟类型和陕北区的石峁类型。[④] 朱开沟类型的大肥袋足鬲、深腹簋、三足杯、单耳杯、鬶形器、素面或饰压印纹的折肩罐、深腹罐等陶器，都与山西襄汾陶寺[⑤]、曲沃东许[⑥]等陶寺晚期类型的典型器十分相似（图一）。石峁类型也有深腹簋、深腹罐等陶器。[⑦] 如此多的陶寺晚期类型典型器在鄂尔多斯和陕北地区的发现，不正是不窋西北向“自窜于戎狄之间”的结果吗？邹衡曾将晚期先周文化的渊源追溯到朱开沟文化（当时称“光社文化”），细部分析与本文差别虽大，结论却相合。值得注意的是，晋中汾阳峪道河朱开沟文化早期遗存中并未见典型的陶寺晚期类型陶器，[⑧]似乎表明姬周并未正北向退居晋中老家。

---

① 中国社会科学院考古研究所《偃师二里头——1959年—1978年考古发掘报告》，中国大百科全书出版社，1999年。

② 李伯谦《东下冯类型的初步分析》，《中原文物》1981年第1期，第25—29页；中国社会科学院考古研究所、中国历史博物馆、山西省考古研究所编著《夏县东下冯》，文物出版社，1988年；中国历史博物馆考古部、山西省考古研究所、垣曲县博物馆编著《垣曲商城（1985—1986年度勘察报告）》，科学出版社，1996年。

③ 《史记·周本纪》正义引《括地志》云：“不窋故城，在庆州弘化县南三里，即不窋在戎狄所居之城也。”《元和郡县图志》并谓“不窋墓，在县东二里”。可知唐代庆州一带流行不窋的传说，但缺乏更早期的记载。

④ 内蒙古自治区文物考古研究所、鄂尔多斯博物馆编著《朱开沟——青铜时代早期遗址发掘报告》，文物出版社，2000年；田广金、韩建业《朱开沟文化研究》，《考古学研究（五）》，科学出版社，2003年，第227—259页。

⑤ 中国社会科学院考古研究所山西工作队、临汾地区文化局《山西襄汾县陶寺遗址发掘简报》，《考古》1980年第1期，第18—31页。

⑥ 山西省考古研究所、曲沃县博物馆《山西曲沃东许遗址调查、发掘报告》，《三晋考古（第二辑）》，山西人民出版社，1996年，第220—244页。

⑦ 西安半坡博物馆《陕西神木石峁遗址调查试掘简报》，《史前研究》1983年第2期，第92—100页；王炜林、邢福来《陕西神木新华遗址的考古新发现》，《古代文明研究通讯》总第2期，1999年，第30—33页。

⑧ 山西省考古研究所《山西汾阳县峪道河遗址调查》，《考古》1983年第11期，第961—965页；国家文物局、山西省考古研究所、吉林大学考古学系编著《晋中考古》，文物出版社，1999年。

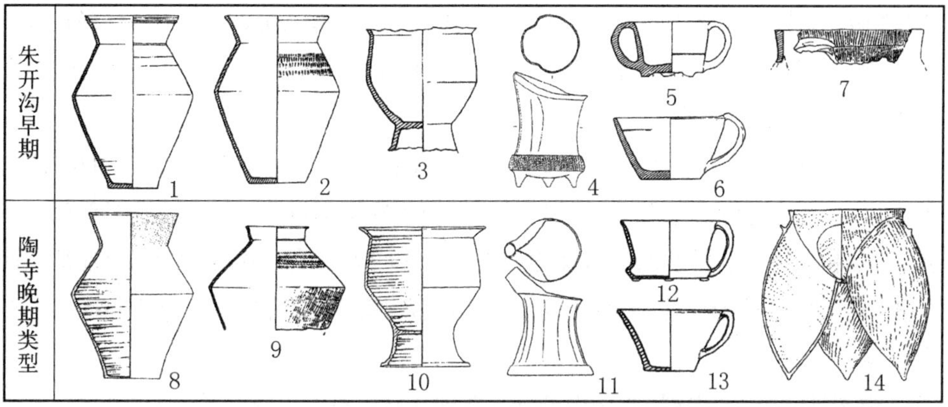

图一　朱开沟早期与陶寺晚期类型陶器比较①

1、2、8、9. 折肩罐(朱开沟 M1051：7、M3024：4，陶寺 M2384：2，东许 H6：4)　3、10. 簋(朱开沟 M1033：3，陶寺ⅢH303：18)　4. 鬶形器(朱开沟 M1010：2)　5、12. 三足杯(朱开沟 M2020：2，东许 H3：2)　6、13. 单耳杯(朱开沟 M3027：4，东许 T3④：2)　7、14. 大肥袋足鬲(朱开沟 F1018：2，陶寺ⅢH303：12)　11. 盉形器(陶寺 H3406：3)

从朱开沟文化早期兽骨的鉴定情况来看，以猪、羊和牛等家畜为大宗。② 家猪是伴随中国农业聚落始终的动物，而绵羊和牛则需较大草场用以放养。这可能说明当时虽以农业经济为主体，但畜牧业经济已经萌芽，人们的活动范围已扩展到周围广阔的草原环境。朱开沟文化之后北方长城沿线的半农半牧—畜牧业文化带，恰以鄂尔多斯为轴心，又包含花边鬲、蛇纹鬲和鄂尔多斯青铜器等因素，其形成自当与朱开沟文化有密切联系。③ 因此，且不论《国语·周语上》所谓“戎狄”是否为夏朝时称谓，仅以后世对“戎狄”的一般理解来看，朱开沟文化作为其源头之一当没有多大疑问。

三、迁至豳邑

《诗经·大雅·公刘》生动地叙述了姬周族在公刘的带领下向南迁徙的过程，其

① 其中陶寺陶器图出自李文杰《中国古代制陶工艺研究》，科学出版社，1996 年。

② 朱开沟早期居址出土的兽骨，大部分为猪(32.14%)、绵羊(38.10%)、牛(16.67%)、狗(2.38%)等家畜，少量属捕获的马鹿、狍、青羊、獾、豹等野生动物(10.71%)。据黄蕴平《朱开沟遗址兽骨的鉴定与研究》表一换算，载《朱开沟——青铜时代早期遗址发掘报告》，第 400—421 页。

③ 韩嘉谷《花边鬲寻踪——谈我国北方长城文化带的形成》，《内蒙古东部区考古学文化研究文集》，海洋出版社，1991 年，第 41—52 页；田广金、郭素新《北方文化与草原文明》，《内蒙古文物考古文集(第 2 辑)》，中国大百科全书出版社，1997 年，第 1—12 页。

中"豳居允荒"和"于豳斯馆"两句，指明其目的地是"豳"。《史记·周本纪》将此事归于公刘子庆节，也与之没有本质区别。① 关于豳邑的具体地望，虽有多种说法，但大体不出泾河上游南部地区。②

朱开沟中期与早期遗存的主要区别之一，是上述来自陶寺晚期类型的陶器突然消失，墓葬中除随葬羊和猪的下颌骨外再极少有陶器随葬，生活用器则重现以三足瓮、鬲和甗为主的传统的北方文化面貌。这表明周人确已脱离"戎狄"而迁徙。而属于"豳"地范围的陕西长武碾子坡③、彬县断泾④遗址的发掘，为公刘迁豳提供了一些线索。

碾子坡和断泾"先周"遗存均可分为两期。其中早期以碾子坡 H134、H507 和断泾 G1 为代表，陶质分夹砂和泥质，陶色以灰为主，红褐色次之，陶色不够纯正。主要器类有鬲、甗、罐、瓮、盆、簋、豆、甑等，年代大致在殷墟一、二期（约公元前 1350—前 1200 年）。此类遗存虽与朱开沟文化早期之间尚存在三四百年的缺环，但仍能看出二者间的亲密联系：有领分裆鬲、深腹簋、圈足罐、大口尊，以及鬲口沿外贴边、花边、带钮（鋬）或耳饰戳印纹、刻划纹等是二者共有的特征。尤其是深腹簋和圈足罐，历千年沧桑还能大体保持特征，使人不能不感叹其生命力之强！这说明碾子坡早期类遗存的确属于姬周早期之遗存。⑤ 至于折沿鬲、深弧腹盆、甑、小口鼓肩瓮、罐，以及侈口甗、敛口瓮、豆、碗形簋等，则是当时北方和中原大部地区普遍流行的器物，同类器还见于朱开沟文化晚期和二里岗上层至殷墟一、二期文化等当中（图二）。另外，在麟游县蔡家河、园子坪等遗址也有同类遗存发现：其一期与碾子坡和断泾早期相当，二期则可晚到殷墟二期晚段至三期早段。⑥ 这似乎表明碾子坡类遗存有逐渐南移的趋势。

于此可补充 5 点：

---

① 《史记·周本纪》："不窋卒，子鞠立。鞠卒，子公刘立。……公刘卒，子庆节立，国于豳。"

② 胡谦盈《浅谈先周文化分布与传说中的周都——姬周民族起源探索之二》，《华夏文明（第 2 集）》，北京大学出版社，1990 年，第 60—79 页。

③ 中国社会科学院考古研究所泾渭工作队《陕西长武碾子坡先周文化遗址发掘记略》，《考古学集刊（第 6 集）》，中国社会科学出版社，1989 年，第 123—142 页。

④ 中国社会科学院考古研究所泾渭工作队《陕西彬县断泾遗址发掘报告》，《考古学报》1999 年第 1 期，第 73—96 页。

⑤ 胡谦盈《试谈先周文化及相关问题》，《中国考古学研究——夏鼐先生考古五十年纪念论文集（二）》，科学出版社，1986 年，第 61—80 页；李峰《先周文化的内涵及其渊源探讨》，《考古学报》1991 年第 3 期，第 265—284 页。

⑥ 雷兴山《蔡家河、园子坪等遗址的发掘与碾子坡类遗存分析》，《考古学研究（四）》，科学出版社，2000 年，第 210—237 页。

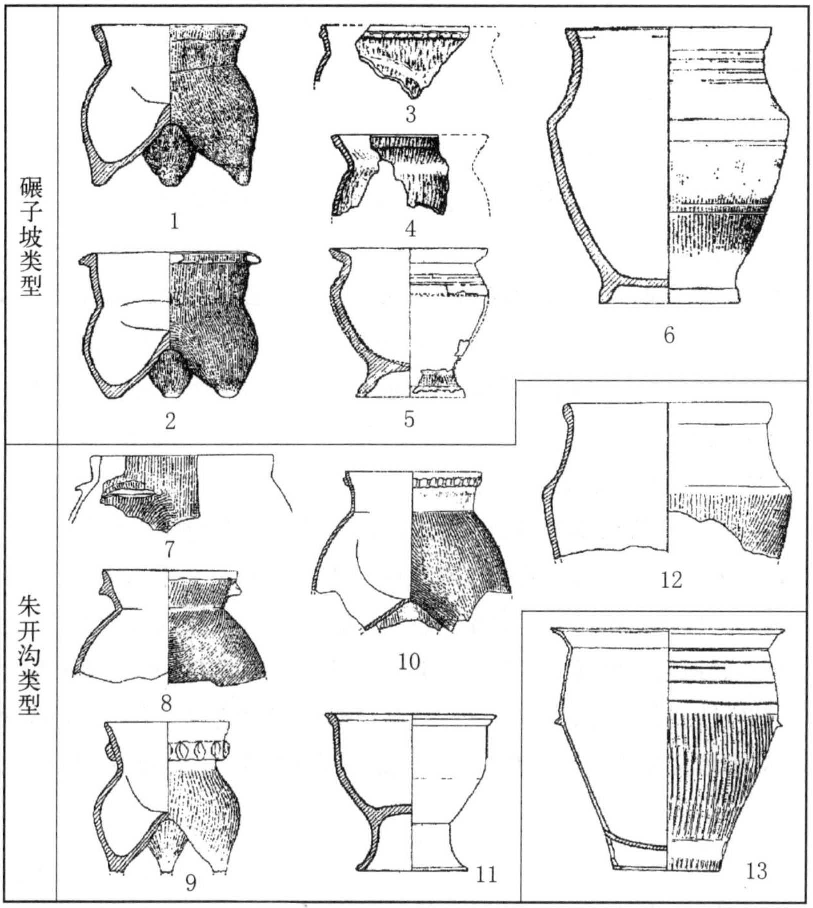

图二　碾子坡早期类遗存与朱开沟类型陶器比较

1—4、7—10. 鬲（碾子坡 H134：5、M660：1，断泾 H17：3、T201④：2，朱开沟 T402④：2、T246④：4、M3002：1、H1058：9）　5、11. 深腹簋（碾子坡 H813：35，朱开沟 M3027：2）　6、12、13. 深腹圈足罐（碾子坡 H507：22，朱开沟 H2047：3，陶寺ⅢH303：14）

1. 以不窋、公刘等为首的周人在戎狄间一二百年而未被完全同化，自然与其对血统和传统文化的顽强维持有关。① 这似乎表明，原属陶寺晚期类型的文化因素虽早已成为朱开沟文化的组成成分，但与当地土著文化并未完全融为一体，在一定的时机就成了文化发生分化的重要原因。

① 《国语・周语上》："我先王不窋用失其官，而自窜于戎狄之间，不敢怠业，时序其德，纂修其绪，修其训典。"《史记・周本纪》："不窋以失其官而奔戎狄之间。不窋卒，子鞠立。鞠卒，子公刘立。公刘虽在戎狄之间，复修后稷之业，务耕种，行地宜。"

2. 在可能属“姜炎”[①]“姜戎”[②]或“羌方”[③]的刘家文化[④]、辛店文化当中，也存在类似碾子坡早期同类器的饰贴边、花边或带钮（鋬）的有领分裆鬲，这表明其形成也当与朱开沟文化早期的西南向影响有一定关系。[⑤] 这与姬、姜二姓间存在亲密关系的记载吻合。但刘家文化和辛店文化中流行的双耳鬲则少见于碾子坡早期类遗存，前二者中更具特色的双耳圜底或平底罐等则基本不见于后者，说明彼此间毕竟存在着相当的区别。

3. 据《史记·周本纪》，在公刘和公亶父之间的先公达十位之多，占了有记载的周先公先王总数的大半，可知其在豳邑附近的时间甚长。[⑥] 如果从公元前1700年左右自朱开沟类型中脱离出来算起，至公元前1200年左右公亶父进驻周原为止，有差不多500年的漫长时光。可惜我们对泾河上游南部地区二里头后期至二里岗上层文化时期的文化状况还缺乏起码的了解。

4. 姬周在泾河流域徘徊数百年而未南下岐山，可能与关中西部地区土著居民的存在有关。不过我们对关中西部地区二里头时期至二里岗上层文化时期的文化状况同样缺乏了解。但至殷墟一、二期之时，该地区属商文化和土著的郑家坡文化角逐之地已无可疑。[⑦] 从扶风壹家堡[⑧]和岐山王家嘴[⑨]的发现来看，殷墟一期前后，郑家坡文化虽受到商文化的严重压制，但已经存在；殷墟二期偏晚，商文化退却，郑家坡文化得到较大发展。[⑩] 殷墟一期晚段至二期早段约当武丁在位之

---

① 邹衡《论先周文化》，《夏商周考古学论文集》，第297—356页。

② 陕西周原考古队《扶风刘家姜戎墓葬发掘简报》，《文物》1984年第7期，第16—29页。

③ 牛世山《刘家文化的初步研究》，《远望集——陕西省考古研究所华诞四十周年纪念文集》，陕西人民美术出版社，1998年，第200—213页。

④ 仅指以刘家墓地一、二期为代表的分布在渭河上游地区的文化遗存（陕西周原考古队《扶风刘家姜戎墓葬发掘简报》，《文物》1984年第7期，第16—29页；牛世山《关于刘家墓地的几个问题》，《中原文物》1997年第4期，第79—86页），不包括碾子坡类遗存。

⑤ 田广金《中国北方系青铜器文化和类型的初步研究》，《考古学文化论集（四）》，文物出版社，1997年，第266—307页。

⑥ 《史记·周本纪》：“公刘卒，子庆节立，国于豳。庆节卒，子皇仆立。皇仆卒，子差弗立。差弗卒，子毁隃立。毁隃卒，子公非立。公非卒，子高圉立。高圉卒，子亚圉立。亚圉卒，子公叔祖类立。公叔祖类卒，子古公亶父立。”

⑦ 宝鸡市考古工作队《陕西武功郑家坡先周遗址发掘简报》，《文物》1984年第7期，第1—15页。

⑧ 北京大学考古系商周组《陕西扶风县壹家堡遗址1986年度发掘报告》，《考古学研究（二）》，北京大学出版社，1994年，第343—390页。

⑨ 孙华《关中商代诸遗址的新认识——壹家堡遗址发掘的意义》，《考古》1993年第5期，第426—443页。

⑩ 孙华《陕西扶风县壹家堡遗址分析——兼论晚商时期关中地区诸考古学文化的关系》，《考古学研究（二）》，第101—130页。

时，[①]而当时商文化对郑家坡文化的强大影响，恰与武丁伐周的记载吻合。[②] 然则郑家坡文化就确属土著的"周人"遗存了。不过不管此"周"何姓何源，至少它此时还与姬姓的后稷—公刘族系没有直接瓜葛。

5. 壹家堡早期遗存中所见蛇纹鬲[③]，和耀县北村、礼泉朱马嘴商文化遗存中所见蛇纹鬲、厚背弯身石刀[④]等一样，不过是鄂尔多斯区朱开沟文化晚期向南影响的表现，它本身并不构成姬周北来说的证据。

四、崛 起 周 原

《诗经·大雅·绵》叙述公亶父南迁周原之事甚详。《帝王世纪》称"南有周原，故始改号曰周"或"邑于周地，故始改国曰周"(《太平御览》卷一百五十六引)，当为确论。《孟子·梁惠王》和《吕氏春秋·审为》中更提到其迁徙原因是为躲避狄人入侵，迁徙的路线是从邠到岐。"周原"的原意可能是指非姬姓的土著"周人"所居平坦之地，大体相当于关中西部。至于扶风、岐山交界处的狭义的周原，极可能正是公亶父初到的地方。

由上文可知，在殷墟二期晚段至三期早段之时，关中西部的郑家坡类土著"周人"遗存在摆脱了商文化的羁绊后，得到迅猛发展，向西扩展到扶风西部。但到殷墟三期晚段之时，扶风西缘一线则突然新插入壹家堡三期类遗存。壹家堡三期类遗存虽继承了一些当地的联裆鬲等因素，但其典型器双鋬"尖裆鬲"的领、腹交接处有一周抹痕，"尖裆甗"沿面略内凹，通体饰绳纹，总体特征与断泾早期、蔡家河—园子坪二期遗存很相近。[⑤] 这表明前者应是后者所代表的人群南下岐山之遗留。[⑥] 公亶父恰时当殷墟三期晚段，则此一文化变迁不正是姬周迁岐的真实反

① 夏商周断代工程专家组《夏商周断代工程1996—2000年阶段成果报告(简本)》，世界图书出版公司，2000年。

② 甲骨文关于武丁时期"璞周"等的记载有近20条，见姚孝遂主编、肖丁副主编《殷墟甲骨刻辞类纂》，中华书局，1989年，第819—820页。

③ 北京大学考古系商周组《陕西扶风县壹家堡遗址1986年度发掘报告》(图一二，17)，《考古学研究(二)》，第343—390页。

④ 北京大学考古系商周组、陕西省考古研究所《陕西耀县北村遗址1984年发掘报告》(图一一，3；图三三，1、4)，《考古学研究(二)》，第283—342页；北京大学考古系商周组、陕西省考古研究所《陕西礼泉朱马嘴商代遗址试掘简报》(图五，6；图九，12)，《考古与文物》2000年第5期，第3—12页。

⑤ 在断泾、蔡家河—园子坪遗存发现之前，孙华将壹家堡三期直接与陕北、河套地区文化相联系自然是可取的。

⑥ 王巍、徐良高《先周文化的考古学探索》，《考古学报》2000年第3期，第285—310页。

映吗?

在壹家堡三期类遗存的西、东两侧,同时还分布着刘家文化和郑家坡文化。

1. 刘家、王家嘴、贺家[①]遗址此期遗存以口略敛的双耳鬲、双耳罐为代表,证明刘家文化当时东进到扶风、岐山交界处。这或许说明当时存在姜姓随姬姓一起进取周原的现象。当时归属公亶父的"他旁国"也应包括姜姓国在内。[②]

2. 武功岸底三期虽总体属郑家坡文化,但类似壹家堡的尖裆鬲和尖裆甗类器物明显增多,[③]表明公亶父入周原后对土著"周人"施加了看得见的影响。

不过关中西部这种三足鼎立的情况大概仅仅是昙花一现,他们不久就彼此融为一体了。这自然与公亶父他们主动"贬戎狄之俗"的开明做法是分不开的。[④] 在文化方面,他们兼容并蓄,在一定程度地保持自己尖裆鬲、尖裆甗等传统文化因素的同时,逐渐使郑家坡文化的联裆鬲等变成周原地区共有的文化特征之一。在名称方面,他们入乡随俗,使"周"成为姬姓族的代名词。"姬周"的称谓实应从此开始。但以公亶父为首的姬姓贵族,却十分在乎自己的"高贵"血统和光辉历史,《诗》讴歌之,典记载之,而姜姓族、土著"周人"及"他旁国"的历史,则在他们耀眼光环的映照下黯然失色,渐被淡忘。

在姬周定居周原并与当地居民融合的过程中,姬周逐渐成为诸侯之长"西伯",并以屡伐诸戎来扩张自己的势力,[⑤]还将商王朝的势力逐渐赶到西安以东。[⑥] 姬周势力的膨胀当然不是商王朝愿意看到的,所以才有文丁杀季历的事件发生。[⑦] 不过仅此已远远不能遏制周人的发展势头了。

从公元前 1200 年左右算起,历经公亶父、季历和文王三代,姬周在周原大约经营了 100 多年。

---

① 陕西省考古研究所《岐山贺家村周墓发掘简报》,《考古与文物》1980 年第 1 期,第 1—11 页;陕西省博物馆、陕西省文物管理委员会《陕西岐山贺家村西周墓葬》,《考古》1976 年第 1 期,第 31—38 页。

② 《史记·周本纪》:"豳人举国扶老携弱,尽复归古公于岐下。及他旁国闻古公仁,亦多归之。"

③ 牛世山《陕西武功县岸底商代遗存分析》,《考古求知集——96 考古研究所中青年学术讨论会文集》,中国社会科学出版社,1997 年,第 308—333 页。

④ 《史记·周本纪》:"于是古公乃贬戎狄之俗,而营筑城郭室屋,而邑别居之。"

⑤ 仅《古本竹书纪年》就记武乙、文丁时季历伐西落鬼戎、燕京之戎、余无之戎、始呼之戎、翳徒之戎。参见《古本竹书纪年辑校》,辽宁教育出版社,1997 年。

⑥ 《诗经·鲁颂·閟宫》:"后稷之孙,实维大王;居岐之阳,实始翦商。"

⑦ 据《竹书纪年》等记载,公亶父时当殷王武乙,其子季历经武乙、文丁两朝,终为文丁所杀。参见陈梦家《殷墟卜辞综述》,第 292 页。

五、定都丰镐

文王灭崇后建都于丰，武王又迁都于镐，地在今沣河两岸，这已是学界的共识。[①] 而新近又有了沣西以 H18 为代表的重要遗存的发现。[②]

沣西 H18 包含大量陶器，以火候偏低的褐陶为大宗，灰陶少量，大部分饰细绳纹。虽以联裆鬲为多，但乳状双鋬或双耳袋足鬲也占一定比例，还有深腹"周式簋"、大口尊、敞口或侈口甗、双耳罐等器物。其文化面貌上承壹家堡三期类遗存（乃至于蔡家河—园子坪二期、碾子坡—断泾早期遗存）与郑家坡文化的融合体，下接西周早期遗存，为典型的晚期先周文化无疑。不过单从陶器的角度着眼，由于其中联裆鬲等因素占主要地位，故仍将其称为郑家坡文化也无可厚非。

当时，以沣西 H18 为代表的郑家坡文化的势力极度膨胀，分布区迅速扩大，"其中在殷墟四期偏早或略早，向西推进到凤翔一带，向东沿渭河北岸扩展到耀县一带，基本占据了整个关中平原，向北更扩展到甘肃庆阳一带。随着郑家坡文化的向外扩张，向东把商文化挤出了关中地区，向西、向北进入、占据了刘家文化的分布区，形成郑家坡文化斗鸡台类型"[③]。这种文化态势的变动，与文、武王时期迅猛发展终至克商的记载完全吻合。

文王进驻丰都的年代虽无法确指，但其与帝乙大致同时是没有问题的。如果依照帝乙即位为公元前 1076 年，武王克商为公元前 1046 年来算，则姬周东进丰镐至创建周王朝不过 30 年左右。

需要补充的是，由于先周末期墓葬发现不多，[④]壹家堡三期类遗存的墓葬情况不甚明了，故在将其与以前的姬周遗存联系时就失去了很重要的一个方面。如果从沣西西周早期墓葬的情况来看，[⑤]其口略小底稍大的墓葬形制与碾子坡早期墓葬十分相似，随葬的深腹簋与碾子坡早期乃至陶寺晚期类型的同类器一脉相承（图三）。

---

① 中国科学院考古研究所编著《沣西发掘报告》，文物出版社，1963 年；中国科学院考古研究所丰镐工作队《1961—62 年陕西长安沣东试掘简报》，《考古》1963 年第 8 期，第 403—412 页。

② 中国社会科学院考古研究所丰镐工作队《1997 年沣西发掘报告》，《考古学报》2000 年第 2 期，第 199—245 页。

③ 牛世山《先周文化探索》，《文物季刊》1998 年第 2 期，第 40—57 页。

④ 张长寿《沣西的先周文化遗存》，《考古与文物》2000 年第 2 期，第 20—27 页。

⑤ 中国社会科学院考古研究所编著《张家坡西周墓地》，中国大百科全书出版社，1999 年。

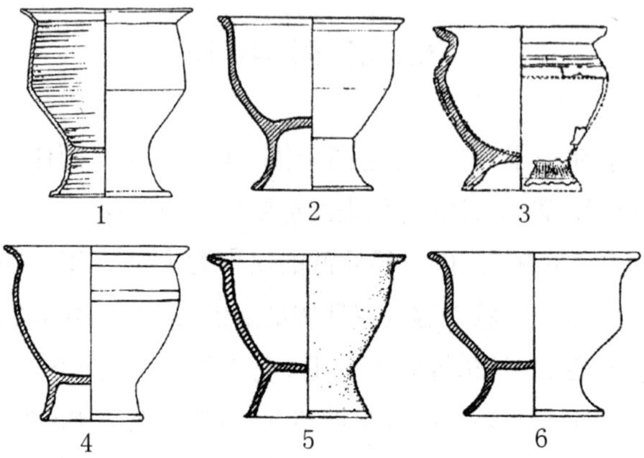

图三　陶深腹簋的演变

1. 陶寺ⅢH303：18　2. 朱开沟 M3027：2　3. 碾子坡 H813：35　4. 断泾 M7：2　5. 沣西 H18：46　6. 张家坡 M21：1

结　束　语

在从后稷到武王千余年的漫长时光中，姬周族辗转沉浮而能终成大业，与其"自强不息"的精神存在莫大关系。而此精神的长存，又与姬周族对其血统和文化传统的顽强维持有关。这大概就是西周宗法制度的根源所在。

（本文原载于《考古与文物》2002 年增刊[先秦考古]）

早期中国

裴李岗文化的迁徙影响与早期中国文化圈的雏形

早期中国文化圈，是指先秦时期中国大部地区文化彼此交融连锁而形成的以中原为核心的相对的文化统一体，与张光直提出的“中国相互作用圈”①、严文明所说“重瓣花朵式的格局”②和苏秉琦所说“共识的中国”③含义近同。虽然无法确定在虞夏之前是否有“中国”这一概念，但在中国大部却早已出现普遍的认同观念和以中原为核心的历史趋势，④早期中国文化圈实际成为秦汉帝国得以建立的地理、文化和政治基础。在这个意义上，我们将早期中国文化圈称为文化上的“早期中国”也未尝不可。这个文化圈至少从龙山时代以后可以分为两个大的阶段，即苏秉琦所提出的“古国”和“方国”阶段。⑤ 至于其形成时间，张光直认为是在公元前4000年左右的仰韶文化时期。本文试图论证，这一文化圈的酝酿萌动阶段至少可早到公元前6000年左右的新石器时代中期，至公元前5400年左右已见雏形（图一），而且中原地区的裴李岗文化的迁徙影响在这一过程中曾起到至关重要的作用。

一

裴李岗文化1977年发现于河南新郑裴李岗遗址⑥，还包括舞阳贾湖、郑

---

① 张光直《中国相互作用圈与文明的形成》，《庆祝苏秉琦考古五十五年论文集》，文物出版社，1989年，第6页。

② 严文明《中国史前文化的统一性与多样性》，《文物》1987年第3期，第38—50页。

③ 苏秉琦《中国文明起源新探》，生活·读书·新知三联书店，1999年，第161页。

④ 赵辉《以中原为中心的历史趋势的形成》，《文物》2000年第1期，第41—47页；韩建业《论新石器时代中原文化的历史地位》，《江汉考古》2004年第1期，第59—64页。

⑤ 苏秉琦《国家起源与民族文化传统》，《华人·龙的传人·中国人——考古寻根记》，辽宁大学出版社，1994年，第132—134页。

⑥ 开封地区文管会、新郑县文管会《河南新郑裴李岗新石器时代遗址》，《考古》1978年第2期，第73—79页；中国社会科学院考古研究所河南一队《1979年裴李岗遗址发掘报告》，《考古学报》1984年第1期，第23—52页。

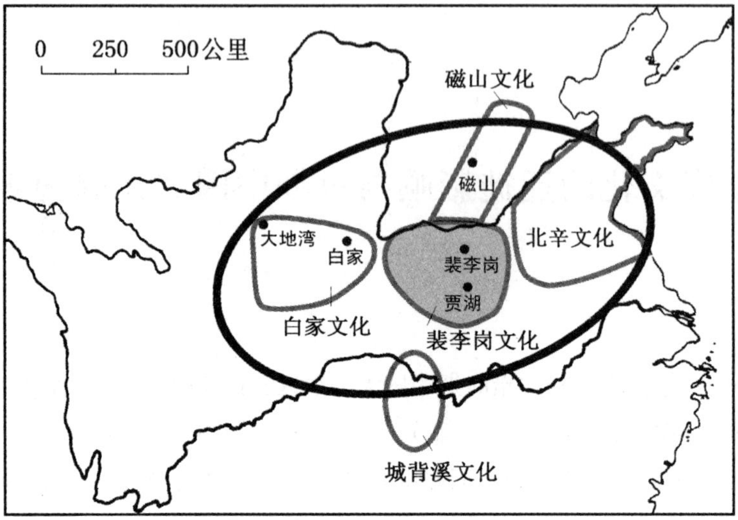

图一 早期中国文化圈雏形(公元前 5400—前 5000 年)

县水泉①、新郑唐户、新郑沙窝里②、密县莪沟北岗③、长葛石固④、巩义瓦窑嘴⑤、孟津寨根⑥等重要遗址，分布范围及于现在河南省大部地区。其中备受关注的舞阳贾湖遗存，被发掘者称为“贾湖文化”，其实和以往发现的裴李岗文化遗存大同小异，仍以称为裴李岗文化贾湖类型为宜。⑦ 发掘者将贾湖遗址分为三期九段，结合^{14}C树轮校正数据推测其绝对年代在公元前 7000—前 5800 年之间。若仔细比较，会发现其最重要的分界应在第四、五段之间：之前常见直口角把罐、方口盆、深腹盆等陶器，之后常见折沿深腹罐、盆形或罐形鼎、划纹盆、三足钵、圈足钵(碗)等陶器；前后都流行的壶类也存在形态上的显著变化，之前颈腹分界不明显，之后颈腹分界明显。⑧以此为据将贾湖遗存分为前、后两期更能体现其阶段性特点。其绝对年代下限也应

① 中国社会科学院考古研究所河南一队《河南郏县水泉裴李岗文化遗址》，《考古学报》1995 年第 1 期，第 39—78 页。
② 中国社会科学院考古研究所河南一队《河南新郑沙窝里新石器时代遗址》，《考古》1983 年第 12 期，第 1057—1067 页。
③ 河南省博物馆、密县文化馆《河南密县莪沟北岗新石器时代遗址》，《考古学集刊(第 1 集)》，文物出版社，1981 年，第 1—26 页。
④ 河南省文物研究所《长葛石固遗址发掘报告》，《华夏考古》1987 年第 1 期，第 3—125 页。
⑤ 巩义市文物管理所《河南巩义市瓦窑嘴新石器时代遗址试掘简报》，《考古》1996 年第 7 期，第 12—16 页；郑州市文物工作队、巩义市文物管理所《河南巩义市瓦窑嘴新石器时代遗址的发掘》，《考古》1999 年第 11 期，第 13—20 页。
⑥ 河南省文物管理局《黄河小浪底水库考古报告(二)》，中州古籍出版社，2006 年，第 157—211 页。
⑦ 张居中《试论贾湖类型的特征及与周围文化的关系》，《文物》1989 年第 1 期，第 18—20 页。
⑧ 河南省文物考古研究所编著《舞阳贾湖》，科学出版社，1999 年，第 465—519 页。

调整为公元前5500年左右(第八段H55的测年范围为公元前5750—前5520年)。贾湖以外其他裴李岗文化遗存虽然也有过若干分期方案,但总体面貌均类似于贾湖后期或者更晚,树轮校正年代则基本在公元前6200—前5400年之间。[①] 这样看来,裴李岗文化从整体上也可以分为前、后两个大的发展阶段,二者大致以公元前6200年为界。裴李岗文化的陶器素雅少纹,多壶无釜,这与华南以绳纹釜为代表的新石器早期遗存缺乏联系,与华北新石器早期的平底罐类遗存也明显不同,应当有自身更早的文化源头。

裴李岗文化的陶器形制规整、火候均匀、器类丰富,作为水器或酒器的壶类造型多样、功能细化,还发明了鼎这种中国最重要的炊器;石铲、锯齿形石镰等工具磨制精整,石磨盘还多琢出四足,发展水平要明显高于周围文化。裴李岗文化聚落已小有分化,小的面积仅几千平方米,较大的舞阳贾湖遗址有5万平方米,新郑唐户遗址更是达30万平方米。贾湖墓葬随葬不少制作精致的骨镞、骨镖、骨笛、骨板、骨叉形器、绿松石饰品,还有随葬獐牙、龟甲、猪下颌骨的习俗,有的龟甲内装小石子或骨针,有的龟甲上有刻符。墓葬也小有分化,普通小墓的随葬品一般仅一至数件,较大的墓葬则达数十件;而且从前期到后期还有明显的发展,前期每墓随葬品最多不超过20件,后期最大的墓葬M282和M277随葬品都在60件以上。其中最为宽大的M282长2.8米,宽1.8米,随葬品中包括可以构成七声音阶的7孔骨笛和带石子的龟甲等。仔细分析,这些较大墓葬的绝大部分随葬品无论种类还是质量都和普通墓葬类似,只是其中常包含带石子的龟甲、骨笛、骨板、骨叉形器等。这些特殊器物似乎与军权、礼制无涉,也不见得与贫富分化有关,却有浓郁的宗教意味,让人联想到卜筮乐医兼通的巫觋形象。可见,较大墓葬的主人极可能只在宗教方面具有较高地位,而宗教色彩浓重的贾湖聚落则可能是裴李岗文化的宗教中心和精神重镇。唐户遗址的裴李岗文化聚落已发现大约60座半地穴式房屋,有分区分组的现象,是郑州地区最重要的聚落遗址。大型聚落和较为复杂的宗教建立在较为发达的物质文化的基础之上,这为裴李岗文化对外产生较大影响奠定了基础。

二

裴李岗文化受周围文化的影响有限,对外影响却十分显著,尤其是在其后期阶

---

① 河南省文物考古研究所编著《舞阳贾湖》,第520—531页。

段：约公元前6200年进入后期以后，裴李岗文化西向对渭河流域和汉水上游、北向对冀南豫北地区的影响和渗透相当明显。

渭河和汉水上游地区的白家文化，以前曾被称为老官台文化，以陕西临潼白家村遗存和甘肃秦安大地湾一期遗存为代表，①还见于渭河流域的天水西山坪和师赵村②，宝鸡北首岭③、关桃园④，临潼零口⑤，渭南北刘⑥，以及汉水上游的西乡李家村、何家湾，汉阴阮家坝，紫阳马家营、白马石⑦，南郑龙岗寺⑧，商县紫荆⑨等遗址。该文化可以明确分为早、晚两期，早期以白家村、大地湾一期、西山坪一期、北刘早期、紫荆一期遗存为代表，三足罐多为直腹筒形；晚期以西山坪二期、师赵村一期为代表，三足罐多弧腹，并且新出泥质平底钵、侈口鼓腹平底绳纹罐等。据已发表的出自秦安大地湾、临潼白家村、西乡李家村、渭南北刘遗址的树轮校正测年数据，白家文化的绝对年代在公元前5900—前5000年之间，仅相当于裴李岗文化后期偏晚。⑩ 白家文化遗址多仅数千平方米，大者不过1—2万平方米，墓葬多数无随葬品，少数随葬一两件日常普通器物，个别达6件，其社会发展程度明显低于裴李岗文化。

白家文化早期的圜底钵、三足钵、圈足钵、深腹罐等主要陶器都可在裴李岗文化中找到原型(图二)，前者的锯齿形蚌镰或骨镰与后者的石镰也存在明显联系；两者均以简陋的半地穴式窝棚为居室，均流行仰身直肢葬，且都有合葬墓，都有瓮棺葬；更为有趣的是，白家文化也有随葬獐牙和猪下颌骨的习俗，如白家村M12墓主人手执獐牙，大地湾M15、M208在墓主人胸前置猪下颌骨。如此多的共性表明两文化存在密切联系。由于渭河流域和汉水上游并无更早的农业文化迹象，白家文化的初

① 中国社会科学院考古研究所编著《临潼白家村》，巴蜀书社，1994年；甘肃省博物馆、秦安县文化馆大地湾发掘小组《甘肃秦安大地湾新石器时代早期遗存》，《文物》1981年第4期，第1—8页；甘肃省文物考古研究所编著《秦安大地湾——新石器时代遗址发掘报告》，文物出版社，2006年。

② 中国社会科学院考古研究所编著《师赵村与西山坪》，中国大百科全书出版社，1999年。

③ 中国社会科学院考古研究所编著《宝鸡北首岭》，文物出版社，1983年。严文明先生将78H32类遗存从笼统的仰韶文化半坡类型中区别出来，见严文明《北首岭史前遗存剖析》，《仰韶文化研究》，文物出版社，1989年，第87—109页。

④ 陕西省考古研究所、宝鸡市考古工作队《陕西宝鸡市关桃园遗址发掘简报》，《考古与文物》2006年第3期，第3—14页。

⑤ 陕西省考古研究所编著《临潼零口村》，三秦出版社，2004年，第26—39页。

⑥ 西安半坡博物馆、渭南县文管会、渭南地区文管会《渭南北刘新石器时代早期遗址调查与试掘简报》，《考古与文物》1982年第4期，第1—9页。

⑦ 陕西省考古研究所、陕西省安康水电站库区考古队编著《陕南考古报告集》，三秦出版社，1994年。

⑧ 陕西省考古研究所编著《龙岗寺——新石器时代遗址发掘报告》，文物出版社，1990年。

⑨ 商县图书馆、西安半坡博物馆、商洛地区图书馆《陕西商县紫荆遗址发掘简报》，《考古与文物》1981年第3期，第33—47页。

⑩ 数据均采用1988年国际^{14}C会议确认的高精度树轮校正表校正，出自中国社会科学院考古研究所编《中国考古学中碳十四年代数据集(1965—1991)》，文物出版社，1991年。

始年代又比裴李岗文化晚 1 000 年左右,因此有理由推测,白家文化可能为裴李岗文化西向扩展并与土著文化融合的产物。当然,二者也存在相当的差别,如白家文化流行交错绳纹,有棕红色带、点、线纹彩,还有小口高领鼓腹罐等陶器,这些都是和裴李岗文化不同的地方。尤其白家文化的绳纹、红褐彩、口沿外压光、唇面压印花边等特征,与裴李岗文化的素雅风格有异,却和峡江及洞庭湖地区的彭头山文化相似,少数屈肢葬或许也与此相关。① 或者白家文化的另一个重要来源正是彭头山文化,汉水流域可能是两个文化发生交流的通道。

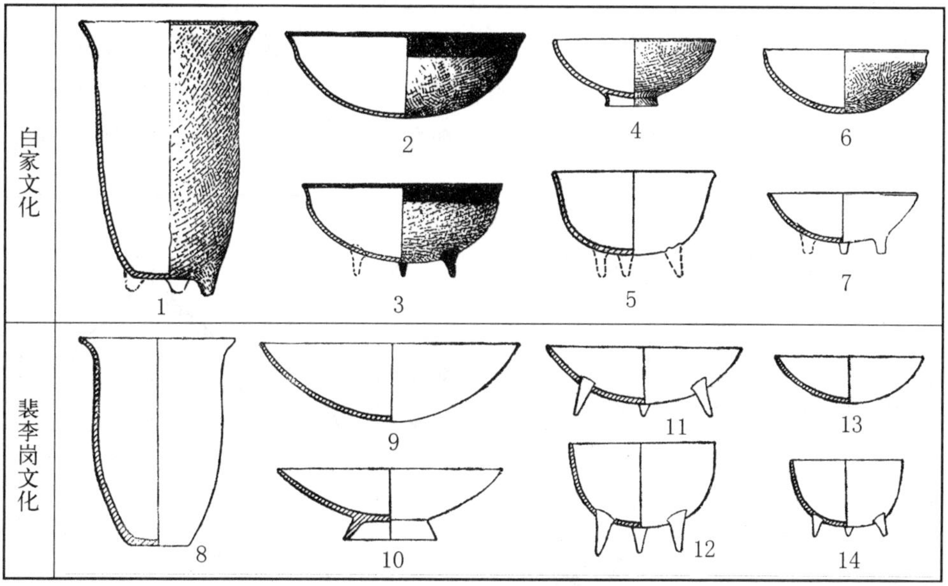

图二　白家文化与裴李岗文化陶器比较

1—7. 临潼白家(T309③: 4、T204H25: 1、T116H4: 2、T117③: 4、T121③: 8、T305③: 4、T308H15: 5)
8—14. 郏县水泉(M96: 5、M27: 2、M2: 2、M20: 2、M59: 4、M66: 2、M33: 2)
(1、8. 深腹罐　2、6、9、13. 圜底钵　3、5、7、11、12、14. 三足钵　4、10. 圈足钵)

三

豫北冀南地区的磁山文化,以河北武安磁山遗址②为代表,还见于附近洺河流

① 湖北省文物考古研究所编著《宜都城背溪》,文物出版社,2001 年;湖南省文物考古研究所编著《彭头山与八十垱》,文物出版社,2006 年。
② 河北省文物管理处、邯郸市文物保管所《河北武安磁山遗址》,《考古学报》1981 年第 3 期,第 303—339 页。

域的牛洼堡、西万年[①]等遗址，以及河南淇县花淇窝遗址[②]。其中磁山遗存被发掘者分为“第一文化层”和“第二文化层”，实即早、晚两期。据磁山、花淇窝遗址的测年树轮校正数据，磁山文化的绝对年代在公元前6000—前5600年之间。

磁山文化主要陶器可以分为甲、乙两类，甲类富有自身特色，多为夹砂绳纹的盂、支脚等；乙类是裴李岗文化流行的，多为泥质素面的三足钵、圜底钵、壶、深腹罐等。据发掘报告，磁山早期共有复原实用陶容器99件，其中绝大多数为甲类，乙类仅占7%(7件)；磁山晚期共有复原实用陶容器269件，乙类占27%(73件)(图三)。可见裴李岗文化后期不但对磁山文化施加了明显影响，而且力度逐渐加强。与白家文化不同的是，磁山文化的甲类本地陶器始终占据主流，其长方形窖穴、可能用于祭祀的“器物组”等也极富地方特色，可见来自裴李岗文化的影响并未从根本上改变当地文化的土著属性。如果将视野扩大，会发现在河北中部易水流域也有磁山文化遗

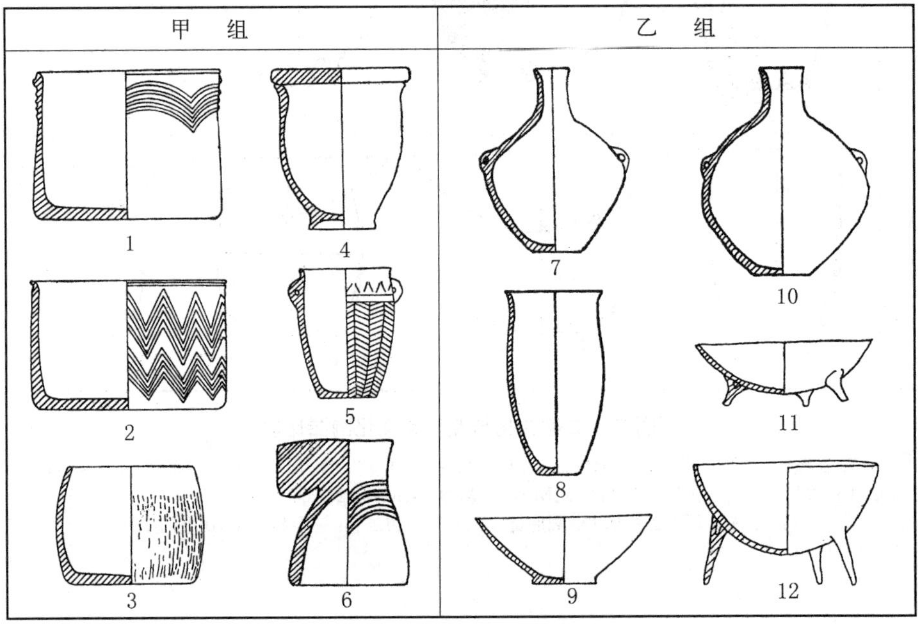

图三 武安磁山晚期遗存陶器分组

1—3. 盂(T87②：29、T96②：38、T8②：10) 4. 圈足罐(T104②：4) 5. 筒形罐(T96②：25) 6. 支脚(H453：7) 7、10. 壶(T87②：25、T96②：35) 8. 深腹罐(T106②：8) 9. 平底钵(H77：3) 11、12. 三足钵(T46②：30、T87②：32)

① 河北省文物管理处、邯郸地区文物保管所、邯郸市文物保管所《河北武安洺河流域几处遗址的试掘》，《考古》1984年第1期，第1—14页。

② 安阳地区文管会、淇县文化馆《河南淇县花淇窝遗址试掘》，《考古》1981年第3期，第279—281页。

存，如易县北福地一期①、容城上坡一期遗存等，只是这些遗存只见甲类器物，其陶面具和玉玦代表的特殊宗教习俗和装饰风格也都迥异于裴李岗文化，可见裴李岗文化的北向影响基本止于豫北冀南。

四

至公元前5400年以后，裴李岗文化的情况变得很不明朗。北部巩义、孟津地区稍微清楚一些，已发现的瓦窑嘴、寨根类遗存的下限可能更晚，其黑衣陶、竖条纹等特征不见于早先的裴李岗文化，某些碗钵口部略折的特点则与仰韶文化早期有近似之处，其年代下限当接近仰韶文化。此外，方城大张庄遗址②仰韶文化最早阶段的遗存中，也有若干类似裴李岗文化的因素，如陶竖条纹圈足碗、假圈足碗、双耳壶和锯齿形石镰等，表明裴李岗文化和当地仰韶文化应当存在直接联系。不过不容否认，裴李岗文化此后的确已经进入没落阶段。恰巧此时或稍后，裴李岗文化因素却较多见于海岱地区。

海岱地区原本分布着和裴李岗文化基本同时的后李文化，至公元前5400年或稍后则转变为北辛文化，以山东滕州北辛③、汶上东贾柏④和泰安大汶口第一期遗存⑤为代表。后李文化的以叠唇直腹圜底釜为代表的陶器群和裴李岗文化有明显差别，而北辛文化则多了双耳平底壶、三足壶、三足钵、圜底或平底钵这样一组裴李岗文化色彩浓厚的陶器，其釜形鼎也未尝没有受裴李岗文化影响的可能性。因此，栾丰实明确指出，"裴李岗文化是汶泗流域北辛文化的主要来源之一"⑥。其实何止汶泗流域，几乎所有北辛文化遗存中都或多或少包含裴李岗文化因素，连山东半岛的白石类型⑦也不例外！实际上，可能正是裴李岗文化部分人群东向迁徙的背景，才促成了后李文化向北辛文化的转变。至于裴李岗文化因素同样常见于附近淮北

① 河北省文物研究所编著《北福地——易水流域史前遗址》，文物出版社，2007年。
② 南阳地区文物队、方城县文化馆《河南方城县大张庄新石器时代遗址》，《考古》1983年第5期，第398—403页。
③ 中国社会科学院考古所山东队、山东省藤县博物馆《山东藤县北辛遗址发掘报告》，《考古学报》1984年第2期，第159—192页。
④ 中国社会科学院考古所山东工作队《山东汶上县东贾柏村新石器时代遗址发掘简报》，《考古》1993年第6期，第481—487页。
⑤ 山东省文物考古研究所编著《大汶口续集——大汶口遗址第二、三次发掘报告》，科学出版社，1997年。
⑥ 栾丰实《北辛文化研究》，《考古学报》1998年第3期，第284页。
⑦ 烟台市文物管理委员会《山东烟台白石村新石器时代遗址发掘简报》，《考古》1992年第7期，第577—588页。

的安徽濉溪石山子一期[1]类遗存，那更是情理之中的事情。

鲁中南、苏北的汶泗流域进入大汶口文化早期以后，墓葬中常见随葬龟甲、獐牙等的习俗，使人们不得不将其与早先的裴李岗文化贾湖类型相联系，[2]甚至二者人群的体质类型也十分接近。而汶泗流域早期大汶口文化又主要是在北辛文化基础上，接受龙虬庄文化强烈北向影响而形成。目前在龙虬庄文化和北辛文化墓葬均未发现随葬龟甲、獐牙的习俗，则贾湖类型这类习俗和早期大汶口文化之间的联系，还当有其他途径。

五

裴李岗文化强盛时对外扩张影响，将渭河流域、汉水上游和黄河中游以北地区与之紧密联系在一起；衰败时又东向迁徙，其文化因素深深渗透到黄河下游和淮北地区文化当中。可以看出，正是由于地处中原核心的裴李岗文化的强大作用，才使黄河流域文化紧密联结在一起，从而于公元前9千纪中期形成新石器时代的“黄河流域文化区”；才使黄河下游、汉水上游、淮北甚至长江中游地区文化也与中原文化区发生较多联系，从而形成雏形的“早期中国文化圈”；才使黄河、长江流域，尤其是中原地区文化此后的发展有了一个颇具共性的基础——这个基础暗含对中原腹地的一定程度的认同、彼此间的相互默契以及易于交流的基础等多种契机。

（本文原载于《中原文物》2009年第2期）

① 安徽省文物考古研究所《安徽濉溪石山子新石器时代遗址》，《考古》1992年第3期，第193—203页。

② 栾丰实《北辛文化研究》，《考古学报》1998年第3期，第283页；河南省文物考古研究所编著《舞阳贾湖》，第539—541页。

庙底沟时代与“早期中国”

仰韶文化东庄—庙底沟类型时期，中国大部地区文化首次交融联系形成以中原为核心的文化共同体，这个文化共同体所处的新时代即为本文所谓庙底沟时代①。仰韶文化庙底沟类型实力强盛且对外产生了很大影响，这已基本成为学术界的共识。早在1965年，苏秉琦就注意到庙底沟类型“对远方邻境地区发生很大影响”②。此后严文明指出“庙底沟期是一个相当繁盛的时期，这一方面表现在它内部各地方类型融合和一体化的趋势加强，另一方面则表现在对外部文化影响的加强”③。张忠培认为此时是“相对统一的时期”④，庙底沟类型（或西阴文化）对周围同期考古学文化产生了积极作用。⑤ 王仁湘称庙底沟期的彩陶扩展是“史前中国的艺术浪潮”⑥。在前人研究的基础上，本文试图论证：庙底沟时代是在东庄—庙底沟类型的强力扩张影响下形成的，该时代的到来标志着“早期中国文化圈”或文化上“早期中国”的形成。

一

仰韶文化东庄类型和庙底沟类型主要分布在晋西南、豫西地区，时当新石器时

---

① “庙底沟时代”是与“龙山时代”相对应的概念。见严文明《龙山文化和龙山时代》，《文物》1981年第6期，第41—48页。

② 苏秉琦《关于仰韶文化的若干问题》，《考古学报》1965年第1期，第51—82页。

③ 严文明《略论仰韶文化的起源和发展阶段》，《仰韶文化研究》，文物出版社，1989年，第122—165页。

④ 张忠培《关于内蒙古东部地区考古的几个问题》，《内蒙古东部区考古学文化研究文集》，海洋出版社，1991年，第3—8页。

⑤ 张忠培《仰韶时代——史前社会的繁荣与向文明社会的转变》，《文物季刊》1997年第1期，第1—47页。

⑥ 王仁湘《史前中国的艺术浪潮——庙底沟文化彩陶研究》，文物出版社，2011年。

代晚期，绝对年代约在公元前4200—前3500年。[①]

东庄类型以山西芮城东庄村仰韶遗存[②]和翼城北橄一、二期[③]为代表，时代介于半坡类型和庙底沟类型之间，[④]绝对年代约在公元前4200—前4000年。是在当地仰韶文化枣园类型的基础上，接受东进的半坡类型的强烈影响而形成的。[⑤] 具体来说，其钵、盆、罐、瓮等主体陶器兼具枣园类型和半坡类型的特点，尖底瓶的雏形双唇口为仰韶文化枣园类型内折唇口和半坡类型杯形口的结合（图一，1—3）；杯形口尖底瓶和雏形双唇口尖底瓶的尖底特征，绳纹和宽带纹（图二，1、2）、三角纹、菱形纹、鱼纹等黑彩，以及头骨和肢骨成堆摆放的二次葬等特征，[⑥]都来自半坡类型；素面壶、鼎，尖底瓶的瘦长特征，墓葬基本不见随葬品的质朴习俗等，基于枣园类型；葫芦形瓶、火种炉以及豆荚纹、花瓣纹等彩陶纹饰（图三，1、2）则为新创。总体看来，半坡类型的影响巨大，甚至从某种程度上可视其为半坡类型的关东变体。[⑦] 其大口勾鋬罐的勾鋬呈鸟首状，暗示该类型或许有崇拜鸟的习俗。东庄类型大致可以细分为两期，早期以北橄一期为代表，尖底瓶无颈且雏形双唇口的下唇不突出；晚期以北橄二期为代表，尖底瓶出颈且雏形双唇口的下唇较突出。同属东庄类型的豫西陕县三里桥仰韶遗存[⑧]、三门峡南交口仰韶文化一期[⑨]等，仅见杯形口尖底瓶而不见雏形双唇口尖底瓶，也不见火种炉，据此推测东庄类型的核心当不在豫西而在晋西南地区。

庙底沟类型以河南陕县庙底沟一期为代表，[⑩]绝对年代约在公元前4000—前3500年，总体是在东庄类型基础上继续发展的，新出的直领釜和灶等则体现来自郑洛地区的影响。该类型流行鸟纹彩陶，见有鸟形鼎、灶、器盖等。庙底沟类型大致可以分为三期：北橄三、四期和南交口仰韶文化二期早期代表早期，庙底沟遗址一期

---

① 严文明《略论仰韶文化的起源和发展阶段》，《仰韶文化研究》，第122—165页。

② 中国科学院考古研究所山西工作队《山西芮城东庄村和西王村遗址的发掘》，《考古学报》1973年第1期，第1—63页。

③ 山西省考古研究所《山西翼城北橄遗址发掘报告》，《文物季刊》1993年第4期，第1—51页。

④ 张忠培、严文明《三里桥仰韶遗存的文化性质与年代》，《考古》1964年第6期，第301—305页。

⑤ 田建文、薛新民、杨林中《晋南地区新石器时期考古学文化的新认识》，《文物季刊》1992年第2期，第35—44页；山西省考古研究所《山西翼城北橄遗址发掘报告》，《文物季刊》1993年第4期，第1—51页。

⑥ 陕西华县元君庙墓地一期就流行摆放成仰身直肢葬式的二次葬，二期以后流行头骨和肢骨成堆摆放的二次葬（北京大学历史系考古教研室编著《元君庙仰韶墓地》，文物出版社，1983年），这两种二次葬之间当存在演化关系。元君庙一、二期属于半坡类型早期，相对年代略早于北橄一期。

⑦ 严文明《论半坡类型和庙底沟类型》，《考古与文物》1980年第1期，第64—72页；戴向明《试论庙底沟文化的起源》，《青果集——吉林大学考古系建系十周年纪念文集》，知识出版社，1998年，第18—26页。

⑧ 中国科学院考古研究所编著《庙底沟与三里桥》，科学出版社，1959年。

⑨ 河南省文物考古研究所编著《三门峡南交口》，科学出版社，2009年。

⑩ 中国科学院考古研究所编著《庙底沟与三里桥》。

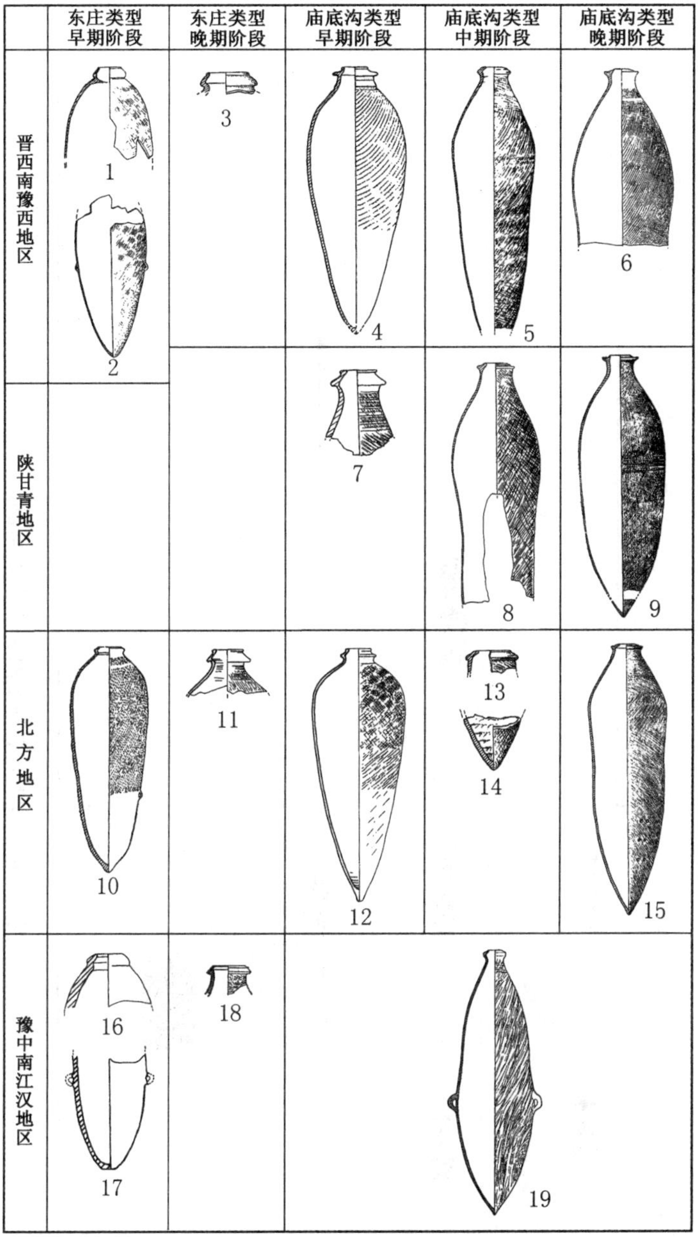

图一　庙底沟时代各地区陶双唇口小口尖底瓶比较

1—3. 仰韶文化东庄类型(北橄 H34：27、5，ⅡT1302④：6)　4—6. 仰韶文化庙底沟类型(南交口 H90：1，西阴 G1：28，西坡 H110：5)　7—9. 仰韶文化泉护类型(大地湾 T704③：P50，案板 GNDH24：7，福临堡 H37：8)　10—15. 仰韶文化白泥窑子类型(白泥窑子 F1：1，王墓山坡下ⅠF1：21、ⅠF11：13，段家庄 H3：15、27，杨家坪 F1：3)　16、17. 仰韶文化大河村类型(大河村 T56⑯：27、28)　18. 大溪文化(关庙山 T63⑤A：27)　19. 仰韶文化阎村类型(水地河 W1：2)

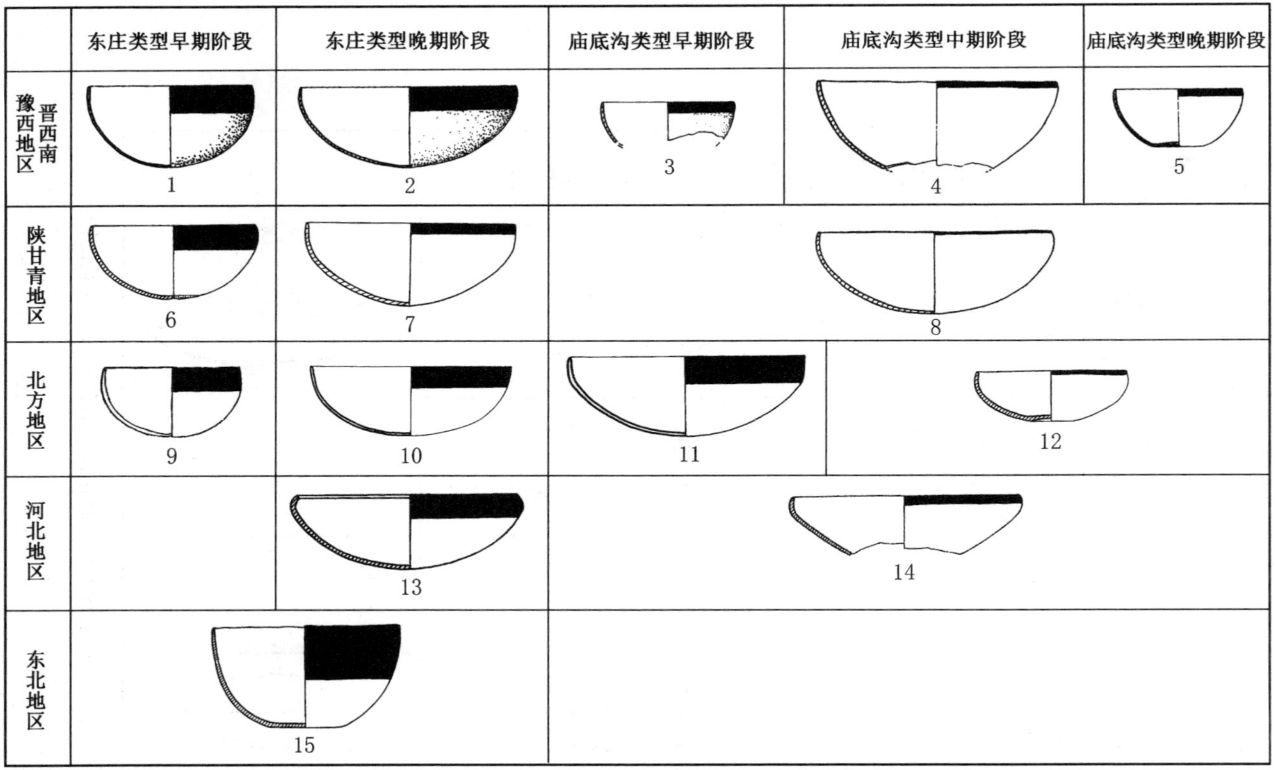

图二　庙底沟时代各地区陶黑彩带纹钵比较

1、2. 仰韶文化东庄类型(北橄 H34：20、H32：2)　3—5. 仰韶文化庙底沟类型(北橄Ⅱ T402③：2，西阴 H33：54、H30：9)　6、7. 仰韶文化史家类型(原子头 H126：1，大地湾 T302③：21)　8. 仰韶文化泉护类型(大地湾 F709：1)　9—12. 仰韶文化白泥窑子类型(白泥窑子 F1：11，王墓山坡下Ⅰ H1：4、Ⅰ F6：13，段家庄 H3：5)　13. 仰韶文化后岗类型(南杨庄 T40②：1)　14. 仰韶文化钓鱼台类型(钓鱼台 H1)　16. 红山文化(西水泉 T7②：20)

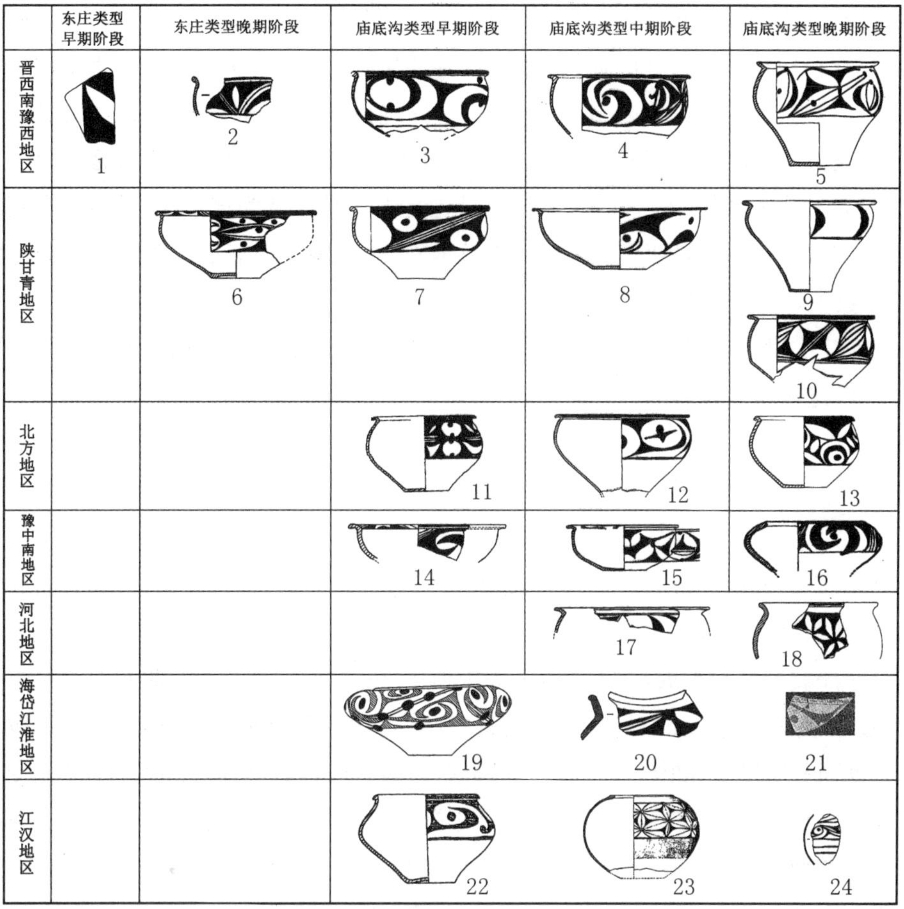

图三　庙底沟时代各地区陶花瓣纹彩陶盆比较

1、2. 仰韶文化东庄类型(北橄 H38：11，东庄 H104：1：01)　3—5. 仰韶文化庙底沟类型(北橄 T8⑨：1，西阴 H33：7、H30：63)　6. 仰韶文化史家类型(原子头 H42：1)　7—10. 仰韶文化泉护类型(大地湾 T700③：19，泉护 H5：192、H1127：871，胡李家 H14：2)　11—13. 仰韶文化白泥窑子类型(章毛勿素 F1：4，段家庄 H3：07，白泥窑子 A 点 F2：2)　14—16. 仰韶文化阎村类型(大河村 T1⑥D：113，点军台 F3：7，大河村 T11⑤A：83)　17、18. 仰韶文化钓鱼台类型(南杨庄 H108：1，钓鱼台 T4②)　19. 大汶口文化(刘林 M72：1)　20、21. 崧泽文化(青墩下文化层，草鞋山 T304：6)　22—24. 大溪文化(螺蛳山 1 号墓，关庙山 T37④：9、T4③：9)

和西阴村庙底沟类型主体遗存①代表中期，西坡墓葬②和 H110 代表晚期。小口尖

---

① 李济《西阴村史前的遗存》，“清华学校研究院丛书”第 3 种，1927 年；山西省考古研究所《西阴村史前遗存第二次发掘》，《三晋考古(第二辑)》，山西人民出版社，1996 年，第 1—62 页。

② 河南省文物考古研究所、中国社会科学院考古研究所河南一队等《河南灵宝市西坡遗址 2001 年春发掘简报》，《华夏考古》2002 年第 2 期，第 31—52 页；中国社会科学院考古研究所、河南省文物考古研究所编著《灵宝西坡墓地》，文物出版社，2010 年。

底瓶先是上唇圆翘、下唇突出下垂而成为真正的双唇口，然后双唇逐渐尖平，最后上唇几乎消失而近于喇叭口，器底则由尖向钝变化（图一，4—6）；葫芦形瓶上部由斜弧向斜直转变，最后变为颈部出棱近似喇叭口；钵和宽沿盆由浅弧腹向深曲腹发展，罐、瓮腹由矮弧向深直演变，器鋬和附加堆纹越来越常见；彩陶中花瓣纹逐渐繁复成熟，最后又趋于简化（图三，3—5），钵口沿先是由宽带纹变为窄带纹，最后彩带基本消失（图二，3—5）。就级别甚高的西坡墓地看，至少晚期时庙底沟类型的核心已转移至豫西。

东庄类型形成以后，就以其极具活力的姿态迅速拓展，庙底沟类型青出于蓝而胜于蓝，进一步扩张影响。

二

东庄类型和庙底沟类型向周围邻近地区的扩张影响，造成仰韶文化的“庙底沟化”和空前统一局势。

东庄类型一经形成，就迅速影响关中地区，使半坡类型进入晚期亦即史家类型阶段。[①] 陕西渭南史家墓葬[②]、临潼姜寨二期[③]等史家类型遗存，总体上继承半坡类型早期而有所发展，如钵、盆类器向尖圜底、折腹方向转变，小口尖底瓶、细颈壶变小退化等；但有不少东庄类型因素，如葫芦形瓶以及彩陶中的花瓣纹、豆荚纹等。考虑到半坡类型尚鱼，而东庄类型崇鸟，则此时新出的鸟鱼合体纹不啻为半坡类型和东庄类型融合的象征。[④] 这次文化浪潮还一直延伸到关中西部乃至甘肃中东部，形成陕西陇县原子头仰韶一、二期遗存[⑤]、甘肃秦安大地湾第二期遗存[⑥]等（图二，6、7；图三，6），西北可能已延伸至河西走廊东缘，[⑦]只是这些西部遗存流行仰身直肢葬而基本不见东部的多人二次合葬，双腹耳罐、双腹耳钵、葫芦口小口尖底瓶、人头形口平

---

① 王小庆《论仰韶文化史家类型》，《考古学报》1993年第4期，第415—434页。

② 西安半坡博物馆、渭南县文化馆《陕西渭南史家新石器时代遗址》，《考古》1978年第1期，第41—53页。

③ 半坡博物馆、陕西省考古研究所、临潼县博物馆编著《姜寨——新石器时代遗址发掘报告》，文物出版社，1988年。

④ 赵春青《从鱼鸟相战到鱼鸟相融——仰韶文化鱼鸟彩陶图试析》，《中原文物》2000年第2期，第13—15页。

⑤ 宝鸡市考古工作队、陕西省考古研究所编著《陇县原子头》，文物出版社，2005年。

⑥ 甘肃省文物考古研究所编著《秦安大地湾——新石器时代遗址发掘报告》，文物出版社，2006年。

⑦ 在甘肃古浪三角城遗址曾采集到一件史家类型阶段的细黑彩带圜底钵。见甘肃省文物考古研究所、北京大学考古文博学院编著《河西走廊史前考古调查报告》（图三五，1），文物出版社，2011年，第65页。

底瓶等也具有一定地方特点。庙底沟类型向西影响更加强烈，使得关中和甘肃东部由史家类型发展为泉护类型，如陕西华县泉护一期①，白水下河一期②，扶风案板一期③，宝鸡福临堡一、二期④，甘肃省秦安大地湾第三期等，花瓣纹、鸟纹彩陶和双唇口小口尖底瓶（图一，7—9；图二，8）等典型因素和庙底沟类型大同小异，区别只在鼎较少等细节方面。类似遗存还向西北一直扩展至青海东部⑤和宁夏南部⑥，西南达陇南至川西北，⑦偏晚阶段彩陶明显繁缛化（图三，10），与关中东部逐渐简化的趋势正好相反，反映核心区和“边远地区”逐渐分道扬镳。至于汉中地区的陕西汉阴阮家坝、紫阳马家营等遗存，⑧流行釜形鼎而与泉护类型有所不同，当受到过晋南豫西核心区文化的直接影响。

东庄类型同时北向深刻影响晋中北、内蒙古中南部、陕北北部和冀西北——狭义的北方地区，形成仰韶文化白泥窑子类型和马家小村类型。⑨ 内蒙古中南部至陕北北部此前分布着仰韶文化鲁家坡类型和石虎山类型，一定程度上可视为后岗类型和半坡类型的融合体，此时却变为白泥窑子类型，早、晚期分别以内蒙古清水河白泥窑子C点F1⑩ 和凉城王墓山坡下第一段⑪遗存为代表，新出雏形双唇口小口尖底瓶（图一，10、11）和火种炉，钵、盆流行宽带纹（图二，9、10）和花瓣纹黑彩装饰，这显然与东庄类型因素的大量涌入有关；甚至早、晚期的尖底瓶口特征正好与北橄一、二期对应，充分显示其与晋西南亦步亦趋的关系。但白泥窑子类型缺乏鼎、釜、灶等，花

① 北京大学考古学系著、中国社会科学院考古研究所编著《华县泉护村》，科学出版社，2003 年。

② 王炜林、张鹏程《陕西白水下河新石器时代遗址》，《2010 中国重要考古发现》，文物出版社，2011 年，第 18—20 页。

③ 西北大学文博学院考古专业编著《扶风案板遗址发掘报告》，科学出版社，2002 年。

④ 宝鸡市考古工作队、陕西省考古研究所宝鸡工作队编著《宝鸡福临堡——新石器时代遗址发掘报告》，文物出版社，1993 年。

⑤ 青海省文物考古队《青海民和阳洼坡遗址试掘简报》，《考古》1984 年第 1 期，第 15—20 页；中国社会科学院考古研究所甘青工作队、青海省文物考古研究所《青海民和县胡李家遗址的发掘》，《考古》2001 年第 1 期，第 40—58 页。

⑥ 北京大学考古实习队、固原博物馆《隆德页河子新石器时代遗址发掘报告》，《考古学研究（三）》，科学出版社，1997 年，第 158—195 页。

⑦ 北京大学考古学系、甘肃省文物考古研究所《甘肃武都县大李家坪新石器时代遗址发掘报告》，《考古学集刊（第 13 集）》，中国大百科全书出版社，2000 年，第 1—36 页；成都文物考古研究所、阿坝藏族羌族自治州文物保管所、茂县羌族博物馆《四川茂县波西遗址 2002 年的试掘》，《成都考古发现（2004）》，科学出版社，2006 年，第 1—12 页。

⑧ 陕西省考古研究所、陕西省安康水电站库区考古队编著《陕南考古报告集》，三秦出版社，1994 年。

⑨ 韩建业《中国北方地区新石器时代文化研究》，文物出版社，2003 年。

⑩ 崔璿、斯琴《内蒙古清水河白泥窑子 C、J 点发掘简报》，《考古》1988 年第 2 期，第 97—108 页。

⑪ 内蒙古文物考古研究所、北京大学中国考古学研究中心、“聚落演变与早期文明”课题组编著《岱海考古（三）——仰韶文化遗址发掘报告集》，科学出版社，2003 年。

瓣纹彩陶也较简单，仍体现出一定的地方特色。晋北和冀西北此前属后岗类型，此时则演变为地方特征浓厚的以山西大同马家小村遗存①为代表的马家小村类型，宽带纹和花瓣纹彩陶少而简单，小口尖底瓶个别卷沿外附加一圈泥条，似双唇口，多数为单圆唇直口。至庙底沟类型早中期，晋中北和冀西北文化面貌已与庙底沟类型基本相同，②而内蒙古中南部仍更多延续此前的风格（图一，12—15；图二，11、12；图三，11—13）。庙底沟类型晚期，由于红山文化的南下影响，冀西北孕育出最早的雪山一期文化，③岱海地区形成装饰较多红彩的王墓山坡下第3段遗存，北方地区文化与晋西南的关系日渐疏远。

东庄类型同样东南—南向对豫中南部和鄂北产生很大影响。郑洛及以南地区，此前为大河村前二期类遗存④，此时则转变为大河村类型遗存，新出雏形口小口尖底瓶（图一，16、17）⑤和花瓣纹、豆荚纹黑彩等东庄类型因素，但流行釜形鼎、崇尚素面和红彩带等仍为当地传统的延续，小口折腹釜形鼎的出现当为北辛文化影响的结果，豆、杯等则体现与江淮地区的文化联系。豫西南和鄂西北地区，此前为仰韶文化大张庄类型⑥，此时则发展为以河南淅川下王岗二期下层⑦、邓州八里岗M53⑧为代表的下王岗类型，新出宽带纹、豆荚纹、花瓣纹黑彩和多人二次葬等东庄类型因素，小口尖底瓶则多为杯形口。庙底沟类型的影响更加深入，花瓣纹彩陶成为这些地区的典型因素（图三，14—16），双唇口小口尖底瓶（图一，19）和葫芦形瓶也见于各地，只是距离豫西越远越少。不过，这些地区地方性特征仍然浓厚。郑洛地区的河南汝州阎村，郑州大河村一、二期，荥阳点军台一期⑨，巩义水地河三、四期⑩类遗存，

---

① 山西省考古研究所、大同市博物馆《山西大同马家小村新石器时代遗址》，《文物季刊》1992年第3期，第7—16页。

② 如山西汾阳段家庄H3、柳林杨家坪F1（国家文物局、山西省考古研究所、吉林大学考古学系编著《晋中考古》，文物出版社，1999年）、河北蔚县三关F3（张家口考古队《1979年蔚县新石器时代考古的主要收获》，《考古》1981年第2期，第97—105页）等，只是仍少见鼎。

③ 以河北平山中贾壁遗存为代表。见滹沱河考古队《河北滹沱河流域考古调查与试掘》，《考古》1993年第4期，第300—310页；韩建业《论雪山一期文化》，《华夏考古》2003年第4期，第46—54页。

④ 郑州市文物考古研究所编著《郑州大河村》，科学出版社，2001年。

⑤ 《郑州大河村》将其划分为M型罐。

⑥ 南阳地区文物队、方城县文化馆《河南方城县大张庄新石器时代遗址》，《考古》1983年第5期，第398—403页。

⑦ 河南省文物研究所、长江流域规划办公室考古队河南分队编著《淅川下王岗》，文物出版社，1989年。

⑧ 北京大学考古实习队、河南省南阳市文物研究所《河南邓州八里岗遗址发掘简报》，《文物》1998年第9期，第31—45页。

⑨ 郑州市博物馆《荥阳点军台遗址1980年发掘报告》，《中原文物》1982年第4期，第1—21页。

⑩ 张松林、刘彦锋、刘洪淼《河南巩义水地河遗址发掘简报》，《郑州文物考古与研究（一）》，科学出版社，2003年，第220—254页。

小口尖底瓶更多为矮杯形口，浅腹釜形鼎发达，常在白衣上兼施黑、红彩，流行成人瓮棺葬，被称为仰韶文化阎村类型。[①] 而豫西南和鄂西北地区仍为下王岗类型的延续，以下王岗二期中、上层为代表，扩展至鄂西北的郧县、枣阳、随州一带，[②]流行圆腹釜形鼎，小口尖底瓶多为杯形口，彩陶黑、红、白搭配，相映成趣。这一地区偏晚阶段接受大汶口文化、大溪文化和崧泽文化影响，出现太阳纹、“互”字纹等彩陶图案，豆、杯、圈足碗、附杯圈足盘等陶器增多，与晋西南豫西核心区的差异逐渐增大。

东庄类型向太行山以东的影响最小，仅在河北正定南杨庄三期[③]、永年石北口中期四段和晚期的H52等遗存中，见有少量黑彩宽带钵（图二，13）、凹折沿绳纹罐和旋纹罐等东庄类型因素，[④]这当与后岗类型的顽强抵制有关。公元前4000年左右庙底沟类型正式形成之后，其与后岗类型的对峙局面终于宣告结束。这时除以磁县钓鱼台、正定南杨庄四期为代表的少量与庙底沟类型近似的钓鱼台类型遗存外（图二，14；图三，17、18），[⑤]河北平原大部呈现出文化萧条景象，这或许与庙底沟类型进入太行山以东引起的激烈战争有关。这也从另外一个侧面见证了庙底沟类型强势扩张的剧烈程度。

三

东庄类型和庙底沟类型对仰韶文化区以外的东北、东部沿海和长江中游地区都产生了较为深远的影响。

（一）东北地区

东庄类型和庙底沟类型东北向的影响渗透，导致了西辽河流域红山文化的兴盛。

---

① 严文明《略论仰韶文化的起源和发展阶段》，《仰韶文化研究》，第122—165页；袁广阔《阎村类型研究》，《考古学报》1996年第3期，第307—324页。

② 以郧县大寺H98、枣阳第一期为代表，见湖北省文物考古研究所、湖北省文物局南水北调办公室《湖北郧县大寺遗址2006年发掘简报》，《考古》2008年第4期，第3—13页；中国社会科学院考古研究所编著《枣阳雕龙碑》，科学出版社，2006年。

③ 河北省文物研究所编著《正定南杨庄——新石器时代遗址发掘报告》，科学出版社，2003年。

④ 河北省文物研究所、邯郸地区文物管理所《永年县石北口遗址发掘报告》，《河北省考古文集》，东方出版社，1998年，第46—105页。

⑤ 严文明《略论仰韶文化的起源和发展阶段》，《仰韶文化研究》，第122—165页。

约公元前4200年以前，东北西辽河流域分布着以内蒙古敖汉旗小山遗存[①]为代表的晚期赵宝沟文化和以赤峰魏家窝铺遗存为代表的初期红山文化，其中已经渗透进仰韶文化下潘汪类型—后岗类型的泥质红陶钵、盆类因素。东庄类型形成后向北方施加强烈影响，形成仰韶文化白泥窑子类型和马家小村类型，其中前者已扩展至内蒙古锡林郭勒盟境，后者到达冀西北。[②] 这两个类型继续向东北强力渗透的结果，就是使西辽河流域的赵宝沟文化转变为以内蒙古赤峰蜘蛛山T1③[③]、水泉H2[④]为代表的早期红山文化，面貌焕然一新，出现大量装饰黑彩的泥质红陶钵、盆、壶类，尤其宽带纹黑彩钵明确为东庄类型因素（图二，15）。庙底沟类型继续东北向施加影响，不但在冀西北地区留下蔚县三关F3那样与其很类似的遗存，而且使得以敖汉旗三道湾子H1[⑤]、赤峰西水泉F13为代表的中期红山文化开始流行涡纹彩陶，那实际上是花瓣纹彩的变体。

苏秉琦先生曾以“华山玫瑰燕山龙”的诗句，对中原和东北这种文化联系进行了高度概括。他指出花瓣纹等仰韶文化因素正是从华山脚下开始，经由晋南、北方地区而至东北地区的，并说红山文化“是北方与中原两大文化区系在大凌河上游互相碰撞、聚变的产物”[⑥]。但到以辽宁凌源牛河梁主体遗存[⑦]为代表的红山文化晚期，红山文化已经开始反向对仰韶文化产生较大影响。[⑧]

（二）东部沿海地区

东庄类型和庙底沟类型向东部沿海地区的扩张影响，使海岱地区刚诞生的大汶口文化的面貌发生一定程度的改观，刺激了江淮和江浙地区文化的“崧泽化”进程，

---

① 中国社会科学院考古研究所内蒙古工作队《内蒙古敖汉旗小山遗址》，《考古》1987年第6期，第481—503页。

② 以河北蔚县三关F4为代表，见张家口考古队《1979年蔚县新石器时代考古的主要收获》，《考古》1981年第2期，第97—105页。

③ 中国社会科学院考古研究所内蒙古工作队《赤峰蜘蛛山遗址的发掘》，《考古学报》1979年第2期，第215—243页。

④ 中国社会科学院考古研究所内蒙古工作队《赤峰西水泉红山文化遗址》，《考古学报》1982年第2期，第183—198页。

⑤ 辽宁省博物馆、昭乌达盟文物工作站、敖汉旗文化馆《辽宁敖汉旗小河沿三种原始文化的发现》，《文物》1977年第12期，第1—22页。

⑥ 苏秉琦《中华文明的新曙光》，《东南文化》1988年第5期，第1—7页。

⑦ 辽宁省文物考古研究所《辽宁凌源市牛河梁遗址第五地点1998—1999年度的发掘》，《文物》2001年第8期，第15—30页。

⑧ 韩建业《晚期红山文化南向影响的三个层次》，《文物研究（第十六辑）》，黄山书社，2009年，第61—66页。

并促进了中国东部区“鼎豆壶杯鬶(盉)文化系统”的形成。

大约公元前4100年,在江淮地区龙虬庄文化北向渗透的背景之下,海岱地区增加了杯、豆、盉等崭新因素,从而由北辛文化发展为以山东泰安大汶口H2003为代表的最早期的大汶口文化,[①]东庄类型因素仅表现在兖州王因M2558那样的多人二次合葬方面。[②] 约公元前4000年以后,庙底沟类型的影响显著增强,在大汶口、王因等早期大汶口文化遗存中,除多人二次合葬外,突然新增较多花瓣纹彩陶以及敛口鼓肩深腹彩陶钵、宽折沿彩陶盆等庙底沟类型因素(图三,19),这使得大汶口文化的面貌发生了一定程度的改观。不过从其彩陶的黑、红、白组合以及钵敛口严重等情况来看,其与阎村类型更为接近,说明庙底沟类型间接通过阎村类型对大汶口文化产生影响。

约公元前4100年以前,江淮地区为龙虬庄文化一期[③]或类似遗存[④],江浙地区为马家浜文化;之后在马家浜文化向崧泽文化转变的同时,还出现了北阴阳营文化、薛家岗文化、龙虬庄文化二期等与崧泽文化大同小异的遗存,本文暂称这些类似遗存的形成为“崧泽化”过程。这些遗存普遍新出小口鼓腹鼎,有的肩部还饰多周旋纹,当为受到庙底沟类型—阎村类型小口折腹釜形鼎的影响所致;安徽肥西古埂早期H2[⑤]、江苏海安青墩下文化层[⑥]、吴县草鞋山T304[⑦]等所见花瓣纹彩陶(图三,20、21),以及龙虬庄二期M141的葫芦形瓶等,都更明确为庙底沟类型因素。由此推测,东庄—庙底沟类型,尤其是后者的影响在这次“崧泽化”进程中起到了重要的刺激作用。

(三)长江中游地区

东庄类型和庙底沟类型还向长江中游地区顽强渗透,不但为其增添了新的文化内容,而且使其文化活力大为增强。

---

① 山东省文物考古研究所编著《大汶口续集——大汶口遗址第二、三次发掘报告》,科学出版社,1997年;韩建业《龙虬庄文化的北上与大汶口文化的形成》,《江汉考古》2011年第1期,第59—64页;已收入本书。

② 中国社会科学院考古研究所编著《山东王因——新石器时代遗址发掘报告》,科学出版社,2000年。

③ 龙虬庄遗址考古队编著《龙虬庄——江淮东部新石器时代遗址发掘报告》,科学出版社,1999年。

④ 比如高淳薛城早期、江苏金坛三星村一期遗存等。见南京市文物局、南京市博物馆、高淳县文管所《江苏高淳县薛城新石器时代遗址发掘简报》,《考古》2000年第5期,第1—20页;江苏省三星村联合考古队《江苏金坛三星村新石器时代遗址》,《文物》2004年第2期,第4—26页。

⑤ 安徽省文物考古研究所《安徽肥西县古埂新石器时代遗址》,《考古》1985年第7期,第577—583页。

⑥ 南京博物院《江苏海安青墩遗址》,《考古学报》1983年第2期,第147—190页。

⑦ 南京博物院《吴县草鞋山遗址》,《文物资料丛刊3》,文物出版社,1980年,第1—24页。

约公元前4200年以前，长江中游地区文化可分为两个系统：汉江以东的湖北钟祥边畈类遗存①，流行高锥足釜形鼎，红顶钵、盆等，实际与豫西南和鄂北地区的下王岗一期遗存近似，大致属于仰韶文化系统；而在汉江以西则是以湖北枝江关庙山大溪文化一期②、湖南澧县城头山一期③为代表的早期大溪文化，流行釜、折腹钵、圈足碗等陶器。稍后约公元前4100年，大溪文化向东渗透，为汉江东部地区增加了大量圈足盘、圈足碗等器类，使其形成大溪文化油子岭类型④；与此同时，东庄类型的花瓣纹彩陶、雏形口小口尖底瓶（图一，18）、小口鼓腹旋纹鼎等因素也进入汉江两岸，见于关庙山二期、城头山二期等遗存。此时大溪文化中新出的薄胎彩陶杯，也不排除是受到仰韶文化彩陶影响而产生。

庙底沟类型对长江中游大溪文化的影响更加深入，其典型因素花瓣纹、鸟纹彩陶装饰和多人二次葬发现于湖北宜昌中堡岛新石器时代I期⑤、关庙山大溪文化三期（图三，23、24）、四川巫山大溪遗存⑥等当中，在湖北黄冈螺蛳山M1甚至还随葬庙底沟类型风格的彩陶鼓腹盆（图三，22）。⑦ 通过这种交流影响，大溪文化进入蓬勃发展时期。

四

总体来看，由于公元前4000年前后仰韶文化东庄类型—庙底沟类型从晋南豫西核心区向外强力扩张影响，使得中国大部地区文化交融联系成相对的文化共同体。⑧ 其空间结构自内而外至少可以分为三个层次：核心区在晋西南豫西及关中东部，即仰韶文化东庄类型—庙底沟类型分布区和泉护类型东部，最具代表性的花瓣纹彩陶线条流畅，设色典雅；双唇口小口尖底瓶、折腹釜形鼎等典型器造型规整大

① 张绪球《汉江东部地区新石器时代文化初论》，《考古与文物》1987年第4期，第56—66页。

② 中国社会科学院考古研究所湖北工作队《湖北枝江县关庙山新石器时代遗址发掘简报》，《考古》1981年第4期，第289—297页；中国社会科学院考古研究所湖北工作队《湖北枝江关庙山遗址第二次发掘》，《考古》1983年第1期，第17—29页。

③ 湖南省文物考古研究所编著《澧县城头山——新石器时代遗址发掘报告》，文物出版社，2007年。

④ 张绪球《长江中游新石器时代文化概论》，湖北科学技术出版社，1992年。

⑤ 国家文物局三峡考古队编著《朝天嘴与中堡岛》，文物出版社，2001年。

⑥ 四川省博物馆《巫山大溪遗址第三次发掘》，《考古学报》1981年第4期，第461—490页。

⑦ 中国科学院考古研究所湖北发掘队《湖北黄冈螺蛳山遗址的探掘》，《考古》1962年第7期，第339—344页。

⑧ 张光直早就提出公元前4000年前"中国相互作用圈"开始形成，见张光直《中国相互作用圈与文明的形成》，《庆祝苏秉琦考古五十五年论文集》，文物出版社，1989年，第1—23页。

气。向外是主体区，即黄河中游地区(南侧还包括汉水上中游、淮河上游等)，也就是除核心区之外的整个仰韶文化分布区，花瓣纹彩陶造型因地略异，线条迟滞，其中偏东部彩陶多色搭配，活泼有余而沉稳不足；西北部多双唇口小口尖底瓶而少鼎，东南部少双唇口小口尖底瓶而多鼎，这也体现出了区域性差异。再向外是边缘区，即黄河下游、长江中下游和东北等仰韶文化的邻境地区，时见正宗或变体花瓣纹彩陶，以及黑彩带钵、折腹釜形鼎、双唇口小口尖底瓶、葫芦形瓶等。这个三层次结构共同体初定于东庄类型，成熟于庙底沟类型，是一个延续达六七百年的相对稳定的共同体，它们所处的时代构成庙底沟时代(图四)。这一文化共同体与东北亚地区的筒形罐文化系统、华南地区的釜文化系统在边缘地带略有交叉，但总体自成系统。

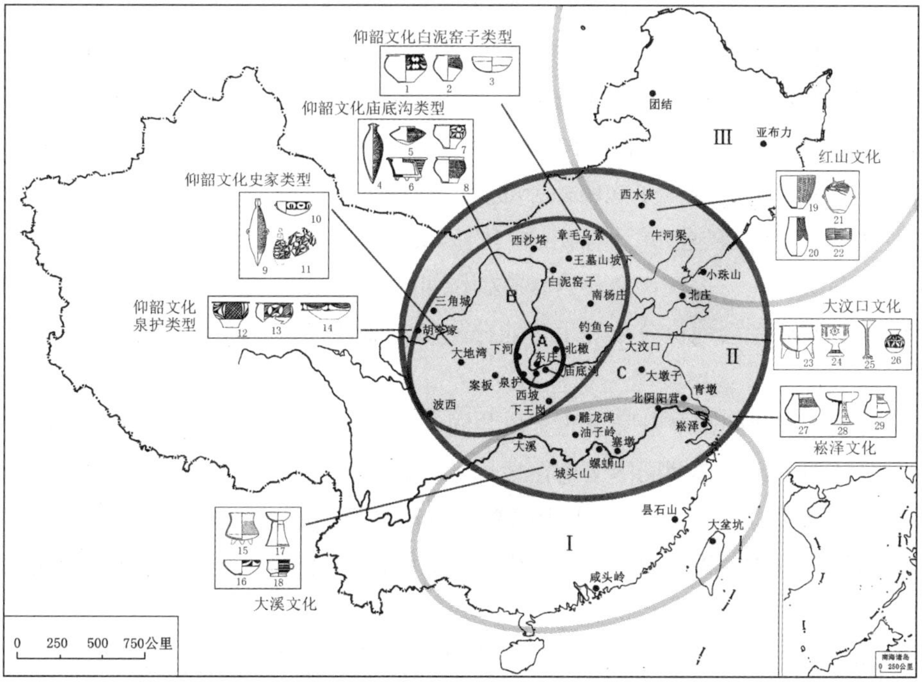

图四　庙底沟时代"早期中国"三层次文化结构图

Ⅰ. 釜—圈足盘—豆文化系统　Ⅱ. 早期中国文化圈　Ⅲ. 筒形罐文化系统

A. 核心区　B. 主体区　C. 边缘区

1、7、12、13. 盆(章毛乌素 F1：4，庙底沟 H11：75，胡李家 T1②：1、H14：2)　2、8、20. 罐(章毛乌素 F1：2，庙底沟 H322：66，蜘蛛山 T1③：47)　3、10、14、16、22. 钵(章毛乌素 F1：6，大地湾 T1③：1，胡李家 T1004②B：3，城头山 H210：3，西水泉 H4：2)　4、9、11. 瓶(庙底沟 T203：43，大地湾 F2：14、QD0：19)　5. 釜(庙底沟 H12：112)　6. 灶(庙底沟 H47：34)　15、23、27. 鼎(城头山 M665：2，大汶口 M1013：5，崧泽 M10：3)　17、24、28. 豆(城头山 M678：4，大汶口 M2005：49，崧泽 M30：4)　18、25. 杯(城头山 M679：3，大汶口 M2002：8)　19. 筒形罐(西水泉 F13：31)　21、26、29. 壶(西水泉 H2：21，大汶口 M1013：2，崧泽 M30：3)(均为陶器)

庙底沟时代是社会开始走向分化的时代，稍后铜石并用时代的社会变革和复杂化趋势都于此开端。具体来说，东庄类型和庙底沟类型早中期，核心区和主体区的农业生产工具爪镰和石铲大增，表明农业有长足发展；作为专门武器的穿孔石钺已经少量出现，或许其已经具有军权象征意义，①暗示战争在社会中的地位越来越重要。聚落房屋大小有别，成排分布，②社会秩序井然，显示当时已有较为强有力的社会组织管理能力。至于其墓葬少见随葬品，一方面说明其贫富分化和社会地位分化还很有限，一方面也是其社会平实质朴的表现。我们曾将此后铜石并用时代的此类社会发展模式称为"中原模式"，③则此时这一模式已见雏形。边缘区大汶口文化、崧泽文化、北阴阳营文化的同时期墓葬分化显著，尤其玉石器制作水平远高于仰韶文化，似乎在社会发展方面走在前面，这也是其社会发展的"东方模式"初步显露的反映。但归根结底，这些文化的迅猛发展还是离不开仰韶文化东庄—庙底沟类型的启发。到庙底沟类型晚期，核心区附近的河南灵宝西坡、陕西白水下河、陕西华县泉护遗址已经出现二三百平方米的大型"宫殿式"房屋和大型墓葬，表明社会已经复杂到相当程度，已经站在了文明社会的门槛，不过西坡大墓虽阔大特殊却一般仅随葬少量明器，重贵轻富，井然有礼，严于生死之分，仍体现"中原模式"的质朴习俗。而东部诸文化——大汶口文化、崧泽文化、北阴阳营文化、薛家岗文化、红山文化等，贫富分化、社会地位分化和手工业分化则愈加显著，"东方模式"的特点越来越明显。

庙底沟时代的这个三层次的文化共同体，与商代政治地理的三层次结构竟有惊人的相似之处；④该共同体无论在地理还是文化上，都为夏商乃至秦汉以后的中国奠定了基础，因此可称为"早期中国文化圈"，或者文化上的"早期中国"，简称"早期中国"。⑤ 我们曾提出仰韶文化东庄类型和庙底沟类型对应传说中的黄帝族系，

---

① 河南汝州阎村发现的"鹳鱼石斧图"，其"斧"身似有穿孔，当为石钺，此图或可称为"鹳鱼钺图"。严文明认为此斧（或钺）当为军权的象征。见严文明《〈鹳鱼石斧图〉跋》，《文物》1981 年第 12 期，第 79—82 页。

② 以内蒙古凉城王墓山坡下Ⅰ聚落为代表，最大的 F7 居于最高处，其余房屋成排分布。见内蒙古文物考古研究所、北京大学中国考古学研究中心、"聚落演变与早期文明"课题组编著《岱海考古（三）——仰韶文化遗址发掘报告集》。

③ 韩建业《略论中国铜石并用时代社会发展的一般趋势和不同模式》，《古代文明（第 2 卷）》，2003 年，第 84—96 页；已收入本书。

④ 宋新潮《殷商文化区域研究》，陕西人民出版社，1991 年。

⑤ 其实质与严文明所说"重瓣花朵式的格局"含义近同，与张光直提出的"中国相互作用圈"和苏秉琦所说"共识的中国"也相近。见严文明《中国史前文化的统一性与多样性》，《文物》1987 年第 3 期，第 38—50 页；张光直《中国相互作用圈与文明的形成》，《庆祝苏秉琦考古五十五年论文集》，第 1—23 页；苏秉琦《中国文明起源新探》，生活·读书·新知三联书店，1999 年，第 161 页。

认为涿鹿之战确立了庙底沟期仰韶文化所代表的华夏集团的主导地位，使黄帝及中原地区成为古代中国的认知核心。事实上，东庄类型和庙底沟类型的范围恰好以冀州为核心，而其影响北逾燕山，东达海岱，东南至江淮，南达江湘，与《史记》所载黄帝所至之处何其相似！① 究其原因，中原东庄类型—庙底沟类型的崛起，大约与距今6 000年前后全新世适宜期最佳的水热条件有关；而其强力扩张影响乃至形成庙底沟时代，则得益于中原所处“天下之中”的特殊地理位置。

（本文原载于《考古》2012 年第 3 期）

① 韩建业《涿鹿之战探索》，《中原文物》2002 年第 4 期，第 20—27 页；已收入本书；韩建业《以华夏为核心的五帝时代古史体系的考古学观察》，《五帝时代——以华夏为核心的古史体系的考古学观察》，学苑出版社，2006 年，第 149—170 页。

略论文化上“早期中国”的起源、形成和发展

一

“中国”一词至少可追溯至西周，最初仅指洛阳一带中原核心地区，后来逐渐演变成近现代意义上的中国。本文所谓“早期中国”，实即文化意义上“早期中国”的简称，是指商代晚期以前中国大部地区文化彼此交融联系而形成的以中原为核心的文化共同体，是商周王朝乃至秦汉帝国得以建立的地理、文化和政治基础，也可以称其为“早期中国文化圈”。[①]

文化上的早期中国以中原为核心，并且至少自五帝以来就基本前后相承、连续发展，这是中国传统史学的基本认识。但自晚清以来，随着中西文化的碰撞和中国弱势地位的显现，疑古思潮在国内外渐成风气，这一认识受到前所未有的挑战。当然随着甲骨文的发现和研究，王国维、徐旭生等对古史的研究整理，以及 20 世纪 20 年代以来殷墟等重要遗址的考古发现和研究，极端的疑古思潮已经淡出史学领域，商代晚期以来的中国史基本为信史、中华文明起源于商代晚期以前等观点已成学术界共识，但商代晚期以前是否存在文化意义上的连续发展的早期中国，或者这个早期中国有着怎样的文化格局、特质和发展过程，都还没有定论或者不很清楚。

在 20 世纪 80 年代以来对中国文明起源的热烈讨论中，主要由中国学者进行的绝大部分研究都直接论述中国古代文明或国家起源的时间、标志、过程等，只有少数学者注意到早期或古代的“中国”这个概念本身需要加以深究。这当中张光直提出在公元前 4000 年前已经形成“中国相互作用圈”，中国文明具有连续性和整体性特征；[②]严文明认为中国史前文化具有的统一性与多样性特点，并且存在“重瓣花朵式

---

① 韩建业《论早期中国文化周期性的“分”“合”现象》，《史林》2005 年增刊，第 65—71 页。

② 张光直《中国相互作用圈与文明的形成》，《庆祝苏秉琦考古五十五年论文集》，文物出版社，1989 年，第 6 页。

的格局”;[①]苏秉琦指出先秦时期存在“共识的中国”。[②] 这些观点可以说已经初步搭建了早期中国文化圈的基本框架。但他们所提出的“中国相互作用圈”或“重瓣花朵式的格局”的空间结构值得进一步研究,其起源、形成和发展过程有待系统梳理。

二

文化上的早期中国植根于遥远的旧石器时代和新石器时代早期。

在持续约200万年的中国旧石器时代,铲形门齿等后世蒙古人种的特征普遍存在,砾石—石片工业传统贯穿始终,而南方砾石石器、北方小石器的差别也长期延续,这表现出人类进化、文化发展上显著的连续性、统一性和多样性特征。[③] 正是在这个意义上,苏秉琦说:“中国人的主体部分是东亚大陆土著居民,是北京人后裔;中国文化是有近200万年传统的土著文化。”[④]

至约公元前18000年,华南和长江流域交界地带进入最早的新石器时代,约公元前9000年,新石器文化拓展至中国中东部地区并形成五大文化区或五大文化系统,即华南文化区的绳纹圜底釜文化系统、长江下游文化区的平底盆—圈足盘—双耳罐文化系统、中原腹地文化区的深腹罐文化系统、黄河下游文化区的素面圜底釜文化系统和华北东北文化区的筒形罐文化系统。[⑤] 五大文化系统之外的其他地区仍停留在旧石器时代末期或中石器时代。

尽管分属不同文化系统,但也不能因此而对这些文化的统一性的一面有所忽视。实际上不但新石器时代早期各文化系统的陶器有同出一源的可能性,[⑥]就是新石器时代早期文化和同时的旧石器末期文化、中石器文化之间的差距也并非天壤之别:虽然长江流域、华北地区部分新石器时代早期的人群已经种植水稻和黍类作物,但也还处于初始阶段,这些作物在食物结构中所占分量有限,可能只是采集渔猎

---

① 严文明《中国史前文化的统一性与多样性》,《文物》1987年第3期,第38—50页。

② 苏秉琦《中国文明起源新探》,生活·读书·新知三联书店,1999年,第161页。

③ 吴汝康《古人类学》,文物出版社,1989年;严文明《中国史前文化的统一性与多样性》,《文物》1987年第3期,第38—50页;吴新智《从中国晚期智人颅牙特征看中国现代人起源》,《人类学学报》第17卷第4期,1998年,第276—282页;王幼平《中国远古人类文化的源流》,文物出版社,2005年,第313—316页。

④ 苏秉琦《关于重建中国史前史的思考》,《华人·龙的传人·中国人——考古寻根记》,辽宁大学出版社,1994年,第114—123页。

⑤ 韩建业《中国新石器时代早中期文化的区系研究》,《考古学研究(九)》,文物出版社,2012年,第24—36页。

⑥ 张弛《中国南方的早期陶器》,《古代文明(第5卷)》,文物出版社,2006年,第16页。

经济的补充。

从整体来说，中国是世界上最早发展农业、发明陶器（陶容器）和磨制石器的地区，而且三者基本上是以组合的方式同时出现。虽然三者的最初发生不见得就有必然的联系，但在发展过程中却互相关联。这为中国此后成为世界上最大最稳定的农业地区、最发达的陶瓷器大国奠定了坚实基础。发展农业需要定居，需要不断调节社会内部以保持稳定，而不需要无节制的对外扩张，这使得中国文化逐渐形成质朴稳健、注重整体性思维、重视传统、稳定内敛的特质。

三

文化上的早期中国萌芽于公元前6000年前后的新石器时代中期。

约从公元前7000年开始，各文化区先后进入新石器时代中期，农业文化得到很大发展，尤其约公元前6200年进入新石器时代中期中段以后，各文化区交流明显频繁起来，中原裴李岗文化强势扩张，[①]长江流域彭头山文化和跨湖桥文化东进西渐，[②]从而整合成四个文化区或文化系统，即黄河和淮河上中游文化区的深腹罐—双耳壶—钵文化系统、长江中下游—华南文化区的釜—圈足盘—豆文化系统、华北—东北文化区的筒形罐文化系统三个大文化系统，以及泰沂以北地区的素面圜底釜文化系统一个小文化系统（图一）。这当中，三个大文化系统已和严文明归纳的中国新石器时代的三个系统大致吻合。[③]

不仅如此，裴李岗文化的强烈扩张和影响，还使各文化区边缘都开始互相接触融合，几个文化系统都发生了一定的联系。无论是长江中游的彭头山文化，还是华北的磁山文化，其临近裴李岗文化的边缘地区都开始出现较多泥质素面的壶、钵等裴李岗文化因素。这样一来，几个文化系统就具有了一定共性，从而形成雏形的初具圈层结构或者“重瓣花朵式”结构的“早期中国文化圈”，或者说文化上的“早期中国”已经萌芽。因之，此后在中国大部才会出现普遍的认同观念和以中原为核心的

---

① 韩建业《裴李岗文化的迁徙影响与早期中国文化圈的雏形》，《中原文物》2009年第2期，第11—15页；已收入本书。

② 韩建业《试论跨湖桥文化的来源和对外影响——兼论新石器时代中期长江中下游地区间的文化交流》，《东南文化》2010年第6期，第62—66页；已收入本书。

③ 严文明《中国古代文化三系统说——兼论赤峰地区在中国古代文化发展中的地位》，《中国北方古代文化国际学术研讨会论文集》，中国文史出版社，1995年，第17—18页。

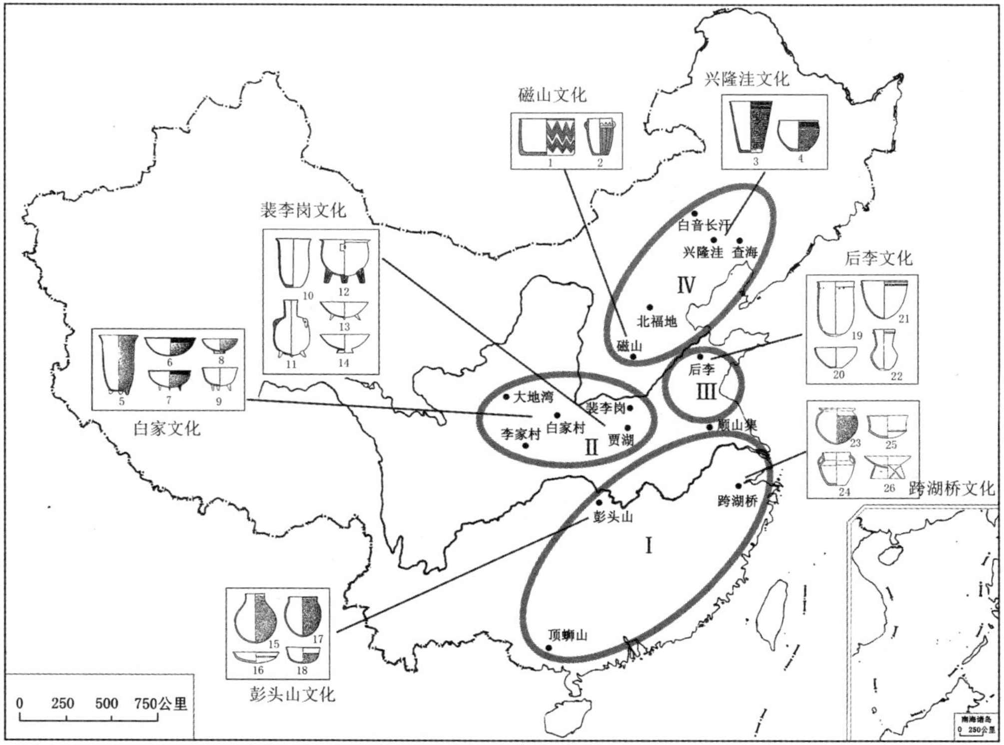

图一　中国新石器时代中期中段文化区系(公元前6200—前5500年)

Ⅰ釜—圈足盘—豆文化系统　Ⅱ深腹罐—双耳壶—钵文化系统　Ⅲ素面圜底釜文化系统　Ⅳ筒形罐文化系统

1—4. 筒形罐(盂)(磁山T96②:38、25,兴隆洼F171④:10、F180④:8)　5、10. 深腹罐(白家T309③:4,裴李岗M37:3)　6—9、13、14、16、18、20、25. 钵(白家T204H25:1、T116H4:2、T117③:4、T121③:8,裴李岗M38:11、M56:4,彭头山T5⑤:4、F2:1,后李H1546:1,跨湖桥T0410湖Ⅲ:17)　11、22. 壶(裴李岗M100:10,后李H1677:1)　12. 鼎(贾湖H104:6)　15、17、19、21、23. 釜(罐)(彭头山H2:47、H1:6,后李H3827:1、H3832:1,跨湖桥T0411⑧A:132)　24. 双耳罐(跨湖桥T0411⑧A:24)　26. 圈足盘(跨湖桥T0513⑨C:2)(均为陶器)

历史趋势。[①]

这个雏形的“早期中国文化圈”，已经存在互补型的南稻北粟二元谷物农业体系，兼养家猪，是当时世界上最大的农业文化圈；有着丰富的陶器和讲究的器用生活，尤其核心区裴李岗文化发明了早期中国第一标型器、专门炊器——鼎；出现早熟的木器手工业和梁架结构房屋；出现东西二元彩陶、似文字符号以及八角星纹、兽面纹等蕴含深意的图像；形成以祖先崇拜为核心的世俗化的信仰体系、多层次整体性的思维方式。当时社会虽然还处于比较平等的状态，但一些较专业的神职人员的地位已经开始凸显。

四

约公元前5000年进入新石器时代晚期以后，文化融合进一步加强。其一，黄河下游和淮河中游地区文化整合为北辛文化，[②]后在北辛文化影响推动下产生初期仰韶文化，[③]使得黄河流域和淮河上中游地区文化出现较为统一的面貌，形成瓶（壶）—钵（盆）—罐—鼎文化系统。其二，长江中下游—华南文化区的釜—圈足盘—豆文化系统在古老传统的基础上继续交融发展。长江中游汤家岗文化、大溪文化一期的印纹白陶传播到下游马家浜文化，而马家浜文化的石钺、三足盘等因素亦见于长江中游。此外，发源于长江中游的印纹白陶等还见于华南珠江口沿岸。其三，随着仰韶文化的北向扩展，华北地区已经成了瓶（壶）—钵（盆）—罐—鼎文化系统的天下，筒形罐文化系统北向退缩形成东北文化区。这样，早期中国三大文化系统正式形成。

新石器时代晚期，各文化区虽然基本平行发展，中原地区核心作用反而不如先前明显，但文化交流更加频繁，雏形的“早期中国文化圈”继续发展。此时两大农业体系进一步壮大，农业在黄河、长江流域大部分地区的地位越来越重要。玉器崭露头角，中国特有的玉文化传统正式形成。无论是仰韶文化的分组房屋和凝聚向心聚落

---

① 赵辉《以中原为中心的历史趋势的形成》，《文物》2000年第1期，第41—47页；韩建业《论新石器时代中原文化的历史地位》，《江汉考古》2004年第1期，第59—64页。

② 韩建业《双墩文化的北上与北辛文化的形成——从济宁张山“北辛文化遗存”论起》，《江汉考古》2012年第2期，第47—51页。

③ 韩建业《初期仰韶文化研究》，《古代文明（第8卷）》，文物出版社，2010年，第16—35页。

结构，[①]还是大溪文化和河姆渡文化的排房，都将主要建筑秩序井然地安排在一个特定空间内，有的外周还有环壕或者城垣，在强调集体利益和公共秩序方面有异曲同工之妙。很大程度上，这是一个平等友善、爱护弱小、重视集体、秩序井然的时代。

五

文化上的早期中国形成于公元前4000年前后的庙底沟时代。

约公元前4000年前后，仰韶文化东庄类型—庙底沟类型从晋南豫西核心区向外强力扩张，以前的三大文化系统的格局大为改观，中国大部地区文化交融联系成相对的文化共同体，其空间结构自内而外至少可以分为三个层次：核心区在晋西南豫西及关中东部，即仰韶文化东庄类型—庙底沟类型分布区和泉护类型东部，最具代表性的花瓣纹彩陶线条流畅，设色典雅。向外是主体区即黄河中游地区，也就是除核心区之外的整个仰韶文化分布区，花瓣纹彩陶造型因地略异，线条稚嫩迟滞，其中偏东部彩陶多色搭配，活泼有余而沉稳不足。再向外是边缘区，即黄河下游、长江中下游和东北等仰韶文化的邻境地区，时见正宗或变体花瓣纹彩陶，但主体器类仍为当地传统器类（图二）。[②]

可以看出，这个三层次结构共同体的核心区和主体区基本就是此前的黄河流域、华北和淮河上中游文化区，换句话说它主要是在瓶（壶）—钵（盆）—罐—鼎文化系统的基础上发展而来，其边缘区则包括了新整合成的长江中下游—黄河下游地区的鼎—豆—壶—杯文化系统，以及东北南部和西部的筒形罐—彩陶罐—钵文化系统。在这个三层次结构的共同体之外，还有华南的釜—圈足盘—豆文化系统、东北的筒形罐文化系统，这些文化系统都和上述三层次结构共同体互有联系。如果站在现代中国的角度，那实际上已经是第四层次了。

庙底沟时代的这个三层次的文化共同体，与商代政治地理的三层次结构竟有惊人的相似之处。[③] 该共同体无论在地理还是文化上，都为夏商乃至秦汉以后的中国奠定了基础，因此可称为最早的“早期中国文化圈”，标志着文化上的“早期中国”

---

① 巩启明、严文明《从姜寨早期村落布局探讨其居民的社会组织结构》，《考古与文物》1981年第1期，第63—71页。

② 韩建业《庙底沟时代与“早期中国”》，《考古》2012年第3期，第59—69页；已收入本书。

③ 宋新潮《殷商文化区域研究》，陕西人民出版社，1991年。

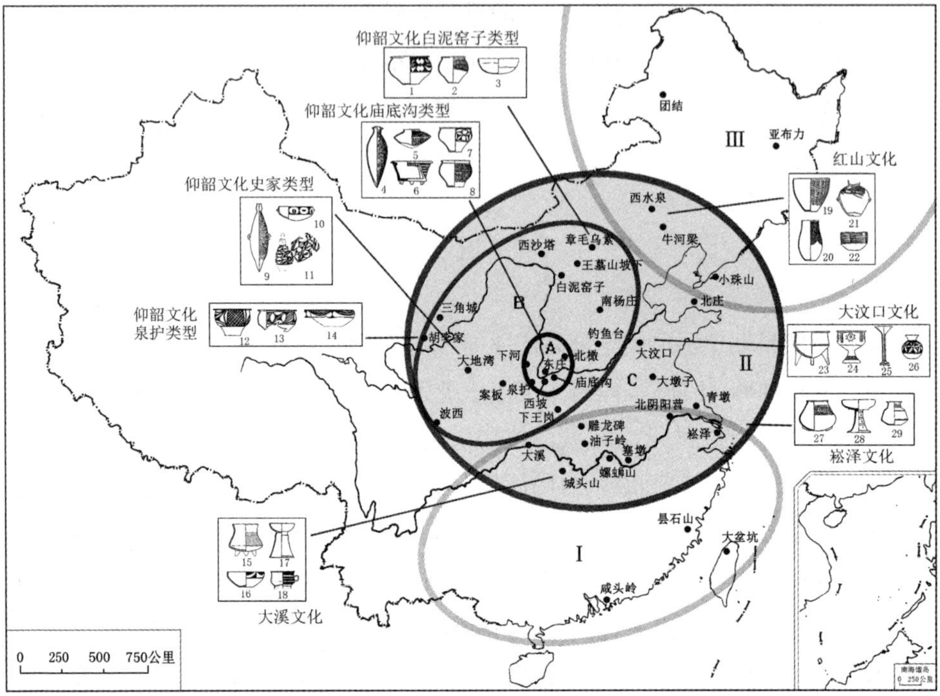

图二　庙底沟时代文化上的早期中国(公元前 4200—前 3500 年)

Ⅰ. 釜—圈足盘—豆文化系统　Ⅱ. 早期中国文化圈　Ⅲ. 筒形罐文化系统

A. 核心区　B. 主体区　C. 边缘区

1、7、12、13. 盆(章毛乌素 F1：4,庙底沟 H11：75,胡李家 T1②：1、H14：2)　2、8、20. 罐(章毛乌素 F1：2,庙底沟 H322：66,蜘蛛山 T1③：47)　3、10、14、16、22. 钵(章毛乌素 F1：6,大地湾 T1③：1,胡李家 T1004②B：3,城头山 H210：3,西水泉 H4：2)　4、9、11. 瓶(庙底沟 T203：43,大地湾 F2：14、QD 0：19)　5. 釜(庙底沟 H12：112)　6. 灶(庙底沟 H47：34)　15、23、27. 鼎(城头山 M665：2,大汶口 M1013：5,崧泽 M10：3)　17、24、28. 豆(城头山 M678：4,大汶口 M2005：49,崧泽 M30：4)　18、25. 杯(城头山 M679：3,大汶口 M2002：8)　19. 筒形罐(西水泉 F13：31)　21、26、29. 壶(西水泉 H2：21,大汶口 M1013：2,崧泽 M30：3)(均为陶器)

或"早期中国"的正式形成。此时两大农业体系走向成熟,陶器、玉器、漆器和丝织品等"中国"特色器物繁荣发达,彩陶盛行。

庙底沟时代,中原核心区仰韶文化出现大型"宫殿式"房屋,社会地位分化显著而贫富分化、社会分工有限;东部诸文化——大汶口文化、崧泽文化、北阴阳营文化等,出现随葬大量玉器和陶器的大墓,社会地位分化、贫富分化、社会分工都很明显;而北方地区仰韶文化则不但看不出贫富分化、社会分工,就连社会地位分化也很不明显。当时已具家族凸现、男权军权凸现等一般趋势,又初步形成社会发展的三种不同模式,开启了早期中国文明起源的先河。我们可将这三种不同模式分别称之为

“中原模式”“东方模式”和“北方模式”。① 这种社会发展的一般趋势和不同模式，是早期中国文化有中心的多元一体特点的又一种表现方式。

人们不禁会问：在公元前4000年前的庙底沟时代，如何会形成范围如此广大的早期中国？强势的核心区是用什么样的方式使其文化因素渗透到周围地区，使其认知成为周围广大地区的主体认知？或许战争在其中起到了重要作用，但此后这种认同趋势得以长期延续，显然与中原核心区令人仰慕的文化特质和足以服人的文化策略有关。“中原模式”稳定内敛、重贵轻富、井然有礼、朴实执中，这决定了其社会政治的本质特点在于协调稳定内部秩序，被认为是中国文化一大特征的礼制应当在此时才真正出现；决定了其社会管理基于血缘关系，由近及远，按照不同层次实行不同的管理方式，尊重各地区不同文化，形成一种有着相当稳定结构的文化共同体，最初期的“朝贡体系”或许已经萌芽；决定了其主张“王权”而非“霸权”，主要依靠优秀文化的辐射影响而非军事经济干预。

六

约公元前3500—前1800年为文化上早期中国的古国时代。

大约公元前3500年，各文化区进入铜石并用时代早期即仰韶后期，中原核心区实力减弱，难以对周围文化产生强力影响和辐射，周围文化随即各自沿着不同方向发展。对当时的中原文化来说，正好有机会吸收更多周围文化因素，不过其对传统的维持也比其他任何一个地区都要顽强。对于周围文化来说，终于有更多机会变革和创新，但总归要基于原有基础。总体上，此前形成的文化上的早期中国得到继续发展，并未因为中原核心区的衰弱而解体；不仅如此，由于周围文化向更外缘的大幅度拓展，早期中国的范围也得到更大扩展。这是文化上的中国和政治上的中国很不同的地方。

仰韶后期粟作农业扩展至河西走廊东部和青藏高原东部地区，稻作农业扩展至广东北部，甘青等地则出现源自西方的家羊的养殖。大汶口文化和良渚文化的磨光黑陶、马家窑文化的彩陶，以及红山文化、薛家岗文化、良渚文化的玉器，都精美绝伦，冠绝一时。尤其是玉器，异常发达，成为早期中国东部地区最有代表性的物质文

---

① 韩建业《略论中国铜石并用时代社会发展的一般趋势和不同模式》，《古代文明（第2卷）》，2003年，第84—96页；已收入本书。

化遗存。值得关注的是，此时彩陶在大部地区衰落而文字符号兴起，这应当与社会普遍复杂化的背景相关。“中原模式”“东方模式”和“北方模式”的特征此时更加凸显，同时各文化区普遍存在社会分化、家族凸现、男权军权凸现等一般趋势。“东方模式”如良渚文化、屈家岭文化、大汶口文化等，在公元前3000年左右应当已经出现初始国家组织，能够对较大地域实行一定程度的控制和管理，已进入初始文明社会阶段；“中原模式”和“北方模式”贫富分化虽然不很明显，但也未尝不能对较大地域实行一定程度的控制和管理，社会发展阶段与“东方模式”大体一致。

当时的中国出现了很多地区中心和强势文化，如以良渚遗址群为核心的良渚文化、以石家河遗址群为核心的屈家岭文化、以大汶口墓地和丹土城址为代表的大汶口文化、以牛河梁遗址群为核心的红山文化、以西坡大墓为代表的仰韶文化西王类型、以大地湾乙址为代表的马家窑文化石岭下类型等。苏秉琦曾提出“古国—方国—帝国”的中国古代文明演进之路，[①]严文明调整为“古国—王国—帝国”，[②]王震中修正为“邦国—王国—帝国”。[③] 我们可称这些互不统属的小国并存的时代为早期中国的古国时代或邦国时代。

另外，此时早期中西文化交流的趋势已经比较明显。主要通道有青藏高原南北侧的“彩陶之路”南道和北道，如马家窑文化就通过南道影响到南亚的克什米尔，西方的羊等因素则传播到甘青地区。[④] 中西交流为早期中国文化注入了新鲜血液。

七

约公元前2500年，各文化区进入铜石并用时代晚期，在新兴的海岱龙山文化的带动下，黄河、长江流域大部地区明显加强了重新整合的趋势，龙山时代到来；[⑤]以公元前2200年左右为界，还可以将其分成前期和后期两个阶段。[⑥] 龙山时代诸文化实际是新时期文化上早期中国的主体文化，而西部的马家窑文化等则已经变成早

---

① 苏秉琦《迎接中国考古学的新世纪》，《华人·龙的传人·中国人——考古寻根记》，第236—251页。
② 严文明《黄河流域文明的发祥与发展》，《华夏考古》1997年第1期，第49—54页。
③ 王震中《邦国、王国与帝国：先秦国家形态的演进》，《河南大学学报》(社会科学版)2003年第4期，第28—32页。
④ 韩建业《“彩陶之路”与早期中西文化交流》，《考古与文物》2013年第1期，第28—38页；已收入本书。
⑤ 严文明《龙山文化和龙山时代》，《文物》1981年第6期，第41—48页。
⑥ 韩建业、杨新改《王湾三期文化研究》，《考古学报》1997年第1期，第1—22页；韩建业《晋西南豫西西部庙底沟二期—龙山时代文化的分期与谱系》，《考古学报》2006年第2期，第179—204页。

期中国的边缘文化。

龙山时代中原北方地区广见源于西方的小麦、绵羊等，多元化经济趋势进一步加强，为其文化崛起埋下了伏笔。此时形成了以鲁东为核心的不同层次的灰黑陶文化圈，鼎、鬶、盉、鬲、甗、斝等典型“中国”式三足器的大范围扩展，说明“中国”式烹饪饮食方式走向成熟并逐渐普世化。长江流域及以北地区普遍发现铜器，特别是中原地区铜容器的发现，表明这些地区已经拥有泥质复合范铸造技术，已形成中国特色的铜器铸造传统。此时文字明确出现，而且还不止一个系统。社会变革趋势进一步加剧，三种模式得以延续并互有交融。

龙山时代，大江南北形成多个以大型城垣等中心聚落为核心的地区中心，很多已经进入初始国家或文明社会。每个考古学文化至少有一两个这样的中心，中心之间虽互有影响，但总体并非统属关系，呈现出群雄并起、各领风骚的时代风貌，因此这一时期仍属于“古国时代”。此时长江中下游地区趋于衰落，曾经辉煌一时的良渚文化风光不再，石家河文化也开始走下坡路，中原核心区则再度崛起，其对外影响逐渐加强：龙山前期陶寺文化的发展程度难有其匹，其文化影响至少及于中原龙山文化大部地区，颇有核心文化的样子，或许该文化已经进入雏形王国阶段；①龙山后期王湾三期文化向周边大幅度扩张并施加强烈影响，造成石家河文化的衰亡以及中原文化范围的空前扩大。总体上，文化上的早期中国得到进一步发展，而且又大致形成以中原为核心的不同层次的文化圈。

八

约公元前 1800—前 1300 年为文化上早期中国的王国时代。

二里头文化和二里岗文化从中原核心区向外强势影响，使得文化格局发生重大调整，中国大部地区文化再次交融联系成更大范围的文化共同体，其空间结构自内而外至少可以分为四个层次：第一个层次是郑洛核心区，有二里头、郑州商城、偃师商城等超大型中心聚落和成组大型宫殿，拥有较多体大精致的青铜礼器和玉礼器；第二个层次主要是黄河中游和淮河流域，偏晚还延伸到黄河上游和长江中游，也就是核心区之外的二里头文化和二里岗文化分布区，有东下冯、垣曲商城、台西、盘龙城等大型中心聚落和若干区域性中心，青铜礼器、玉礼器体小量少且不如核心区

① 韩建业《良渚、陶寺与二里头——早期中国文明的演进之路》，《考古》2010 年第 11 期，第 71—78 页。

精致;第三个层次是周围的黄河下游、长江下游、长江上游、北方地区和东北地区,包括岳石文化、马桥文化、吴城文化、三星堆文化、朱开沟文化、夏家店下层文化等,有城子崖、吴城、三星堆、石峁等超大型或大型中心聚落,形成若干地方中心,有少量青铜礼器和玉礼器;第四个层次是再外围的华南地区、西北甘青宁地区、东北北部地区,包括黄瓜山文化、齐家文化、四坝文化、哈密天山北路文化等,缺乏高级别聚落和礼器。此时中原腹地复兴,达到四海之内唯我独尊的真正的王国阶段,周围各层次文化则程度不同地受到中原腹地的制约和影响。中国大地上再度形成以中原为核心的不同层次的文化圈,文化上的早期中国在空间范围和统一性方面得到显著发展。这个时代可称"二里头—二里岗时代"。

此时西北地区畜牧经济和青铜文化迅猛发展,这使得原先文化低迷的广大北方地区迎来了人类发展的高潮,并刺激和推动了中东部地区青铜文化的产生和发展。这是自从"新石器时代革命"以后,中国文化格局上前所未有的重大变化,堪称一次"青铜时代革命"。[①] 当时中国青铜器大致可分为两大传统,一是以工具、武器、装饰品为主的西方或北方传统,二是以容器、武器为主的中原传统。另外,甲骨文系统——古汉语文字系统于此时正式形成。

二里头—二里岗时代社会发生重大变革,以中原和西方两种社会发展模式最具代表性。中国中东部广大地区——早期中国主体区的社会发展以二里头文化和二里岗文化为代表。中原核心地区出现超大型中心聚落,周围各地区涌现出不少超大型或大型中心聚落,形成若干地区中心。出现专门的宫城和成组宫殿,反映当时已经初步形成宫室制度。青铜器、玉石器、陶瓷器、漆器、骨器等制作技术高超且更加专业化,社会分工显著发展。总体看,中国中东部社会出现显著的社会变革,已经进入成熟文明社会阶段;在宫室、墓葬、器物等方面都表现出相当的世俗性、层级性和秩序性,当为礼制日渐成熟的反映;以前社会发展三大模式逐渐融合,形成新形势下的"中原模式",且范围几乎可以囊括中东部各地。而西部新疆地区则是另一番景象。诸文化一般都有大规模公共墓地,墓葬在大小和随葬品数量方面都没有明显差异,总体显示出较为平等的氏族社会的景象。这些文化还流行偶像崇拜,工具、武器发达而缺乏礼器的现象也与中原全然不同,总体上代表一种新的社会发展模式的出现,或可称之为"西方模式"。

---

① 韩建业《略论中国的"青铜时代革命"》,《西域研究》2012年第3期,第66—70页;已收入本书。

九

总体来看，商代晚期以前，文化上的早期中国根植于旧石器时代，萌芽于公元前6000年左右的新石器时代中期，形成于公元前4000年左右的庙底沟时代，经历了古国时代、王国时代等发展阶段。早期中国存在以农为本、稳定内敛、整体思维、祖先崇拜等区别于世界上其他文明的特质，具有有主体、有中心的多元一体文化结构，经历了有起伏、有分合的连续发展进程。文化上早期中国特征特质的形成，与中国相对独立、广大多样、以两大河流域为主体、以中原地区为中心的地理环境有莫大关系；而其起源、形成和早期发展过程，也都与自然环境的变迁息息相关。这当中很值得注意的是，公元前4000年左右的气候暖湿引起中原文化的蓬勃发展和早期中国的形成，公元前3500年左右的气候转冷造成初始文明社会的全面兴起，而公元前2000年左右的冷期则引发了中国的“青铜时代革命”和成熟文明的出现。究其原因，无论是气候转暖或趋冷，相对于地理环境广大多样的早期中国来说，并非整体趋于适宜或恶化；气候变迁本身并不能引起整个早期中国文化的兴盛或衰落，只是为文化变迁提供契机。

（本文原载于《江汉考古》2015年第3期）

略论中国铜石并用时代社会发展的一般趋势和不同模式

中国史前文化既有统一性又有多样性，这已基本成为学术界的共识。[①] 但在史前社会的演进和文明起源的研究上，除少数著作对某些文明的特殊性作过深入思考外，[②]很少有人辩证地论及中国大部地区社会发展的一般趋势和各地可能存在的不同模式间的关系。本文拟从聚落考古的角度，对这一问题略作探讨，以引起注意。

一

公元前3500年左右是中国史前文化的一个重要分界：此前属新石器时代，此后进入铜石并用时代。[③] 相对于新石器时代(约公元前10000—前3500年)而言，铜石并用时代(约公元前3500—前1900年)中国大部地区社会普遍发生的变化主要有以下三个方面。

(一) 父系家庭和家族组织的凸现

在日常生产、生活方面具有独立性的父系家庭成为主流，由父系家庭组成的父系家族地位日渐突出并最终造成氏族社会的解体，是中国铜石并用时代社会组织结构方面的重大变化。[④] 下面以园子沟聚落和大汶口墓地为例。

园子沟聚落位于内蒙古凉城县岱海地区，属于龙山后期的老虎山文化，可分为

---

① 严文明《中国史前文化的统一性与多样性》，《文物》1987年第3期，第38—50页。

② 赵辉《良渚文化的若干特殊性——论一处中国史前文明的衰落原因》，《良渚文化研究——纪念良渚文化发现六十周年国际学术讨论会文集》，科学出版社，1999年，第104—120页。

③ 严文明《略论中国文明的起源》，《文物》1992年第1期，第40—49页。

④ 之所以称当时为父系社会，主要出于这样两个理由：其一，当时墓葬和聚落的情况和商周王朝大同小异，而商周王朝属父系社会；其二，在大汶口文化和齐家文化等文化中发现一些男女合葬墓，虽然其并非强调夫妻关系的主要埋葬形式，但却透露出男尊女卑的信息，尤以齐家文化最为明显。

两期。发现的100多座房屋的面积多在10平方米左右，一般应是一个包括夫妻及其未成年子女在内的核心家庭的居所。两三座这样的房屋连在一起组成院落，院落内有主房和偏房的区别，共用一个厨房，可能与包括三代以上成员的具有完整意义的父系家庭对应。院落相对集中成群，群内房屋讲究对称，布局严谨，风格统一，可能代表父系大家庭。两群以上房屋成排分布，排内房屋建筑风格统一，房屋大小相若，可能与家族组织对应。整个聚落则构成一个家族公社。综合起来看，排所代表的家族是整个家族公社中最关键的一级社会组织：在家族之间才有风格习俗上的细微区别，家族内部完全一致，且井井有条；在家族之间才有一定程度的贫富差异，家族内部基本平等，但主次分明。这大概是因为凝聚族人的血缘关系至家族一级形成第一个临界点，这一级以内异常亲密，以外明显疏远。①

大汶口墓地位于山东泰安，第一次发掘的属于大汶口文化后期的墓葬共133座，还可分为三期。一期墓葬占大多数，可细分为四群，每群死者人数少者不到10人，多者达三四十人，应与现实社会中的家族组织对应；墓群之下还可以划分出代表父系家庭的墓组，整个早期墓地则代表一个父系家族公社。二、三期墓葬数量很少，也就和早期的某个中小型墓群相当，所以应当只是家族墓地。家族公社墓地被家族墓地取代，形象地反映了家族突破家族公社的束缚而地位日益重要的过程。②

其他布局较为清楚的聚落，如郑州大河村秦王寨类型聚落③、蒙城尉迟寺大汶口文化晚期聚落④、临潼康家客省庄二期文化聚落⑤等，在反映父系家庭和家族组织的凸现这一点上都和园子沟聚落大同小异。至于墓葬方面，绝大多数墓地都能观察到家族组织的特殊地位以及家族之间的差异，只是有的还被包括在整个家族公社的墓地之内，有的如良渚文化、龙山文化等则常常只有独立的家族墓地。

（二）家族公社群的普遍出现

和以前自然形成的聚落的疏密集聚不同，铜石并用时代聚落群已普遍出现，⑥

---

① 内蒙古文物考古研究所编著《岱海考古(一)——老虎山文化遗址发掘报告集》，科学出版社，2000年。

② 山东省文物管理处、济南市博物馆编著《大汶口——新石器时代墓葬发掘报告》，文物出版社，1974年；韩建业《大汶口墓地分析》，《中原文物》1994年第2期，第48—61页。

③ 郑州市文物考古研究所编著《郑州大河村》，科学出版社，2001年。

④ 中国社会科学院考古研究所编著《蒙城尉迟寺——皖北新石器时代聚落遗存的发掘与研究》，科学出版社，2001年。

⑤ 陕西省考古研究所康家考古队《陕西临潼康家遗址发掘简报》，《考古与文物》1988年第5、6期，第214—228页。

⑥ 严文明《仰韶房屋和聚落形态研究》，《仰韶文化研究》，文物出版社，1989年，第180—242页。

这应当是各聚落所代表的人群间联系得到加强的反映。每个聚落群的占据面积一般在10—30平方千米，同时的聚落大致有十到几十处，人口或许在数千至几万，应当代表比家族公社更高一级的社会组织。它的出现可能主要以各家族公社成员的血缘关系为基础，实质上不过是家族公社的放大和延伸；它的形成当出于各家族公社成员的共同需要，因此一般不需要花很大力气去进行有效的社会管理。我们一时还找不到合适的称呼，只好暂时称其为“家族公社群”。聚落群还常常聚集成更大规模、更高层次的“超级聚落群”。以老虎山聚落群与园子沟聚落群、良渚聚落群、石家河聚落群为例。

在岱海北岸的山坡上分布着至少20处老虎山文化聚落，并集聚成西部的老虎山聚落群和东部的园子沟聚落群。两个聚落群的聚落数大约各为10个，占据面积各10余平方千米。每个聚落群内部联系紧密，文化面貌几乎完全一致，而两个聚落群之间则存在一定的差别。其中老虎山聚落群中的面坡、板城聚落可能是从老虎山和西白玉聚落中分化出来的，这充分说明聚落群的确是实际存在的，维系聚落群所代表的家族公社群的主要力量来自血缘关系。① 老虎山聚落群、园子沟聚落群等还共同组成岱海地区超级聚落群。

良渚聚落群位于太湖南岸的浙江余杭良渚镇附近，占据面积30余平方千米；已发现的良渚文化遗址达100多处，多属墓地；其中最发达的中期的聚落估计有几十处。② 良渚聚落群与附近其他聚落群共同组成太湖南岸超级聚落群。石家河聚落群位于湖北天门石家河镇附近，占据面积不到10平方千米，已发现的石家河文化聚落有近30处。③ 石家河聚落群与附近其他聚落群共同组成超级聚落群。良渚聚落群和石家河聚落群所包含的聚落（墓地），在文化面貌上各自有相当的共性，各自聚落之间当有着密切联系，同样各代表一个家族公社群，只是规模不同而已。其他情况较明了的还有属于仰韶文化晚期的秦安大地湾聚落群、郑州大河村聚落群④，属

① 内蒙古文物考古研究所编著《岱海考古（一）——老虎山文化遗址发掘报告集》；内蒙古文物考古研究所、日本京都中国考古学研究会岱海地区考察队《板城遗址发掘与勘查报告》，《岱海考古（二）——中日岱海地区考察研究报告集》，科学出版社，2001年，第206—277页。

② 费国平《余杭良渚遗址群概况》，《文明的曙光——良渚文化》，浙江人民出版社，1996年；中村慎一《良渚文化的遗址群》，“聚落演变与早期文明国际学术研讨会”论文，北京大学考古文博学院，2001年。

③ 北京大学考古系、湖北省文物考古研究所、湖北省荆州地区博物馆石家河考古队《石家河遗址群调查报告》，《南方民族考古（第五辑）》，第213—294页。

④ 严文明《仰韶房屋和聚落形态研究》，《仰韶文化研究》，第180—242页。

于龙山文化的两城镇聚落群[①]等。

（三）战争频繁发生

从铜石并用时代开始，城址大量涌现。开始时主要发现了三群，分别分布在内蒙古中南部、黄河中下游和长江中游，20 世纪 90 年代以来又在长江上游地区发现另外一群。[②] 尽管这些城址的性质和功能有诸多不同，但有一点是一致的，那就是它有良好的防御性。这显然是人群间关系日趋紧张，战争逐渐成为日常重要事务的反映。以内蒙古中南部城址、郑州西山古城和屈家岭—石家河文化城址为例。

虽然内蒙古中南部城址的年代从庙底沟二期到龙山时代不一，还可分成几小群，但特征都差不多。均以石块垒砌，其选址一般比仰韶前期聚落升高很多，多位于山顶或山坡高处，以达到易守难攻的目的。多利用悬崖峭壁来加强防御，一般仅在平缓地段垒墙。其中准格尔寨子塔聚落在唯一可与外界相通的北侧筑有两道石墙、两重城门，石墙之间还有瞭望台，城门两侧石墙明显加厚。这样的重重屏障，道道关卡，加上望台，将对聚落的防务重视到了一个无以复加的地步。[③] 内蒙古中南部自然资源有限，相邻的聚落群间就有可能为争夺资源而经常争战，再加上其北部可能存在的狩猎民族的威胁，使得人群间关系更加紧张，尽一切可能加强防务实在是迫不得已的大事。

郑州西山古城是目前发现的中原地区最早的一座城址，正好与仰韶文化晚期的秦王寨类型相始终。秦王寨类型实际上是在大汶口文化和仰韶文化冲突和融合的过程中产生的，西山古城的建立正与这一背景有关，它的首要功能仍然是防御。[④] 长江中游地区的城址，绝大部分正好创建在屈家岭文化代替大溪文化这个纷争的大背景之下，废弃在中原龙山文化侵凌石家河文化这个惨烈的时间点上，其兴废均和战争相关。[⑤]

---

① 中美两城地区联合考古队《山东日照地区系统区域调查的新收获》，《考古》2002 年第 5 期，第 10—18 页。

② 严文明《龙山时代城址的初步研究》，《中国考古学与历史学之整合研究》，台湾："中研院"历史语言研究所出版品编辑委员会，1997 年；赵辉、魏峻《中国新石器时代城址的发现与研究》，《古代文明（第 1 卷）》，文物出版社，2002 年，第 1—34 页。

③ 内蒙古文物考古研究所《准格尔旗寨子塔遗址》，《内蒙古文物考古文集（第 2 辑）》，中国大百科全书出版社，1997 年，第 280—326 页。

④ 国家文物局考古领队培训班《郑州西山仰韶时代城址的发掘》，《文物》1999 年第 7 期，第 4—15 页；韩建业《西山古城兴废缘由试探》，《中原文物》1996 年第 3 期，第 59—62 页。

⑤ 张绪球《屈家岭文化古城的发现和初步研究》，《考古》1994 年第 7 期，第 629—634 页；杨新改、韩建业《禹征三苗探索》，《中原文物》1995 年第 2 期，第 46—55 页；已收入本书。

战争频仍的另一个重要表现是专门化武器的增多和流行，以弓箭和钺最具代表性。弓箭作为远程武器，在战争中的地位无可比拟，此时石箭头在各地不但数量大增，而且形制多样。作为伐兵的钺也开始广泛见于各地，尤其在黄河、长江下游的墓葬中更加流行。此外，乱葬坑、无头墓、残肢墓等特殊现象的屡屡发现，也在诉说着残酷战争给人们带来的灾难。江苏新沂花厅墓地大汶口文化器物和良渚文化器物共存以及存在殉人等现象，更是良渚文化远征大汶口文化的直接表现。①

战争自然不是两个邻近聚落之间的小冲突，它至少是两个超级聚落群或者更大范围内的争斗。战争涉及面广，卷入的人口众多，具有突发性和残酷性，自然需要十分有效而又应变迅捷的组织形式。上述家族公社群普遍出现的原因之一就应当是应对战争，但战争引起的社会上的连锁反应却远不止于此。

二

铜石并用时代普遍发生的上述三项重要变化，表明中国大部地区在文化发展和社会演进上基本同步，社会发展的总趋势大致相同。从这个意义上来说，中国早期文明可以看作一个整体性发展的文明。但另一方面，各地具体的社会发展方式又存在明显的差异，尤以东方和北方地区之间的差别最为突出。

东方地区以黄河、长江下游为核心，还延伸到长江中游和西辽河流域。主要的考古学文化包括大汶口文化后期—龙山文化、崧泽文化后期—良渚文化、大溪文化晚期—屈家岭文化—石家河文化、红山文化晚期—雪山一期文化。这一地区社会分化异常明显，具体表现为以下三个方面。

（一）贫富分化严重

物质生产资料的多少、好坏，直接影响人类社会发展水平和人们生活质量的高低。因此，财产占有上的差异虽然不具有天然性，但对人类社会的影响却异常深远。在铜石并用时代的东方地区，日益加剧的贫富分化在墓葬方面有着广泛的体现。以大汶口文化后期和良渚文化的墓葬为例。

大汶口后期墓地可以分成几群，群所代表的各家族间存在极为显著的贫富差异。一期墓地的北部家族墓群绝大部分属中型墓，一般有几十件随葬品，还有唯一

① 严文明《碰撞与征服——花厅墓地埋葬情况的思考》，《文物天地》1990年第6期，第18—20页。

一座大墓；其余几群绝大多数属小型墓，不少一无所有。三期只有一个很富有的主要由大墓组成的家族墓地，其中最大的一座随葬品达180多件，个别小墓或许属陪葬性质。不仅如此，这几类墓葬在棺椁的有无、随葬品的种类和质量方面也存在明显的不同：木椁见于大、中型墓，玉器、象牙器以及精制的黑陶、白陶、彩陶器等则仅见于大墓。再进一步来说，大汶口墓地的随葬品比聚落群内其他墓地都要丰富，体现了家族公社间的贫富分化；大汶口聚落群又要比超级聚落群内其他聚落群富有，体现出家族公社群之间的贫富分化。

良渚聚落群既有少数反山、瑶山这样的随葬上千件(组)珍贵玉器的贵族墓地，也有大量由中型墓或小型墓组成的平民或贫民家族墓地，这是家族间或家族公社间存在贫富分化的具体体现。① 与其临近的以浙江海宁荷叶地为中心的聚落群则总体上不如良渚聚落群富有，反映出家族公社群间的贫富差异。甚至还存在更大区域间的贫富差异，以良渚聚落群为中心的太湖南岸超级聚落群，就比以上海青浦福泉山聚落群为中心的太湖东岸超级聚落群和以江苏常州寺墩聚落群为中心的太湖北岸超级聚落群富有一些。②

(二) 社会地位差异显著

单纯由于个人能力大小所带来的个人社会地位的差异，可能存在于任何形式的人类社会，它一般会随着个人能力的变化而发生变化，随着个人的死亡而自然消失，产生的社会影响也有所局限。而东方地区铜石并用时代产生的显著的社会地位差异，虽然可能仍与个人能力存在一定关系，但绝不仅仅是这样：它一般植根于父系家族，不会完全受制于个人境遇的变化，个人的社会地位在很大程度上是由其所在家族的社会地位决定的；拥有最高级别社会地位的家族可能会在社会上拥有极大的权力，产生非常大的影响力；社会地位常常与贫富差异联系在一起，受到贫富程度的影响又反过来加剧贫富差别的扩大。这种社会地位的差异主要表现在对军权和神权的拥有方面，所谓“国之大事，在祀与戎”(《左传・成公十三年》)。有了军权和神权，行使政权就易如反掌。以大汶口文化、良渚文化、屈家岭—石家河文化、红山文化为例。

---

① 浙江文物考古研究所反山考古队《浙江余杭反山良渚墓地发掘简报》，《文物》1988年第1期，第1—31页；浙江文物考古研究所《余杭瑶山良渚文化祭坛遗址发掘简报》，《文物》1988年第1期，第32—51页。

② 严文明《良渚文化与文明起源》，《农业发生与文明起源》，科学出版社，2000年，第186—190页。

从大汶口后期墓地的情况来看，一期墓地中最富有的北部家族墓群拥有明显高于其他家族墓群的社会地位：该墓群拥有大部分石钺和雕筒，拥有全部几件琮。作为武器的钺不但具有实际功能，同时更具军事上的象征意义，北部家族墓群显然掌握着主要的军权；琮是典型的祭祀用法器，北部家族墓群又垄断了神权。所以北部家族墓群可谓集军神大权于一身，具有全公社最高的社会地位。其中最大的一座墓（M26）随葬有一期唯一一件带骨雕筒柄端饰的石钺，又随葬琮，可能为整个家族公社的全权首领。三期墓地实际上只是一个有少数陪葬墓的贵族墓地，有的墓竟然随葬5把带骨雕筒柄端饰的石钺，有的墓更随葬带骨雕筒柄端饰的玉钺，此外还有琮、鼍鼓等，其社会地位只会比一期北部家族墓群更高。大汶口这样高规格的墓地，在整个鲁中南地区尚绝无仅有，因此大汶口贵族还可能是大汶口家族公社群乃至鲁中南地区超级聚落群的权力拥有者。与大汶口墓地相似的还有同时的莒县陵阳河墓地。该墓地河滩位置的一群墓几乎均属大墓，出有象征军权的带骨雕筒柄端饰的石钺和陶号角，出有象征神权的带有刻划图像文字的陶尊；其余儿群多为小墓，不见钺、尊，可见河滩墓群在陵阳河墓地中具有毋庸置疑的崇高地位。[①] 不仅如此，该墓群所代表的家族还可能在陵阳河聚落群乃至鲁东南地区超级聚落群中具有最高地位。陵阳河墓地所见特殊的有刻划文字的陶尊并不见于大汶口墓地，可能当时鲁中南和鲁东南地区还未出现统一的“王权”。

反山、瑶山墓地和莫角山超大型建筑群，不但在良渚聚落群中地位尊崇，而且在太湖南岸地区超级聚落群乃至整个良渚文化区也无与伦比。反山、瑶山墓地随葬大量精妙绝伦、凝聚了无数人心血的玉器，莫角山超大型建筑群的建造则更需调动远不止一个聚落群的人力、物力，这些表明这里已是个组织化程度很高的社会。[②] 这样高程度的组织化，既需要浓厚的宗教氛围的感召，也离不开武装人员的强制。反山、瑶山墓地既随葬象征军权的钺，又随葬象征神权的琮或璧，瑶山墓地更是建在原来的祭坛之上，这表明这些贵族生前既是左右神灵的大巫，又是统率“军队”的将军，[③]他们正符合良渚聚落群乃至太湖南岸超级聚落群最高统治者的身份。更进一步来说，“神徽”、鸟纹、龙首形纹的普遍发现可能意味着整个良渚文化区已出现统一

---

① 山东省考古所、山东省博物馆、莒县文管所《山东莒县陵阳河大汶口文化墓葬发掘简报》，《史前研究》1987年第3期，第62—81页；王树明《陵阳河墓地刍议》，《史前研究》1987年第3期，第49—58页。

② 赵辉《良渚文化的若干特殊性——论一处中国史前文明的衰落原因》，《良渚文化研究——纪念良渚文化发现六十周年国际学术讨论会文集》，第104—120页。

③ 张忠培《良渚文化的年代和其所处社会阶段》，《文物》1995年第5期，第47—58页。

的“王权”；[①]而良渚聚落群毕竟规模最大、级别最高，反山、瑶山所出完整的“神人兽面像”又不见于他处，故可能为“王都”之所在。[②]

屈家岭—石家河文化时期的石家河聚落群的中央有一座气势宏大的古城，城内有一定的规划和布局，显示出这里存在程度较高的社会组织化现象。北部谭家岭“宫殿区”的发现，体现出当时贵族阶层存在的可能；西南部出土数以万计的红陶杯的三房湾“祭祀区”和西北部出土数以千计的陶塑动物的邓家湾“祭祀区”的发现，显示了宗教在社会上的崇高地位。[③] 城外肖家屋脊发现的墓葬，不见得包括城内最高阶层人物的墓葬，但也能透露出当时社会地位上的一些信息。如最大、最丰富的一座墓(F7)，就拥有该墓地唯一一件石钺，其主人可能掌握一定军权。这与同遗址出土的手执大钺的刻划人像有异曲同工的感觉。[④] 可以推测，城内贵族不但掌握着石家河家族公社群的大权，而且还可能控制着江汉平原北部地区。因为该地区其他城址的面积均远远小于石家河古城。

红山文化晚期的牛河梁“庙、坛、冢”遗址群，具有中心聚落的恢宏气势。庙内主神为真人3倍大小，大型祭坛沿山梁依次排列，其规模和气魄已与某个家族公社或家族公社群不相适应。[⑤] 它极可能是辽西地区红山文化超级聚落群的中心。大型积石冢与“坛、庙”组合成整体，其内中心大墓又随葬颇具宗教色彩的精美玉器，可见神权已被少数人垄断，已形成基于神权的巫觋贵族阶层。东山嘴祭祀遗址的规模要明显低于牛河梁，可能只是某个家族公社群的象征。[⑥]

(三) 社会分工明确

与自然形成的男女分工不同，铜石并用时代，东方社会普遍出现较为明确的社会分工，这主要是指农业和手工业的分工，手工业本身还有陶器、玉器、漆器、铜器、丝绸等制造业的分工。社会分工促进了发明创造，加速了社会发展，也刺激了贫富

---

① 张弛《良渚文化大墓试析》，《考古学研究(三)》，科学出版社，1997年，第57—67页。

② 严文明《良渚随笔》，《文物》1996年第5期，第28—35页。

③ 北京大学考古系、湖北省文物考古研究所、湖北省荆州地区博物馆石家河考古队《石家河遗址群调查报告》，《南方民族考古(第五辑)》，四川科学技术出版社，1993年，第213—294页。

④ 湖北省荆州博物馆、湖北省文物考古研究所、北京大学考古学系石家河考古队编著《肖家屋脊——天门石家河考古发掘报告之一》，文物出版社，2000年。

⑤ 辽宁省文物考古研究所《辽宁牛河梁红山文化“女神庙”与积石冢群发掘简报》，《文物》1986年第8期，第1—17页。

⑥ 郭大顺、张克举《辽宁省喀左县东山嘴红山文化建筑群址发掘简报》，《文物》1984年第11期，第1—11页。

分化的加剧，加大了社会管理的复杂性，为社会地位差异的进一步扩大提供了有利条件。以龙山文化、崧泽—良渚文化、大溪文化晚期为例。

龙山文化大墓随葬了不少异常精美的“蛋壳”黑陶杯，其制作需要的高超技巧不是普通农民所能掌握的，极可能具有某种保密性，为某些特定的家族或家族公社所独有。在东部沿海的莒县—日照一带应当存在几个“蛋壳”黑陶杯制作中心。[①] 该文化的一些精美玉器的制作也可能具有专业性，如可能属玉器作坊残址的日照两城镇玉坑所反映的情况。[②]

崧泽—良渚文化最值得称道的当属其玉器制造业。在崧泽文化（包括所谓北阴阳营文化、薛家岗文化）时已存在苏皖区玉器工业制作区，[③]包括丹徒磨盘墩、戴家山等多处玉器制作中心。[④] 良渚文化可能出现了规模更大、技术更先进的制作中心，甚至不排除存在只加工某些特定种类玉器的制作中心的可能性。良渚文化精致玉器的制作，从原料开采、加工到成品分配，可能都在一套严密的组织内进行，且多被贵族阶层所垄断，大概不可以随便进行交换。

大溪文化晚期存在明确的石器制作的专业化。峡江区的很多聚落都可能专门从事石器制作，[⑤]尤以宜都红花套、宜昌杨家湾石器制作场最为典型，其中有工棚、工具，数以万计的石料、废料、半成品、成品。[⑥] 但这些石器均为普通生产工具，主要供应江汉平原等地的需要，其制作过程不见得有什么严格的组织，而且这些石器主要用于交换。

上述贫富分化、社会地位的分化和社会分工的明确化，使得东方社会出现了阶级，有了贵族、平民和贫民的区别。为了维护社会内部阶级秩序的稳定，为了控制重要资源和珍贵产品的生产和再分配，东方社会可能主要依靠宗教力量和原始礼制，也可能采取一定的强制措施来做到这一点。对外则依靠暴力进行扩张。这样复杂的社会，其地域范围早已经超出聚落群甚至超级聚落群的限制，又有相当成功的管

---

① 魏峻《海岱地区史前墓葬研究》，北京大学考古文博学院博士学位论文，2002年。

② 刘敦愿《有关日照两城镇玉坑玉器的资料》，《考古》1988年第2期，第121—123页。

③ 张弛《大溪、北阴阳营和薛家岗的石、玉器工业》，《考古学研究（四）》，科学出版社，2000年，第55—76页。

④ 南京博物院、丹徒县文教局《江苏丹徒磨盘墩遗址发掘报告》，《史前研究》1985年第2期，第71—84页；镇江博物馆《江苏镇江市戴家山遗址清理报告》，《考古与文物》1990年第1期，第21—27页。

⑤ 张弛《大溪、北阴阳营和薛家岗的石、玉器工业》，《考古学研究（四）》，第55—76页。

⑥ 红花套考古发掘队《红花套遗址发掘简报》，《史前研究（辑刊）》，1990—1991年，第309—317页；林邦存《宜昌杨家湾遗址的重要考古发现和研究成果》，《中国文物报》1994年10月23日，第3版。

理措施，与一般所谓“国家”的范畴已相去不远，可以称之为“古国”。①

三

北方地区以黄河中游为核心，分布着后期仰韶文化和中原龙山文化，包括半坡晚期类型—泉护二期类型—客省庄二期文化、义井类型—白燕类型、海生不浪类型—阿善三期类型、老虎山文化等文化或类型。这一地区社会分化不明显，在以下三个具体方面均与东方地区有所不同。

（一）贫富分化不严重

北方地区各级社会组织、各地区间贫富分化的程度均十分有限，绝大部分墓葬仅能容身且没有任何随葬品。以老虎山文化和泉护二期类型—客省庄二期文化为例。

老虎山文化园子沟聚落所代表的家族公社，仅在排所代表的家族间存在极为有限的贫富差别，如房屋稍大、装饰稍好，这么微小的差别或许只是暂时经济状况的反映，很难说一定会影响多远。岱海地区其他聚落的情况与园子沟近同。同样，没有充分的证据显示岱海地区老虎山聚落群、园子沟聚落群内部及相互间存在明显的贫富差异。这些聚落所发现的少数土坑竖穴墓均仅够容身，没有任何随葬品。

属仰韶文化泉护二期类型的武功浒西庄聚落的房屋大小和功能几乎完全一致，墓葬也均仅能容身，除个别随葬一枚骨镞或几枚贝壳外，其他均无随葬品，也不见葬具。② 客省庄二期文化康家聚落的房屋之间也同样没有明显的大小之别，一般墓葬也不见随葬品，仅个别随葬一件骨镞。没有证据显示泉护二期类型—客省庄二期文化区存在其他更富有的聚落或聚落群。至于宝鸡石嘴头等关中西部遗址，能够发现随葬玉器、陶器的墓葬，是因其靠近齐家文化区的缘故。

（二）社会地位差异不显著

仍以老虎山文化和泉护二期类型—客省庄二期文化为例。

岱海地区各聚落内部社会地位的差异十分有限。大家均住在差不多一样的房

---

① 苏秉琦《中国文明起源新探》，生活·读书·新知三联书店，1999 年。

② 中国社会科学院考古研究所编著《武功发掘报告——浒西庄与赵家来遗址》，文物出版社，1988 年。

子里，用同样的东西，死后都随便一埋，显示出基本平等的社会场景。我们只能从家族的居住位置等方面，勉强看出某些家族的地位稍高，或许起到领导公社的作用。老虎山、板城等一些聚落，在山顶部位有祭坛类设施，其中未发现任何特殊用品，也没有任何与个人或家族存在关联的迹象，可能是全聚落进行宗教仪式的场所，是全家族公社精诚团结的象征。老虎山聚落群和园子沟聚落群内部及相互间也没有明显的社会地位上的差别。这些聚落的面积从7万到30万平方米不等，虽存在一定的大小之别，但与其内房屋面积大小缺乏相关性：其中较小的西白玉聚落存在较多稍大的房屋，最大的园子沟聚落反而有更多小型房屋。至于老虎山等聚落周围有石墙，不过是防御外敌的需要，并非社会地位高的表现；修不修城墙，可能主要取决于聚落在聚落群总体防御中的战略地位。浒西庄和康家聚落中仅有个别骨镞的随葬，显得有些特别，其实最多不过是其主人曾参与战斗的标志，并不能说明其地位更高。

（三）社会分工不明确

北方地区铜石并用时代普遍缺乏高技术物品，如玉器[①]、精致的陶器、漆器等。该地区流行的各类普通器物均无需专门化的生产。以老虎山文化为例。

岱海地区老虎山文化聚落已发现约300座房屋，但几乎所有房屋均为普通住宅，发现有普通生活用具、农业生产工具、狩猎工具、木工工具、建筑工具、石器加工工具、纺线工具等，没有充分证据证明哪些房屋内的主人专门从事某种生产。其中园子沟聚落在好些房屋旁边就设置有陶窑，可见陶器制作非但没有专业化，而且每个普通的以农业生产为主的家庭都可以制作。老虎山和面坡等聚落均在聚落外缘设置窑厂，只能说明全聚落的陶器在集中场合生产，不能成为某些家族专门从事陶器生产的证据，更不能说明当时存在地区性陶器生产中心。园子沟还发现同一座房内出土的数件石纺轮风格完全一致，但与另一座房内的石纺轮风格不同的情况；在不少房屋地面上还发现石器半成品，每房也就一两件。由此推测，石器也主要以家庭为单位制作，至少细加工是在家庭内部进行的。这种自给自足、缺乏分工的自然经济，是北方地区的普遍现象。

没有出现明显的贫富分化、社会地位分化和社会分工，使得北方地区社会内部基本平等，没有阶级差别，对外则以防御为主。这样的社会地域范围一般局限在超级聚落群内，有的甚至局限在聚落群内，社会的管理可能更多依靠成员的自觉，基于

---

① 岱海地区海生不浪类型的个别玉器当为从红山文化传入。

血缘关系和共同的利害关系，与所谓“国家”还有相当距离。

四

处于东方和北方两大区之间的包括山西南部、河南大部、河北中南部在内的中原地区以及西北的甘青地区，有西王类型—庙底沟二期类型、秦王寨类型—谷水河类型—王湾三期文化、大司空类型、后岗二期文化、大地湾晚期仰韶文化—常山类型—齐家文化、马家窑文化等文化或类型。这一地带在社会发展形式上兼有东方和北方的特点。以庙底沟二期类型、王湾三期文化、大地湾晚期仰韶文化、马家窑文化、齐家文化为例。

在孟津妯娌遗址，发现有属仰韶文化庙底沟二期类型的聚落和墓地。聚落内房屋组所代表的家族间看不出明显的贫富差异，墓葬也一般没有随葬品，即使唯一一座达20平方米左右的大墓，也仅在主人手臂上套一象牙箍而已。能够拥有象牙箍，说明主人有能力随葬更多物品，现实中也还存在一定的贫富分化；之所以不随葬更多物品，显然是这个社会不强调贫富差别，社会风尚在有意无意地限制着贫富分化的进一步加剧。另一方面，这座大墓的规模、二层台的设置、象牙箍的存在，都显示出主人具有较高的身份和地位。①

王湾三期文化已发现密县古城寨古城那样建造精整的城址，②又出有一些精致的黑陶制品，还可能已能铸造青铜器，说明其社会已有相当的组织能力和一定的专业分工，聚落之间的地位也有较为明显的差异。③ 王城岗等城址中较多奠基人牲的发现，则更是聚落内部人们之间存在社会地位差异的反映。④ 但墓葬绝大多数没有随葬品，⑤还没有家族之间存在显著贫富分化的证据。偏南的汝州煤山、襄城台王、上蔡十里铺等遗址之所以能够发现随葬数件陶器的墓葬，可能是由于接受了更多龙山文化、石家河文化影响的缘故。

仰韶文化晚期的大地湾乙址规模宏大，其中最大的一座房屋已具殿堂风格，当

① 河南省文物管理局、水利部小浪底水利枢纽建设管理局移民局编著《黄河小浪底水库文物考古报告集》，黄河水利出版社，1998年。
② 蔡全法、马俊才、郭木森《龙山时代考古的重大收获》，《中国文物报》2000年5月21日，第1版。
③ 赵春青《郑洛地区新石器时代聚落的演变》，北京大学出版社，2001年。
④ 河南省文物研究所、中国历史博物馆考古部编著《登封王城岗与阳城》，文物出版社，1992年。
⑤ 高炜《中原龙山文化葬制研究》，《中国考古学论丛》，科学出版社，1995年，第90—105页。

时显然已有中心聚落和一般聚落的差别，但贫富分化似乎仍很有限。[①] 马家窑文化半山、马厂类型和齐家文化的墓葬显示，家族间存在一定程度的贫富分化和地位差别，但远不如东方地区明显；石(玉)璧、玉琮、铜器、精致彩陶等的较多发现，说明存在一定的专业分工，兰州白沟道坪更是一处专门的陶器制作中心，[②]但其专业性和技术性不能和东方地区相提并论。

可见，中原地区也已出现一定的贫富分化、社会地位的分化和社会分工，只是程度稍低；也需要采取维护社会内部阶级秩序稳定的措施，需要控制重要资源和珍贵产品的生产和再分配，但宗教气氛不浓厚；对外扩张则并不比东方地区逊色。这样的社会其范围也一般超出聚落群的限制，有的可能超出超级聚落群的限制，也应当进入了“古国”阶段。

晋南的陶寺类型实属例外。陶寺类型明确存在中心聚落和一般聚落的差别，中心聚落陶寺有规模很大的城址和墓地，墓地中大墓墓群所代表的家族极其富有。大墓有彩绘棺椁，随葬大量彩绘木器、彩绘陶器、精美玉器等，其中尤以彩绘龙纹陶盘、特磬、玉钺、鼍鼓最引人瞩目；颇具象征性的兵器、乐器、宗教器齐备，有一定的“礼器”性质，将主人全权在握的崇高地位表露无遗。社会存在专业化分工更是没有问题，[③]其社会状况和良渚文化差可比拟。但陶寺类型绝非晋南庙底沟二期类型的自然发展，而是东方文化西渐的产物；它仅局限于临汾盆地，只存在了两三百年的时间；作为特例，自然不能代表中原地区社会发展的一般状况。

五

如果单从是否进入“国家”或“文明”社会的角度看，这三种地区性的社会发展形式当然存在一定的“先进”与“落后”的差别。但问题并非这么简单。

(一) 铜石并用时代以来，中国大部地区存在大致相同的社会发展趋势，并不存在全方位的“先进”与“落后”。

(二) 每种地区性的社会发展特点都持续了大约 1 500 年的时间，和今天距魏晋南北朝的时间长短差不多，不能简单视为只是进入文明社会的时间互有参差。

---

① 甘肃省文物工作队《甘肃秦安大地湾 901 号房址发掘简报》,《文物》1986 年第 2 期，第 1—12 页。

② 严文明《仰韶房屋和聚落形态研究》,《仰韶文化研究》，第 180—242 页。

③ 中国社会科学院考古研究所山西工作队、临汾地区文化局《1978—1980 年山西襄汾陶寺墓地发掘简报》,《考古》1983 年第 1 期，第 30—42 页。

（三）每个区域都长期相对稳定，并没有东方文化扩大到逐渐占领或代替其他两区的情况，说明他们各有生存之道，各自有一套社会的调控和运行机制。

（四）每种区域性特点都对中国文明产生了深远影响，从青铜时代开始，融合明显加强，至秦汉时期则基本融为一体。

对于这样一些社会发展方式上的差异性，我们曾使用过“东方模式”“北方模式”这样的概念来加以表述，[①]现在看来还有必要加上一个介于二者之间的“中原模式”。

三种模式的形成，虽然有其文化和族体上各自相一致的一面，但最根本的原因还是自然环境。东方大部地区（西辽河除外）为平原丘陵区，气候温暖，雨量充沛，适合精耕细作，农业发展水平很高。这样就容易出现贫富分化和社会分工，以及建立在此基础上的社会地位的显著差异。北方大部地区为黄土高原，气候较干冷，对变化较敏感，适合粗放经营，农业发展水平不高。这样就不容易出现贫富分化、社会分工和社会地位的显著差异。中原地区（甘青地区除外）地貌类型复杂，环境和文化发展特点都介于二者之间。

北方模式从表面上看比较迟缓、落后，但却与较严酷的自然环境相适应，可以在很大程度上避免资源的过度浪费，而能量的有效蓄积也显然更有利于长期的发展。东方模式虽然显得技术先进、发展迅速，但却容易使社会养成铺张浪费、坐享其成、不思进取的风气，并不见得利于长远的发展。所以北方地区诸文化的发展是持续性的，没有明显的中断或衰落，到龙山后期还对周围地区产生了极大影响；东方地区的红山文化、良渚文化在龙山时代以前即已衰亡，石家河文化在龙山前、后期之交也告衰败，它们的文化因素虽然为后来的文化所继承，但整体上却中断或衰落了。只有中原地区兼采二者之长：存在一定的社会地位差异但不强调贫富分化；社会秩序井然但不靠严刑峻法；生产力逐步提高但不尚奢华；关注现实而不是沉溺于宗教；依靠血缘关系，重视集体利益，不疾不徐，稳中求健，终于发展到二里头文化所代表的成熟的文明社会——晚期夏王朝阶段。而东方模式和北方模式在互相借鉴了对方的许多优点后，其主体成分为后来的商和先周社会分别继承。

（本文原载于《古代文明（第2卷）》，文物出版社，2003年）

---

① 韩建业《中国北方地区新石器时代文化研究》，北京大学考古文博院博士学位论文，2000年。

西坡墓葬与“中原模式”

2005年和2006年，在河南灵宝西坡遗址发掘出34座仰韶文化墓葬，[①]其阔大的墓葬规模与简陋的随葬品形成鲜明反差，引起考古界关注和讨论。2009年，李伯谦先生就提出西坡墓葬代表着中国文明演进两种模式之一的观点：“在这里我们看到的是王权的凸显和神权的渺小，是尊者的朴实无华，是尊者与卑者虽有区隔但仍存在的千丝万缕的联系。”[②]2010年，李新伟和马萧林等撰写的《灵宝西坡墓地》发掘报告出版，不但全面详尽地发表了这批资料，而且还对墓地作了深入细致的分析，指出“西坡墓地代表的庙底沟类型社会选择了更简朴的‘物化’社会等级的方式，既无奢华的随葬品，也无浓厚的宗教气氛。这一在社会复杂化初期形成的传统，对中原地区后来的文明化进程产生了深刻影响”[③]。李伯谦文和《灵宝西坡墓地》都没有给这种模式或方式一个名称，我以为不妨就叫“中原模式”。[④] 本文拟从对西坡墓葬的分期年代、墓葬结构、空间布局的分析入手，对其所反映的丧葬思想和社会状况作尝试性讨论，并对其所代表的“中原模式”的内涵特征和形成过程作进一步论述。

一

从“墓葬平面分布图”来看，西坡这34座墓葬大致集中为3群，即北群20座

---

① 中国社会科学院考古研究所河南一队、河南省文物考古研究所等《河南灵宝市西坡遗址2006年发现的仰韶文化中期大型墓葬》，《考古》2007年第2期，第3—6页；河南省文物考古研究所、中国社会科学院考古研究所河南一队等《河南灵宝市西坡遗址墓地2005年春季发掘简报》，《考古》2008年第1期，第3—13页；中国社会科学院考古研究所、河南省文物考古研究所编著《灵宝西坡墓地》，文物出版社，2010年。

② 李伯谦《中国古代文明演进的两种模式——红山、良渚、仰韶大墓随葬玉器观察随想》，《文物》2009年第3期，第54页。

③ 中国社会科学院考古研究所、河南省文物考古研究所编著《灵宝西坡墓地》，第208页。

④ 韩建业《略论中国铜石并用时代社会发展的一般趋势和不同模式》，《古代文明（第2卷）》，2003年，第84—96页；已收入本书。

(M5、M6、M8—22、M30、M31、M34)，西群(M23—29)和南群(M1—4、M7、M32、M33)各7座，群与群之间间隔11—28米(图一)。① 从M2、M29、M30等墓葬紧靠发掘区边缘来看，不能排除周围还存在其他墓葬的可能性，因此已经发掘的墓葬可能还不是一个相对完整的墓地。

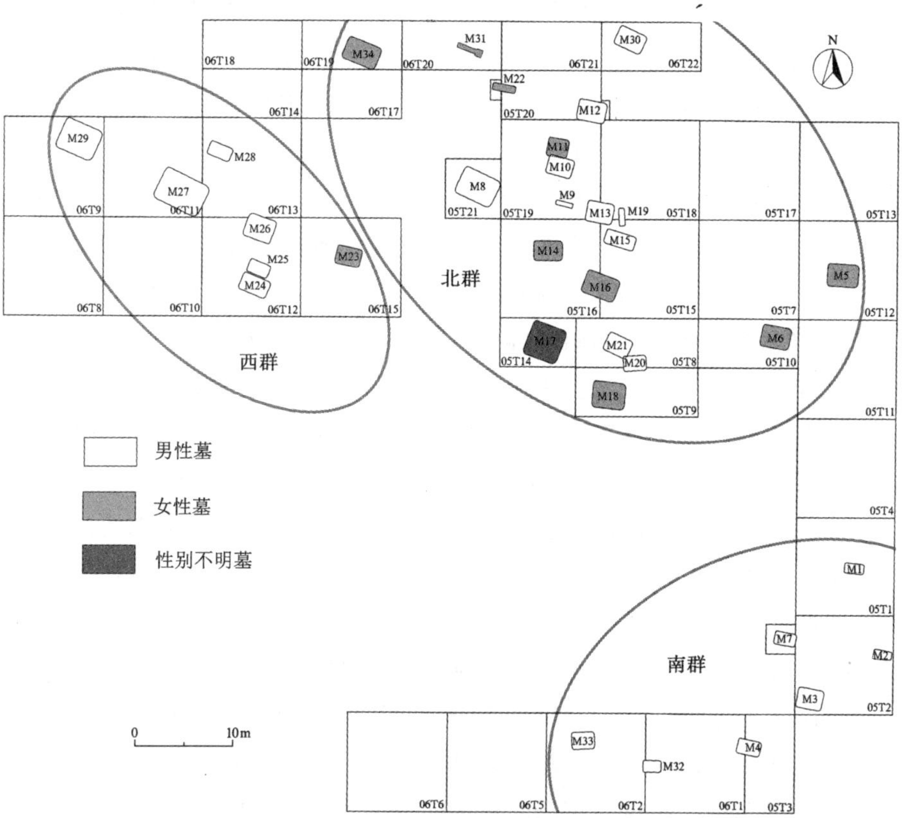

图一 西坡墓葬分群图

所有墓葬均被第2层叠压，缺乏有分期意义的打破关系，因此发掘报告只能依据对其中16座墓葬出土陶器的类型学分析将其分为3组，并在与周围相对年代较明确的同类遗存作了一番比较后，才慎重作出3组墓葬依次早晚的可能基本符合实际的推测。只是这些随葬的陶器多属明器，数量既少且制作又糙，不是每种都适合

① 北群最西的M34和西群最北的M28所在探方相连，二者间距15米；北群最靠东南的M18、M20与M6所在探方相连，二者间距12米；M6和南群最北的M1所在探方相连，二者间距22米。因此，虽然该墓地中间部位还有较大面积没有发掘，不排除其间还存在墓葬的可能性，但必定不会多，几个墓群的划分应可以基本反映墓地的实际情况。

作类型学分析。以变化最明显的釜灶和单耳壶来说，发掘报告所分Ⅰ、Ⅱ式釜灶均是釜口径小于腹径、灶口如覆盆而前下部斜弧，与Ⅲ式釜口径大于腹径、灶口扁平而前下部斜直有明显区别；单耳壶也只有颈部带一周凸棱者和无凸棱者两式。因此还不如分2组或2段更为清楚。

通过与陕西华县泉护村等遗址的比较，发掘者推测西坡墓地的相对年代处于仰韶文化庙底沟类型和西王类型的过渡阶段。不过要确定这一点，最好还是先建立西坡遗址本身的分期。我们可根据2000—2002年3次发掘的情况，①将西坡仰韶文化居址遗存分为3组：第一组以H22、F102、F105、G102等为代表，流行典型双唇口小口尖底瓶、花瓣纹曲腹盆、凹沿方唇深腹罐等，敛口钵口腹过渡圆滑并常饰花瓣纹或窄带纹，釜小口矮直颈且上腹满饰旋纹，还有斜直腹碗和捏压出假圈足的杯。第二组以H20、H110、H116、H133等为代表，小口尖底瓶唇部退化出尖，少见花瓣纹曲腹盆，深腹罐翻沿尖唇，敛口钵口部略折，釜颈基本消失，杯变为平底，仍有斜直腹碗。第三组以H143、H144为代表，深腹罐窄折沿、尖唇且常带双錾及附加堆纹，杯花边口且饰绳纹，新出带流盆。由于存在第二组的H116打破第一组的F102、F105等地层关系，是知3组为依次早晚的关系，实即3期（图二）。

将墓葬两段与居址前两期比较，会发现墓葬第一段与居址第二期大致衔接，如敛口钵前者口部转折明显而后者略折，釜前者大口无旋纹而后者小口带旋纹，斜直腹碗、杯彼此大同小异（图三）。至于墓葬和居址第三期只共见杯一种陶器，仅此不足以论定其早晚关系。但在黄河北岸山西芮城西王村H4等仰韶晚期遗存②中，却见有与西坡墓葬基本相同的口部略折的钵，与其共存的还有窄平折沿带双錾和附加堆纹的深腹罐、敛口折盘豆、双腹盆、双唇退化近平的小口尖底瓶等，其中深腹罐的形态与西坡第三期者基本相同（图四）。由此推测西坡墓葬应和西坡居址第三期及西王村H4同时，已经进入西王类型早期阶段，而西坡居址第一、二期则属于庙底沟类型中晚期阶段。西坡墓葬13个人骨样品的^{14}C数据校正年代为公元前3300—前2900年，也基本在西王类型的绝对年代范围之内。

---

① 中国社会科学院考古研究所河南一队、河南省文物考古研究所等《河南灵宝市西坡遗址试掘简报》，《考古》2001年第11期，第3—14页；河南省文物考古研究所、中国社会科学院考古研究所河南一队等《河南灵宝市西坡遗址2001年春发掘简报》，《华夏考古》2002年第2期，第31—52页；河南省文物考古研究所、中国社会科学院考古研究所河南一队等《河南灵宝西坡遗址105号仰韶文化房址》，《文物》2003年第8期，第4—17页。

② 中国科学院考古研究所山西工作队《山西芮城东庄村和西王村遗址的发掘》，《考古学报》1973年第1期，第1—63页。

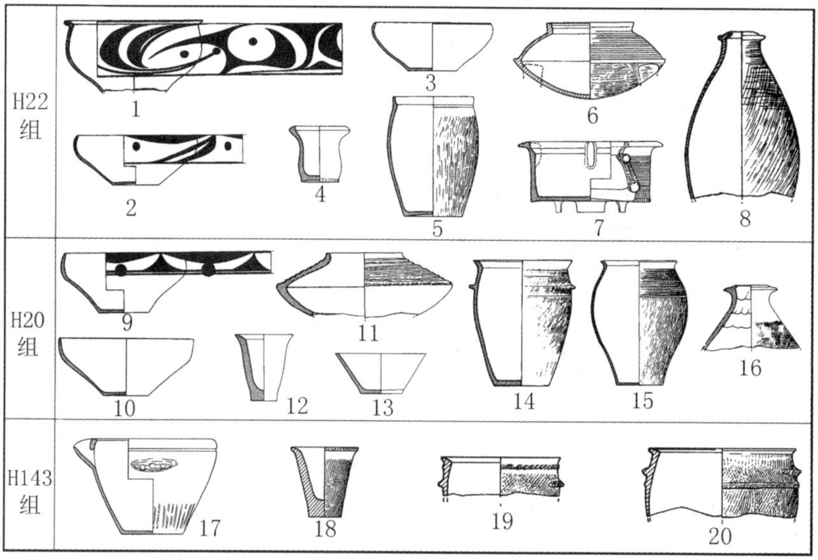

图二　西坡居址陶器分组

1. 盆(H22：71)　2、3、9、10. 钵(H22：76、77，H20：22、17)　4、12、18. 杯(H22：5，H20：43，H144：2)　5、14、15、19、20. 深腹罐(H22：74，H20：6、12，H143：1、2)　6、11. 釜(G102：1，H20：46)　7. 灶(H22：103)　8、16. 小口尖底瓶(H22：102，H20：45)　13. 碗(H20：25)　17. 带流盆(H144：3)

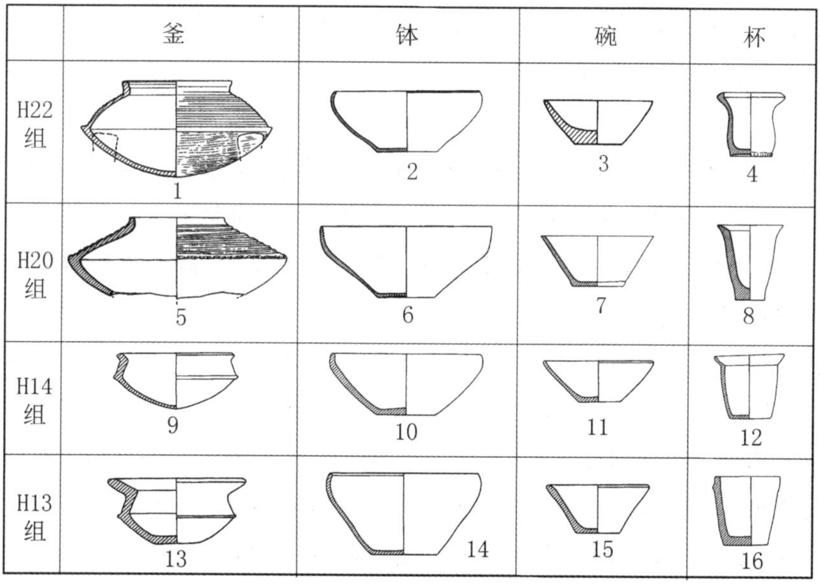

图三　西坡居址和墓葬陶器分组比较

1、5、9、13. 釜(G102：1，H20：46，M14：4－1，M29：3)　2、6、10、14. 钵(H22：77，H20：17，M14：7，M34：3)　3、7、11、15. 碗(H105：4，H20：25，M6：3，M13：4)　4、8、12、16. 杯(H22：5，H20：43，M31：3，M24：4)

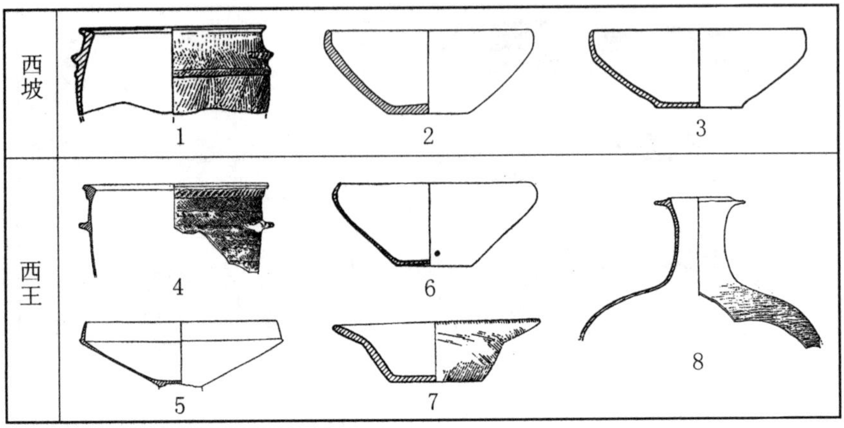

图四　西坡墓葬、居址第三期和西王 H4 陶器比较

1、4. 深腹罐（H143：2，H4：2：19）　2、3、6. 钵（M14：7，M34：2，H4：2：10）　5. 豆（H4：2：14）　7. 盆（H4：2：8）　8. 小口尖底瓶（H4：2：44）

二

这批墓葬都是带生土二层台的长方形竖穴土坑墓，这样的墓葬结构到底反映怎样的丧葬思想？① 让我们以保存最为完好、规模最大的 M27（图五）为例展开分析。

M27 墓口长 5.03 米，宽 3.36 米，现存深 1.92 米，墓口面积达 16.9 平方米。和同时期一般墓口面积 1 平方米多的墓葬相比，是名副其实的大墓。该墓现存墓口距二层台 1.3 米，而二层台距墓底仅 0.55 米，推测二层台和墓室、脚坑大体象征处于同一平面但内外有别的两重空间。

内重空间即墓室和脚坑，以多条木板封盖，上覆麻布，内部留空。墓室长 3.3 米，宽 0.71 米，只是一个宽可容身的空间，相当于棺柩的位置，或许象征墓主人在地下的居室和床；②内置仰身直肢葬式的中年男性墓主人，双臂紧贴身体两侧、双足并拢且足心相对，应当如李新伟在发掘报告中所说存在捆绑、包裹等敛尸葬仪。如此处理尸体，又不见随身用品，实际是在着意强调墓主人已经“死去”这个事实。

① 关于墓葬所反映的丧葬思想的分析思路，参见巫鸿《礼仪中的美术——马王堆再思》，《礼仪中的美术——巫鸿中国古代美术史文编》，生活·读书·新知三联书店，2005 年，第 101—122 页。

② 《礼记·曲礼下》：“在床曰尸，在棺曰柩。”

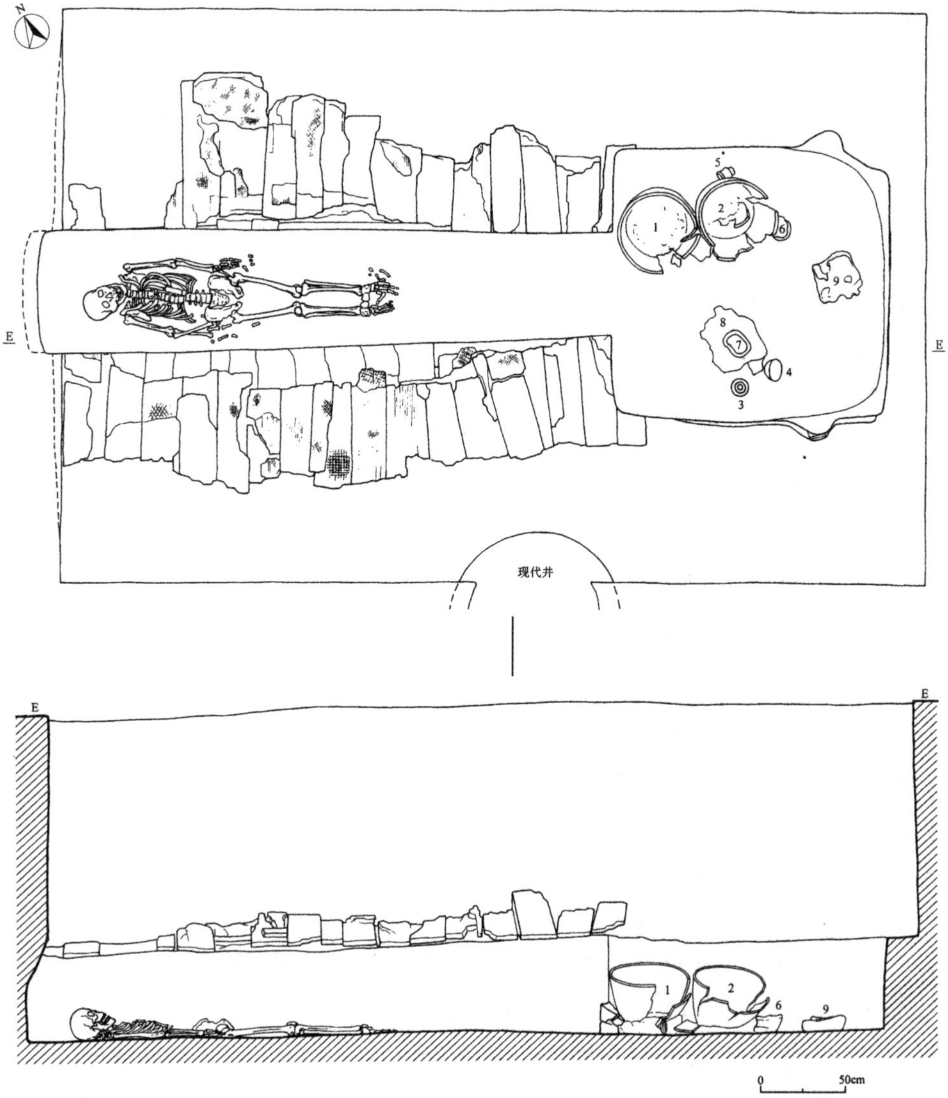

图五　西坡 M27 平剖面图

脚坑或许象征储物祭享空间,类似后世的脚箱。其内仅随葬陶器 9 件,包括放置整齐的大口缸 2 件、簋形器 2 件以及壶、钵各 1 件,还有难以复原的釜、灶、簋形器等,均属模仿日常生活用品的明器,除大口缸外均矮小粗陋,与阔大讲究的墓穴形成强烈反差。这些随葬品大概不是象征财富,更多只与身份相关,反映出“重贵不重富”的特点。其中大口缸包括中部有附加堆纹者和无附加堆纹者各 1 件,原来可能以涂有朱砂的麻布封盖,口沿外多周淡褐色痕迹应为封口捆绑痕迹,中部红彩带中留下粘贴的有机物脱落后形成的圆形或斜线疤痕；且不论里面曾经封装过酒还是别的什么，它显然属于头等重要的丧葬用品。模仿日常用品，暗示这些器物可作为墓主人在地下的"生活"用具；基本都是明器且不见盆、瓮、罐等日常用品种类，则是"生死有别"的反映。

外重空间即二层台以上宽敞阔大却不见随葬品，只以掺杂各种植物茎叶的泥封填，或许象征墓主人"居室"之外的院落等空间。至于地面以上那就已经属于生者的世界，以填土封填墓圹就是要区别阴阳两界。

随着墓葬规模的减小，其他墓葬或许没有专门放置随葬品的脚坑，或许不以木板封盖墓室，或许少见或不见随葬品，但却普遍存在捆绑、包裹等严谨的敛尸葬仪，也都以二层台为界将墓圹分为内外两重空间，基本的丧葬思想与 M27 大同小异。同属 1 级大墓的 M8 也随葬成对大口缸、成对簋形器、成对钵等陶器，秩序井然。

比较来看，西坡墓葬的空间结构及其反映的丧葬思想和东部地区的大汶口文化、崧泽文化等有同有异。例如，属于大汶口文化早期晚段而略早于西坡墓葬的山东泰安大汶口 M2005①，也是一座带二层台的竖穴土坑墓，中部同样为宽仅可容身的墓室，但该墓没有脚坑，却在墓室外有一个略高的似椁室空间（图六）。墓室内墓主人头部有牙束发器、骨笄等随身装饰用品，脚端随葬单把钵，可见墓室和西坡一样象征居室和床。墓室外的似椁室空间主要在左侧放置成组的觚形杯、高柄杯、鼎、豆、钵等陶器，或许象征"居室"之外的饮食祭享空间，和西坡脚坑相似。二层台上有成组的豆、钵等陶器，有的里面还盛放猪下颌骨、牛头骨等，显然也属于祭享性质，另外还有斧、锛等石器，或许象征厨房、仓房、院落等。该墓墓口面积 8.2 平方米，还不到西坡 M27 的一半，但随葬品却多达 104 件，比西坡大墓奢华许多。属于崧泽文化早期的同样略早于西坡墓葬的江苏张家港东山村 M90②，墓口面积约 5.3 平方米，有包括彩绘石钺、玉璜、陶大口缸等在内的 67 件随葬品，同样是富贵并重的风格。安徽含山凌家滩 07M23③ 约略和西坡墓葬同时，或有棺椁，墓口面积才 7.25 平方米，却有 330 件随葬品，绝大部分为钺、环、镯、璜、玦、璧等玉石器，层层堆满墓室内外，富奢程度令人惊叹。

---

① 山东省文物考古研究所编著《大汶口续集——大汶口遗址第二、三次发掘报告》，科学出版社，1997 年，第 121—123 页。

② 南京博物院、张家港市文广局、张家港博物馆《江苏张家港市东山村新石器时代遗址》，《考古》2010 年第 8 期，第 3—12 页。

③ 安徽省文物考古研究所《安徽含山县凌家滩遗址第五次发掘的新发现》，《考古》2008 年第 3 期，第 7—17 页。

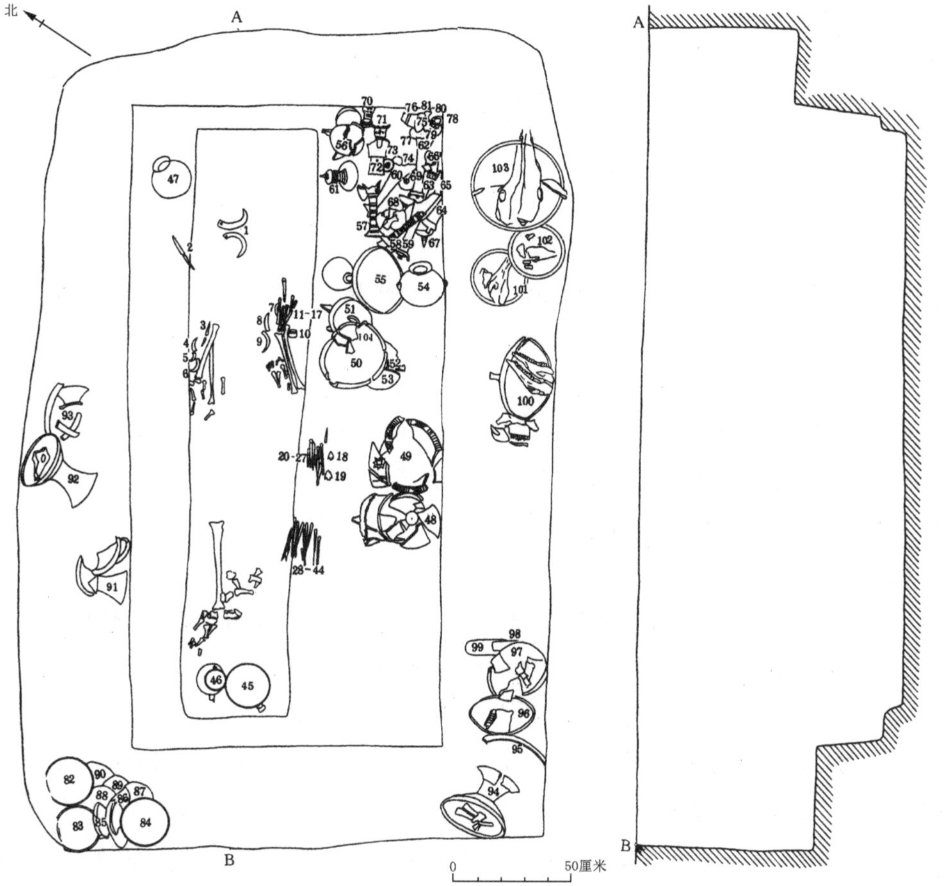

图六 大汶口 M2005 平剖面图

1. 牙束发器 2、3. 骨笄 4—9. 獐牙 10. 象牙器柄 11—17、20. 角棒形坠饰 18、19. 牙镞 21—44. 骨两端刃器 45、46、50、52、100、101、103. 陶钵 47、54. 陶壶 48、51、56. 陶鼎 49、55、82—97、102. 陶豆 53、104. 陶器盖 57—70. 陶觚形杯 71—81. 陶高足杯 98. 石锛 99. 石斧

三

发掘报告将这 34 座墓葬划分为 4 个等级，从“西坡墓地等级表”可以看出，墓口面积、随葬品数量和墓葬“价值”有一定对应关系，但也存在不少明显偏差：如 M27 和 M11 墓口面积分别为 16.9 平方米和 3.93 平方米，大小悬殊，随葬品则都是 11 件；M27 固然有高“价值”的大口缸 2 件，M11 则更有高“价值”的象牙镯 1 件、玉钺 3 件。再如 M5 和 M12 墓口面积分别为 6.95 平方米、5.93 平方米，前者仅随葬 1 件石纺

轮，后者则一无所有；而墓口面积仅一两平方米的M9和M22却各有2件随葬品，且均为玉钺、玉环。既然如此，我们还不如只按照规模大小对这批墓葬分级：第1级是墓口面积12平方米以上的大型墓葬(M8、M17、M29)，第2级是墓口面积8—9平方米的大中型墓葬(M16、M18、M34)，第3、4级是墓口面积分别为5—7平方米、2—5平方米的中型、中小型墓葬。

从墓葬空间分布来看，第1段时除北群的5座墓(M6、M8、M14、M18、M31)外，还应有一些未分段的中小型墓葬也属于此段，这些墓葬或许构成一个家族墓群。值得注意的是，其中最大的1级墓葬M8为男性墓，而其余4座2、3级墓葬都是女性墓，①这样的墓葬等级差异应当是家族内社会地位不同或者男尊女卑的反映，而非贫富分化的结果。M8墓穴阔大、二层台宽大，还特设脚坑，随葬1对不见于同段他墓的大口缸，墓主人头端有一件或为发箍的象牙箍形器，右手臂边有一件可能象征军权的玉钺，体现出其威仪和崇高地位，墓主人或许为家族长，甚至更大社会组织的首领。

第2段时除北群(M16、M17、M13、M11、M30、M34)外还分出西群(M24、M26、M27、M29)和南群(M3)。北群最大的1级墓葬M17因人骨保存差而无从知晓性别，但2级大墓M16、M34却都是女性墓，此外还有其他3、4级墓葬，它们应当共同构成新时段的高级家族墓群；新分出的西群墓葬中有当时最大的1级墓葬M27，随葬1对大口缸，还有仅次于它的1级大墓M29，这两座墓或许与M8的墓主人有更亲密的关系，②但西群缺乏女性大中型墓葬，或许是因为墓地不完整的缘故，它们和其他一些3、4级墓葬可能构成另一个高级家族墓群；南群只有该群最大的3级墓葬M3明确属于第2段，其余4级墓葬均不能分段，但有属于该段的可能性，它们都为男性墓，或许附近有其他未被发现的女性墓，共同构成一个较低级别的家族墓群。这样，第2段3个墓群可能构成一个大家族墓群，3个墓群的地位或许以西群最高，M27或许为整个大家族的族长甚至更大社会组织的首领，北群次之，而南群社会地位明显偏低，体现出一定的社会等级差异。但无论如何，这些墓葬都有二层台，社会地位不同的墓群还能共享一个墓地，可见总体分化程度有限。

与西坡墓葬同时的大汶口晚期墓地，北一区诸墓既富且贵，其中M26、M13等

---

① M31仅存的墓室底部长达2.6米，原来规模可能与长度相近而与同样有脚坑的M13相若，M13墓口面积6.19平方米。

② 人骨鉴定显示这两座墓与M8墓主人的头骨形态有更大的相似性。见中国社会科学院考古研究所、河南省文物考古研究所编著《灵宝西坡墓地》，第130页。

大墓随葬数十件陶器、十多具猪头，与南一区多一无所有的贫贱墓葬形成鲜明对照。[①] 上述东山村、凌家滩崧泽文化墓地的情况也都和大汶口晚期墓地类似。总体上这些东部地区墓葬，各墓区间的贫富差别明显大于西坡。.

四

如上所论，西坡墓葬生死有度、重贵轻富、井然有礼、朴实执中，与东方视死如视生、淫祀鬼神、富贵并重、奢侈浪费的风格对比鲜明，一整套复杂严谨的丧葬仪式，标志着早期中国礼制于此开端。但社会分化、家族凸现、男权军权凸现等共同特征，又说明中原和东方的社会在公元前 3500 年前后都在发生重要变革。

以前我曾提出自公元前 3500 年进入铜石并用时代以后，中国大部地区社会普遍出现父系家庭、家族组织以及频繁战争等一般趋势，并形成“北方模式”“东方模式”和“中原模式”三种不同的社会发展模式，其中“中原模式”介于“北方模式”和“东方模式”之间，其内涵就是“存在一定的社会地位差异但不强调贫富分化；社会秩序井然但不靠严刑峻法；生产力逐步提高但不尚奢华；关注现实而不是沉溺于宗教；依靠血缘关系，重视集体利益，不疾不徐，稳中求健”[②]，这正与西坡墓葬特点吻合，也与上述李伯谦先生所论西坡墓葬所代表的模式的特点吻合。

然则代表“中原模式”的西坡墓葬，其丧葬习俗的源头又在哪里呢？

如前文所述，西坡墓葬应当已经进入仰韶文化三期（仰韶文化晚期）[③]的西王类型阶段。大约由于晋西南豫西西部地区是曾经灿烂辉煌的仰韶文化庙底沟类型的核心所在，因此西坡居址陶器固然已经演变为具有西王类型的特点，而随葬陶器仍顽强维持着古老的庙底沟类型传统，表现出相当的滞后性特点，以至于发掘者仍将西坡墓葬勉强归入庙底沟类型。

既然这样，那么西坡墓葬的源头首先理应是庙底沟类型墓葬。目前能够确认的庙底沟类型墓葬为数很少，大致可分为两种：第一种以山西翼城北橄第三期 M1[④] 为代表，为长方形土坑竖穴墓，有的带二层台，单人仰身直肢葬；第二种以河南

① 山东省文物管理处、济南市博物馆编著《大汶口——新石器时代墓葬发掘报告》，文物出版社，1974 年；韩建业《大汶口墓地分析》，《中原文物》1994 年第 2 期，第 48—61 页。

② 韩建业《略论中国铜石并用时代社会发展的一般趋势和不同模式》，《古代文明（第 2 卷）》，第 84—96 页；已收入本书。

③ 严文明《略论仰韶文化的起源和发展阶段》，《仰韶文化研究》，文物出版社，1989 年，第 122—165 页。

④ 山西省考古研究所《山西翼城北橄遗址发掘报告》，《文物季刊》1993 年第 4 期，第 1—51 页。

三门峡南交口仰韶文化二期 M2① 为代表，为略呈方形的竖穴土坑墓，多人二次合葬。两种墓葬都基本不见随葬品。西坡墓葬形制和葬式显然与第一种墓葬基本一致，不过少见或不见随葬品的质朴习俗却与两种墓葬都有关系，更早的源头还可追溯到仰韶文化东庄类型和枣园类型。② 至于西坡墓葬引人注意的钺、圜底大口缸等，在庙底沟类型墓葬中或许已经存在，只是尚未发现而已；在庙底沟一期、南交口仰韶文化二期居址中就发现有石钺。在与庙底沟类型面貌近似的河南西峡老坟岗仰韶文化墓葬③中，就随葬有穿孔石钺、成对陶圜底大口缸；大口缸中腹也箍附加堆纹，只是器形比西坡墓葬细长，口沿外未留捆绑痕迹而是带数周便于捆绑结实的旋纹（图七）。另外，著名的汝州阎村出土的“鹳鱼石斧图”，“斧”有穿孔且可能象征军权，④其实就是钺，但不明是石还是玉，也可称“鹳鱼钺图”，说明在与庙底沟类型同时而有密切关系的阎村类型中也早已有钺。

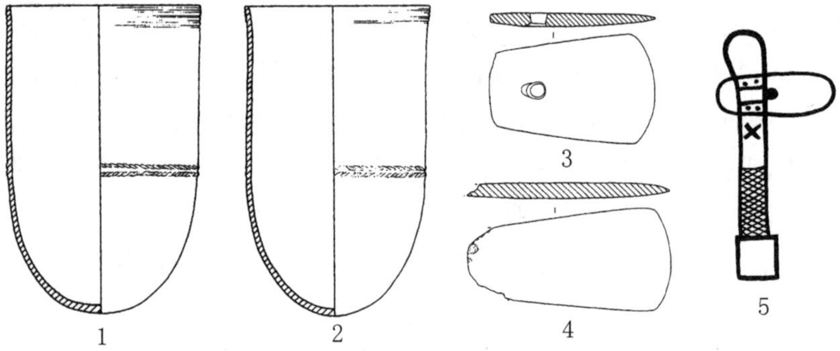

图七 庙底沟时代的圜底大口缸和钺

1、2. 陶圜底大口缸（老坟岗 M10：2、3） 3、4. 石钺（老坟岗 M3：6、7） 5. 彩绘钺图（阎村）

这也就是说，西坡墓葬所代表的“中原模式”，其实早在庙底沟类型墓葬当中已现端倪。比较来看，同时期东部地区大汶口文化早期偏晚、崧泽文化早期的墓葬，贫富分化已经明显起来，大墓如上述大汶口 M2005、东山村 M90 等，随葬品数十成百，

① 河南省文物考古研究所编著《三门峡南交口》，科学出版社，2009 年，第 92—94 页。

② 仰韶文化庙底沟类型的前身是东庄类型，而东庄类型是在枣园类型的基础上，受到半坡类型的强烈影响而形成的（见田建文、薛新民、杨林中《晋南地区新石器时期考古学文化的新认识》，《文物季刊》1992 年第 2 期，第 35—44 页）。属于枣园类型的山西垣曲东关一期墓葬，均质朴而基本不见随葬品，与半坡类型墓葬多数有几件随葬品的情况有区别（见中国历史博物馆考古部、山西省考古研究所、垣曲县博物馆编著《垣曲古城东关》，科学出版社，2001 年，第 42—45 页）。

③ 河南省文物考古研究所、南阳市文物考古研究所《河南西峡老坟岗仰韶文化遗址发掘报告》，《考古学报》2012 年第 2 期，第 217—268 页。

④ 严文明《〈鹳鱼石斧图〉跋》，《文物》1981 年第 12 期，第 79—82 页。

还不乏“高价值”物品，这与庙底沟类型墓葬几无随葬品的质朴习俗形成鲜明对照，实际上已经形成“东方模式”的雏形。而北方地区以内蒙古凉城王墓山坡下聚落为代表的仰韶文化白泥窑子类型①，不但看不出贫富分化，而且社会地位分化也很不明显，与西坡大型宫殿式建筑所显示的社会较明显分化的情况毕竟有所差异，可见“北方模式”的特征也已初显。②

如此看来，中国铜石并用时代社会发展的一般趋势和不同模式实际上发端于公元前4000年左右的“庙底沟时代”，当时中国大部地区文化首次交融联系形成以中原为核心的“早期中国文化圈”或文化上的“早期中国”，③同时，已经初具社会分化、家族凸现、男权军权凸现等一般趋势，又初步形成社会发展的3种不同模式，开启了早期中国文明起源的先河。当然这种不同模式的形成与各地自然资源和财富积累的程度有关，实际是适应不同自然环境的结果。这种社会发展的一般趋势和不同模式，是早期中国文化有中心的多元一体特点的又一种体现方式，是中国文明具有无穷活力而从不间断的根源所在。④ 其中“中原模式”生死有度、重贵轻富、井然有礼、朴实执中的特点，实际上成为后世中国文明的核心特质。

（本文原载于《仰韶和她的时代——纪念仰韶文化发现90周年国际学术研讨会论文集》，文物出版社，2014年）

---

① 内蒙古文物考古研究所、北京大学中国考古学研究中心“聚落演变与早期文明”课题组编著《岱海考古（三）——仰韶文化遗址发掘报告集》，科学出版社，2003年。
② 韩建业《中国北方地区新石器时代文化研究》，文物出版社，2003年。
③ 韩建业《庙底沟时代与“早期中国”》，《考古》2012年第3期，第59—69页；已收入本书。
④ 严文明《中国史前文化的统一性与多样性》，《文物》1987年第3期，第38—50页。

中西交流

“彩陶之路”与早期中西文化交流

“彩陶之路”这个概念最早是1960年由李济提出的，[①]用来概括安特生“仰韶文化西来说”或者“彩陶文化西来说”。[②] 实际李济一直怀疑这样一条自西而东的“彩陶之路”的存在。[③] 裴文中早在1942年就指出新疆彩陶较黄河流域彩陶晚，同样怀疑“彩陶文化西来说”，[④]但却提出存在史前时期“丝绸之路”的观点。[⑤] 1965年，苏秉琦明确指出仰韶文化、马家窑文化等包含彩陶的文化在甘肃境内的移动方向是自东向西而非相反。[⑥] 1978年，严文明发表《甘肃彩陶的源流》一文，理清了甘肃彩陶文化的起源、发展和流变，清楚地展现了彩陶文化自东向西渐次拓展的生动图景，澄清了仰韶文化西来说的谬误。[⑦] 1982年，陈戈指出新疆彩陶东多西少、东早西晚的现象，显见彩陶流播主导方向是“西去”而非“西来”。[⑧] 至于近些年我们所用“彩陶之路”一词，已经变为主要指以彩陶为代表的早期中国文化向西拓展渗透之路，也包括顺此通道的西方文化的反向流播。[⑨]

本文所谓“早期中西文化交流”，指文化上的“早期中国”或者“早期中国文化圈”与西方文化的交流，时间上限大致在公元前6000年“早期中国文化圈”雏形形成以后，[⑩]此前旧石器时代或稍晚的人类迁徙暂不包括在内，下限止于公元前后丝绸之

---

① 李济《古代中国文明》，《考古》1996年第8期，第57—60页。

② ［瑞典］安特生著、袁复礼译《中华远古之文化》，《地质汇报》第5号第1册，北京京华印书局，1923年；［瑞典］安特生著、乐森玥译《甘肃考古记》，《地质专报》甲种第5号，1925年。

③ 李济《西阴村史前的遗存》，“清华学校研究院丛书”第三种，1927年。

④ 裴文中《新疆之史前考古》，《中央亚细亚》第1卷第1期，第34—39页，1942年。

⑤ 裴文中《中国西北甘肃走廊和青海地区的考古调查》，《裴文中史前考古学论文集》，文物出版社，1987年，第256—273页。

⑥ 苏秉琦《关于仰韶文化的若干问题》，《考古学报》1965年第1期，第51—82页。

⑦ 严文明《甘肃彩陶的源流》，《文物》1978年第10期，第62—76页。

⑧ 陈戈《略论新疆的彩陶》，《新疆社会科学》1982年第2期，第77—103页。

⑨ 韩建业《新疆青铜时代—早期铁器时代文化的分期和谱系》，《新疆文物》2005年第3期，第57—100页。

⑩ 韩建业《论早期中国文化周期性的“分”“合”现象》，《史林》2005年增刊，第65—71页。

路的正式开启。高峻的青藏高原，使得早期的中西交流一般情况下只能绕道南北，其南为南道，其北则为北道，当然这个广义的南道和北道本身又分许多支线(图一)。本文拟以年代为序，对中国彩陶以陕甘地区为根基自东向西的拓展传播路线作进一步梳理，兼论早期中西文化交流问题。

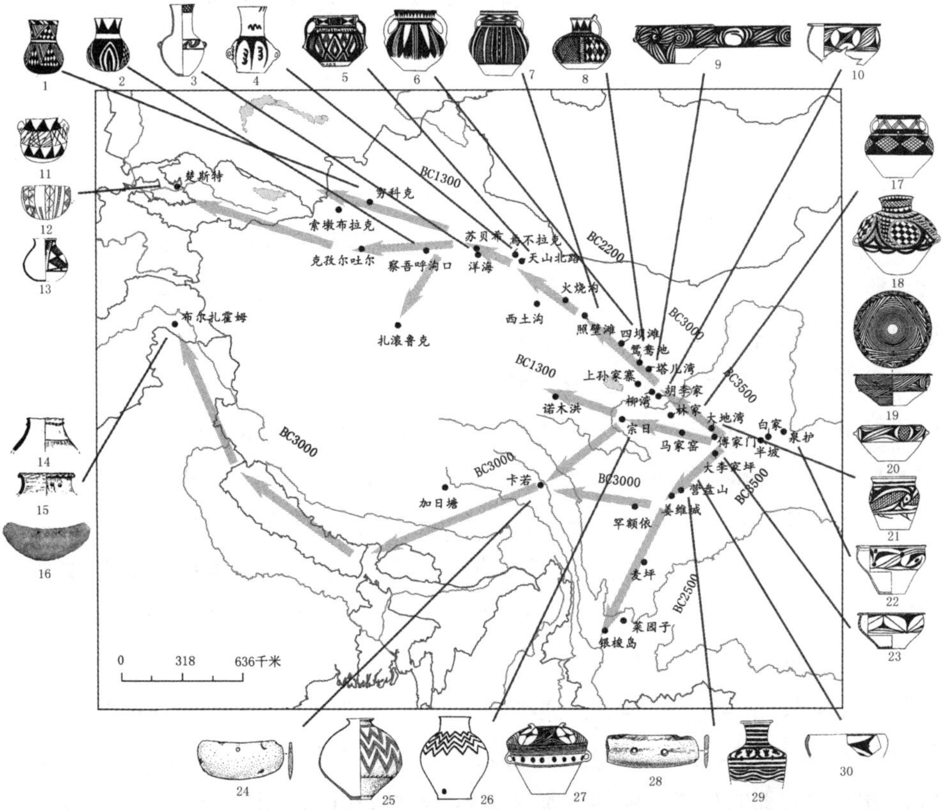

图一 "彩陶之路"示意图

1—4、8、11、13、29. 陶壶(穷科克 M46A：1，察吾呼沟口四号墓地 M156：16，洋海二号墓地 M242：2，焉不拉克 M2：3，鸳鸯池 M72：2，昆盖墓地，楚斯特，营盘山 H12：5) 5—7、14、15、17、18、21、25—27. 陶罐(瓮)(天山北路，干骨崖 M84：1，砖沙窝 JZH－A003，布尔扎霍姆，布尔扎霍姆，下海石 M10：5，土谷台 M66：1，大地湾 F401：2，卡若 F9：126，宗日 M43：2、M222：1) 9、10、19、22、23. 陶盆(塔儿湾 F10：22，胡李家 H14：2，雁儿湾 H1：36，泉护 H224：501，大李家坪 H16：1) 12、20、30. 陶钵(昆盖墓地，大地湾 T703②：95，波西 G1：4) 16、24、28. 石刀(布尔扎霍姆，卡若 F8：69，营盘山 T11①：3)

一、彩陶文化的起源和早期发展

旧石器时代人类的远距离迁徙是早期人类发展史上最扣人心弦的篇章，这个过程奠定了现代人类及其文化分布的基本格局。新石器时代以后,大范围的人类迁徙和文化交流继续存在,而以彩陶为代表的早期中国文化以陕甘地区为根基自东向西的拓展渗透,以及西方文化顺此通道的反向流播,成为其中最重要的内容之一。

陕甘地区最早的彩陶文化,就是分布于渭河和汉水上游的白家文化,①绝对年代大致在公元前5800—前5000年之间,西缘达甘肃中部;②其陶器有的饰较为简单的红彩,是中国最早的彩陶文化之一,也是陕甘地区最早的以农业为主体的文化。继之发展起来的仰韶文化零口类型和半坡类型早期,年代约在公元前5000—前4200年之间,流行直线几何纹和鱼纹黑彩,分布范围局限在陕西,西缘向东略有退缩。至约公元前4200年进入仰韶文化半坡类型晚期,即所谓史家类型阶段,彩陶出现圆点勾叶三角纹、豆荚纹等新元素,其西缘又西进至甘肃中南部,西南部已至甘陕川交界的陇南一带,③西北可能已延伸至河西走廊东缘。④ 约公元前4000年进入仰韶文化泉护类型之后的大部分时间里,其西缘仍主要局限在甘肃中南部。⑤

二、彩陶文化第一波西向扩展

以彩陶为代表的农业文化的第一波西向扩展,始于约公元前3500年稍前的仰韶文化泉护类型晚期,盛于约公元前3500年马家窑文化石岭下类型形成以后,且从一开始就表现出南北分道扬镳的趋势。

北道:泉护类型晚期和石岭下类型遗存西北向抵青海东部的民和、互助、循化,以及甘肃古浪一带,以民和胡李家遗存⑥、阳洼坡遗存⑦为代表。彩陶除占据主体的黑彩外,还出现个别红或赭彩,有的施红色或橙黄色陶衣;图案除弧边三角、圆点勾叶、弧线外,还多见网格纹和成组线条,带锯齿或不带锯齿的大"X"形图案颇具特色;基本题材、构图方式与前虽未大变,但趋于繁复细致,同石岭下类型已很接近(图二,1—4)。

---

① 中国社会科学院考古研究所编著《临潼白家村》,巴蜀书社,1994年。

② 甘肃省文物考古研究所编著《秦安大地湾——新石器时代遗址发掘报告》,文物出版社,2006年。

③ 北京大学考古学系、甘肃省文物考古研究所《甘肃武都县大李家坪新石器时代遗址发掘报告》,《考古学集刊(第13集)》,中国大百科全书出版社,2000年,第1—36页。

④ 甘肃省文物考古研究所、北京大学考古文博学院编著《河西走廊史前考古调查报告》(图三五,1),文物出版社,2011年,第65页。

⑤ 韩建业《中国西北地区先秦时期的自然环境与文化发展》,文物出版社,2008年。

⑥ 中国社会科学院考古研究所甘青工作队、青海省文物考古研究所《青海民和县胡李家遗址的发掘》,《考古》2001年第1期,第40—58页。

⑦ 青海省文物考古队《青海民和阳洼坡遗址试掘简报》,《考古》1984年第1期,第15—20页。

南道：泉护类型晚期和石岭下类型遗存西南向达白龙江和岷江上游地区，见于四川西北部茂县波西①、营盘山②和汶川姜维城③等遗址。彩陶主要为弧线三角纹、平行线纹等黑彩（图二，5）。

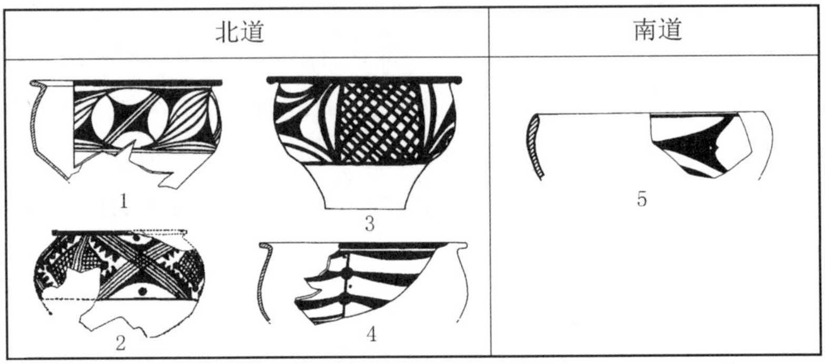

图二 彩陶第一波西向扩展

1、3、4. 胡李家（H14：2、T1②：1、采：4） 2. 阳洼坡 5. 波西（G1：4）

无论是北道还是南道，这时的彩陶风格都已经与关中出现一定差异，其繁缛化趋势和关中东部的简化衰落形成鲜明对照。原因大致有三：一是此时中原核心区（晋南豫西）仰韶文化庙底沟类型正趋于没落，已经难以向周围施加强力影响，仰韶文化的统一性大为削弱；二是青海、四川与中原相距遥远，难以保持持续性交流；三是当地可能存在从事狩猎、采集经济的"中石器时代"文化，这些土著文化因素会部分融合于彩陶文化中，促使其发生变异。④

三、彩陶文化第二波西向扩展

以彩陶为代表的农业文化的第二波西向扩展，开始于约公元前 3000 年马家窑文化马家窑类型形成以后。大体仍分南、北道，其中南道又可分两条支线。

北道：马家窑文化马家窑类型从甘肃中部向青海东北部和河西走廊长距离扩

① 成都文物考古研究所、阿坝藏族羌族自治州文物保管所、茂县羌族博物馆《四川茂县波西遗址 2002 年的试掘》，《成都考古发现（2004）》，科学出版社，2006 年，第 1—12 页。

② 成都市文物考古研究所、阿坝藏族羌族自治州文管所、茂县博物馆《四川茂县营盘山遗址试掘报告》，《成都考古发现（2000）》，科学出版社，2002 年，第 1—77 页。

③ 四川省文物考古研究所、阿坝州文物管理所、汶川县文化体育局《四川汶川县姜维城新石器时代遗址发掘简报》，《考古》2006 年第 11 期，第 3—14 页。

④ 严文明《甘肃彩陶的源流》，《文物》1978 年第 10 期，第 62—76 页。

展，见于青海大通上孙家寨①和甘肃武威塔儿湾②、酒泉照壁滩③等遗址。彩陶基本都是黑彩，内外兼施、构图复杂、线条流畅，流行成组弧线或直线、同心圆圈纹、波纹、涡纹、网纹等图案，还发现多人舞蹈纹彩陶（图三，1、2）。公元前2500年以后，在这些地区出现以乐都柳湾“半山类型墓葬”④、永昌鸳鸯池早期墓地⑤等马家窑文化半山类型遗存。这些马家窑文化遗存——无论是马家窑类型还是半山类型，都只是在甘肃中部同类遗存基础上稍有变异。

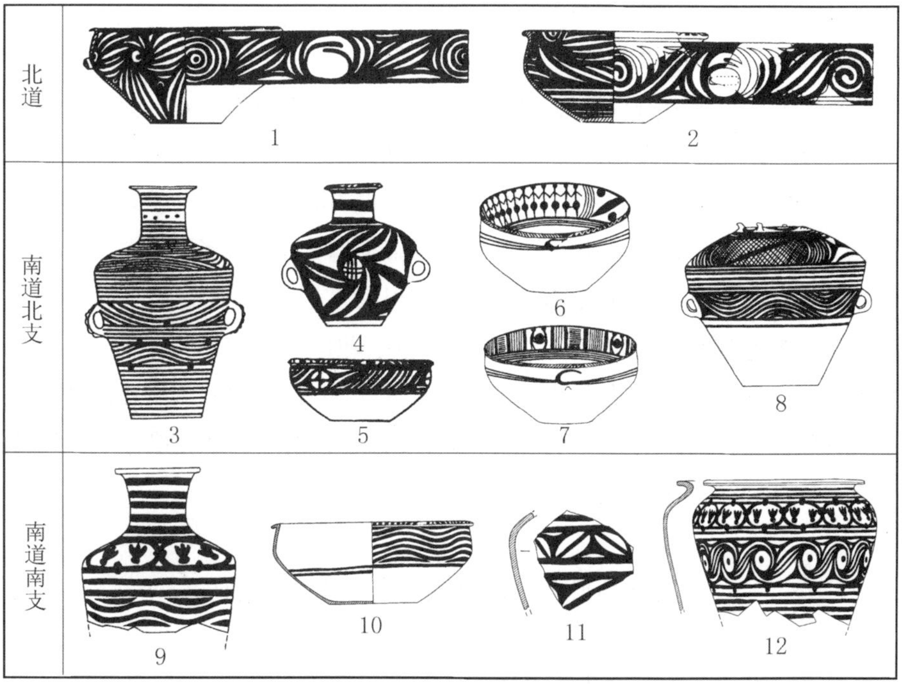

图三 彩陶第二波西向扩展

1、2. 塔儿湾（F10：22、F102：1） 3—8. 宗日（M295：1、M198：15、M198：10、M157：1、M192：2、M159：12） 9—12. 营盘山（H12：5、H8：2、H8：4、H8：1）

① 青海省文物管理处考古队《青海大通上孙家寨出土的舞蹈纹彩陶盆》，《文物》1978年第3期，第48—49页。

② 甘肃省文物考古研究所《武威塔儿湾新石器时代遗址及五坝山墓葬发掘简报》，《考古与文物》2004年第3期，第8—11页。

③ 李水城《河西地区新见马家窑文化遗存及相关问题》，《苏秉琦与当代中国考古学》，科学出版社，2001年，第121—135页。

④ 青海省文物管理处考古队、中国社会科学院考古研究所编著《青海柳湾——乐都柳湾原始社会墓地》，文物出版社，1984年。

⑤ 甘肃省博物馆文物工作队、武威地区文物普查队《甘肃永昌鸳鸯池新石器时代墓地》，《考古学报》1982年第2期，第199—228页。

南道北支线：马家窑文化马家窑类型拓展至青海东部的共和盆地，可能与当地无陶土著文化融合形成马家窑文化宗日类型，以同德宗日一期遗存[①]为代表。陶器主要可分为两大类，第一类为质地细腻的泥质红陶，饰精美纯熟黑彩，器类、彩陶图案和风格基本同于甘肃中部马家窑类型；还发现饰有多人舞蹈纹、二人抬物纹彩的盆（图三，3—8）。第二类为质地粗糙的夹粗砂褐陶，有的施紫红色彩，有鸟纹、折尖三角纹、折线纹图案，线条生硬，当为土著因素。半山类型形成后，共和盆地仍为马家窑文化宗日类型，陶器仍明显分为两大类。

南道南支线：在四川西北部的茂县波西、营盘山和汶川姜维城等遗址，分布着较为丰富的有一定地方特点的马家窑文化马家窑类型遗存（图三，9—12），这当是在前一个时期当地马家窑文化石岭下类型基础上的继续发展，但必定离不开与甘肃中南部地区的密切交流。约公元前2500年以后，在甘肃中部文化发展为半山类型并向西偏北方向扩展的同时，四川西北地区马家窑类型及其后继者继续向西南方向渗透，沿着四川盆地西缘渗透到云南北中部。四川汉源麦坪[②]和云南永仁菜园子[③]、大理银梭岛一期遗存[④]等，其罐、瓶、钵等器类，绳纹、花边特征，以及带孔石刀（有的双孔凹背）和长体锛、凿等，都与马家窑文化马家窑类型有若干联系，当然刻划、戳印、篦点几何纹的流行又体现出鲜明的地方特点。由于云南等地这类遗存中已经基本不包含彩陶，因此只能算彩陶文化影响之余绪。

四、5 000年前的中西文化交流南道

以彩陶为代表的农业文化第二波西向扩展进程中最可注意者，是其通过南道向西藏乃至克什米尔地区的长距离渗透。

以西藏昌都卡若遗存为代表的卡若文化[⑤]，年代上限大致在公元前3000年。[⑥]

---

① 青海省文物管理处、海南州民族博物馆《青海同德县宗日遗址发掘简报》，《考古》1998年第5期，第1—14页；格桑本、陈洪海主编《宗日遗址文物精粹论述选集》，四川科学技术出版社，1999年。

② 四川省文物考古研究院、雅安市文物管理所、汉源县文物管理所《四川汉源县麦坪新石器时代遗址2007年的发掘》，《考古》2008年第7期，第11—19页。

③ 云南省文物考古研究所、中国社会科学院考古研究所云南工作队等《云南永仁菜园子、磨盘地遗址2001年发掘报告》，《考古学报》2003年第2期，第263—296页。

④ 云南省文物考古研究所《云南大理市海东银梭岛遗址发掘简报》，《考古》2009年第8期，第23—41页。

⑤ 西藏自治区文物管理委员会、四川大学历史系编著《昌都卡若》，文物出版社，1985年。

⑥ 中国社会科学院考古研究所编《中国考古学中碳十四年代数据集（1965—1991）》，文物出版社，1991年，第243—250页。

其早期的高领罐和敞口盆等主要器类，与马家窑文化宗日类型早期的宗日式陶器形态较为接近，如同样流行假圈足，见少量黑彩，常见与后者彩陶图案类似的折线纹、网格纹、附加堆纹等；其他如有孔刀（有的凹背）和长体锛、凿等磨制石器，半地穴式房屋，以及家畜为猪和农作物为粟等，也彼此近似。而以上文化特征同样与川西北马家窑文化马家窑类型存在关联，这种关联当为通过川西来实现的：在四川丹巴罕额依一期见有绳纹平底瓶、黑彩彩陶、穿孔石刀、石锛等，与马家窑文化马家窑类型晚期时代相当或稍晚。① 或者卡若文化就是青海东部和川西北地区马家窑文化共同西向推进并与当地无陶传统融合的结果；如果马家窑文化属较早的氐羌族系，则卡若文化就是一种“吸收了西北氐羌系统文化而发展起来的土著文化”②。需要指出的是，卡若文化或类似遗存可能已经分布至以拉萨为中心的西藏东南部甚至印度锡金邦。西藏当雄加日塘出土的饰刻划、戳印几何纹和附加堆纹的陶片，③林芝和墨脱发现的石刀，长体石锛、凿，以及陶片④等，都与卡若文化接近。再向南，在印度锡金邦北部也见有包含刀、锛、凿等磨制石器的遗存。⑤

令人称奇的是，克什米尔地区的布尔扎霍姆（Burzahom，也译作布尔扎洪）一期乙段遗存竟然也与卡若文化有许多近似之处。1972 年，穆加尔和哈利姆根据克什米尔地区布尔扎霍姆文化与中国黄河流域文化的相似性，提出其为仰韶文化传统西向传播的结果。⑥ 1982 年，迪克希特提出这种相似性是由于龙山文化的南传，而传播路线可能是将吉尔吉特河流与新疆联系起来的一系列山口。⑦ 霍巍则认为其与卡若文化更为相近。⑧ 仔细观察，布尔扎霍姆一期乙段遗存和卡若文化均以泥条筑成法制作的粗灰陶器为主，褐陶其次；器类都是小口高领罐壶类和平底盆钵类；口沿外贴边、领身部箍附加堆纹、假圈足、底部见编织纹印痕等特征也都彼此类似；都流行形态近似的双孔或单孔石刀（爪镰），磨制的长体石斧、锛、凿等，尤其凹背石刀更

---

① 四川省文物考古研究所、甘孜藏族自治州文化局《丹巴县中路乡罕额依遗址发掘简报》，《四川考古报告集》，文物出版社，1998 年，第 59—77 页。

② 西藏自治区文物管理委员会、四川大学历史系编著《昌都卡若》，第 153—156 页。

③ 西藏自治区文物局、四川大学考古系、陕西省考古研究所编著《青藏铁路西藏段田野考古报告》，科学出版社，2005 年。

④ 王恒杰《西藏自治区林芝县发现的新石器时代遗址》，《考古》1975 年第 5 期，第 310—315 页；尚坚、江华、兆林《西藏墨脱县又发现一批新石器时代遗物》，《考古》1978 年第 2 期，第 136—137 页。

⑤ A.H.丹尼、V.M.马松主编《中亚文明史（第一卷）》，中国对外翻译出版公司，2002 年，第 104 页。

⑥ M.R. Mughal, M.A. Halim, The Pottery [J]. *Pakistan Archaeology*, 1972(8): 33 - 110.

⑦ K.N. Dikshit, The Neolithic Cultural Frontiers of Kashmir [J]. *Man and Environment*, 1982(6): 30.

⑧ 霍巍《喜马拉雅山南麓与澜沧江流域的新石器时代农业村落——兼论克什米尔布鲁扎霍姆遗址与我国西南地区新石器时代农业文化的联系》，《农业考古》1990 年第 2 期，第 101—107 页。

是神似(图四、五);都居住在木柱撑顶的半地穴式房屋当中。如此多的共性,只能用相互间存在关联来解释。由于这些因素在布尔扎霍姆一期中都是突然出现,且其绝对年代不早于卡若文化(布尔扎霍姆遗址第一期甲、乙、丙3段的绝对年代,分别约为公元前3000—前2850年、公元前2850—前2550年、公元前2550—前1700年),①因此推测其与卡若文化传统沿着喜马拉雅山南缘的长距离西向渗透有关。当然二者间也还存在很多差别,如布尔扎霍姆一期乙段陶器以素面为主,房屋地穴较深,家畜为羊、作物为麦;而卡若文化陶器流行较复杂的刻划、戳印几何纹,房屋浅穴并多以石块为原料,家畜为猪、作物为粟。可见卡若文化只是影响到布尔扎霍姆文化的某些方面,并且当有其他中间环节。

虽然上述早期文化交流南道的主导方向是西向,但也不是没有文化因素顺此通道东向传播的可能。比如马家窑类型和宗日类型的舞蹈纹类题材就广见于公元前9000—前6000年的近东和东南欧地区,②而甘肃东乡林家马家窑类型的青铜刀,③石岭下类型、马家窑类型的家羊等(曾在属于马家窑文化石岭下类型的甘肃武山傅家门遗址发现多件羊卜骨,在天水师赵村五期墓葬中有以羊肩胛骨随葬的习俗,说明5 000多年前甘肃中南部地区不但养羊,而且已经深入宗教领域④),或许也都与西方存在关联,而东传的可能路线之一就是早期中西文化交流南道。

五、彩陶文化第三波西向扩展

以彩陶为代表的农业文化第三波西向扩展,开始于约公元前2200年马家窑文化马厂类型形成以后,主要是沿着北道河西走廊继续西进。至于河西走廊以东的齐家文化,其少量彩陶主要承袭自马厂类型。

马家窑文化半山类型的西端抵达酒泉,至马厂类型时已推进至敦煌。河西走廊最西端的马厂类型遗存,年代总体比东部遗存晚,又可分为两个阶段。偏早以酒

---

① A.H.丹尼、V.M.马松主编《中亚文明史(第一卷)》,第86—106页。

② 约瑟夫·加芬克尔《试析近东和东南欧地区史前彩陶上的舞蹈纹饰》,《考古与文物》2004年第1期,第83—95页。

③ 甘肃省文物工作队、临夏回族自治州文化局、东乡族自治县文化馆《甘肃东乡林家遗址发掘报告》,《考古学集刊(第4集)》,中国社会科学出版社,1984年,第111—161页。

④ 中国社会科学院考古研究所甘青工作队《甘肃武山傅家门史前文化遗址发掘简报》,《考古》1995年第4期,第289—296页;中国社会科学院考古研究所编著《师赵村与西山坪》,中国大百科全书出版社,1999年,第50—71页。

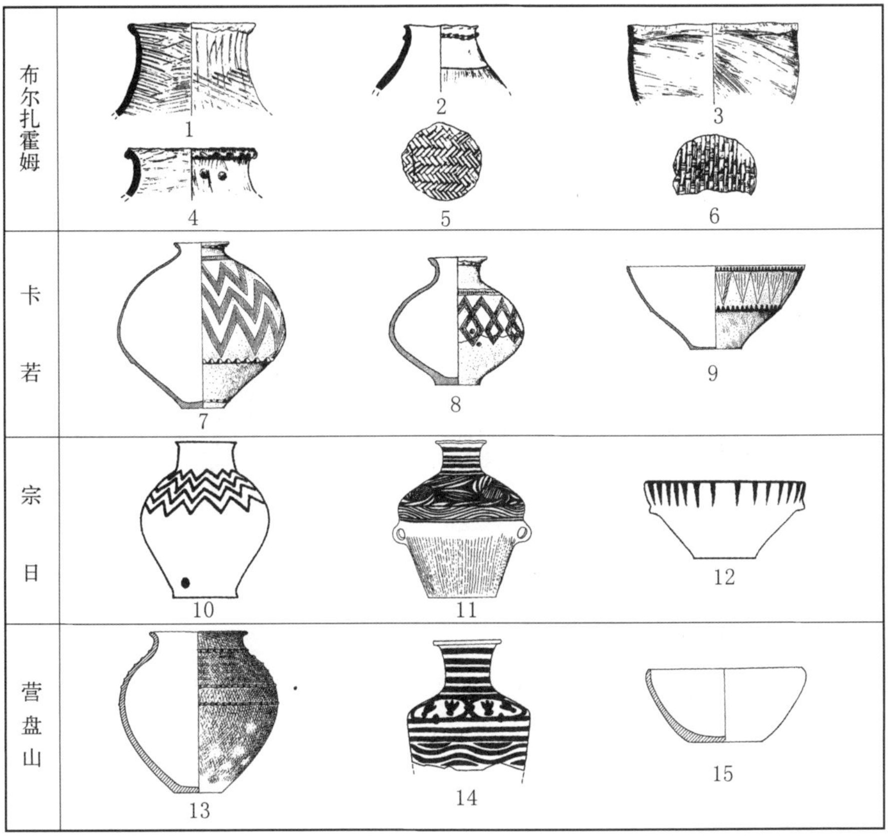

图四　布尔扎霍姆一期乙段、卡若早期、宗日早期、营盘山遗存陶器比较

1—6. 布尔扎霍姆　7—9. 卡若(F9：126、F17：89、F3：298)　10—12. 宗日(M43：2、M273：2、M158：1)　13—15. 营盘山(T12⑤：36、H12：5、H3：35)

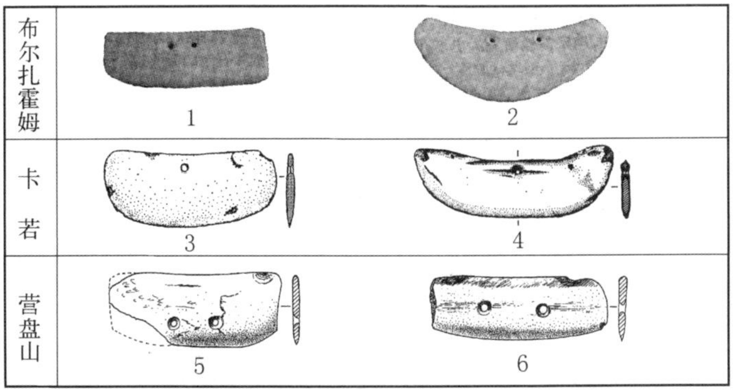

图五　布尔扎霍姆一期乙段、卡若早期、营盘山遗存石刀比较

1、2. 布尔扎霍姆　3、4. 卡若(F8：69、F19：26)　5、6. 营盘山(H17：6、T11①：3)

泉照壁滩和敦煌西土沟遗存[①]为代表的马厂类型晚期遗存，彩陶较少且构图简约，多见直线网格纹，不见内彩。偏晚为酒泉干骨崖、西河滩[②]，金塔二道梁、砖沙窝[③]等遗址所见“过渡类型”[④]，实属马厂类型末期；彩陶在颈部绘菱格纹、倒三角网格纹，腹部多绘垂带纹、成组折线纹（图六，1—4）。这两期遗存地方特色浓厚，应为在当地半山类型基础上，继续接受河湟地区大量影响而形成的。值得注意者，是这时马厂类型可能已经抵达新疆东部，因为在新疆哈密天山北路遗存中包含了双耳菱格纹彩陶罐等马厂类型式彩陶。[⑤]

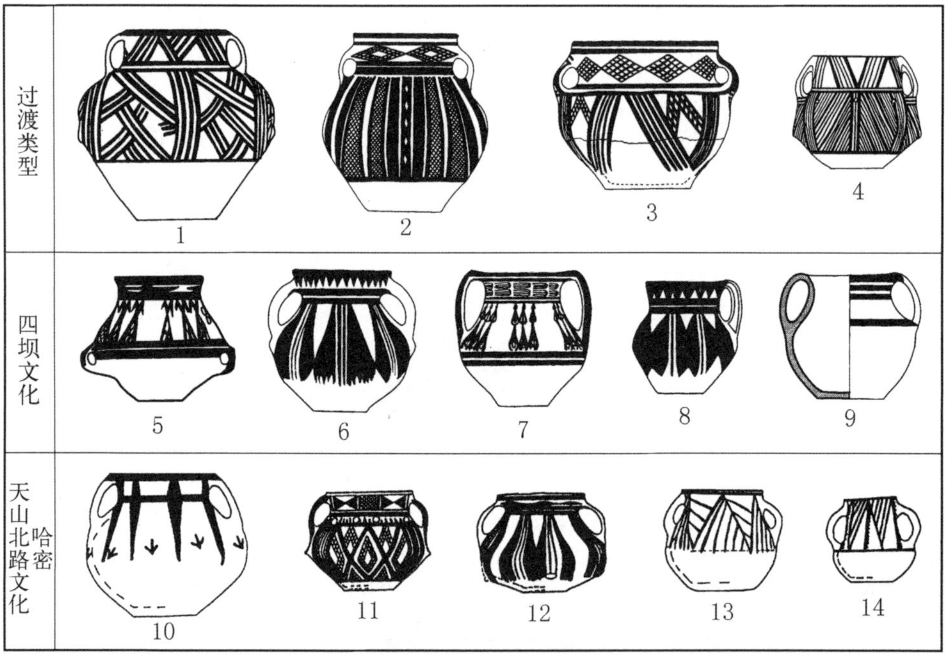

图六　彩陶第三波西向扩展

1、4. 二道梁（87JE－044、87JE－046）　2. 砖沙窝（JZH－A003）　3. 金塔县文化馆藏品（JZH－A002）
5—9. 干骨崖（M85：2、M84：1、M40：2、M32：1、M93：1）　10—14. 天山北路

① 西北大学考古系、甘肃省文物考古研究所、敦煌市博物馆《甘肃敦煌西土沟遗址调查试掘简报》，《考古与文物》2004年第3期，第3—7页。

② 《酒泉西河滩新石器晚期——青铜时代遗址》，《2004中国重要考古发现》，文物出版社，2005年，第44—48页。

③ 甘肃省文物考古研究所、北京大学考古文博学院编著《河西走廊史前考古调查报告》，第277—282页。

④ 李水城《河西地区新见马家窑文化遗存及相关问题》，《苏秉琦与当代中国考古学》，第121—135页。

⑤ 水涛《新疆青铜时代诸文化的比较研究——附论早期中西文化交流的历史进程》，《国学研究（第一卷）》，北京大学出版社，1993年，第447—490页。

约公元前1900年以后,在河西走廊中西部和新疆东部差不多同时出现了面貌近似的四坝文化和哈密天山北路文化。四坝文化以甘肃山丹四坝滩遗存①为代表,包括玉门火烧沟②、酒泉干骨崖遗存③等。彩陶多为彩绘(出窑后绘制),一般为紫红陶衣上绘浓黑彩,纹样有平行横带纹、折线纹、菱格纹、棋盘格纹、三角纹、网格纹、垂带纹、卷云纹、回形纹、连弧纹、圆点纹、变体蜥蜴纹、手印纹等,还有倒三角形上身的人形图像,主体来源于马厂类型(图六,5—9)。④ 哈密天山北路文化以哈密天山北路墓地为代表,⑤彩陶发达,主要为黑彩,有网格纹、菱格纹、垂带纹、"Z"形纹、手形纹、叶脉纹等图案,特别是也有男、女人像图案。作为主体的单耳罐、双耳罐类陶器,流行垂带纹、网格纹、菱格纹、手形纹等图案的黑彩,特征与四坝文化陶器接近,其祖源在河西走廊(图六,10—14)。⑥

在这一波彩陶文化西进的同时,明确有大量西方文化因素顺此通道东渐。上述四坝文化和哈密天山北路文化中的弧背刀、剑、矛、有銎斧、锛、凿、锥、镰、镞、镜、耳环、手镯、鍑、铃、牌、泡、扣、珠、管、别针等大量青铜器,以及哈密天山北路文化中的饰横向折线纹或竖列折线纹彩的双贯耳筒形罐,都主要源自西方文化。西方文化的影响还不止于此,而是继续向东渗透,对大体同时的晚期齐家文化、朱开沟文化、夏家店下层文化等中同类青铜器的出现和半农半牧特点的形成,甚至对二里头文化青铜文明的兴起,都起到直接或间接的作用,⑦从而促成中国大部地区进入青铜时代。

六、彩陶文化第四波西向扩展

彩陶文化第四波西向扩展,开始于约公元前1300年焉不拉克文化形成之后,主

---

① 安志敏《甘肃山丹四坝滩新石器时代遗址》,《考古学报》1959年第3期,第7—16页。

② 甘肃省博物馆《甘肃省文物考古工作三十年》,《文物考古工作三十年(1949—1979)》,文物出版社,1979年,第139—153页。

③ 李水城《四坝文化研究》,《考古学文化论集(三)》,文物出版社,1993年,第80—121页。

④ 严文明《甘肃彩陶的源流》,《文物》1978年第10期,第62—76页。

⑤ 吕恩国、常喜恩、王炳华《新疆青铜时代考古文化浅论》,《苏秉琦与当代中国考古学》,第179—184页。

⑥ 李水城《从考古发现看公元前二千年东西文化的碰撞和交流》,《新疆文物》1999年第1期,第53—65页。

⑦ Louisa G. Fitsgerald-Huber, Qijia and Erlitou: The Question of Contacts with Distant Cultures [J]. *Early China*, 1995(20): 17-67;李水城《西北与中原早期冶铜业的区域特征及交互作用》,《考古学报》2005年第3期,第239—278页;韩建业《论二里头青铜文明的兴起》,《中国历史文物》2009年第1期,第37—47页,已收入本书。

要通过北道长距离西传。至于甘青等地的辛店文化、卡约文化、寺洼文化、沙井文化、诺木洪文化等，包含彩陶已少，且基本都是在马家窑文化和齐家文化彩陶传统上发展而来；除诺木洪文化扩展至柴达木盆地外，[①]其主要分布区域并无显著扩大。

焉不拉克文化分布在新疆东部哈密盆地和巴里坤草原，以哈密焉不拉克遗存[②]为代表。流行红衣黑彩彩陶，多波纹、垂带纹、多重鳞纹、“S”形和“C”形纹等弧线纹饰。该文化是在哈密天山北路文化的基础上接受其他文化影响发展而成。焉不拉克文化出现以后，对当时天山南北“高颈壶文化系统”的形成起到了直接的推动作用，其高颈壶、弧腹杯、弧腹钵、豆、直腹杯、直腹筒形罐等彩陶因素渐次西传，导致新疆中部自东而西形成苏贝希文化[③]、察吾呼沟口文化[④]、伊犁河流域文化[⑤]等一系列彩陶文化，察吾呼沟口文化晚期向南已经扩展到塔里木盆地南缘。[⑥] 这些文化总体特征近似，但也存在小的差异，如苏贝希文化和焉不拉克文化一样流行红衣黑彩彩陶，察吾呼沟口文化彩陶多为白地红彩，而伊犁河流域文化黑彩和红彩平分秋色（图七）。

最值得注意的是察吾呼沟口文化与楚斯特文化的关系。楚斯特文化于公元前2千纪末期和1千纪初期分布在费尔干纳盆地，[⑦]该文化一定数量的红衣红彩陶器及其网格纹、菱形纹、菱形棋盘格纹、三角纹等图案，与察吾呼沟口文化相似。由于前者的彩陶与早先的纳马兹加文化Ⅱ—Ⅳ期彩陶存在缺环，而后者的彩陶则上承甘青文化系统，有着完整的演变序列，故推测察吾呼沟口文化曾对楚斯特文化产生过强烈影响。

随着此时彩陶文化的进一步西渐，更多种类的工具、武器、马器、装饰品等青铜

---

① 青海省文物管理委员会、中国科学院考古研究所青海队《青海都兰县诺木洪搭里他里哈遗址调查与试掘》，《考古学报》1963年第1期，第17—44页。

② 新疆维吾尔自治区文化厅文物处、新疆大学历史系文博干部专修班《新疆哈密焉不拉克古墓地》，《考古学报》1989年第3期，第325—362页。

③ 新疆文物考古研究所、吐鲁番地区博物馆《新疆鄯善县苏贝希遗址及墓地》，《考古》2002年第6期，第42—57页；新疆吐鲁番学研究院、新疆文物考古研究所《新疆鄯善洋海墓地发掘报告》，《考古学报》2011年第1期，第1—22页。

④ 新疆文物考古研究所编著《新疆察吾呼——大型氏族墓地发掘报告》，东方出版社，1999年；新疆文物考古研究所《新疆拜城县克孜尔吐尔墓地第一次发掘》，《考古》2002年第6期，第14—29页。

⑤ 新疆文物考古研究所《新疆察布查尔县索墩布拉克古墓群》，《考古》1999年第8期，第59—66页；新疆文物考古研究所《尼勒克县穷科克一号墓地考古发掘报告》，《新疆文物》2002年第3、4期，第13—53页。

⑥ 新疆维吾尔自治区博物馆、巴音郭楞蒙古自治州文物管理所、且末县文物管理所《新疆且末扎滚鲁克一号墓地发掘报告》，《考古学报》2003年第1期，第89—136页。

⑦ 卢立·A.札德纳普罗伍斯基著、刘文锁译《费尔干纳的彩陶文化》，《新疆文物》1998年第1期，第107—112页；A.H.丹尼、V.M.马松主编《中亚文明史（第一卷）》，第342—345页。

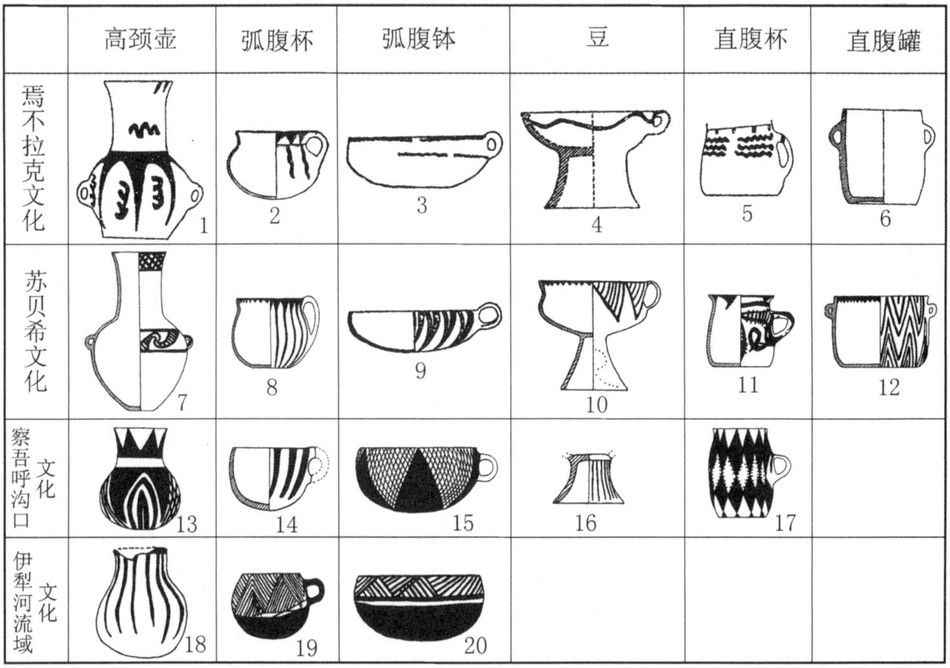

图七　彩陶第四波西向扩展——"高颈壶文化系统"典型陶器

1—6. 焉不拉克（M2：3、M40：4、M75：14、M75：16、M75：20、M4：1）　7、8、11. 洋海二号墓地（M242：2、M220：2、M2205：5）　9. 艾丁湖（M48：1）　10、12. 洋海一号墓地（M43：2、M105：2）　13、15—17. 察吾呼沟口四号墓地（M156：16、M237：2、M185：3、M20：15）　14. 察吾呼沟口二号墓地（M223：24）　18. 奇仁托海（M97：2）　19、20. 穷科克（M4：1、M9：1）

器，甚至少量刀、剑、镞、锥等铁器，顺此通道反向传入新疆，并进一步渗透到青海、甘肃等中国西部地区，使得中国西部在公元前 1000 年前就进入了早期铁器时代。①

七、结　　语

自 90 年前仰韶文化被发现以后，人们就为其美丽的彩陶所吸引，从而有了"彩陶文化"的名称。换句话说，中国考古学史上早年所说"彩陶文化"其实就是以黄土高原为摇篮的仰韶文化的代名词。当然后来随着考古发现的增多，在中国其他地区还发现了若干包含彩陶的文化，但仰韶文化仍然是其中最具代表性者。仰韶文化雄踞中国腹心地区，彩陶盛行的仰韶前期长达 1 500 年（公元前 5000—前 3500 年）之

① 韩建业《新疆的青铜时代和早期铁器时代文化》，文物出版社，2007 年。

久，实际是当时“早期中国文化圈”或文化上的“早期中国”的核心所在。[①] 何况中国西部甘肃、青海、四川、新疆甚至西藏此后绵长延续的彩陶文化，都以仰韶文化作为根基。从这个意义上说，彩陶的西传实际就是早期中国文化的西传。

仰韶文化等彩陶文化，以黄土高原为基础，本质上是“黄土的儿女”[②]所创造的一种旱作农业文化。也只有定居程度较高的农业社会，才能满足彩陶创作所需要的优裕时间，才能提供彩陶使用和储藏所需的稳定条件。在彩陶向西扩展的过程中，虽然会随着时间、地理变化而程度不同地增加畜牧、狩猎甚至游牧成分，但却始终保持较多农业成分。从这个意义上说，彩陶的西传实际就是早期中国旱作农业文化的西传，反映的似乎是一些眷恋黄土的早期农民接力赛式西行寻找新家园的景象。如果陕甘地区彩陶文化总体上属于羌人文化，则羌人在早期中西文化交流中就具有非常重要的地位。

概括起来说，“彩陶之路”就是以彩陶为代表的早期中国文化以陕甘地区为根基自东向西拓展传播之路，也包括顺此通道的西方文化的反向渗透。“彩陶之路”从公元前 4 千纪一直延续至前 1 千纪，其中又以大约公元前 3500 年、公元前 3000 年、公元前 2200 年和公元前 1300 年四波彩陶文化的西渐最为明显。具体路线虽有许多，但大致可概括为以青藏高原为界的北道和南道。通过这些路线，源自中国腹地的彩陶等旱作农业文化因素渐次西播，西方的麦、羊、马、车以及青铜器和铁器冶炼技术等逐渐渗入中国广大地区，由此还可能引发了早期中西方思想观念方面更深层次的交流。总之，“彩陶之路”是早期中西文化交流的首要通道，是“丝绸之路”的前身，对中西方文明的形成和发展都产生过重要影响。

（本文原载于《考古与文物》2013 年第 1 期）

---

① 韩建业《论新石器时代中原文化的历史地位》，《江汉考古》2004 年第 1 期，第 59—64 页。

② J.G. Andersson, *Children of the Yellow Earth — Studies in Prehistoric China*, Kegan Paul, Trench, Trubner, London, 1934.

公元前3至前1千纪中国和中亚地区的尖顶冠形符号

公元前3千纪中期至前1千纪初期，在中国和中亚地区存在一种尖顶冠形符号，尖顶直角或锐角，两侧冠翅上有一道以上斜线，冠顶有V字形、菱形、丁字形、十字形纹饰，彩绘、刻划或附加泥条于陶容器或陶人偶之上。俄罗斯学者马松(V. M. Masson)等曾称其为"三角睫毛纹"(Triangle with eyelashes)，认为其与某种神祇信仰有关。[①] 我曾称其为双"F"形纹，并提出马厂类型的此类纹饰可能与欧亚草原存在联系，[②]但当时并未关注到中亚地区。本文试对中国和中亚地区尖顶冠形符号进行比较，并探讨其相互关系。

一

中国境内的尖顶冠形符号，发现于马家窑文化宗日类型和马厂类型、齐家文化中晚期、四坝文化、哈密天山北路文化、辛店文化和察吾呼沟口文化早期，绝对年代约在公元前2600—前800年，跨越中国铜石并用时代、青铜时代至早期铁器时代。冠顶多呈V字形或菱形，彩绘、刻划或附加泥条于陶容器之上，具体可分四型。

马家窑文化宗日类型主要分布在以共和盆地为中心的青海省东部，绝对年代约在公元前2600—前2200年，属于铜石并用时代早期和晚期早段。在青海同德宗日墓葬一件宗日类型早期的陶壶[③]上，发现多个尖顶冠形符号，冠顶呈V字形，可作为A型，两侧冠翅上有两道或一道斜线，彩绘于罐的颈腹部位(图一，1)。

---

① В.М. Массон, В.И. Сарианиди, Среднеазиатская Терракота Эпохи Бронзы, Главная редакция восточной литературы, Москва, 1973.

② 韩建业《中国西北地区先秦时期的自然环境与文化发展》，文物出版社，2008年，第170—171页。

③ 青海省文物管理处、海南州民族博物馆《青海同德县宗日遗址发掘简报》，《考古》1998年第5期，第1—14页。

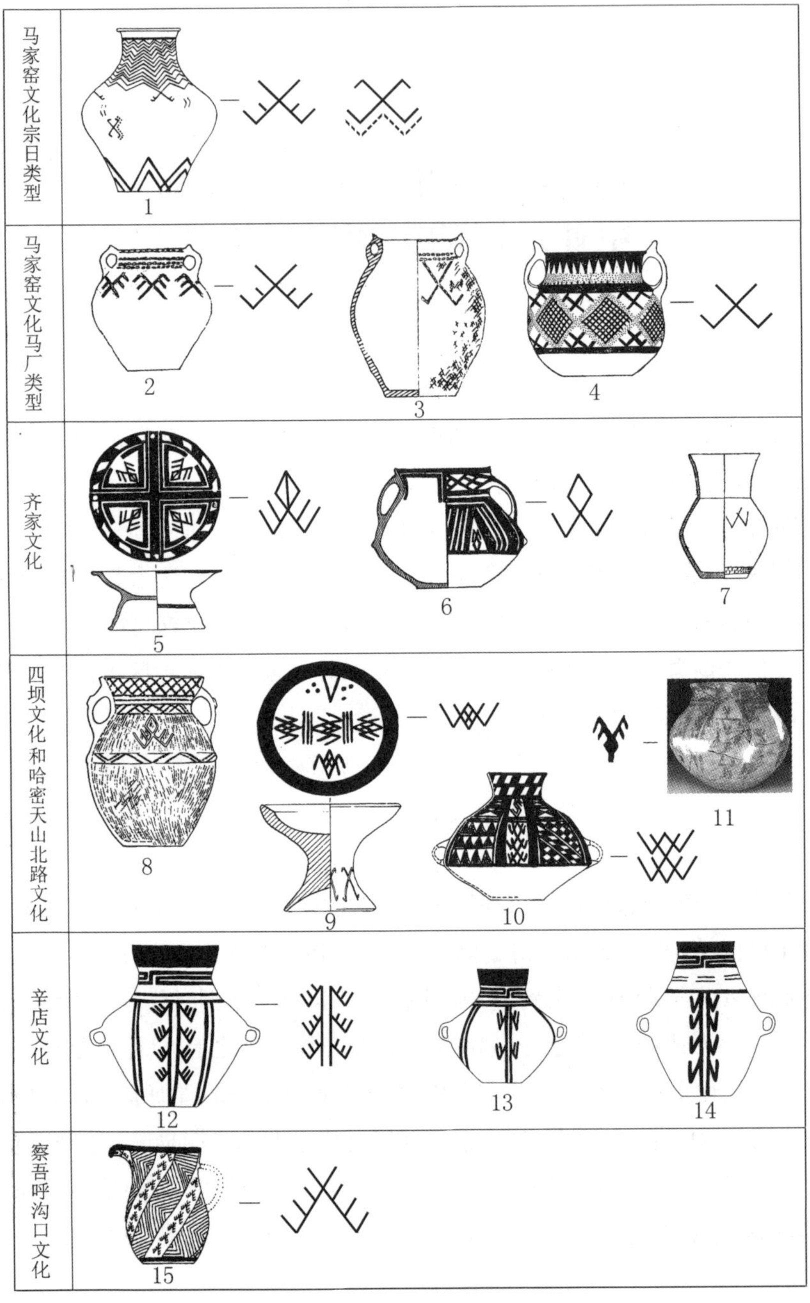

图一　中国西北地区的尖顶冠形符号

1. 宗日(M222：3)　2、3. 乐山坪(LYL：186、LYL：220)　4. 阳山(M22：21)　5、6. 皇娘娘台(M47：10、M30：2)　7. 秦魏家(M107：4)　8—10. 东灰山(M181：2、M108：5、M23：2)　11. 天山北路(M214)　12—14. 核桃庄(M35：2、M257：1、M312：1)　15. 察吾呼沟口四号墓地(M33：25)

马家窑文化马厂类型主要分布在甘肃中西部和青海东部，延伸到河西走廊甚至新疆东部地区，约在公元前2200—前1900年，属于铜石并用时代晚期晚段。少量尖顶冠形符号发现于甘肃永登乐山坪①和青海民和阳山②等遗址，均属A型，两侧冠翅上有两道或一道斜线，泥条附加或彩绘于罐腹（图一，2—4）。

齐家文化中晚期遗存主要分布于甘肃大部、青海东部、宁夏南部，晚期扩展至关中地区，约在公元前2200—前1500年，属于铜石并用时代晚期晚段至青铜时代早期。少量尖顶冠形符号发现于甘肃武威皇娘娘台③、广河齐家坪、永靖秦魏家④等遗址。秦魏家遗址见A型者，刻划饰于罐腹（图一，7）。皇娘娘台遗址者冠顶呈菱形，可称B型，彩绘于豆盘内壁或罐腹（图一，5、6）。

四坝文化、哈密天山北路文化分布在河西走廊中西部和哈密地区，约在公元前1900—前1300年，属于青铜时代早期。尖顶冠形符号较多，发现于甘肃玉门火烧沟⑤、酒泉干骨崖⑥、民乐东灰山⑦，哈密天山北路⑧等遗址，既有B型者，刻划于罐腹（图一，8），甚至作为彩绘人像的头部（图一，11）；也有将冠顶菱形饰移至冠下者，可称C型（图一，9），更多的则是C型的上下叠加（图一，10）。

辛店文化主要分布在黄河上游及其支流洮河、大夏河、湟水、渭河上游地区，约在公元前1500—前800年，属于青铜时代晚期。较多尖顶冠形符号发现于青海民和核桃庄⑨等遗址，均属冠翅间无冠顶而以竖线相隔者，可称D型（图一，12—14）。

察吾呼沟口文化前期分布在塔里木盆地北缘，约在公元前1200—前800年，属于早期铁器时代，个别尖顶冠形符号发现于新疆和静察吾呼沟口四号墓地⑩等，冠

---

① 马德璞、曾爱、魏怀珩《永登乐山坪出土一批新石器时代的陶器》，《史前研究（辑刊）》，1988年，第201—211页。
② 青海省文物考古研究所编著《民和阳山》，文物出版社，1990年。
③ 甘肃省博物馆《武威皇娘娘台遗址第四次发掘》，《考古学报》1978年第4期，第421—448页。
④ 中国科学院考古研究所甘肃工作队《甘肃永靖秦魏家齐家文化墓地》，《考古学报》1975年第2期，第57—96页。
⑤ 甘肃省博物馆《甘肃省文物考古工作三十年》，《文物考古工作三十年（1949—1979）》，文物出版社，1979年，第139—153页。
⑥ 李水城《四坝文化研究》，《考古学文化论集（三）》，文物出版社，1993年，第80—121页。
⑦ 宁笃学《民乐县发现的二处四坝文化遗址》，《文物》1960年第1期，第74—75页；甘肃省文物考古研究所、吉林大学北方考古研究室编著《民乐东灰山考古——四坝文化墓地的揭示与研究》，科学出版社，1998年。
⑧ 新疆维吾尔自治区文物事业管理局等编《新疆文物古迹大观》，新疆美术摄影出版社，1999年，第111页。
⑨ 青海省文物考古研究所、青海省文物管理处、西北大学文博学院编著《民和核桃庄》，科学出版社，2004年。
⑩ 新疆文物考古研究所编著《新疆察吾呼——大型氏族墓地发掘报告》，东方出版社，1999年。

顶呈V形，两侧冠翅上有三道斜线，实属A型（图一，15）。

虽然目前我们还难以理清以上四型尖顶冠形符号之间是否存在发展演变关系，但这类符号在公元前3千纪中期突然出现于中国西北地区则是确定无疑的。带有这些符号的陶容器均属普通随葬品，看不出特殊之处。

二

中亚地区的尖顶冠形符号，主要发现于土库曼斯坦南部的纳马兹加（Namazga）五期类型或阿尔丁特佩（Altyn-Depe）文化，绝对年代约在公元前2600—前1900年，属于中亚青铜时代中期。① 在阿尔丁特佩五期（第一发掘区1—3层）②、纳马兹加五期等当中，常见冠顶丁字形、十字形或倒矢形的尖顶冠形符号，两侧冠翅上有三道以上斜道，有的甚至细密如睫毛，刻划于红陶人像上。刻划这类符号的人像一般折肩、上身呈倒梯形，下身呈梯形或近圆形，多前折呈坐姿，面部有扁菱形或贝壳形双目，正面常见蛇状扭曲双辫，头后常垂锥状单辫，绝大多数带高耸双乳而呈女性特征。陶人像常在正背两面饰尖顶冠形符号，有时还与其他符号相互组合，正面一般在双肩处左右各一，背面则在腰部靠下位置左右各一（图二，1）或上下各一（图二，3）或中间一个（图二，2）。

据统计，在阿尔丁特佩遗址发现的112个符号当中，数量最多的尖顶冠形符号就有30个，占到总数的1/3以上。这类符号和其他符号一样，被认为与对各种神祇的崇拜有关；③而尖顶冠形符号总是见于带有蛇形长辫的女性雕像之上，被推测为与男性星神或月亮神之妻有关。④ 但在阿尔丁特佩遗址，装饰符号的人像大部分出土于墓葬，少量出土于房屋，几乎见于遗址所有区域，似乎并未体现出对神的特别尊崇，所以这种说法还难以成为定论。

---

① A.H. Dani, V.M. Masson (ed.), *History of Civilizations of Central Asia* [M]. Volume I: The Dawn of Civilization: Earliest Times to 700 B.C. UNESCO Publishing, Paris, 1992: 225 - 246; Philip L. Kohl, The Namazga Civilization, An Overview [A]. *The Bronze Age Civilization of Central Asia*, M.E. Sharpe. Inc., New York, 1981: vii - xl; O. Lecomte, H.-P. Francfort, etc., Recherches Archéologiques Récentes à Ulug Dépé (Turkménistan) [J]. *Paléorient*, Vol.28, 2002(2): 123 - 131.

② V.M. Masson, Translated by Henry N. Michael, *Altyn-Depe* [M]. The University Museum (University of Pennsylvania), Pennsylvania, 1988: 84 - 89.

③ В.М. Массон, В.И. Сарианиди, Среднеазиатская Терракота Эпохи Бронзы, Главная редакция восточной литературы, Москва, 1973.

④ V.M. Masson, Translated by Henry N. Michael, *Altyn-Depe* [M]. The University Museum (University of Pennsylvania), Pennsylvania, 1988: 87.

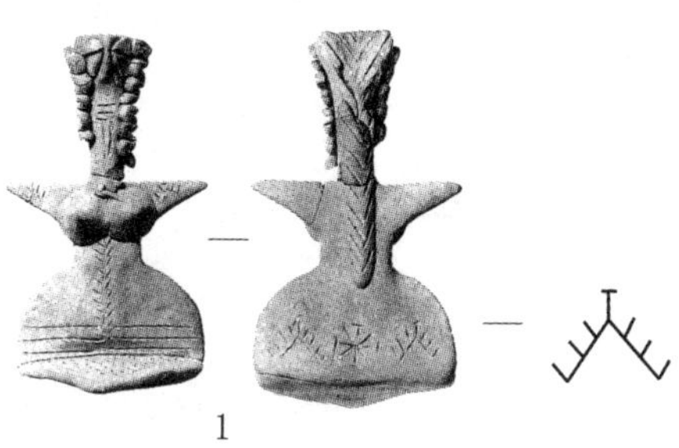

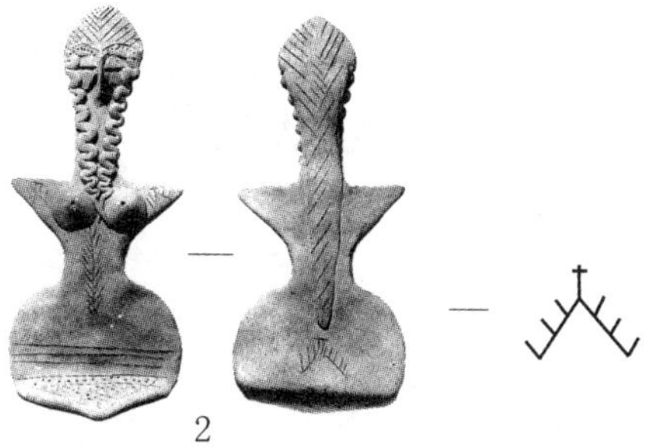

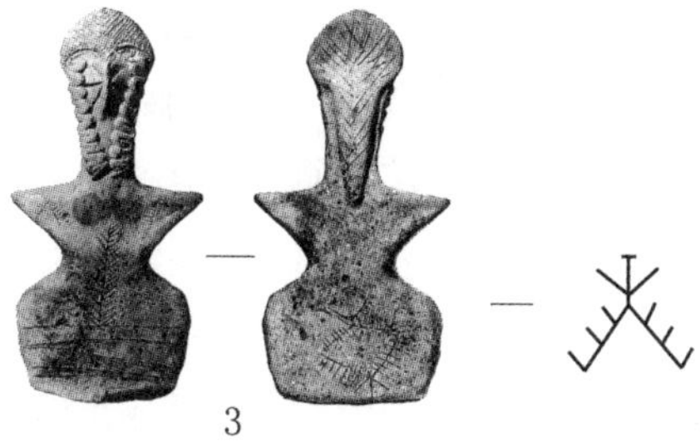

图二　阿尔丁特佩遗址人形塑像及符号

1. Excavation 9, corridor of burial chamber 9　2. Excavation 9, burial chamber 11
3. Excavation 5, 1st horizon, burial chamber 13

按照马松等的意见,尖顶冠形符号有着前伊兰风格(Proto-Elamitic),或者说就是直接受到前伊兰文字影响而来(图三,4、5)。① 但仔细来看,类似的前伊兰文字多整体为三角形,与此类尖顶冠形符号缺底边的情况有别。其实,尖顶冠形符号更可能只是从纳马兹加四期的锯齿纹彩陶发展演变而来,②往前还可追溯至曾盛极一时的纳马兹加二期晚段和三期的锯齿纹彩陶,③类似尖顶冠形符号的图案其实就是锯齿纹图案中的一个单元(图三,1—3)。如此看来,尖顶冠形符号还应该来源于土库曼斯坦南部当地。

---

① В.М. Массон, В.И. Сарианиди, Среднеазиатская Терракота Эпохи Бронзы, Главная редакция восточной литературы, Москва, 1973.

② V.M. Masson, V.I. Sarianidi, Translated and edited by Ruth Tringham, *Central Asia* [M]. Thames and Hudson, London, 1972: 132.

③ L.B. Kircho, G.F. Korobkova, V.M. Masson, *The Technical and Technological Potential of the Eneolithic population of Altyn-Depe as the Basis of the Rise of an early Urban Civilization* [M]. European House, St.-Petersburg, 2008: 71; Philip L. Kohl, The Namazga Civilization: An Overview [J]. *The Bronze Age Civilization of Central Asia*, M.E. Sharpe. Inc., New York, 1981: vii-xl.

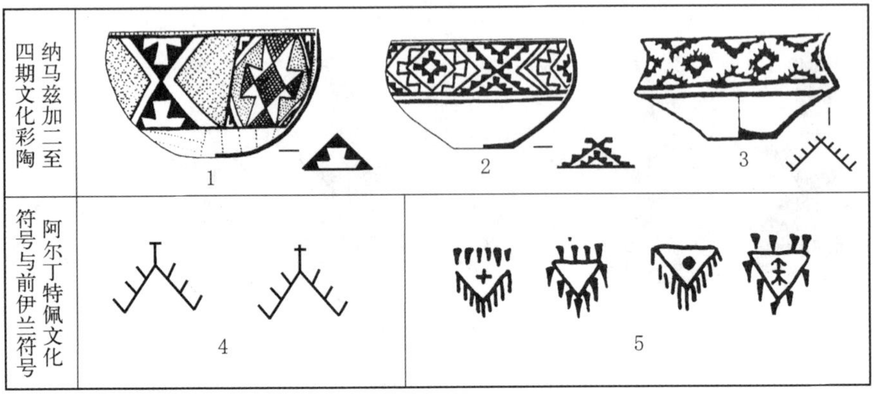

图三　纳马兹加二至四期文化彩陶、阿尔丁特佩文化符号与前伊兰文字比较

1—3. 阿尔丁特佩彩陶(纳马兹加二期晚段、纳马兹加三期、纳马兹加四期)　4. 阿尔丁特佩文化尖顶冠形符号　5. 前伊兰文字

三

公元前 3 千纪中期至前 1 千纪初期，中国和中亚都存在较为复杂特殊的尖顶冠形符号，且彼此大同小异，偶然形似的可能性不大，二者间很可能存在联系。由于中亚的尖顶冠形符号出现年代较早且明确来源于当地，而中国西北地区的类似符号却是突然出现，且数量较少，因此推测应当有个从西而东的传播过程，中国和中亚之间在公元前 3 千纪末期当存在文化交流。只是两个地区的尖顶冠形符号形态细节尚有差别，而且此类符号在中国均发现于陶容器，而在中亚则在萌芽时见于陶容器，后见于陶人像，因此推测在中亚和中国西北地区之间还存在很多中间环节，而塔里木盆地南北缘正是这些中间环节的关键所在。

值得注意的是，塔里木盆地北缘察吾呼沟口四号墓地所见尖顶冠形符号，与中亚符号最为相似，只是年代晚至公元前 800 年左右，或许此类符号在塔里木盆地有一个较长的发展传承过程。我们还发现公元前 2000 年左右的新疆古墓沟墓地的石或木质人像与中亚阿尔丁特佩文化陶人像颇为相似，说明其主要来源于中亚，可惜古墓沟这类人像上并未见尖顶冠形符号。关于尖顶冠形符号东传的细节问题还需继续探索。

（本文原载于《西域研究》2015 年第 4 期）

新疆古墓沟墓地人形雕像源于中亚

古墓沟墓地位于塔里木盆地东南缘的新疆若羌县北部，在罗布泊西北、孔雀河北岸，1979 年发掘，1983 年发表发掘简报，[①]2014 年出版发掘报告。[②] 共发掘出 42 座墓葬，均为竖穴沙坑墓，有木棺，少数墓地地表见 7 圈列木，主要随葬木、皮、毛、草、骨、角类有机质器物，也有少量石(玉)、铜器，但不见陶器。与其南的小河墓地面貌近似。[③] 古墓沟墓地的发掘者王炳华曾提出古墓沟文化的名称，[④]也有人将此类遗存称为“小河文化”。我对《古墓沟》发掘报告新近公布的人形雕像很感兴趣，拟就其来源问题作简单讨论。

古墓沟墓地共发现 6 件人形雕像。其中 1 件石质者保存完好(图一，1)，高 27.5 厘米。5 件木质者高 37.5—57 厘米，有 2 件保存较好(图一，4、5)，3 件剥裂较严重(图一，2、3、6)，但仍能看出大体形状。其共同特征是面部未雕出五官，方折肩，倒梯形上身，多为梯形或近圆形下身而未明确雕出双腿，仅 1 件下有双短腿(图一，6)。其中 3 件有明显双乳而具女性特征(图一，1、4、6)，1 件平胸当为男性(图一，5)，还有 2 件剥裂严重者不好判断性别。另外，其中 1 件头呈倒梯形(图一，1)，1 件头后垂有单辫(图二，1)。这些人像有的随葬在墓主人头部(图一，1、4)或脚端(图一，2)，有的在棺外(图一，6)，有的甚至在墓葬所填沙土中(图一，3、5)，似乎并无对其特别尊崇之意。

古墓沟墓地雕像与小河墓地上层出土的瘦高有腿的木雕人像有较大区别。古

---

① 新疆社会科学院考古研究所《孔雀河古墓沟发掘及其初步研究》，《新疆社会科学》1983 年第 1 期，第 125—126 页。

② 王炳华《古墓沟》，新疆人民出版社，2014 年。

③ 贝格曼著、王安洪译《新疆考古记》，新疆人民出版社，1997 年，第 75—183 页；新疆文物考古研究所《2002 年小河墓地考古调查与发掘报告》，《新疆文物》2003 年第 2 期，第 8—64 页；韩建业《新疆的青铜时代和早期铁器时代文化》，文物出版社，2007 年。

④ 新疆社会科学院考古研究所《孔雀河古墓沟发掘及其初步研究》，《新疆社会科学》1983 年第 1 期，第 125—126 页。

1 2 3 4 5 6

图一 古墓沟墓地人形雕像

1. 石像(M18：2) 2—6. 木像(M3：1、M8：1、M12：1、M14：1、M20：6)

墓沟墓葬有多个^{14}C测年数据，树轮校正后的中心值落在公元前1900—前1700年之间，①而小河墓地上层年代大致在公元前1650—前1450年，②人像形态不同或许是年代早晚有别的缘故。

环顾周边地区大致同时代的考古学遗存，会发现在中亚土库曼斯坦南部的阿尔丁特佩五期(Altyn-Depe Ⅴ)(第一发掘区1—3层)③、纳马兹加五期(Namazga Ⅴ)、哈普兹特佩一至二期(Khapuz-Depe Ⅰ-Ⅱ)、乌鲁特佩(Ulug-Depe)、戈诺尔特佩(Gonur-Depe)、凯莱利(Kelleli)一号居地等的房屋和墓葬当中，都有与其颇为相似的人像，只不过均为红陶泥塑。④ 比如阿尔丁特佩等遗址的陶人像也多为折肩、倒梯形上身、梯形或近圆形下身，头后常垂锥状单辫，绝大多数有高耸双乳而呈女性特征，也有个别平胸而具男性特征者，其中不少头部也呈倒梯形。值得注意的是，在戈

① 古墓沟M38的毛毯、羊皮和棺木测年校正后的数据分别为公元前1875—前1530年、前2123—前1640年、前1878—前1677年，M4棺木校正数据为公元前2032—前1777年，M23棺木校正数据为公元前2011—前1782年，还有一座墓葬的毛皮校正数据为公元前1896—前1705年。见中国社会科学院考古研究所编《中国考古学中碳十四年代数据集(1965—1991)》，文物出版社，1991年，第303—304页。

② 新疆文物考古研究所《新疆罗布泊小河墓地2003年发掘简报》，《文物》2007年第10期，第4—42页。

③ V.M. Masson, Translated by Henry N. Michael, *Altyn-Depe* [M]. The University Museum (University of Pennsylvania), Pennsylvania, 1988: 84-89.

④ A.H. Dani, V.M. Masson (ed.), *History of Civilizations of Central Asia* [M]. Volume Ⅰ: The Dawn of Civilization: Earliest Times to 700 B.C. UNESCO Publishing, Paris, 1992: 225-246.

诺尔特佩等还发现了少量带双腿的男女陶塑。① 不过阿尔丁特佩等遗址陶塑均较小，一般高度在 10—15 厘米，面部有扁菱形或贝壳形双目，肩锐折，正面还常见蛇状扭曲双辫，下身多前折呈坐姿，全身上下还有多种刻划符号，这些毕竟是和古墓沟人像有所区别的地方（图二）。

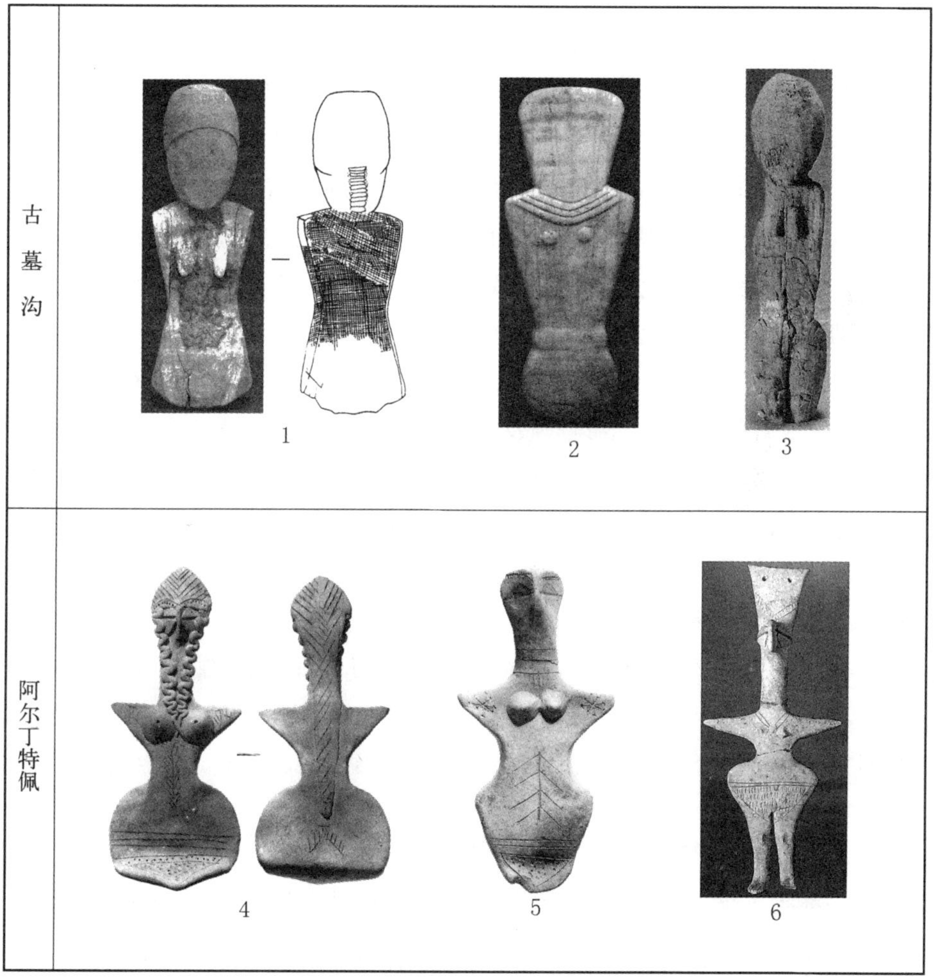

图二　古墓沟墓地和阿尔丁特佩等遗址人形雕塑比较

1—3. 古墓沟（M12：1、M18：2、M20：6）　4、5. 阿尔丁特佩（Excavation 9，burial chamber 11；Excavation 5，2nd horizon）　6. 戈诺尔特佩

（1、3. 木质　2. 石质　4—6. 陶质）

---

① W. Sarianidi, N. Dubowa (ed.), *Gadymy Margiananyň genji-hazynasy* (*Treasures of Ancient Margiana*) [M]. Fotoalbom, Türkmen döwlet neşirýat gullugy, 2013: 22 - 23.

土库曼斯坦南部的纳马兹加五期或阿尔丁特佩五期类文化遗存，一般被称为纳马兹加五期类型或阿尔丁特佩文化，属于中亚地区青铜时代中期文化，①其绝对年代则有不同说法。最具代表性的阿尔丁特佩五期有9个数据，但彼此相差较大，中心值约在公元前4000—前1400年之间，俄罗斯学者马松(V. M. Masson)根据其与相关遗存年代的比较研究，确定其年代范围约为公元前2300—前1850年。② 戈诺尔特佩同期遗存有10个数据，彼此接近，③中心值约在公元前2000—前1700年。另外马松还将阿尔丁特佩文化所属中亚青铜时代中期的年代定在公元前2000—前1600年。④ 而科尔(Philip L. Kohl)认为纳马兹加五期的年代在公元前2600—前2100年，⑤勒孔特(O. Lecomte)和法兰克福(H.-P. Francfort)认为在公元前2500—前1800年，⑥都比俄罗斯学者的年代明显偏早。综合以上意见，可将阿尔丁特佩文化的绝对年代大致确定在大约公元前2600—前1900年，大体相当于中国的龙山时代，上限明显早于古墓沟文化或小河文化。

阿尔丁特佩文化是由科彼特山脉北麓的青铜时代早期文化发展而来，后来向东扩展至穆尔加布河流域，而影响则及于阿姆河以东地区，渗透进泽拉夫善河流域的扎曼巴巴文化(Zamanbabin Culture)。阿尔丁特佩文化以农业经济为主，畜牧业也较发达，种植小麦、大麦、粟、豌豆等作物，饲养绵羊、山羊、猪、牛、骆驼等家畜。有土坯垒砌的城堡和土坯房屋，建筑物装饰精美的马赛克面板，城墙四周或城内多置神殿、火坛，被认为与拜火教或者琐罗亚斯德教的起源有关。⑦ 墓葬多为长方形土坯墓穴，均为屈肢葬式。在科彼特山脉北麓有阿尔丁特佩、纳马兹加、乌鲁特佩等中心聚落，在穆尔加布河流域有戈诺尔特佩、凯莱利一号居地等中心聚落，当时已经进入初期"城市文明"阶段。有陶、石、铜、金、银质的壶、瓶、罐、盆、钵、盘、杯、灯等容

---

① A.H. Dani, V.M. Masson(ed.), *History of Civilizations of Central Asia* [M]. Volume I: The Dawn of Civilization: Earliest Times to 700 B.C. UNESCO Publishing, Paris, 1992: 225-245.

② V.M. Masson, Translated by Henry N. Michael, *Altyn-Depe* [M]. The University Museum (University of Pennsylvania), Pennsylvania, 1988: 95-96.

③ Thomas Götzelt, *Ansichten der Archäologie Süd-Turkmenistans bei der Eeforschung der 'mittleren Bronzezeit'* (*'Periode' 'Namazga V'*) [M]. Verlag Marie Leidorf GmbH, Espekamp, 1996: 157-158.

④ 马松将中亚青铜时代分为早、中、晚期，认为其绝对年代大致分别在公元前2500—前2000年、前2000—前1600年、前1600—前1000年。(V.M. Masson, V.I. Sarianidi, *Central Asia. Turkmenia before the Achaemenids* [M]. Thames & Hudson, London, 1972.)

⑤ Philip L. Kohl, The Namazga Civilization: An Overview [J]. *The Bronze Age Civilization of Central Asia*, M.E. Sharpe. Inc., New York, 1981: vii-xl.

⑥ O. Lecomte, H.-P. Francfort, etc., Recherches Archéologiques Récentes à Ulug Dépé (Turkménistan) [J]. *Paléorient*, Vol.28, 2002(2): 123-131.

⑦ V. Sarianidi, *Margiana and Protozoroastrism* [M]. Kapon Editions, Greece, 1998.

器，有些长流或高圈足的器物很有特色，陶器基本为轮制，铜器有红铜、砷青铜、铅青铜器等；有铜、石质的斧、刀、短剑、矛、镞、锄、权杖头、秤砣、砝码等武器或工具，铜、银、玉石、象牙质的带柄镜、别针、项链、镯、耳环、牌饰等装饰品；还有不少动物小陶塑，石、铜、银质的带文字和图案的印章，以及香炉等；有的黄金牛头、狼头小巧精致。该文化总体源于当地，又和伊朗北部、两河流域以及印度河流域文化存在联系。

阿尔丁特佩文化的陶塑人像不但主要源于科彼特山脉北麓的青铜时代早期文化，而且还可以追溯至更早。在公元前 6 千纪至前 5 千纪新石器时代的哲通文化(Jeitun Culture)中，已经出现较小的人形陶塑。至公元前 4 千纪至前 3 千纪中期(铜石并用时代至早期青铜时代)的纳马兹加二至四期文化，人像丰满，性特征突出，尤其有的女性坐姿陶塑臀腿占到全身的 2/3 以上(图三，1—3)。到纳马兹加五期的阿尔丁特佩文化，雕塑突然向扁平瘦长的抽象方向发展，尤其女性雕像由强调丰乳肥臀的女性整体特征变为更多以乳房等象征女性，性特征越来越不明显，不过人身下部前折的形态仍为坐姿，与之前肥臀陶塑一脉相承(图三，4)。实际上，阿尔丁特佩文化的陶塑人像既有自己的特点，也与同时代的两河流域文化和印度河流域哈拉帕文化有关，其演变脉络也大致相似。中亚青铜时代这些扁平风格的人像上多饰各种类似前伊兰风格(Proto-Elamitic)的符号，被认为与对母亲神、丰产神、天神、水神、智

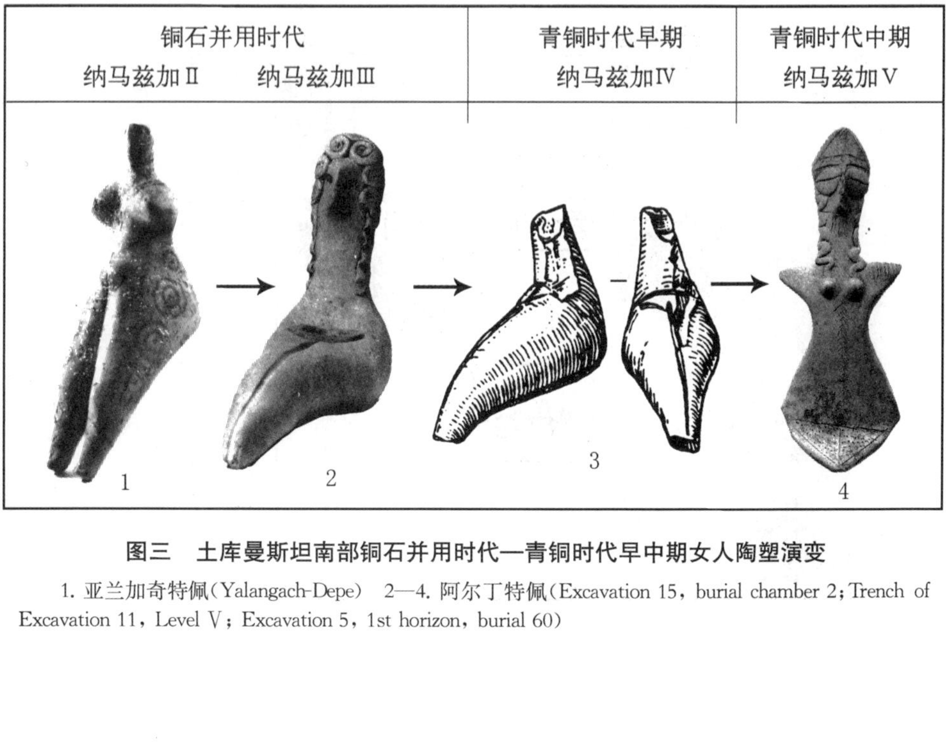

图三　土库曼斯坦南部铜石并用时代—青铜时代早中期女人陶塑演变

1. 亚兰加奇特佩(Yalangach-Depe)　2—4. 阿尔丁特佩(Excavation 15, burial chamber 2; Trench of Excavation 11, Level Ⅴ; Excavation 5, 1st horizon, burial 60)

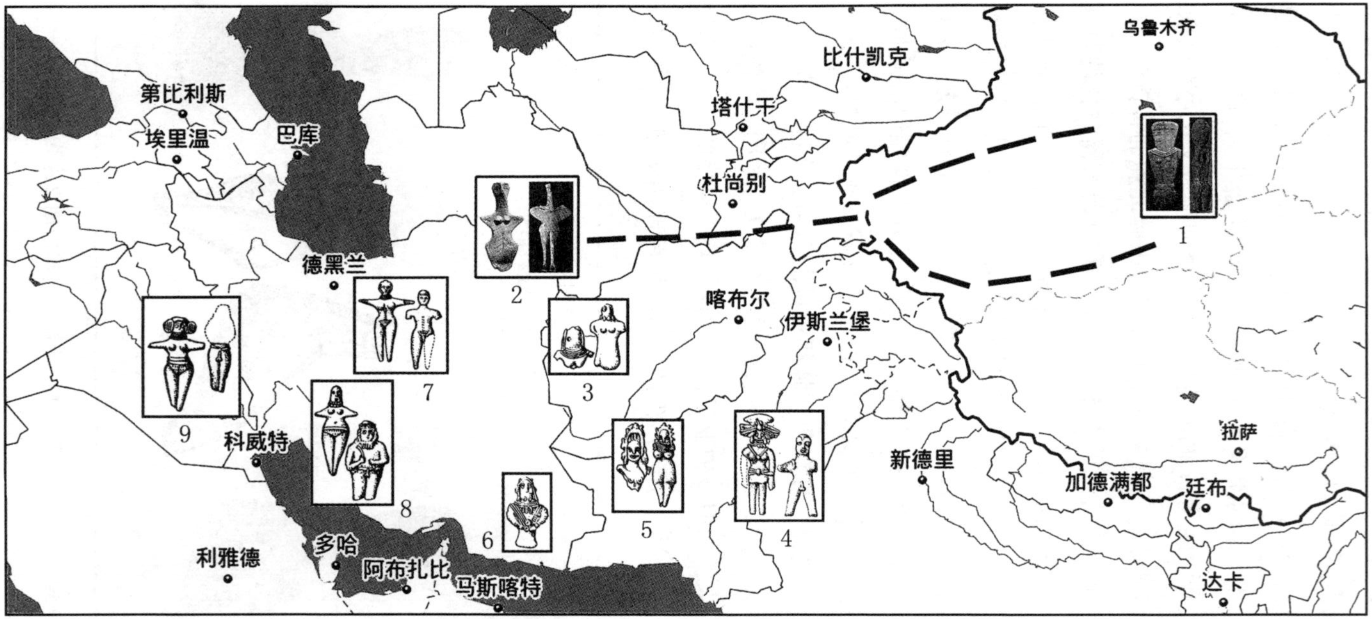

图四　中国新疆和中西亚地区青铜时代中期人像的分布

1. 中国新疆罗布泊地区　2. 土库曼斯坦南部　3. 阿富汗南部　4. 印度河流域　5. 巴基斯坦北部　6. 巴基斯坦南部　7. 伊朗东北部　8. 伊朗西南部　9. 美索不达米亚

（本图根据俄罗斯学者马松等《青铜时代的中亚陶人》一书图九①改制）

① В.М. Массон, В.И. Сарианиди, Среднеазиатская Терракота Эпохи Бронзы, Главная редакция восточной литературы, Москва, 1973, рис. 9.

神等"神"的崇拜有关,[①]但这些陶塑见于房屋、墓葬各处,似乎并未体现出对其特别尊崇之处,所以神像的说法还难以成为定论。

古墓沟人像在新疆乃至甘青等地并无更早渊源,而阿尔丁特佩文化人像则在当地源远流长并有着中西亚这样一个大的传统,故二者之间的相似性就应该是中亚影响新疆东部的结果(图四)。郭物此前已经指出了古墓沟这件石雕人像和阿尔丁特佩遗址陶塑人像较为接近。[②] 但由于二者人像毕竟存在一定区别,尤其古墓沟雕像较大,且并不见阿尔丁特佩文化陶塑所见具有特殊含义的符号,这说明其只是学到塑像外形而非其包含的整个符号系统和精神世界,从中亚到新疆东部可能还存在不少中间环节,并非直接传播而来。理清这些中间环节,尚需进一步的考古工作作为基础,尤其是对塔里木盆地周缘的考古探索至为重要。

论及公元前 2000 年前后的中西文化交流,学术界一般会将新疆乃至甘青等地文化与西西伯利亚和哈萨克斯坦等地文化联系起来。[③] 而实际上我们通过人形雕像看到了当时还有另外一条中西文化交流通道,也就是从中亚到中国新疆的通道。

(本文原载于《三代考古(六)》,科学出版社,2016 年)

---

① В.М. Массон, В.И. Сарианиди, Среднеазиатская Терракота Эпохи Бронзы, Главная редакция восточной литературы, Москва, 1973.

② 郭物《新疆史前晚期社会的考古学研究》,上海古籍出版社,2012 年,第 264—265 页。

③ Louisa G. Fitsgerald-Huber, Qijia and Erlitou: The Question of Contacts with Distant Cultures [J]. *Early China*, 1995(20): 17 - 67;E.E. Kuzmina, Edited by Victor H. Mair, *The Prehistory of the Silk Road* [M]. University of Pennsylvania Press, Pennsylvania, 2007;李水城《西北与中原早期冶铜业的区域特征及交互作用》,《考古学报》2005 年第 3 期,第 239—278 页。

略论中国的“青铜时代革命”

青铜时代是指“以青铜作为制造工具、用具和武器的重要原料的人类物质文化发展阶段”①。虽然从铜石并用时代发展到青铜时代以后，欧亚大陆大部社会都发生过程度不同的变革，不少已进入早期文明阶段，但这种变革在不同地区程度不一。比如最早在公元前3500年就率先进入青铜时代的环黑海冶金区，②铜器技术一脉相承，文化格局和社会形态与之前并无显著不同，总体变化较为和缓，以致有人从欧亚大陆的视野将其归入“史前时代晚期青铜文化系统”③。其他地区则不同。尤其中国在公元前2000年左右进入青铜时代以后，④大部地区在技术经济、文化格局、社会形态等方面都发生了显著的变革现象，堪称一次“青铜时代革命”。本文即对此略作讨论。

一、青铜技术的快速普及和制陶技术盛极而衰

公元前2000年左右，首先在中国西北地区，然后在北方、东北和中原地区，最后在东部沿江海地区，自西而东掀起了青铜之风，标志着生产力水平的一次革命性提升，从而使得这些地区先后进入青铜时代。

最早进入青铜时代的当属新疆地区，年代上限在公元前2000年左右，主要包括

---

① 中国大百科全书总编辑委员会《考古学》编辑委员会《中国大百科全书·考古学》，中国大百科全书出版社，1986年，第399页

② E.N. Chernykh, *Ancient Metallurgy in the USSR* [M]. Cambridge University Press, Cambridge, 1992: 1-4.

③ 杨建华《欧亚大陆青铜文化系统划分初探》，《新果集——庆祝林沄先生七十华诞论文集》，科学出版社，2009年，第274—280页。

④ 关于中国进入青铜时代的时间还存在一定分歧。本文同意公元前2000年左右进入青铜时代的观点。见张光直《中国青铜时代》，《中国青铜时代》，生活·读书·新知三联书店，1983年，第1—2页；严文明《论中国的铜石并用时代》，《史前研究》1984年第1期，第36—44页。

分布在东疆的哈密天山北路文化、罗布泊地区的古墓沟文化(也称小河文化)、阿勒泰及其以南的克尔木齐类遗存,以及新疆西部的安德罗诺沃文化等。这些文化虽可分为东部的“带耳罐文化系统”和西部的“筒形罐文化系统”,①但都普遍包含刀、剑、矛、斧、锛、凿、锥、镰、镞、镜、耳环、指环、手镯、铃、牌、泡、扣、珠、管、别针等铜质小件工具、武器和装饰品,以锡青铜和砷青铜为主。其次为甘肃、青海、陕西地区,进入青铜时代的年代上限在公元前1900年前后,主要包括河西走廊中西部的四坝文化,甘肃中南部、青海东部和陕西关中地区的晚期齐家文化。其青铜器与新疆地区,尤其是哈密天山北路文化者近似,如都流行刀、斧、锛、锥、镞、镜、耳环、指环、手镯、泡、扣,还有权杖头、臂钏、月牙形项饰等,其中四坝文化还见较多砷青铜。特别值得关注的是,这时的晚期齐家文化曾从甘肃地区大幅度扩展至关中,清晰勾勒出早期青铜文化流播的主方向是自西向东。②

至公元前1800年左右,在狭义的中国北方和东北地区出现朱开沟文化和夏家店下层文化。其早期青铜器有刀、镞、手镯、臂钏、耳环、指环等,也有镦、连柄戈等较为特殊的器物,主要为锡青铜,与前述中国西北地区青铜器较为接近。尤其朱开沟文化和夏家店下层文化早期所见颇具特色的喇叭口耳环,就都流行于四坝文化、晚期齐家文化甚至新疆地区的安德罗诺沃文化等,其源头当在南西伯利亚地区安德罗诺沃文化。③ 另外,齐家文化的陶双大耳罐、成年男女合葬墓等因素也流播到朱开沟文化,而朱开沟文化的蛇纹鬲等因素亦见于夏家店下层文化,这也从另一个侧面说明的确存在自西向东的文化影响趋势。当然,我们不能就此否认某些青铜文化因素从河西走廊之外的北方草原通道直接传入朱开沟文化和夏家店下层文化的可能性。

与此同时或稍晚,在中原地区诞生了青铜时代文化——二里头文化。该文化个别环首刀、“戚”(斧)等青铜器可能与上述西方青铜文化传统有较密切的关系,④青铜戈也有受到哈密天山北路文化有銎斧影响而产生的可能性,⑤而大量鼎、爵、斝、盉等青铜礼器在东方、中原均有陶器原型且源头深远,所使用的复合泥范铸造技术早在龙山时代也已经出现,与西北地区流行的硬型石范铸造技术明显有别,只是

① 韩建业《新疆的青铜时代和早期铁器时代文化》,文物出版社,2007年,第98—121页。
② 韩建业《中国西北地区先秦时期的自然环境与文化发展》,文物出版社,2008年,第196—200页。
③ 林沄《夏代的中国北方系青铜器》,《边疆考古研究(第1辑)》,科学出版社,2002年,第1—12页。
④ 林沄《早期北方系青铜器的几个年代问题》,《内蒙古文物考古文集(第1辑)》,中国大百科全书出版社,1994年,第291—295页。
⑤ 韩建业《论二里头青铜文明的兴起》,《中国历史文物》2009年第1期,第37—47页;已收入本书。

在青铜合金技术上受到西北间接影响。实际正如李水城指出的那样，中亚冶金术“这种外来的影响力对于中原地区而言，经过一站站的中转、筛选和改造而不断地被弱化，而中原地区冶金术的真正崛起并形成独立的华夏风格，则是在二里头文化晚期才最终实现”①。通过二里头文化，青铜技术还传播至黄河下游的岳石文化等当中。

恰在此时，绵长发展万余年的陶器制作盛极而衰，最具代表性的轮制制陶技术落至低谷！这种现象虽于龙山后期偏晚已现端倪，但至二里头文化、岳石文化则顿然明显起来。这或许与齐家文化代表的陶器手制传统的介入，以及西方先进冶金术传入后手工业技术的重点转移都有关系。

二、社会的急剧复杂化和王国文明的出现

大约公元前2千纪初期形成的二里头文化——晚期夏文化，拥有二里头这样的超级中心聚落。其宫殿基址规模宏大而又体制严整，数量众多又高下有别，表明当时已形成较为严格的宫室制度。二里头都城聚落对中原腹地文化具有直接控制力，而二里头文化的影响则及于中国大部地区，显示当时已出现号令“天下”的王权，已由“古国”文明阶段跨入“王国”文明阶段，已经由早期文明社会发展为成熟文明社会。② 相应地，周围的岳石文化、夏家店下层文化、朱开沟文化等也都出现墓葬分化、城址增多等明显的社会复杂化趋势，颇有“王国”周缘“方国”林立的态势，只是复杂化程度和达到的水平低一个层次。

青铜时代社会的复杂化，固然以龙山时代早期文明或“古国”文明作为基础，但其剧烈程度前所未见。原因可能有三：一是青铜工具较多出现，引起相关手工业迅猛发展，社会分工加剧，国家通过加强对铜矿资源的控制而提高权势；③二是上述广义的北方那些畜牧程度不一的文化（安德罗诺沃文化、哈密天山北路文化、四坝文化、齐家文化、朱开沟文化、夏家店下层文化等）东进南下，对中原、海岱等地造成空

---

① 李水城《西北与中原早期冶铜业的区域特征及交互作用》，《考古学报》2005年第3期，第239—278页。

② 苏秉琦《迎接中国考古学的新世纪》，《华人·龙的传人·中国人——考古寻根记》，辽宁大学出版社，1994年，第236—251页；严文明《黄河流域文明的发祥与发展》，《华夏考古》1997年第1期，第49—54页；韩建业《良渚、陶寺与二里头——早期中国文明的演进之路》，《考古》2010年第11期，第71—78页。

③ 石璋如《殷代的铸铜工艺》，《“中研院”历史语言研究所集刊》第26本，1955年，第102—103页；张光直《夏商周三代都制与三代文化异同》，《“中研院”历史语言研究所集刊》第55本，1984年，第51—71页；刘莉、陈星灿《城：夏商时期对自然资源的控制问题》，《东南文化》2002年第3期，第45—60页。

前压力，可能由频繁战争和人群的移动，带动了中国中东部地区文化格局的动荡和调整；而青铜戈、钺、镞等的出现，又使得武器越来越专门化、体系化，加剧了战争惨烈程度，扩大了战争规模，通过战争加速了财富和资源向强势人群的流聚，加强了军事首领的权力，社会地位从而显著分化。

三、畜牧经济的迅猛发展和文化格局的重大调整

伴随着上述变化，畜牧经济出现并迅猛发展，从而造成文化格局的重大调整。

新疆地区至今还没有能够确认的新石器时代遗存，即便存在，也很可能还处于比较低的发展水平。但至公元前2000年左右，却涌现出一系列畜牧程度不一的青铜时代文化，几乎占据全疆大部分地域。具体来说，北疆阿尔泰等地主要为畜牧狩猎经济的克尔木齐类遗存，未发现明确居址、农作物和农业工具，却有较多细石器镞、骨镞、铜镞、铜刀等工具或武器。天山南北其他文化则是畜牧业和农业并存的半农半牧经济：一方面普遍发现羊、牛、马骨以及皮毛制品，同时期岩画上常见鹿、羊等动物形象，流行铜刀、弓箭、穿孔砺石、铜镜、铜泡（扣）等畜牧狩猎工具或装饰品；另一方面见有小麦、粟等农作物，以及石镰、石磨盘、石磨棒等旱作农业或粮食加工工具。不过即使同为半农半牧经济，其农业畜牧程度也存在诸多差异，其中哈密天山北路文化陶器发达，聚落稳定性高，农业经济更为发达。河西走廊西部的四坝文化也是和哈密天山北路文化近似的农业相对较发达的半农半牧经济。

河西走廊东部及其以东地区的晚期齐家文化、朱开沟文化和夏家店下层文化等，虽常见粟、家猪、石刀（爪镰）、石镰等，表明其仍主要为农业经济，但畜牧狩猎比重显著提升。遗址中绵羊比例明显增多，有随葬羊角或者殉葬绵羊、家猪的习俗，常见骨梗石刃刀、骨柄铜刀、铜刀、刮削器、穿孔砺石、短齿骨梳等畜牧狩猎工具，可见以养羊为主的畜牧业占据重要地位。此外，此时旱作农业向南扩张，尤其是小麦种植范围明显扩大。

畜牧、半农半牧和具有较大畜牧成分的农业经济，在干旱半干旱地区有着很强的适应性，尤其半农半牧经济的多种形式可互相补充，适应性更强。这使得原先文化低迷的新疆、青海中西部、内蒙古锡林郭勒地区、西辽河流域等地短时间内涌现出一系列文化，广大的西北内陆干旱区和内蒙古半干旱草原区等地也终于迎来了人类发展的首次高潮（图一、二），西辽河流域文化再度繁盛。这是自距今10 000年左右"新石器时代革命"以后，中国文化格局上前所未有的重大变化。

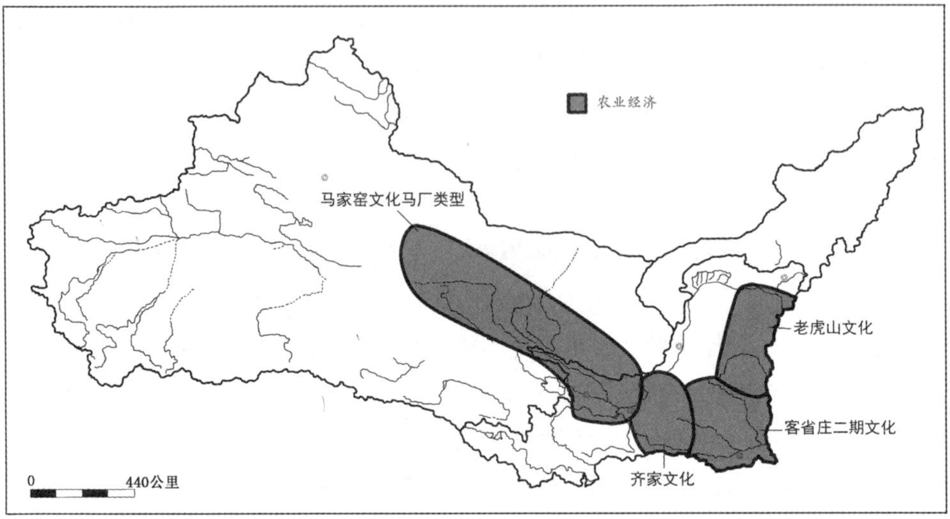

图一 中国西北地区铜石并用时代晚期晚段(龙山后期)文化分布态势图(公元前 2200—前 2000 年)

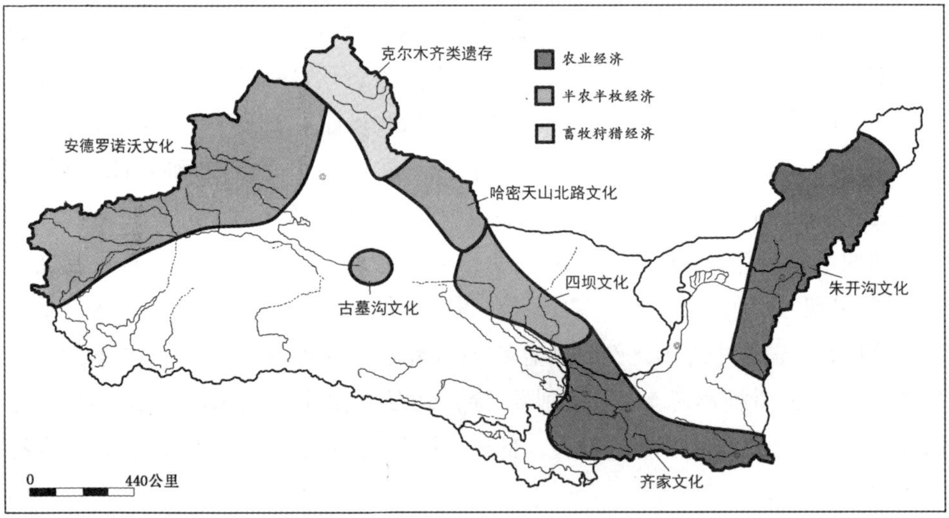

图二 中国西北地区青铜时代前期文化分布态势图(公元前 2000—前 1500 年)

这样一次文化格局的重大变化,使得中国首次出现分别以农业经济和畜牧经济为主的人群南北对峙的局面,大致在之后的长城沿线形成农牧交错带。此后随着气候冷暖干湿的波动,农业人群和畜牧人群南北移动,形成血缘和文化上持续不断的深刻交流,在这种战争与和平并存的交流过程当中,畜牧色彩浓厚的广大北方地区和中南部农业区互通有无、相互依存，逐渐融为不可分割的统一体，文化上的"早期中国"的范围大为扩展，[①]文化内容越来越丰富，应对挑战的能力和活力不断增强。这种情况历经商周秦汉一直持续到明清时期。

四

中国青铜时代文化基本上是在当地铜石并用时代文化基础上发展而来的，但由于位于欧亚大陆东部的中国进入青铜时代的时间比西方晚一千多年，因此其"青铜时代革命"当与西方青铜文化的影响和刺激有密切关系。究其根本原因，则在于当时气候向干冷转化这个大的环境背景。[②] 据研究，公元前 2000 年前后发生了一次全球性的"小冰期"事件，降水量也突然减少，中国西北地区表现尤为明显。[③] 这次"小冰期"对乌拉尔山南部地区影响至大，促使这里形成以马和马拉战车为代表的畜牧业经济，产生青铜时代的辛塔什塔—彼德罗夫斯卡文化。同样的气候背景，加上辛塔什塔—彼德罗夫斯卡文化的推动，西伯利亚、中亚地区普遍出现畜牧化趋势。为了追逐草场和耕地资源，这些可能操印度—伊朗语的半农半牧的人群大规模向南方和东南拓展，[④]并形成强有力的冲击波，将青铜器、战车等各种西方因素传播至沿途各处，并对欧亚大陆北方草原畜牧业经济带的兴起起到重要的推动作用。[⑤] 此后很长时期内，农业人群和畜牧业人群在长城沿线的南北移动和交流，也都和气候冷暖干湿的波动变化有密切关系。[⑥]

（本文原载于《西域研究》2012 年第 3 期）

---

① 文化上的"早期中国"是指新石器时代至商代以前中国大部地区文化彼此交融联系而形成的以中原为核心的相对的文化统一体，也可称为"早期中国文化圈"，简称"早期中国"。见韩建业《论早期中国文化周期性的"分""合"现象》，《史林》2005 增刊，第 65—71 页。

② 不少人已经注意到距今 4 000 年左右气候事件对旧大陆古代文明的重要影响，见吴文祥、刘东生《4000a B.P.前后降温事件与中华文明的诞生》，《第四纪研究》第 21 卷第 5 期，2001 年，第 443—451 页；王巍《公元前 2000 年前后我国大范围文化变化原因探讨》，《考古》2004 年第 1 期，第 67—77 页；王绍武《2200—2000BC 的气候突变与古文明的衰落》，《自然科学进展》第 15 卷第 9 期，2005 年，第 1094—1099 页。

③ 韩建业《中国西北地区先秦时期的自然环境与文化发展》，第 18—39 页。

④ E.E. Kuzmina, The First Migration Wave of Indo - Iranians to the South [J]. *The Journal of Indo - European Studies*, edited by James P. Mallory, Volume 29, 2001(1).

⑤ V.A. Demkin, T.S. Demkina, Paleoecological Crises and Optima in the Eurasian Steppes in Ancient Times and the Middle Ages [A]. *Complex Societies of Central Eurasia from the 3rd to the 1st Millennium BC* [C]. edited by Karlene Jones - Bley and D.G. Zdanovich, Institute for the Study of Man, Washington D.C., 2002: 389 - 399.

⑥ 韩建业《中国西北地区先秦时期的自然环境与文化发展》，第 458—468 页。